단극 체계 국제정치이론

단극 체계 국제정치이론

누노 몬테이로 지음

백창재·박현석 옮김

사회평론아카데미

단극 체계 국제정치이론

2021년 5월 7일 초판 1쇄 찍음
2021년 5월 17일 초판 1쇄 펴냄

지은이 누노 몬테이로
옮긴이 백창재·박현석

펴낸이 윤철호·고하영
편집 김천희
디자인 김진운
마케팅 최민규

펴낸곳 ㈜사회평론아카데미
등록번호 2013-000247(2013년 8월 23일)
전화 02-326-1545
팩스 02-326-1626
주소 03993 서울특별시 마포구 월드컵북로6길 56

이메일 academy@sapyoung.com
홈페이지 www.sapyoung.com

ISBN 979-11-6707-008-1 93340

옮긴이 해제

　　몬테이로의『단극 체계 국제정치이론』은 냉전 종식 이후 미국이 유일 초강대국으로 존재하는 단극 체계의 국제정치를 이해하는 데 유용한 이론적 틀을 제공한다는 점에서 학문적 의미와 정책적 함의가 큰 연구서이다. 2014년에 출간된 이 책이 이제 번역되어 국내의 독자들에게 소개되는 것은 늦은 감이 있다. 하지만 책이 출간된 지약 7년이 지난 지금에도 단극 질서가 지속되고 있고, 중국의 부상을 지켜보며 단극 체계의 미래에 대한 토론이 치열하게 전개되고 있다는 점에서 단극 체계 국제정치의 작동원리에 대한 이 책의 야심찬 주장에 대해 차분히 검토해 볼 필요가 있다고 생각된다.

　　『단극 체계 국제정치이론』이라는 제목에서 유추해 볼 수 있듯이 이 연구의 목적은 유일한 초강대국이 존재하는 국제질서를 이해하기 위한 체계 수준의 이론을 제시하는 것이다. 케네스 월츠가 국제정치를 이해하기 위해 개별 국가 수준이 아닌 체계 수준의 구조이론이 필요하다는 문제의식을 제시하며『국제정치이론』을 통해 신현실주의(neorealism) 혹은 구조적 현실주의(structural realism)로 명명되는 연역적 체계 이론을 구축한 이후, 거대 담론의 논쟁이 국제정치학계의 중심으로 부상했다. 월츠는 국제정치는 무정부 상태이며, 국제정치의 기본단위는 주권 국가이고, 주권 국가는 생존을 최우선의 목표로 한다는 기본 가정을 토대로 연역이론을 구축했다. 이후 국제정치학자들은 월츠의 기본 가정에 대한 공감대 속에서 국가 간의 전쟁과 갈등, 그리고 협력에 대한 다양한 관점들을 제시하며 이론적 경쟁을 벌여왔다.

체계 수준의 구조이론의 중요한 특징은 대외정책에 대한 이론들과 분석수준을 달리한다는 점이다. 월츠는 국제정치체계를 초강대국의 숫자를 통해 양극 체계와 다극 체계로 분류했고, 체계 수준의 특징들을 통해 국가 간의 세력균형의 양상과 전쟁의 가능성에 대해 연역적인 추론을 전개했다. 따라서 월츠의 구조이론은 개별 국가의 대외정책을 설명하는 이론이 아니며, 국가들의 행동에 대한 구조적 제약요건들을 규명하는 이론이다. 개별 국가는 구조적 제약 요건들에 부합하는 결정을 할 가능성이 높지만, 국내정치적 필요 등 체계수준의 변수가 아닌 외재적 변수의 영향으로 생존 가능성을 높이는데 방해가 되는 결정을 할 수도 있다. 하지만 월츠에 따르면 개별 국가의 대외정책은 체계 수준의 이론의 설명범위를 벗어난다.

몬테이로의『단극 체계 국제정치이론』이 반가운 이유 중 하나는 국제정치 현실을 구조이론의 관점에서 분석하는 전통을 부활시켰다는 점이다. 월츠의『국제정치이론』은 기본적으로 미국과 소련이라는 양대 초강대국이 경쟁했던 냉전 질서를 배경으로 발전된 이론이다.

소련의 붕괴로 냉전이 종식되고 미국이 유일한 초강대국인 단극 질서가 등장하면서 양극 체계의 전환을 예상하지 못했던 국제정치학계는 충격에 빠졌다. 국제정치학은 기본적으로 주요 강대국 간의 힘의 균형 양상을 주된 연구대상으로 하며, 이 국가들 사이의 힘의 분포를 통해 국제 체계의 성격을 규정해 왔다. 체계는 둘 이상의 다수의 단위들로 구성된다는 점을 감안할 때 단 하나의 초강대국으로 이루어진 단극 체계는 일종의 형용모순이었다. 월츠의『국제정치이론』은 하나의 초강대국과 나머지 국가들로 구성되는 단극 체계에 대해 큰 관심을 할애하지 않았다. 구조적 현실주의의 관점에서 볼 때 힘의 균형이 존재하지 않는 단극 질서는 장기간 유지될 수 없는 일시적 현상으로 간주되었다.

그러나 예상과 달리 냉전 이후 미국 중심의 단극 질서가 장기간 지속되면서 단극 질서의 지속성에 대해 설명하는 다양한 견해들이 등장했다. 미국의 힘의 우위가 압도적이기 때문에 단극 질서가 유지될 것이라는 우월론자들의 주장은 현실을 설명하는 데에는 유용성이 있었지만 체계적인 이론적 틀을 갖추고 있다고 보기는 어려웠다. 세력균형의 복원이 일어나서 단극 질서가 무너질 것으로 예상한 쇠퇴론자들의 주장은 세력균형이 언제 회복될 것인가를 특정할 수 없다는 점에서 경험적으로 검증이 어렵다는 문제를 지니고 있었다. 『단극 체계 국제정치이론』역시 국제 체계의 극성(polarity)이 변화하는 동학을 설명하는 이론이 아니기 때문에 단극정치가 얼마나 오랫동안 지속될 것인지 예측하는 것을 목적으로 하는 것은 아니다. 하지만 이 책은 소련의 몰락으로 갑작스럽게 등장한 단극 체계가 핵무기 혁명 등 국제정치적 상황의 변화 속에서 상당 기간 지속될 수 있는 토대가 있음을 설득력 있게 설명하고 있으며, 단극 체계가 작동하는 원리를 이론적으로 규명하고 있다는 점에서 월츠의 구조이론의 전통을 계승하고 발전시킨 중요한 저작으로 평가할 수 있다.

단극 체계가 지속될 수 있으나 미국은 유일한 초강대국의 지위를 유지하기 위해 소요되는 비용을 치러야 하며 이를 피할 수 있는 방법은 없다는 몬테이로의 결론은 간명한 논리를 통해 비정한 국제정치의 현실을 적나라하게 보여준다. 구조적 현실주의의 맥을 잇고 있는 『단극 체계 국제정치이론』은 현실주의에 바탕을 둔 이론적, 경험적 연구들의 성과들을 적극 반영하고 있지만, 기존의 저작들과 비교할 때 중요한 차이점을 보여준다.

첫째, 단극 체계에 대해 본격적인 이론적 분석 작업을 수행했다. 기존 연구들에서 단극 체계는 이론적 공백으로 남아 있었다. 최소한 서구의 역사 속에서 지속적인 단극 체계를 경험해본 적이 없었고, 기존의 국제정치이론들은 강대국 사이의 관계를 주된 분석대상으로 삼아왔기 때문에, 유일한 초강대국으로 구성되는 단극 체계는 이론적으로 생소한 개념일 수밖에 없었다. 몬테이로는 단극 체계의 동학을 설명하기 위해 초강대국과 강대국들뿐만 아니라 약소국들을 중요한 행위자로 불러들인다. 이른바 '불량국가(rogue state)'들은 냉전 이후 국제정치의 중요한 행위자로 등장했다. 기존의 구조적 연역이론의 관점에서 볼 때 이들은 비합리적으로 판단하는 예외적인 국가들이거나, 예외적으로 등장한 단극 질서 하에서 두드러지는 일탈 행위자들이었다. 『단극 체계 국제정치이론』은 단극 체계 내에서 유일 초강대국과 함께 강대국과 약소국들을 중요한 행위자로 포함하고 있다. 핵확산을 통해 약소국들이 기존의 국제질서에 도전하는 현상을 이론적 관점에서 설명하고, 약소국들의 도전이 초강대국이 단극 체계를 유지하는 데 큰 비용을 초래하고 있다는 점을 본격적으로 분석하고 있다는 점에서 이 저작은 기존의 구조이론에서 공백으로 남아 있던 부분에 대해 적절한 설명을 제시하고 있다.

둘째, 핵무기 혁명의 의미를 적극적으로 반영하여 단극 질서의 지속 가능성을 설명하고 있다. 몬테이로는 핵무기 혁명 이후 '세력균형'과 '균형 행위'의 개념이 차별적으로 사용되어야 한다는 점을 강조하고 있다. 국가의 최우선의 목적이 생존이라는 것은 현실주의 국제정치 이론의 대전제이다. 기존의 이론들은 무정부 상태에서 국가들이 균형을 통해 생존을 도모한다고 보았다.『단극 체계 국제정치이론』은 이에 동의하면서도 핵무기 혁명 이후의 세계에서는 방어용 핵무기의 확보를 통해 힘의 균형 없이도 생존을 보장받을 수 있는 균형 상태에 이를 수 있다고 보았다. 따라서 핵무기를 확보하고 있는 강대국들은 유일한 초강대국에 대항하는 힘의 균형을 취할 필요가 크지 않으며, 힘의 균형의 측면에서 큰 변수가 되지 못했던 약소국들은 이제 핵무기를 획득하여 초강대국의 위협에 대응할 수 있는 시대가 되었다는 것이다. 핵무기 혁명은 초강대국과 강대국 사이의 평화를, 하지만 초강대국과 약소국 도전자들 사이의 갈등과 전쟁을 초래한다.

셋째,『단극 체계 국제정치이론』은 기존의 현실주의 문헌들과 비교할 때 상대적 이익(relative gain)의 문제에 큰 관심을 두지 않고 있다. 특히 경제성장을 바라보는 관점에서 그 차이가 두드러진다. 신현실-신자유주의 논쟁의 핵심적인 대립축은 상대적 이익과 절대적 이익의 중요성에 대한 인식의 차이에 있었다. 신현실주의자들은 국가 간의 협력이 어려운 이유로 상대적 이익의 정치적 효과를 강조했다. 안보 영역뿐만 아니라 경제 영역에 있어서도 상대적 이익은 중요한 고려사항이었다. 잠재적 적국의 경제가 자국의 경제보다 빠른 속도로 성장하면, 결국 경제력이 군사력에 반영되어 적국의 능력이 증가하게 되고 힘의 균형에도 영향을 미치게 된다. 이와 같은 관점에서 볼 때 강대국의 경제적 포용정책은 강대국 경제가 얻는 경제적 이득이 상대적으로 더 많다는 조건 하에서만 허용된다. 하지만 몬테이로는 초강대국의 지위를 유지하기 위해서 방어적 포용전략을 취해야 한다고 주장한다. 초강대국과 강대국 간의 평화를 유지하기 위해 초강대국은 강대국의 장기적 경제성장을 허용해야 한다는 것이다.

월츠는 경제적 상호의존이 결국 정치적 취약성을 증대시키며 경제적 강자의 정치적 영향력을 강화하기 때문에 절대적 이익이 아닌 상대적 이익이 중요하다고 강조했다. 로버트 길핀 등 세력전이론자들은 경제의 불균등한 성장을 세력전이의 근본 원인으로 간주했다. 하지만 『단극 체계 국제정치이론』의 틀에 따르면 핵무기 혁명으로 힘의 균형이 없이도 생존이 가능해지면서 상대적 이익의 안보적 중요도가 감소했다. 또한 몬테이로는 경제성장이 군사력의 강화로 직결된다고 볼 수 있는 근거가 불충분하므로, 초강대국이 군사력의 절대적 우위를 유지한다면 강대국의 경제성장을 포용하는 것이 합리적인 선택이라고 주장한다. 이와 같은 판단 속에서 초강대국의 합리적 선택은 결국 방어적 포용전략이라는 결론에 이르게 된다.

『단극 체계 국제정치이론』은 단극 질서가 작동하는 이론적 원리를 규명하기 위해 단극 구조의 성격에 천착하고 있다는 점에서 현재의 미국 중심의 국제정치 질서를 이해할 수 있는 이론적 준거점을 제시하고 있다. 이 저작은 단극정치의 이론을 제시했다는 사실 자체로 학문적으로 기여한 바가 크다. 특히 약소국들의 도전적 행동을 체계 수준의 변수들을 토대로 설명하고 있다는 점에서 냉전 이후의 단극정치를 이해하는 데 매우 유용한 이론적 틀을 제공한다. 하지만 이 책이 출간된 지 약 7년이 지난 현재의 시점에서 볼 때 그 한계에 대해서도 비판적으로 검토해 볼 필요가 있다.

현재 국제정치의 핵심 이슈는 미중 간의 경쟁과 갈등의 심화이다. 몬테이로가 이 책의 서두에서 밝힌 바와 같이 아직 중국이 미국에 대항할 만한 초강대국으로 부상했다는 근거는 찾기 어렵다. 하지만 2000년대 초반까지 지속되던 미국의 대중국 포용정책은 트럼프 대통령의 취임을 기점으로 급격히 전환되었고, 바이든 대통령 시기에도 강경 기조가 유지될 가능성이 높아 보인다. 몬테이로에 따른다면 중국에 대한 미국의 공세와 경제적 봉쇄 전략은 일시적인 현상일 가능성이 높다. 하지만 많은 연구자들은 미국과 중국 간의 갈등이 더욱 고조될 것으로 전망하고 있으며, 심지어 무력 충돌의 가능성이 있다고 예상하는 전문가들도 많은 것이 사실이다.

그렇다면 미국이 방어적 포용정책을 폐기하고 중국에 대해 공세적으로 기조를 전환한 원인은 무엇인가? 『단극 체계 국제정치이론』의 틀 속에서 미중 간 갈등의 고조를 설명하는 데에는 어려움이 따른다. 미국과 중국의 경쟁과 갈등을 설명하는 관점은 다양한 수준에서 찾을 수 있다. 미국의 트럼프 대통령과 중국의 시진핑 국가 주석의 권력욕과 개인적 성향을 통해 양국의 갈등을 해석하는 개인 수준의 설명, 폐쇄적 권위주의 정치체제를 가진 중국과 개방적 민주주의 정치체제를 채택한 미국 사이의 갈등이라는 국내정치 수준의 설명은 체계 수준의 이론에서 다룰 수 있는 영역을 넘어선다. 다시 말해 미중 간의 갈등이 개인 수준 혹은 국내정치 수준의 변수들에 의해 심화된 것이라면 이는 『단극 체계 국제정치이론』의 설명 대상을 벗어나는 것이다.

하지만 중국의 부상 이후 세력전이론 등이 다시 관심을 모으고 있다는 점에서 볼 때 미중 간의 충돌을 개인 수준, 또는 국내정치 수준의 변수들만으로 설명할 수는 없다. 따라서 체계 수준의 관점에서 이 책의 이론적 가정들에 대해 비판적으로 검토해 볼 필요가 있다. 첫째, 『단극 체계 국제정치이론』에서 강조하는 바와 같이 군사력과 경제력은 별개로 보아야 하는가? 몬테이로는 소련의 경제력이 중국에 미치지 못하던 상황에서도 오늘날의 중국과 비교할 때 소련은 미국에게 보다 심각한 군사적 위협이 되었다는 점을 강조하면서, 군사력과 경제력은 독립적으로 작동하며 경제력이 극성에 미치는 영향 또한 신중하게 검토해야 한다고 주장한다. 타당한 주장이지만 『단극 체계 국제정치이론』은 불균등한 경제성장과 상대적 이득이 국제정치 현실에서 중요한 안보 요인으로 작용하고 있다는 점을 경시하고 있다. 과거 냉전시기 미국은 소련과 공산권에 대한 경제봉쇄를 대외정책의 기본으로 삼았다. 미국의 동맹국에 대해서는 2차 대전 이후 포용정책을 유지했지만, 1970년대 이후 미국의 경제성장이 침체되고 일본과 독일이 경제적으로 추격해오자 각종 무역제재 조치와 플라자 합의를 통해 이들의 고속 성장을 견제한 바 있다. 미중 간의 갈등은 결국 중국의 고속 경제성장을 배경으로 하고 있는 것이다. 『단극 체계 국제정치이론』이 이 현상을 설명하는 데 유용성이 낮은 이유는 장기적 경제성장의 군사적 함의와 상대적 이익의 중요성을 충분히 고려하고 있지 않기 때문이다.

　장기적 경제성장은 추상적인 개념으로 경제성장이 갖는 군사적 함의를 이해하기 위해서는 장기적 경제성장의 핵심 요소에 대해 검토해 볼 필요가 있다. 정보통신 기술의 발달과 함께 첨단산업을 지배하는 나라가 장기적 경제성장을 달성할 수 있다. 더욱이 첨단산업은 첨단무기와도 직결되어 있다. 중국이 국가 주도로 첨단산업에 집중적인 투자를 진행하면서 기술선진국들을 추월하기 위해 노력하는 이유는 경제성장을 도모하기 위함이지만, 동시에 첨단군사력 강화를 위한 자원과 기술력의 확보와도 직결되어 있는 것이다. 미국의 입장에서 보자면 중국의 첨단산업 발전이 경제성장을 위한 것인지 군사력 강화를 위한 것인지 구분하기 어려우며, 미국이 중국의 첨단산업에 대해 공세적 정책을 취하는 원인은 여기에서 찾을 수 있다.

　둘째, 핵무기 혁명이 국제질서에 큰 영향을 미치고 있는 것이 사실이지만,『단극 체계 국제정치이론』이 그 의미를 과대평가하는 것은 아닐까?『단극 체계 국제정치이론』에 따르면 핵무기 혁명으로 인해 힘의 균형의 필요성이 낮아지고 핵무기를 가진 국가들이 생존을 위한 균형을 달성하게 되면서 초강대국과 강대국 사이에 평화와 협력이 정착되었다. 초강대국이 강대국의 장기적 경제성장을 포용하지 않는 조건 하에서만 초강대국과 강대국 사이에 갈등이 발생한다. 몬테이로는 강대국에 대한 경제적 봉쇄정책이 초강대국에게 더 큰 비용을 초래한다는 점을 강조하면서, 초강대국이 봉쇄정책을 펴게 되는 원인에 대해서는 설명을 하지 않고 있다. 핵무기 혁명의 영향을 고려할 때, 합리적 초강대국이라면 강대국에 대한 경제적 봉쇄정책을 채택할 이유가 없기 때문이다. 하지만 중국의 경제력과 군사력이 강화되면 미국의 초강대국 지위를 위협하지는 않더라도 중국이 역내에서 미국의 영향력을 약화시키면서 미국의 국익에 큰 영향을 미칠 수 있다.

몬테이로가 예상한 미중관계의 전개와 오늘날 우리가 관찰하는 미중 간의 갈등 양상은 차이를 보인다. 하지만『단극 체계 국제정치이론』의 가설이 현재의 미중관계를 단기적으로 정확하게 예측하지 못했다고 해서 이 책의 가치가 훼손되는 것은 아니다. 이 책에서 제시하는 단극 구조 하의 초강대국과 강대국의 관계에 대한 이론은 여전히 논리적 타당성을 가지며 우리가 미중관계를 분석하는 데 있어서 이론적 출발점으로 삼을 수 있기 때문이다. 미국이 방어적 포용전략에서 봉쇄전략으로 전환하게 된 조건과 계기는 무엇인가? 어떤 조건 하에서 초강대국은 방어적 포용전략을 선택 또는 포기하는가? 이와 같은 질문에 대답하는 데 있어서『단극 체계 국제정치이론』은 유용한 준거점을 제공한다.

한국의 독자들에게는 이 책이 갖는 의미가 남다를 수 있다. 북미관계를 비교적 관점에서 이해할 수 있는 이론적 틀을 제공하고 있기 때문이다.『단극 체계 국제정치이론』은 핵무기 혁명 이후 초강대국과 저항적 약소국들의 관계에 대해 이해할 수 있는 체계 이론을 제시한다. 그동안 도전적 약소국들은 구조이론의 틀에서는 이해하기 어려운 행위자들로, 비합리적 국가로 분류되거나 예외적인 불량국가로 취급되어 왔다.『단극 체계 국제정치이론』이 북미관계에 대한 전혀 새로운 견해를 제시하는 것은 아니지만, 그동안 북한이라는 예외적 국가의 맥락에서 이해되어 왔던 북미 협상을 체계 수준의 이론적 틀을 통해 분석할 수 있는 출발점이 된다. 체계 수준의 이론을 통해 북미 협상의 특징을 규명하는 작업은 결국 이란 등 다른 사례들과 북한 사례의 유사성과 차이점을 체계 수준의 맥락 속에서 분석하는 작업인 것이다.

저자가 강조하듯이 『단극 체계 국제정치이론』은 양극 및 다극 체계와 비교할 때 단극 체계가 갖는 특징을 규명하고 있다는 점에서 체계 수준의 연역적 구조이론을 골자로 하고 있다. 하지만 몬테이로의 이론은 그 구성에서 볼 때 단극 체계 그 자체의 특징보다도 단극 질서 하에서 초강대국, 강대국, 그리고 약소국들이 어떻게 행동하는가에 더 큰 관심을 두고 있다. 국가를 세 부류로 분류하고, 핵무기 보유 여부와 장기적 경제성장이라는 변수를 통해 개별 국가들의 행동에 대해 가이드라인을 제공하고 있는 것이다. 핵무기 보유 여부는 단극 질서의 안정성을 부여하는 요인이지만, 체계 수준의 변수라고 보기는 어렵다. 핵무기 혁명의 영향은 극성과 관계없이 나타나기 때문이다. 양극 체계와 다극 체계에서도 핵무기 혁명의 영향으로 인해 전면전을 일으키는 것이 어렵다는 사실은 동일하다. 장기적 경제성장의 경우도 저자가 강조하듯이 극성에 영향을 미치지 않는 변수로 이 역시 체계 수준의 변수라고 보기는 어렵다. 이와 같은 관점에서 볼 때 『단극 체계 국제정치이론』은 단극 질서라는 구조 속에서 다양한 변수의 상호작용을 통해 국가의 행동을 이론적으로 설명하는 데에 많은 시간과 노력을 할애한다.

월츠는 『국제정치이론』에서 국가의 행동에 대해 설명하는 것이 목적이 아님을 분명히 밝혔고, 국가들이 『국제정치이론』에서 예측한 바와 다르게 행동하더라도 반례가 되는 것이 아님을 강조했다. 국가의 행동은 체계 수준의 구조적 제약뿐 아니라 다른 수준의 요인들의 영향을 받으며, 국가들이 구조적 제약에 순응한다는 보장은 없다. 다만 구조적 제약에 슬기롭게 대처하는 국가는 생존에 성공하고, 이에 저항하는 국가들은 생존에 실패할 확률이 높아질 뿐이다. 『단극 체계 국제정치이론』도 체계 수준의 구조이론을 표방하면서 월츠와 유사한 입장을 취하고 있지만, 세부적인 분류 기준과 다양한 변수들을 고려하여 국가의 행동을 설명하는 데 보다 많은 노력을 기울이고 있다. 이에 더해 저자는 현실 속에서 국가들이 『단극 체계 국제정치이론』에서 예측하는 바와 다르게 행동할 경우 반례가 될 수 있음을 강조하였다. 『국제정치이론』과 비교하자면 국가의 행동을 이론적으로 설명하는 데 보다 큰 비중을 두고 있는 것이다. 『단극 체계 국제정치이론』은 구조이론을 제시하면서 동시에 국가의 행동에 대해 경험적으로 검증 가능한 가설들을 명시적으로 제시하고 있다는 점에서 흥미롭게 읽을 수 있는 묵직한 이론서이다.

2021년 겨울의 끝자락에서
옮긴이

차례

제1장

서장

20여 년 전 소련이 붕괴된 이래 미국은 국제 체계에서 전례 없는 힘을 누려왔다. 미국의 압도적 우위는 특히 군사력에서 두드러진다. 미국은 전 세계적인 "방위" 구역을 지닌 유일한 국가이다. 펜타곤식으로 말하자면, 미 중부군 사령부는 지리적으로 미국의 정중앙인 캔자스주 레바논을 방어하는 것이 아니라 중동과 북아프리카 및 중앙아시아의 안보를 책임진다. 전 세계적 범위에서 안보를 유지하기 위해 미군은 140여 개국에 산재한 1천여 개의 군사시설을 갖고 있고 20만 명 이상의 병력이 주둔하고 있다. 이들은 세계 곳곳에 펜타곤이 소유하고 있는 234개의 골프장에서 휴식을 취할 수 있다(Vine 2009).

　근대 이래로 어떤 국가도 이런 정도의 힘의 우위를 누린 적이 없다. 예컨대 19세기 말에 세계 최강의 국가는 영국이었다. 전 세계적인 힘의 투사가 대부분 해군력에 의존했던 이 시기에 영국의 전략가들은 영국의 우위를 보장하는 기준을 개발했는데, 그것은 영국의 해군력이 2위와 3위 국가의 해군력을 합한 것만큼 유지되어야 한다는 것이었다. 오늘날 18개 국가가 원양 함대를 운용하고 있는데, 미국의 함대는 나머지 17개 국가의 함대를 합한 것보다 규모가 크다(Work 2005, 16).

그러나 규모는 단지 서막에 불과하다. 미국의 우위는 군사기술 영역에서 더 확실하다. 예컨대 전투 비행에서의 탁월함은 놀라운 정도여서, 주력 전투기인 F-15는 지금까지 일대일 대결 기록이 107:0이다. 이 때문에 역설적으로 미 공군의 현역 중에는 다섯 번의 "적기 격추" 기록을 달성해서 영광스런 "에이스"가 된 조종사가 없다. 확실히 패배할 것을 알기 때문에 누구도 미군 전투기와 마주하려 들지 않는 것이다. 이와 같은 일방적인 우위 덕분에 미군은 어떤 적과 교전하더라도 바로 제공권을 장악한다. 결과적으로 지난 반세기 동안 미 공군은 베트남과 아프가니스탄, 이라크 등의 전장에서 적의 수만 병력을 사라지게 했다. 적의 공군에 의해 미군이 전사하는 일이 마지막으로 일어난 때는 한국전쟁 당시인 1953년 4월 15일이었다(Bowden 2009).

육군력의 우위 역시 뚜렷하다. 다른 나라의 육군 중 가장 강하다고 평가되는 영국과 프랑스의 육군은 미 해병대만한 규모에 불과하다(SIPRI 2013). 순위의 아래로 내려갈수록 전장에서 성공적으로 미 육군에 대적할 확률은 사라진다. 예컨대 1991년 걸프전 초반에 이라크는 세계에서 다섯 번째로 큰 육군과 소련제 탱크 3천 대를 보유하고 있었다. 그렇지만 미군과 이라크군 사이의 기술과 훈련의 격차가 너무나 커서, 미군은 단지 148명의 전사자만 내면서 이라크군을 쿠웨이트에서 몰아냈다(Global Security 1991). 실제로 이라크군의 병력 수가 더 많은 전투일수록 미군의 사상자가 많아지기보다는 이라크군의 사상자가 더 많아졌다(Press 2001).

요컨대 미국의 군사력은 그 어떤 나라들보다 한 수준 위에 있는 것이다(SIPRI 2013). 이와 같은 강력한 힘의 투사 능력은 풍족한 국방예산 덕분에 가능한데, 지난 10년간 미국의 국방예산은 전 세계 방위비 지출의 거의 절반에 달했다. 미국은 현재의 군사력에만 막대한 자원을 투자하는 것이 아니라 국방 기술개발(R&D)에도 아낌없이 투자한다. 실제로 미국의 국방 R&D 예산은 미래의 경쟁자로 간주되는 중국의 전체 국방예산의 약 80퍼센트에 달한다(SIPRI 2012). 이는 군사기술에서 미국의 막대한 우위가 조만간 사라지지 않을 것임을 의미한다. 아마 더 커질 가능성이 높을 것이다.

미국은 전 영역에 걸친 군사적 우위의 결과로 "공역 통제권(Command of the Commons)"을 보유하고 있으며, 가까운 장래에도 이를 잃지 않을 것이다(Posen 2003; Lieber 2005, 16). 워싱턴이 결정만 하면 미국은 어떠한 나라에 대해서도 우주 공간과 공역, 공해에 대한 접근을 거부할 수 있는 능력을 지니고 있다. 몇몇 국가, 특히 핵보유국들은 미국에 대항한 방어전쟁에서 패배를 면할 수 있을지 모르지만, 전 세계적 범위에서 미국과 군사적으로 경쟁할 수 있는 국가는 없다. 실제로 냉전이 종식된 이후에 전 세계적으로 장기간 정치-군사적 작전을 수행할 수 있는 국가는 미국 외에는 없다.[1] 물론

---

1   냉전이 종식된 정확한 시점에 대해서 논란이 있기는 하지만, 대부분의 학자들은 이 시점을 1989년 가을, 즉 소련이 동유럽 위성국가들의 자결(self-determination)을 허용해서 베를린 장벽의 붕괴까지 이르렀던 때로 본다. 1989년 11월 9일이다.

몇몇 국가는 지역적인 영향권을 지니고 있다. 그러나 케네스 월츠(Kenneth Waltz)의 절묘한 표현을 인용하자면, 미국은 "도움이 바람직한 경우도 있을 수 있지만 어떤 조력이 없어도 전 세계적 이익을 관리할 수 있는" 유일한 국가이다(Waltz 1964, 888). 소련의 붕괴 이래 미국은 유일한 초강대국(sole great power)이다. 우리는 단극 세계(unipolar world)에 살고 있는 것이다.

논지의 요약

이 책에서는 단극 세계가 어떻게 작동하는지에 대한 가장 중요한 세 가지 질문을 다룬다. 단극 세계는 지속적인가, 평화적인가? 그리고 현재의 미국과 같은 단극(unipole)에게 최선의 대전략(grand strategy)은 무엇인가?

앞으로 나는 이 질문들 각각에 대해 세 가지 핵심 주장을 제시할 것이다. 첫째, 나는 핵무기가 존재하는 세상에서는 단극 질서(unipolarity)가 지속될 가능성이 있으며 실제로 지속될지의 여부는 단극의 전략에 달려 있다고 주장한다. 따라서 나의 이론을 통해 단극 질서가 지속될 수 있는 이유와 조건을 제시한다. 여기에서 핵심 주장은 단극 세계의 지속성이 두 가지 변수, 즉 체계적인 변수와 전략적인 변수에 의해 좌우된다는 것이다.

우선, 단극이 압도적인 군사력 우위를 유지할 가능성은 단극과 도전국 간의 전쟁에 대한 기대 비용에 달려 있다. 이 비용은 전쟁 수행기술에 의해 결정되는데, 이 비용이 높을수록 군사적 도전을 촉발할 상황은 줄어든다. 이는 초강대국들 간 전쟁의 기대 비용이 엄청나게 높은 세계, 곧 현재와 같이 핵무기가 존재하는 세계에서는 단극 질서가 본질적으로 지속적일 수 있음을 의미한다.[2]

그렇지만 전쟁의 막대한 비용 때문에 지속성이 보장되는 것은 아니다. 역으로 지속성은 두 번째 요소, 즉 강대국들(major powers)의 경제성장에 대한 단극의 전략에도 좌우된다. 만일 단극이 경제적 강대국들의 지속적인 성장을 포용한다면, 이들이 군사력에 투자할 유인은 별로 없게 된다. 이를 위해 단극은 중요한 국가들의 발전을 저해할 수 있는 경제정책을 피해야 한다. 또한 단극은 이 강대국들의 지역에서 군사적 지배력을 확장하려는 시도를 삼가야 한다. 이는 이들의 장기적인 경제적 생존에 위협이 될 수 있기 때문이다. 만일 단극이 부상하는 강대국들의 경제성장을 봉쇄하는 전략을 수행하게 되면, 이 국가들이 당면한 안보와 생존을 확보하는 수준을 넘어 군사적 능력에 투자하여 단극에 대한 군사적 도전을 감행하겠다는 유인이 커지게 된다.

이 두 가지 변수에 따라 단극 세계에서 부상하는 강대국들은 핵억지에 의해 생존이 보장되었음에도 불구하고 계속 잠재력을 군사력으로 전환할 수도 있고, 또는 핵무기에 의해 단극을 포함한 어떤 국가라도 억지할 수 있는 능력을 지닌 채 현상 유지적인 군사적 강국에 만족하게 될 수도 있다.[3]

---

2 이에 대해서는 Monteiro(2009, chapter 3) 참조. 단극 질서에 대한 핵무기의 영향을 분석한 다른 연구로는 Craig(2009); Deudney(2011) 참조.
3 잠재력과 군사력의 구분에 대해서는 Mearsheimer(2001a, 55-56) 참조. 이 구분에 대해서는 제2장에서 다룬다.

둘째, 나는 단극 세계가 평화롭지 않음을 보여줄 것이다. 지난 20여 년간 미국이 군사적 갈등에 자주 간여했음에도 불구하고 단극 질서가 국가 간의 전쟁에 어떤 영향을 미치는지에 대해서는 별로 논의가 없었다(Wolforth 1999). 나는 단극 질서가 중대한 갈등을 야기하는 조건을 만들어낸다고 주장한다(Monteiro 2009, chapter 1; 2011/2012). 단극 세계의 구조적 성격은 물론 미국의 전략적 선택도 체계의 전반적인 평화 가능성에 확실히 긍정적 효과를 가져오지는 않는다. 둘 이상의 국가들 간의 세계적인 세력균형이 사라진 것은 한편으로는 초강대국들 간의 경쟁을 제거하지만 다른 한편으로는 체계 내에 중대한 갈등의 여지를 만들어낸다. 우선, 단극 질서는 단극을 억지할 수 있는 능력이나 동맹이 없는 저항적 약소국들과 단극 간의 전쟁 가능성을 크게 높일 것이다. 또한 약소국들 간의 갈등의 소지도 매우 커질 것이다. 체계적 세력균형이 존재할 때처럼 갈등이 초강대국의 동맹에 의해 절제되지 않기 때문이다. 결과적으로 단극 세계는 비대칭적 갈등과 주변부 갈등에 취약하게 될 것이다.

마지막으로, 지속성과 평화에 대한 나의 논의로부터 단극의 대전략에 대해 주장할 것이다. 단극의 최적의 전략은 특정한 상황에 따라, 즉 전쟁 비용과 힘의 우위로부터 얻는 혜택에 따라 달라지기 때문에 이 최적의 전략은 선험적으로 결정될 수 없다. 그렇지만 단극 질서의 평화와 지속성에 대한 논의를 기반으로 현재의 국제 체계에서 추출하는 이익보다 주변부 국가들과의 전쟁 비용이 상대적으로 낮은 최적의 전략을 결정하는 것은 가능하다.

나는 미국에 가장 좋은 전략은 방어적 포용(defensive accommodation)이라고 주장한다. 방어적 포용 전략은 국제 체계의 현상 유지를 목표로 하는 군사 전략과 부상하는 강대국들의 이익을 포용하는 경제 전략을 결합한 것이다.

방어적 포용 전략은 미국에 득과 실을 모두 가져다준다. 부정적 측면은 이로 인해 미국이 주변부의 군사 갈등에 자주 개입되리라는 점이다. 긍정적 측면은 이 전략이야말로 미국의 군사적 힘의 우위가 지속될 수 있는 유일한 길이라는 점이다.

군사적으로 방어적 지배(defensive dominance) 전략은 단극이 현상 유지를 위해 갈등에 주기적으로 개입하게 만든다. 그러나 동시에 이 전략은 모든 경쟁국이 미국에 비해 상대적으로 힘을 증대시켜서 궁극적으로 단극 질서의 지속성을 단축시키게 될 지역적인 군비 경쟁의 유인을 약화시킨다. 따라서 방어적 지배 전략은 단극 질서의 지속성에 도움이 되는 것이다. 미국이 국제 체계로부터 무시하지 못할 경제적 이득을 취하고 있는 현재의 상황에서는 강대국들이 서로 경쟁해서 궁극적으로 미국의 힘의 우위를 약화시킬 가능성을 열어주게 될 비관여(disengagement) 전략보다는 방어적 지배 전략이 낫다. 또한 방어적 지배는 단극의 지위를 더 높이려는 시도, 즉 내가 공격적 지배(offensive dominance) 전략이라고 부르는 것보다 우월한 전략적 선택이다. 우선, 공격적 지배 전략으로 인해 미국은 국가 간의 전쟁에 더욱 자주 개입하게 될 것이다. 또한 경제성장 중인 강대국들이 있는 지역에 공격적 지배 전략으로 개입하게 되면, 경제성장의 지속을 통한 장기적 생존을 보장하기 위해 이 강대국들이 단극에 대해 균형을 취하려고 할 것이다. 따라서 방어적 지배 전략이야말로 미국으로서는 최선의 군사적 대전략이며 군계일학(primus inter pares)의 지위를 유지하게 해주는 전략이다.

그렇지만 방어적 지배 전략이 미국의 힘의 우위가 지속되는 것을 보장해주지는 않는다. 방어적 지배는 군사 전략일 뿐이고 단극의 경제적 입장과는 상관이 없다. 미국이 자국의 힘의 우위가 지속되는 것을 다른 나라들이 받아들이도록 하려면 경제적 강대국들의 성장을 포용하는 경제 전략 또한 실행해야 한다. 결과적으로, 빈번한 군사적 개입이 필요한 전략뿐 아니라 궁극적으로 다른 강대국들이 경제적으로 추월할 수 있는 가능성을 열어두는 전략에 의해서만 단극으로서의 미국의 지위가 지속될 수 있다. 미국이 압도적인 군사력 우위를 유지하는 것은 공짜가 아님이 명백하다.

이러한 주장은 앞서 논의한 것과 같은, 단극 질서에 대한 상반된 관점을 부각해준다. 즉, 군사적인 힘의 우위는 분명히 단극이 다극 중 한 극일 때는 할 수 없는 방식으로 체계를 움직일 수 있게 해주지만 위험이 없는 것은 아니라는 것이다. 우선, 단극에 저항하게 된 약소국들은 방어력을 증강해야 할 강력한 유인을 갖게 될 것이다. 이런 국가들과의 관계를 관리하기는 훨씬 어려워질 것이며, 최소한 이 국가들이 더 강력한 방어 수단, 곧 핵무기를 갖기 전에 무력 충돌이 초래될 수 있다. 이와 동시에 단극은 힘의 우위를 유지하기 위해 필요한 국내적 투자와 세계 질서의 관리라는 국제적 요구 사이에서 균형을 찾아야만 한다.

이런 의미에서 "이전에 이루어주신 기도로부터 우리를 보호하소서"라는 역설이 소련 붕괴 이후의 미국에 적용될 수 있다(Mantel 2009, 489). 워싱턴은 예전의 적이 이미 오래전에 사라져버린 상태에서 전 세계적 경쟁자인 소련이 붕괴하면서 초래된 힘의 공백에 직면하게 된 것이다. 순전히 은총만은 아니다.

내가 이 책에서 그린 그림은 확실히 탈냉전 세계에 대한 대부분의 견해만큼 장밋빛은 아니지만, 그렇다고 미국의 쇠퇴를 운명적이라고 주장하는 것은 아니다. 나의 단극 이론은 단극 체계가 빈번한 갈등에도 불구하고 지속될 수 있는 가능성에 대해 설명한다. 이것이 바로 압도적인 힘의 우위가 지닌 본질적인 모순이다. 현재 미국이 압도적인 힘의 우위를 지니고 있다는 것이 미국이 평화적인 방식으로 자국의 정책 선호를 결과로 전환할 수 있다는 것을 의미하지는 않는다. 압도적인 힘의 우위, 최소한 압도적인 군사력의 우위가 국가들에게 원하는 것을 자동적으로 가져다주지는 않는 것이다.

단극에 대한 기존 연구들

냉전 종식이 불시에 일어났기 때문에 단극 질서가 도래하기 전까지 우리는 단극 질서에 대해 별로 생각해보지 않았다.[4] 그렇지만 지난 20여 년간 이 주제에 대한 상당수의 연구들이 축적되었다. 단극 질서에 대한 학계의 논의는 체계의 안정성 문제에 집중되었는데, 이 안정성은 사실 지속성과 평화, 두 가지로 나눌 수 있다. 반면에 정책결정자들과 분석가들은 제3의 이슈, 즉 단극 시대에 미국이 취할 수 있는 전략적 선택에 대한 논의에 집중했다.

냉전이 종식된 직후에 나온, 단극 세계에 대한 가장 일반적인 주장은 그것이 지속적이지 않다는 것이었다. 예컨대 찰스 크라우트해

---

4   오래전의 예외로는 Kaplan(1957) 참조.

머(Charles Krauthammer)는 "단극적 순간(unipolar moment)"이라고
표현했고(Krauthammer 1990/1991, 23-33), 케네스 월츠는 다른 강
대국들이 곧 부상해서 세계적 힘의 균형이 재구축된다고 주장했다
(Layne 1993; Waltz 1993). 이런 합의가 1990년대 내내 지속되었다.

사회학적으로 혹은 심지어 심리학적으로 볼 때, 초기에 단극 질
서의 안정성 문제에 학계가 초점을 두었던 것은 냉전의 갑작스런 종
식이 가져온 트라우마를 반영했기 때문이었다. 국제정치학자들은 2
차 세계대전 이후에 과학적 분과학문으로 국제정치학(International
Relations: IR)이 수립된 이래 가장 중대한 변혁을 예측하는 데 실패
하자 이번에는 "맞히겠다"는 결의에 차 있었다.[5] 다음번 대변혁을 예
측하겠다는 조바심이 많은 학자들로 하여금 중국, 인도, 심지어 통합
된 유럽과 같은 새로운 강대국이 부상하고 러시아가 복구되면서 다
극으로의 전환이 임박했다고 예견하도록 했던 것이다. 그러나 이런
일 중 실현된 것은 아무것도 없었다.

이론적으로는 세력균형이 국제관계 이론의 핵심 개념 역할을 함
에 따라 미국의 힘의 우위가 지속될 수 없다는 관점이 강화되었다.
이로 인해 학자들이 체계적 세력균형의 부재라는 이 새로운 현상은
잠시 동안만 지속될 것이며 곧 다른 강대국들이 (재)출현할 것이라
고 예상하게 되었던 것이다.[6] 이에 따라 세력균형론자들은 임박한
단극 세계의 종말을 예언하면서 1990년대를 보냈다.[7] 단극 질서가

---

5   이 책에서 "국제정치학"(IR)이라는 용어는 연구분과로서의 국제정치학을, "국제관계"(in-
ternational relations)는 국제정치학(IR)의 연구대상을 뜻한다. IR이 냉전 종식을 예측하는
데 실패한 것에 대해서는 Gaddis(1992/1993); Koslowski and Kratochvil(1994) 참조.

6   세력균형에 대해서는 Little(2007); Nexon(2009) 참조.

7   체계 이론과 단극에 대해서는 Schroeder(1994); Mastanduno(1997); Mastanduno

지속적이지 않다는 데 대한 이러한 합의의 결과로 단극 질서가 평화적인가 하는 문제는 탈냉전 후 첫 10년간 거의 주목을 끌지 못했다.

1990년대에 정책 담당자들 사이에서는 미국의 전 세계적인 역할을 축소하는 데 대한 찬반 논쟁이 두드러졌다. 이 시기에는 서방 진영이 냉전에서 승리하면서 "평화 배당금(peace dividend)"을 누리게 되었다. 몇몇 정책 담당자는 이 시기를 미국이 전 세계에 걸친 개입을 줄일 수 있는 기회로 여겼다. 일상적으로 표현하자면, "집에 돌아올" 때라는 것이었다(Gholz and Press 1997). 이들은 대등한 경쟁자가 없기 때문에 미군이 전 세계에 주둔할 필요가 없어졌다고 주장했다. 이런 입장을 강력히 반박했던 쪽에서는 정반대로 주장했다. 대등한 경쟁자가 없는 이때야말로 군사적 수단을 통해 힘의 우위를 확고히 할 기회라는 것이었다. 결과적으로 조지 부시(George W. H. Bush) 행정부와 빌 클린턴(Bill Clinton) 행정부는 이 적극적 전략을 선택하여 최소한 유럽에서는 미국의 역할을 유지하면서 확대해갔다. 또한 1991년 걸프전 이후에 상당 규모의 미군이 그 지역에 주둔하게 되면서 미국은 최초로 중동 지역에 군사력을 전개하게 되었다.

21세기로 접어들면서 단극에 대한 학술적 논의와 정책적 논의는 변화했다. 그렇지만 그 이유는 달랐다. 학계에서는 단극적 순간에 대한 주장이 약화되고 단극 질서의 지속성에 대한 주장이 우세해지면서 단극 세계의 평화 문제가 주목받게 되었다. 정책 영역에서는 9·11 테러 공격의 엄청난 충격으로 인해 미국의 역할에 대한 정책 결정자들의 관점과 세계관이 바뀌면서 새로운 논의가 시작되었다.

(1999); Mastanduno and Kapstein(1999) 참조.

단극 질서가 곧 막을 내릴 것이라는 합의는 1999년 윌리엄 월포스(William Wohlforth)의 영향력 있는 논문 「단극 세계의 안정성(The Stability of a Unipolar World)」에 의해 무너졌다(Wohlforth 1999). 월포스는 미국의 쇠퇴가 예정된 것이라는 관점을 강력히 반박하면서 단극 질서가 지속적이라고 주장했다. 미국의 힘의 우위는 너무나 확고해서 "앞으로 수십 년간 힘의 구성요소 중 어떤 것에서도 미국을 따라잡을 위치에 있는 국가는 없다"(Wohlforth 1999, 8)라는 것이었다.

나아가 월포스는 지속성 있는 단극 세계가 좋은 것이라고 주장했다. 단극 질서는 평화롭기 때문이라는 것이었다. 그에 따르면, "현재의 능력 분포는 협력에 대한 유인을 만들어낸다"(Wohlforth 1999, 38). 미국의 압도적인 힘의 우위는 패권 경쟁의 가능성을 없앨 뿐 아니라 미국에 "지역적인 군사적 갈등을 완화하고 다른 강대국들 간의 경쟁을 제한하기 위해 핵심적 안보 제도를 유지하는 수단과 동기를 부여해준다"(Wohlforth 1999, 7-8). 단극 질서에 대한 이러한 낙관적 견해는 "역사의 종언"과 서구 자유민주주의의 보편화에 대한 프랜시스 후쿠야마(Francis Fukuyama)의 견해와 이론적으로 일맥상통하면서(Brooks and Wohlforth 2008; Fukuyama 1992) 국제정치의 논의에서 가장 영향력 있는 관점이 되었다.

월포스가 미국의 힘의 우위에 대한 이론적 논의를 바꾸어놓은 지 2년이 지나서 단극 세계에서의 미국의 전략에 대한 정책을 논의하던 학자들은 9·11 사태를 겪게 되었다. 2001년 9월의 테러 공격 이후 미국의 전 세계적 개입에 반대했던 목소리는 1990년대에도 별로 크지 않았지만 더욱 수그러들었다. 결과적으로 정책 논쟁은 개입의 수준을 어떻게 높일 것인가에 대한 논의로 바뀌었다. 즉, 1990년대의 연성 지배를 유지해야 한다는 "자유주의 매파"와 필요하면 군사력을 사용해서라도 세계 질서를 재편하는 더 적극적인 역할을 해야한다는 "네오콘(neoconservatives)" 간의 논쟁이 중심이 되었다. 조지부시(George W. Bush) 행정부 시기(2001~2008)에는 후자가 기세를 올렸고, 그 결과 아프가니스탄과 이라크 침공이 이루어졌다.

현재 이 세 가지 논쟁, 즉 단극 질서의 지속성과 평화와 대전략에 대한 논쟁은 합의에 도달하지 못하고 있다. 단극 질서의 지속성 문제는 여전히 열띤 논쟁의 대상이 되고 있다. 로버트 케이건(Robert Kagan) 등 많은 학자들은 "미국의 압도적 우위가 조만간 사라질 것같지 않다"라고 주장해왔다(Kagan 2008, 86). 마찬가지로 요세프 요페(Josef Joffe)도 미국이 앞으로도 계속 세계의 초대국(Überpower)이 될 것이라고 주장한다(Joffe 2009). 그렇지만 미국의 힘의 우위가 심각한 쇠퇴 국면에 처했다고 믿는 학자들도 있다(Layne 2006a). 다른 한편으로 잠재적 경쟁자들, 특히 중국은 상승하고 있다(Kang 2007; Ross and Feng 2008). 아프가니스탄과 이라크에서 미국이 겪은 고초는 제국의 과잉 확장(imperial overstretch)이 불가피하다는 폴 케네디(Paul Kennedy)의 견해를 확인해준 듯하다. 케네디는 2009년에 "서구로부터 아시아로의 힘의 지각 변동은 되돌리기 어려워 보인다"라고 주장했다(Kennedy 2009; 1987; Haass 2008). 마지막으로, 2007년 금융 위기는 미국의 우위에 조종을 울린 것으로 여겨지곤한다(Cohen and DeLong 2010). 로버트 페이프(Robert Pape)는 이 모든 점을 고려하여 2009년 논문 「제국의 몰락(Empire Falls)」에서 "단극 세계는 종말에 다가가고 있다"라고 주장했다(Pape 2009). 요컨대 단극 질서의 지속성은 여전히 열띤 논쟁의 대상이 되고 있는 것이다.

단극 질서가 평화롭다는 주장은 그간 직접적으로 의문시되지는 않았지만, 지난 20여 년간 미국이 여러 번의 전쟁과 소규모 군사 작전에 개입하면서 그 타당성이 간접적으로 훼손되었다.[8] 이런 식의 미국의 적극적인 행동은 안보 연구의 부흥을 가져와서 테러리즘과 예방 전쟁, 군사적 점령, 내란, 핵 확산 등에 대한 풍성한 연구를 낳았다. 이 연구 결과 대부분은 우리로 하여금 단극 질서가 평화롭다는 믿음에 보다 직접적으로 의문을 제기하도록 촉구한다.

마지막으로, 보다 공세적인 미국의 전략 구상에 대한 논쟁은 여전히 진행 중이며 어떤 입장에 대해서도 합의는 없다. 미국의 전략 논쟁은 대체로 세 가지 핵심적 입장을 중심으로 이루어진다. 우월론자들(primacists)은 아프가니스탄과 이라크에 대한 값비싼 개입 이후에 정치적 입지가 좁아졌음에도 불구하고 더 적극적인 미국의 역할이 필요하다고 주장하면서 동아시아와 중동 등의 중요 지역을 미국의 이익이 증진되도록 재편하여 예방적으로 위협을 제거해야 한다고 제안한다. 정책 입장의 정반대 편에는 많은 현실주의자들이 미군의 전 세계적 전개와 작전을 크게 축소할 것을 요구하면서 미군의 흔적을 줄이고 다른 국가들과의 안보 관계를 제한하는 것이 미국의 이익에 더 부합한다고 주장한다(Posen 2013). 양 주장의 사이에서 주류 입장은 현재의 "선택적인" 혹은 "깊은" 관여 전략을 옹호하면서 전 세계적 안보의 공급자이자 관리자로서 미국의 역할이 계속되어

---

8 단극이 평화롭다는 주장에 의문을 제기한 나의 이전 주장에 대해서는 Monteiro(2011/2012) 참조.

야 할 필요성을 강조한다.[9]

　나의 견해는 최적의 대전략에 대한 기존의 주장들 모두와 다르다. 미국의 군사력은 실로 충분히 거대하기 때문에 워싱턴은 우월론자들의 전략을 실행해서 전 세계에 대한 통제력을 증대하려고 할 수 있다. 하지만 이 전략은 다른 강대국들의 장기적인 경제적 생존을 위태롭게 해서 이들이 미국에 대해 균형을 취하도록 만들고 결과적으로 미국의 우위가 지속되는 데 위험이 초래될 수 있다. 이는 우월론자의 전략의 목적과 정반대 결과인 것이다. 이와 유사하게 깊은 관여 전략은 강대국들의 경제성장을 포용하는 정책과 결합될 경우에 미국의 군사적 우위의 지속을 보장하는 최선의 전략이 될 수 있다. 그렇지만 이 전략을 지지하는 쪽에서는 아직 인정하지 않고 있지만 이 전략은 미군이 개입되는 갈등의 수준을 훨씬 높일 수 있다. 마지막으로, 미국이 개입하는 전쟁의 비용이 계속 증대되어 결국 세계 여러 지역에 개입하지 않는 것이 나을 수도 있다는 점에서 축소 (retrenchment) 전략 옹호론자들이 옳을 수 있다. 하지만 이런 식의 전략 변화는 이 지역들 내에서 심각한 수준의 갈등이 발생할 가능성을 높이며 궁극적으로 미국이 다시 한번 개입할 수밖에 없는 상황이 초래될 수 있다. 요컨대 단극 질서가 지속적일 수는 있으나 미국이 어떤 대전략을 선택하든지 심각한 수준의 갈등을 수반할 여지가 있는 것이다. 미국의 선택에 따라 특정한 갈등에 미군이 개입할지의 여부가 결정되겠으나, 미국의 대전략에 의해 단극 세계에서 전체적인 갈등 수준이 낮아질 수 있다고 믿을 근거는 없다.

9　Brooks et al.(2012/2013). 이 글에서는 이 논쟁에 대해 탁월하게 정리했다.

지금까지 살펴본 세 가지 핵심 논쟁에 대해 어떤 합의도 없는 것은 이들 간의 연관성이 충분히 인정되지 않았기 때문이다. 단극 질서가 평화적이냐 지속적이냐 하는 것은 당연히 미국의 대전략에 영향을 미친다. 그렇지만 동시에 미국의 전략적 선택은 단극 세계에서 발생하는 갈등의 종류와 지속성에 영향을 미친다. 확실한 것은 아니지만, 힘의 우위를 최대한 지속하려는 미국의 전략적 선택이 미군이 개입된 갈등의 수준을 높이는 결과를 가져올 수 있다. 역으로, 전쟁을 피하려는 미국의 전략이 힘의 쇠퇴를 가져오고 결과적으로 단극 질서의 지속성을 취약하게 할 수 있다. 요컨대 단극 질서의 평화, 지속성, 전략에 대한 논쟁은 연결되어 있으며 별개로 다루어져서는 파악되지 않는다. 이 책은 바로 이 문제를 바로잡으려는 첫 시도이다.

단극 세계의 가장 중요한 측면들이 연관되어 있다는 것을 감안하면, 단극 질서에 관한 어떠한 문제에 대해 해답을 구할 때 우리가 직면하게 되는 근본적인 문제는 바로 생겨난 지 20여 년이 지났음에도 불구하고 단극 체계가 어떻게 작동하는지에 대한 적절한 이론이 없다는 점이다. 실제로 지금까지의 논의들 대부분은 단극 질서가 세력균형론(balance of power theory)이나 패권안정론(hegemonic stability theory)과 같은 이전의 이론 틀에 들어맞는가 하는 것이었다. 단극 질서의 새로운 성격이 세계가 움직이는 데 어떤 영향을 미치는가에 대해서는 거의 관심이 없었다.[10] 이 책의 주요 목적은 이런 이론 하나를 제시하는 것이다.

---

10 예외적인 경우로는 Brooks and Wohlforth(2008); Mowle and Sacko(2007); Wohlforth (2008); Hansen(2011) 참조.

단극 체계, 현실주의, 핵무기 혁명

우리는 단극 세계가 어떻게 작동하는지에 대한 이론적 설명을 가지고 있지 않지만, 단극 질서에 연관된 국제정치의 다양한 측면에 대해서는 많이 알고 있다. 기존의 국제정치 연구들은 단극 이론을 수립하는 데 필요한 여러 가지 이론 요소들을 지니고 있다. 따라서 여기에서 제시하는 이론은 국제정치학의 다양한 이론적 전통으로부터 다층 접근(layered approach)을 사용하여 도출된 것이다.[11] 나는 이론을 전개할 때 가장 기초가 되는 층에서 힘(power)과 무정부(anarchy)에 대한 현실주의의 통찰을 활용한다. 국가들의 일차적이자 최고의 목표는 생존이다. 따라서 잠재적 국력이 허용하는 한도 내에서 국가들은 위협을 억지하기에 충분한 군사력을 보유하는 데 투자할 것이다. 나아가 국가들은 잠재적 경제력을 증진할 수 있는 능력에도 깊은 관심을 기울인다. 필요한 경우에 추가로 군사력에 투자할 수 있는 능력을 유지하는 데 장기적 생존이 달려 있기 때문이다. 생존이 관건인 세계에서 강대국들 간의 관계에 대한 나의 관점은 월츠 이래의 방어적 현실주의(defensive realism)와 대체로 일치한다(Waltz 1979).

나는 이 현실주의적 기초 층 위에 핵 혁명(nuclear revolution)에 대한 연구들에서 도출한 일련의 이론적 요소를 겹쳐놓는다. 사실 이책의 핵심 과제 중의 하나는 기존 연구들에서 충분히 탐구되지 않았던 문제, 곧 핵 혁명과 체계적 세력균형의 부재 사이의 관계를 분명

---

11 국제관계학의 이론적 절충에 대해서는 Sil and Katzenstein(2010) 참조.

히 밝히는 것이다.[12] 오늘날 국제 체계의 이 두 가지 특징은 함께 작동하여 나의 주장 대부분과 연관되는 두 가지 변동을 만들어낸다.

우선, 핵무기를 보유한 국가들은 보유한 재래 전력이 얼마나 되든지 간에 다른 핵보유국을 억지하기 위해 재래 전력을 추가로 확보하려는 유인을 별로 지니지 않는다. 사실 재래 전력이 압도적인 국가에 대해 핵보유국들이 균형을 취하는 경우는 오직 장기적 생존이 위협받을 때뿐이다. 이러한 경우는 오직 압도적인 힘을 지닌 국가가 경제성장을 방해하려고 하거나 핵보유국들의 지역에서 통제력을 증대하려고 할 때이다. 그렇지 않으면 핵보유국들은 단극에 대항해 균형을 취할 유인이 거의 없다. 국가가 일단 핵무기를 지니게 되면 더 이상의 균형은 필요하지 않게 될 것이다. 따라서 핵 혁명은 핵보유국들 간의 군사력 경쟁을 억제해서 안보 딜레마를 완화해준다.[13]

결과적으로 핵 혁명은 세력균형에 대한 현실주의의 통찰을 변형시켜서 핵보유국들 간의 관계를 자유주의 국제관계 이론에 대체로 들어맞게 해줄 수 있다. 달리 말하자면, 핵보유국들은 생존이 위협에 처해 있지 않다는 확실성을 지니고 있어서 다른 국가들과의 협력적 관계를 이룰 수 있게 되며, 결과적으로 자유주의자들이 평화와 연관 짓는 일종의 상호 의존을 만들어내는 것이다.

그렇지만 이와 동시에 핵 혁명은 국제정치에 불안정 효과도 가져온다. 즉, 체계적 세력균형이 존재하지 않는 상황에서 압도적 군사력을 지닌 국가로부터 위협받는 저항적인 국가들에는 위협을 억지

---

12 이런 방향으로 이루어진 중요한 연구로는 Craig(2003); Craig(2009); Deudney(2011) 참조.
13 안보 딜레마에 대해서는 Jervis(1978); Glaser(1997) 참조.

하기 위해 핵무기를 획득하려는 유인이 생기게 된다. 압도적인 국가역시 저항적 국가들의 핵 개발을 저지하려는 유인이 생긴다. 이 두가지 유인은 상반되고, 따라서 예방 전쟁(preventive wars)을 초래할수 있어서 핵을 개발하고 있다고 의심받는 국가들과 압도적인 국가간의 갈등을 더 만들어낼 수 있다.[14] 체계적 세력균형의 부재와 핵혁명 간의 이러한 상호작용 효과는 단극 세계에만 있는 독특한 것이다.

그럼에도 불구하고 핵무기가 체계 내의 가장 강력한 국가들 사이에 평화를 가져오는 효과를 감안할 때, 핵 시대의 단극 세계의 평화와 지속성, 그리고 단극의 최적 전략에 대한 나의 주장은 패권안정론의 전체적인 주장에 가깝다. 핵무기는 핵보유국들로 하여금 자국의 생존을 위태롭게 하지 않으면서, 나아가 이느 정도는 상대적 이득(relative gains)에 대해 우려하지 않으면서 단극이 수립한 세계 경제 질서에 참여하는 혜택을 누릴 수 있게 해준다(Mastanduno 1991; Powell 1991; Snidal 1991; Grieco et al. 1993; Morrow 1997). 보다 구체적으로 말하자면, 단극이 강대국들의 성장이 허용되는 경제 질서를 유지하는 한 다른 핵보유국들은 재래 전력상의 단극의 압도적 우위를 용인하게 된다. 핵보유국들은 자국의 경제성장에만 전념할 수있기 때문에 군사적 현상 유지를 보장하는 단극의 전 세계적 역할로부터 실제로 혜택을 보는 것이다.

나의 주장이 국제정치학의 여러 전통과 닮아 있다는 점과 단극에 대한 많은 연구를 감안할 때 이 책에서 새로운 점은 무엇인가? 현재

---

14 힘의 변동의 맥락에서 예방 전쟁에 관한 분석에 대해서는 Debs and Monteiro(2014) 참조. 핵 확산에 대한 적용에 관해서는 Monteiro and Debs(2013) 참조.

의 단극 세계가 미국으로 하여금 부상하고 있는 중국을 포용하게 만든다는 것을 우리는 이미 알고 있지 않은가? 단극 체계가 힘이 압도적인 국가를 빈번히 전쟁으로 끌고 간다는 것을 최근의 미국의 경험으로 알 수 있지 않은가? 나의 주장은 단지 최근의 경험에 비추어 기존의 주장을 재기술한 것이 아닌가?

단극 질서가 평화롭지 않으며 그 지속성은 단극이 다른 국가들의 이익을 포용하는 데 달려 있다는 것을 우리는 이미 알고 있다고 주장할 수도 있다. 이 점들은 직관적으로 파악할 수 있을지 모르나 이 점들 간의 연관성을 제시하는 이론의 맥락에서 체계적으로 다루어지지는 않았다. 단적으로 말하자면, 추상적으로든 냉전이 종식된 후의 역사적 경험과 연관해서든 단극 질서의 작동을 탐구하는 이론적 시도는 별로 없다.[15]

이미 살펴보았듯이, 1999년 논문 「단극 세계의 안정성」에서 처음 제시되었던, 단극 질서가 평화롭다는 월포스의 주장은 단극 세계의 갈등 취약성에 대한 우리의 관점을 여전히 지배하고 있다(Wohlforth 1999; Wohlforth 2009). 그렇지만 월포스의 주장은 지난 20여 년간 미국이 개입되었던 갈등을 설명하지 못한다.

이와 동시에 단극 질서의 지속성에 대한 그간의 논의들에서는 거의 대부분 불균등한 경제성장과 그 결정 요인들에만 집중해왔다. 중국은 계속 미국보다 빠르게 성장할 것인가? 혹은 경제성장의 속도가 더뎌지거나 심지어 멈춰 설 것인가? 중국 경제가 언제 미국을 추월할 것인가? 경제성장의 속도를 올리기 위해 미국은 무엇을 할 수 있

---

15 예외에 대해서는 Mowle and Sacko(2007); Hansen(2011) 참조.

는가?

　이 자체가 중요하긴 하지만, 이 문제들은 미국의 압도적인 군사력 우위가 지속되는 것과 거의 아무런 연관이 없다. 이유는 단순하다. 군사력은 경제발전의 부산물이 아닌 것이다. 군사력은 국가의 합목적적 행위의 결과이다. 구체적으로 군사력은 국가의 부의 일부를 군사적 능력의 창출에 투자하겠다는 국가 결정의 산물이다. 그렇기 때문에 군사력은 경제성장으로부터 저절로 따라 나오는 것이 아니다.

　핵 시대의 단극 세계라는 맥락에서 보면, 미국의 경제적 쇠퇴에 대한 반복적인 주장들과는 무관하게 미국의 압도적인 힘의 우위는 종식될 것으로 설정되어 있지 않음을 의미한다. 그렇지만 문헌들 어디에서도 군사력의 단극적 분포가 끝나게 되는 조건, 또는 역으로 경제력의 분포가 변하는 가운데에서도 군사력의 단극적 분포가 지속되는 조건을 제시하는 주장은 찾아볼 수 없다. 이 책에서는 이러한 이론을 수립하려고 하며, 단극 질서의 지속성에 대한 논의의 초점을 불균등 경제성장률이 아니라, 군사적 능력에 추가로 투자하려는 정치적 결정으로 재설정할 것이다.

국제정치학에서 이론의 역할[16]

　단극 이론의 부재는 전혀 놀라운 일이 아니다. 세기의 전환기에

16　이 부분은 Monteiro(2013a)의 논지에 기반을 두고 있다.

지속성 있는 단극 세계가 뚜렷한 가능성으로 떠올랐을 때 국제정치학은 이론으로부터 멀어져 있었다. 2001년에 월츠가 지적했듯이 "국제정치학에서 이론화 작업은 거의 이루어지지 않는다."[17]

굵은 붓으로 그림을 그리듯이 이 상황을 역사적 맥락에서 살펴보자면, 1960년대 중반부터 1970년대 후반까지 국제정치학은 경험적 접근과 귀납적 접근이 지배하고 있었다(Russett 1969; Schmidt 2001). 당시까지 국제정치에 대해 어떤 체계적이고 객관적인 접근도 할 수 없었으므로 국제정치에 대한 사실들을 축적하여 국제정치학의 몇 가지 근거를 수립하려고 했던 것이다. 그러다가 이론, 구체적으로는 체계 이론을 개척하려고 했던 월츠가 1979년에『국제정치이론(*Theory of International Politics*)』을 출간했다. 이 목적에 관한 한 월츠는 너무도 성공적이어서 이후 20년간 국제정치학은 이론적이고 때로는 철학적인 논쟁에 사로잡히게 되었다(Hollis and Smith 1990; Schmidt 2002). 이론 수준에서 신현실주의(neorealism), 신자유주의(neoliberalism), 그리고 후에 구성주의(constructivism)가 국제정치를 이해하는 올바른 렌즈로서의 우월성을 다투게 되었다. 이 논쟁은 먼저 현실주의자들과 자유주의자들 간에 소위 "신현실-신자유 논쟁(neo-neo debate)"으로 나타났고, 뒤에는 이 두 집단과 반실증주의 운동 간에 정치현상 연구의 올바른 철학적 기초에 대한 보다 메타이론적인 논쟁, 곧 "제3논쟁"으로 귀결되었다.[18] 월츠의 책이 출간되

---

17 Waltz(2011). 국제관계학 저술들에 대한 최근의 목록을 보면 국제관계 이론(예컨대 극성과 같은 거대한 주제를 다루는 이론)이 크게 감소하고 있음을 알 수 있다. Maliniak et al.(2011) 참조. 국제관계 이론의 쇠퇴 이유를 자세히 분석한 글로는 Mearsheimer and Walt(2013) 참조.

18 "신현실-신자유 논쟁"에 관해서는 Keohane(1986) 참조. "제3논쟁"에 대해서는 Lapid

고 난 후 20년간 거대 이론(grand theory)이 국제정치학을 지배했던 것이다.

이런 상황은 필연적으로 반작용을 낳아서, 대세는 다시 경험적 연구로 돌아가게 되었다. 지난 10여 년간 국제정치학에서 거대 이론이 이처럼 쇠퇴한 것은 정치학 전반에서 인과관계에 대해 점점 더 엄격한 확정 기준이 출현하게 된 결과, 곧 "확정 문제"(예컨대 원인 x 가 결과 y를 초래했다는 것을 우리가 어떻게 아는지의 문제)에 사로잡히게 된 결과 때문이었다. 미국 정치학계의 주류를 장악한 실증주의자들에게 지식이란 우리가 인과관계를 말끔하게 설정할 때, 즉 원인이라고 확정한 것이 실제로 결과를 초래했을 때만이 가장 과학적이다.

이런 종류의 지식을 산출하는 데 있어서 최고의 표준은 실험 방법(experimental method)이다. 가정된 원인이 무작위로 추출된 개체들에 "처리되고" 나머지 개체들은 처리되지 않은 통제 상태로 남겨두는 실험을 통해서만 인과관계의 추론은 강력해진다. 이러한 데이터는 실험실 혹은 현장 실험을 통해서나 자연과학적 실험을 활용하여 산출될 수 있다(Webster and Sell 2007; Gerber and Green 2012; Dunning 2012). 실험 데이터 다음의 차선책은 다수 사례(large-n) 관찰 데이터로, 편향성의 문제가 있을 수는 있으나 그럼에도 불구하고 (대부분의 사회과학자들의 눈에는) 인과관계에 대한 믿음을 확인할 수 있는 견고하고 통계적으로 유의미한 상관관계를 산출한다. 현재 미국 정치학계의 지배적 견해는 비교적 희소한 현상에 초점을 두거나 질적 증거에 의존하는 연구 디자인이 인과-확정이라는 토템 기둥에

(1989); Navon(2001); Monteiro and Ruby(2009a) 참조.

서 가장 바닥에 있다는 것이다.

불행히도 국제정치 이론이 필요한 문제들, 곧 극성(polarity)과 체계 안정성 간의 연관성뿐 아니라, 예컨대 전쟁의 기원이라든가 국제체계 변동의 원인, 국제 규범의 진화 혹은 단계적인 군사적 충돌 과정 등의 문제는 두 가지 이유로 실험이나 다수 사례 관찰식의 해답이 어울리지 않는다. 첫째로, 이 질문들의 본질 자체가 실험 방법을 불가능하고 비윤리적이며 비현실적인 것으로 만든다. 둘째로, 이 질문들은 관찰 가능한 사례의 수가 제한되어 있어서 단극 체계의 경우 관찰 가능한 수는 소련 붕괴 후의 기간 단 하나뿐이다. 요컨대 인과 확정의 가장 높은 기준을 활용하여 이 질문들을 연구할 수 있는 우리의 능력은 대단히 제한되어 있는 것이다.[19]

이러한 상황이 국제정치에 대한 과학적 연구에 국제정치 이론이 들어설 여지가 없음을 의미한다고 생각할 수도 있다. 실제로 지난 10여 년간 정치학의 대부분의 영역에서 이런 결론을 내린 듯하다. 이 기간 동안 많은 국제정치학자들이 국제정치 이론과 사례 연구가 가장 적절하고 활용 가능한 연구방법이었던 분야의 큰 질문들을 포기해버렸다. 대신에 이들은 보다 명확한 연구 디자인을 만드는 데 몰두했고 높은 수준의 인과-확정에 적합한 연구 질문들만을 다루었다. 결과적으로 오늘날 국제정치의 가장 중요한 질문들 중 상당수가 20년 전보다 학문적 관심을 덜 받게 되었던 것이다.

그것도 탈냉전 단극이라는 독특한 역사적 상황에서 그렇게 되었다. 이제 이 독특한 역사적 상황은 상대적으로 덜 매력적인 연구 주

---

19 체계적 맥락에서 발생한 현상을 분석할 때 나타나는 특정한 문제들에 초점을 두고 이러한 점을 보다 구체적이고 자세하게 논의한 글로는 Monteiro(2012a) 참조.

제가 되었고, 인과관계 메커니즘을 제대로 확정할 수 있는 능력이 모자란다는 비판에 취약하게 된 것이다.

정치학이 이론의 발전이 경시되는, 심지어 다른 방식으로 처리할 수 없는 연구 질문들을 다룰 때도 이론이 경시되는 분과학문으로 진화해가는 것은 상당히 문제가 많다. "필요한 이론은 다 가지고 있다"거나 이론의 발전이 실험이나 다수 사례 관찰로 만들어진 "경험적 기준(empirical benchmark)"에 의해서만 이루어질 수 있다는 식의 잘못된 생각은 국제정치학뿐 아니라 국제정치 자체에도 악영향을 미친다.

오늘날 과학적 분과학문으로서 국제정치학이 인과-확정에 사로잡히게 됨으로써, 우리는 근본적인 정당화 없이 자의적으로 과학에 대한 제한적인 관점을 지닌 채 연구할 수 있는 현상의 범위를 좁혀버린다(Monteiro and Ruby 2009a; 2009b). 메타 이론 수준에서 볼 때, 중요한 현상에 대한 지식을 구해 바람직한 결과를 만들어내고 치명적인 것을 피할 수 있게 한다는 목적보다 인과관계 확정이 더 우위에 있다는 주장은 과학에 대한 부적절한 관념을 드러내는 것이며 과학적 지식의 범위와 한계에 대한 과학철학의 논의를 이해하지 못하는 것이다.

여기에서 과학에 대한 다양한 관념에 판결을 내리려는 것은 아니다. 그럼에도 불구하고 인과-확정의 지배에 대해 두 가지 문제점을 강조하는 것은 중요하다. 첫째, 과학에 대한 특정한 관점을 지지해줄 수 있는 철학적 이유는 없으며, 따라서 과학/비과학의 경계를 설정하려는 어떠한 시도도 근본적으로 자의적일 수밖에 없다(Monteiro 2009a). 사실 실험 연구가 다수 사례 연구보다 더 "과학적"이고 다시 다수 사례 연구가 소수 사례 연구보다 더 "과학적"이라고 할 수 있는 철학적 이유는 없다. 이런 식의 완고한 경험주의는 과학철학 논쟁 전체에서 어떤 지지도 받지 못하며, 사실 과학에 대한 철학적 논쟁은 앞으로도 해소되지 않을 것이다(Monteiro 2009a). 둘째, 정치 연구의 범위를 사례가 많은 현상이나 실험을 할 수 있는 현상으로 제한하는 것은 그 정치적 중요성(인간의 삶에 어떻게 영향을 미치는가)은 차치하더라도 국제정치학을 정치적으로 쓸모없는 존재로 타락시킨다. 좀 더 과감하게 말하자면, 데이터의 질은 그 정치적 중요성에 필적할 수 없다. 이와는 반대로 특정한 현상의 중요성이 크면 클수록 이에 대한 좋은 데이터를 얻기 힘든 경우가 비일비재하다. 따라서 명확한 인과-확정의 연구 디자인을 지지하는 데이터를 쉽게 구할 수 있는 영역으로 정치 연구를 한정하게 되면 많은 것을 잃게 될 것이다.

나는 다른 글에서 과학의 본질에 대한 해결되지 않은(해결될 것 같지 않은) 근본적 논쟁에서 올바른 입장은 근본적 신중(prudence)이라고 주장한 적이 있다(Monteiro and Ruby 2009a; 2009b). 달리 말하자면, 과학의 경계가 어딘지에 대한 다수의, 서로 병존할 수 없는 철학적 주장에 직면했을 때, 우리는 그중 어느 하나를 지지하고 다른 것을 배척하려는 충동을 억제하는 대신에 가장 중요한 현상을 탐구해나가야 한다는 것이다.

이는 특정한 질문들 각각의 정치적 중요성과 인과-확정 표준 사이에서 조화를 이루는 접근이 필요함을 의미한다. 연구 질문이 정치적으로 중요한 경우(예컨대 수많은 인명에 중대한 영향을 미칠 수 있는 경우)에 인과 확정의 기준에 부합하는지의 여부를 떠나서 우리는 이 질문을 연구해야 한다. 이 질문에 부합할 수 있는 최선의 연구 디자인을 이용하여 연구해야 하는 것이다.[20]

여기에서 시금석이 되는 것은, 만일 우리가 정치적으로는 중대하지만 경험적으로는 고도의 인과-확정 기준을 충족하지 못하는 문제를 다루는 모든 연구를 "무시"했을 때 무슨 일이 일어나는가이다. 잠깐 생각해보아도 이 문제에 대한 해답이 떠오른다. 핵 억지와 핵 확산에 대한 수많은 연구들, 핵 위기가 드물고 핵전쟁이라는 것이 한 번도 일어난 적이 없으며 실험실에서 재생산될 수도 없는 이 분야의 연구들이 없다면 우리는 더 나은 세상에서 살 수 있을까? 나는 아니라고 생각한다. 우리에게 필요한 것은 인과-확정 기준과 복잡하지만 중대한 정치적 문제들 간의 건전한 조화이다.

단극 이론의 역할

국제정치의 현실에서도 국제정치학 연구 대상의 축소는 문제가 많다. 구체적으로 단극 이론의 부재는 국제정치의 현실에 심각한 영향을 미치고 있다. 만일 정책 결정자들이, 특히 미국의 정책 결정자들이 특정 정책이 놓이게 될 구조적 맥락을 이해하지 못한다면, 의도하지 않은 중대한 결과를 가져올 정책을 집행할 수 있을 것이다. 이 책에서 제시하는 이론은 미국의 외교정책 결정자들로 하여금 국제 체계의 단극 구조가 자신의 결정이 가져올 결과를, 월츠의 표현

---

20 Shapiro(2005)는 "방법 주도적" 연구보다는 "문제 주도적" 연구를 촉구하면서 유사한 결론에 도달했다.

을 빌리자면 "만들어내고 밀어대는(shape and shove)" 방식을 이해해서 전략적 판단을 할 수 있게 해준다(Waltz 1986, 343).

　단극 질서에 대한 통일된 이론을 만들어내지 못하면 여러 가지 중대한 현상 밑에 깔려 있는 연관성을 파악하지 못하게 되고, 따라서 핵심적인 국가 안보 영역에서 적절한 정책을 만들지 못하게 된다. 1989년 이래 미국이 개입되었던 네 전쟁, 즉 걸프전, 코소보 전쟁, 아프가니스탄 전쟁, 이라크전에 지금까지 많은 관심이 집중되었다. 그렇지만 우리는 이 전쟁들을 초래한 근본적인 구조적 원인에 대해 충분히 이해하지 못한다. 마찬가지로 현재 미국의 중대한 안보 문제인 자살 테러에 대한 연구들에 따르면 자살 테러의 뿌리가 미국이 외국 영토를 점령한 데 있다고 하는데(Pape 2003; 2005b), 우리는 탈냉전 시대에 왜 미군이 다른 나라들의 영토를 자주 점령하게 되는지 아직 모르고 있다. 단극 이론의 부재로 정책 결정자들의 눈을 가리게 된 다른 예로 최근 가장 뜨거운 논쟁거리가 되고 있는 중국의 부상 문제—부상할 것인지, 언제 어떻게 부상하고 어떤 결과를 가져올 것인지—를 들 수 있다(Jacques 2009; Friedberg 2011a). 그런데 우리에게는 불균형 상태의 힘의 분포에서 부상하는 국가가 왜 군사화하려고 하는지를 설명하는 어떠한 이론도 없다. 이 모든 현상이 미국에 대등한 경쟁국이 없다는 것과 연관되지 않을 수 있을까? 이 책에서는 그렇지 않다는 것을 명확히 보여줄 것이다.

　단극 질서는 향후 수십 년간 일어날 군사적 경쟁과 갈등의 수준 및 형태를 조건 지을 것이다. 그러므로 이는 우리 시대의 가장 중요한 정치 현상이며 인류의 삶에 가장 중대한 영향을 미칠 것이다. 또한 나아가 단극 질서는 부상하는 국가들이 미국과 군사적으로 경쟁할지의 여부를 결정하는 배후 조건을 만들어냄으로써 모든 강대국의 결정이—세계 경제체제의 개방성과 세계 경제의 성장 속도, 그리고 각 지역 간의 부의 분배 등에 중대한 영향을 미칠 결정이—이루어지는 지정 전략적 지형에 중대한 영향을 미칠 것이다. 요컨대 단극 질서는 향후 수십 년간 가장 중대한 정치적 문제가 결정되는 배경인 것이다. 따라서 실험이나 다수 사례 관찰을 통한 연구 디자인이 단극 세계에 대한 연구에 활용될 수 없다는 사실 때문에 단극 질서의 문제를 무시하면 안 될 것이다.

이 책은 주로 이론에 관한 것이다. 나의 관점은 월츠로 대표되는 구조적 이론의 전통 위에서 이루어졌으며, 월츠의 고전인 『국제정치이론』이 이 책의 제목에까지 영감을 주었다. 앞으로 나는 단극 세계가 어떻게 작동하는지에 대한 설명을 제시할 것이다.

단극 체계와 경험적 증거

앞으로 나의 이론을 지지하는 증거들을 제시하겠지만, 어떤 의미에서도 이 증거들이 내 이론을 "입증한다"라고 주장하지는 않는다.[21] 나의 이론의 옳고 그름을 결정할 만한 충분한 역사적 데이터가 없으므로, 단기간의 단극 세계에 대한 경험적 자료만이 주어졌다는 한계 내에서 이론의 타당성과 경험적 적절성을 보이기 위해 양면적 접근

---

21 어떤 기준의 증거들이 이론적 주장을 과학적으로 확정해주는지의 여부는 열띤 논쟁의 대상이다. 따라서 특정한 연구 디자인이 이론적 주장을 "입증하는 데" 더 낫다는 주장을 의문시하게 된다. Monteiro and Ruby(2009a; 2009b).

을 할 것이다.

우선, 나의 가정이 얼마나 타당한지, 인과적 추론이 얼마나 강력한지, 그리고 이 추론이 지니는 경험적 함의가 얼마나 명확한지에 대해 특별히 주의를 기울일 것이다. 나의 이론은 연역적으로 (일련의 가정들을 토대로) 수립되었기 때문에(다른 경우에는 이론이 경험적 규칙성에 대한 관찰을 기반으로 하고 이를 설명하는 이론이 귀납적으로 구성된다. 이 경우에 반드시 다른 데이터에 의해 검증되어야 한다), 이론이 근거하고 있는 가정을 구체화하는 것이 특히 중요하다. 그리고 나서 연역을 통해 이론을 수립하고 이로부터 인과적 추론과 경험적 함의를 추출할 것이다. 둘째, 단극 질서의 평화와 지속성에 대한 나의 이론적 주장의 타당성을 강화하기 위해 나의 견해를 부정할 수 있는 상태가 어떤 것인지 구체화하는 데 특별히 주의를 기울일 것이다. 지속성과 평화에 대한 이론적 논의를 하는 각 장의 마지막 부분에서 그렇게 할 것이며, 나의 이론이 체계적 평화와 지속성 및 단극의 대전략에 세력균형의 부재가 미치는 영향을 얼마나 잘 설명하는지를 최근의 사례를 활용해 보여줄 것이다.

나의 이론이 기존의 역사적 증거를 토대로 입증 혹은 반증될 수 없다고 해서 단극에 대한 기존의 다른 주장에 비해 열등하다고 인정하는 것은 아니다. 탈냉전 이후 20여 년간의 경험적 자료가 나의 이론을 입증하는 데 충분하지 않다면 단극 질서에 대한 어떤 이론에도 충분하지 않기 때문이다. 사실 단극 세계의 지속성에 대한 나의 주장의 경험적 함의가 다른 주장의 함의보다 명확하므로, 나의 이론은 앞으로의 경험적 데이터를 토대로 검증될 수 있다는 이점을 지니고 있다.[22]

이론의 함의

국제정치에 대한 다른 이론과 마찬가지로 나의 이론도 실증적(경험적)이고 규범적인 차원의 의미를 지니고 있어서 국제정치 이론가들과 외교정책 수립자들이 해야 할 것에 대한 일련의 규범적 진술을 제시한다(Reus-Smit and Snidal 2008).

이론적 영역에서 단극 질서가 평화롭지 않다는 나의 주장은 다극, 양극, 단극 등 국제 체계의 구조 모두가 갈등으로 가는 구체적인 인과 경로나 유인을 제공한다는 것을 의미한다.[23] 레짐의 유형이라든가 국제적 상호 의존, 국가 행동 규범, 국제제도 등 체계의 하위 수준의 요소들은 이 인과 경로가 실제로 갈등을 초래할 가능성을 강화(혹은 약화)할 수 있다. 그렇지만 구조적 힘이 밀고 가는 방향을 강조하는 것이 중요하다. 단극 체계 자체는 극이 더 많은 체계보다 "자비로운" 국제 체계가 아니다. 이렇게 본다면 다시 미국이 냉전에서 "승리"했다는 견해를 재평가해야 할 필요성이 생긴다. 미국이 오래전에 사라진 냉전의 숙적인 소련보다 오래 지속되었다는 데는 의심의 여지가 없다. 그렇지만 대등한 경쟁국이 사라진 세상이 미국에게 자국의 선호를 결과로 전환하는 데 더 좋은 기회와 더 낮은 비용을 가져

---

22 현재 국제정치의 변화에 대한 기존의 다른 주장에 대해서도 이처럼 말할 수 없다. 예컨대 중국이 반드시 미국에 대해 균형을 취할 것이라는 주장은 흔히 시간의 지평을 구체화하지 않는다. 따라서 중국이 실제로 미국의 패권에 도전하는 군사적 자산에 투자하면 이것은 이론이 맞았다는 증거가 된다. 반면에 중국이 투자하지 않을 경우에는 아직 아니다, 그러나 충분히 힘이 커지면 또는 충분히 위협을 받으면 반드시 그렇게 될 것이다 등이 된다. 이론을 반증할 가설적 상태가 설정되지 않으면 그 이론을 과학적이라고 하기는 어렵다. Lemke(2004, 52-75, esp. 70-72).

23 양극과 다극에서 갈등의 유인에 대해서는 Mearsheimer(2006) 참조.

다주었는지는 아직 미지수인 것이다.

보다 구체적으로 나의 이론은 특히 핵 시대의 단극 체계에서는 유일 초강대국이 저항적인 약소국들에 대해 자국의 정책 목표를 이루기가 더 어려워졌음을 밝혀준다. 이 약소국들에게는 단극의 요구에 직면하여 더욱 완고히 저항할 유인이 많기 때문이다. 따라서 다른 힘의 분포와 비교하여 단극 체계의 상대적 이점에 대해 더욱 깊이 있게 분석할 필요가 생긴다. 이에 대해서는 이 책에서 논의를 시작하지만 궁극적으로는 이 책의 범위를 벗어난다(Glaser 2011a).

마찬가지로 단극 체계의 지속성을 결정하는 요인에 대한 나의 주장은 국제정치 이론에서 중요한 함의를 지닌다. 두 가지가 특히 중대하다. 첫째, 군사력의 분포가 경제력의 분포와는 원칙적으로 별개라는 것을 보임으로써 단극적 군사력 분포의 지속성에 대한 논의의 초점을 바꾸려고 한다. 앞으로 논의하듯이, 핵 세계에서 부상하는 경제적 강대국들은 체계적 세력균형을 재구축하지 않은 채 자국의 안보상 목적을 이룰 수 있기 때문에 단극 질서를 지속화할 수 있다. 따라서 분석의 초점을 경제성장의 결정 요인으로부터 군사화(militarization)의 결정 요인으로 이동해야 한다.[24] 둘째, 부상하는 경제적 강대국들이 견고한 핵 억지에 의해 생존이 보장되었음에도 불구하고 균형을 취할지의 여부는 자국의 경제성장에 대한 단극의 전략에 달려 있다. 만일 단극이 이들의 경제성장을 포용한다면, 이들

---

24 군사화 문제는 최근 수학적 모델들의 연구 대상이 되었다. Powell(1993); Slantchev (2005); Baliga and Sjostrom(2008); Meirowitz and Sartori(2008); Jackson and Morelli(2009), Fearon(2010); Meirowitz and Ramsay(2010); Slantchev(2011); Debs and Monteiro(2014).

은 균형을 취할 유인이 없게 된다. 반대로 단극이 잠재적 경쟁국들의 경제성장을 봉쇄한다면, 이 국가들에는 균형을 취할 유인이 생기고 궁극적으로 단극 세계의 종말이 올 것이다. 이는 우리가 균형에 대한 이론을 수정하고 이 이론과 세력균형론의 연관성을 다시 생각해볼 필요가 있음을 의미한다. 나의 이론은 이 두 종류의 이론을 논리적으로 분리해야 한다는 점에 주목한다(Nexon 2009). 균형은 합목적적인 국가 행동이며 반드시 세력균형으로 귀결되는 것은 아니다. 세력균형도 균형 정책을 필요로 하는 것은 아니다. 국가 행동의 의도치 않은 결과로 세력균형이 이루어질 수 있기 때문이다(Nexon 2009). 어떤 강대국이라도 핵을 보유하면 생존이 보장되기 때문에 새로운 초강대국이 출현할 가능성이 거의 없는 세계에 우리의 이론을 적용하기 위해서는 이린 이론적 수정이 필요허다. 사실 1945년 7월 16일에 뉴멕시코주 알라모고르도에서 진행된 트리니티 실험에서 첫 번째 핵무기가 폭발한 이래로 어떤 초강대국도 새로 출현하지 않았다.[25] 만일 미국이 포용적 정책을 지속한다면 가까운 장래에 새로운 초강대국이 출현할 가능성이 없다는 것이 나의 주장이다.

또한 이 책에서 제시하는 나의 주장에는 중대한 정책적 함의도 있다. 첫째, 단극 체계에서의 갈등의 가능성에 대한 나의 주장은 체계 이론의 관점에서 볼 때 단극의 대전략이 골디락스(Goldilocks, "골디락스와 세 마리 곰" 우화에서 비롯된 개념으로 '뜨겁지도 차갑지도 않고 적당하다'는 의미이다—역주)가 아니라는 것을 의미한다(Rosecrance 1995). 다시 말해, 전반적인 갈등 수준에 관한 한 미국이 "적당한" 전

---

25 "초강대국"에 대한 나의 정의에 대해서는 제2장을 참조하라. 소련은 2차 세계대전 말에 이미 초강대국이었고, 중국은 아직 초강대국이 아니다(제4장과 제5장 참조).

략을 가질 수는 없다는 것이다. 미국의 군사 전략 각각은 모두 대결과 심지어 군사적 갈등으로 귀결되는 구체적 통로를 열게 되기 때문이다. 지배 전략은 공세적이든 방어적이든 미국을 빈번한 전쟁으로 끌고 들어갈 것이며, 비관여 전략은 다른 국가들 간에 긴장을 고조시켜 무력 분쟁을 촉발하고 궁극적으로 전쟁으로 악화될 것이다. 나의 주장이 옳다면 미국의 압도적인 힘의 우위가 지속되는 한 지난 20여 년간 세계가 경험했던 상당한 수준의 갈등이 계속될 것이다. 요컨대 단극 질서는 해도 망하고 안 해도 망하는 상황이며 갈등은 결코 피할 수 없다.

둘째, 단극 질서의 지속성에 대한 나의 주장은 힘의 사용을 제한적으로 하고 다른 국가들의 경제성장을 포용한다면 미국이 군사력에서는 자국의 지위를 유지할 수 있음을 의미한다. 이는 미국의 외교정책, 특히 중국과 같이 부상 중인 국가들과 워싱턴 간의 관계에 중대한 함의를 지닌다. 또한 이는 미국의 정책 결정자들이 지금까지 거의 논의되지 않고 있는 문제, 즉 상대적 경제력은 후퇴했으나 군사적 우위가 유지될 때 어떻게 미국의 영향력을 극대화할 수 있는가 하는 문제에 대해 고민하기 시작해야 함을 의미한다.

책의 구성

이 책은 다음과 같이 구성되어 있다. 제2장에서는 나의 이론을 수립하기 위해 필요한 기초 작업으로 단극 질시에 대한 논쟁의 맥락에서 나의 주장을 제기하고 핵심적인 개념과 용어를 제시한다. 제3

장에서는 단극에 가능한 전략적 선택지를 규정하고 전략적 선택을 좌우할 요소들을 구체적으로 살펴본다. 제4장에서는 단극 질서가 지속적인지에 대한 나의 이론적 해답을 제시한다. 제5장에서는 냉전이 종식된 이후 최근의 역사가 나의 이론의 예측에 얼마나 부합하는지를 검증한다. 제6장에서는 단극 질서가 평화로운가 하는 문제에 대한 해답과 단극 세계에서 갈등으로 귀결되는 인과관계 메커니즘을 제시한다. 제7장에서는 탈냉전 시대의 사례를 통해 이 인과관계 메커니즘을 설명한다. 마지막으로 제8장에서는 나의 전체 주장의 정책적·이론적 함의를 추출하고 평화와 지속성에 대한 나의 주장을 함께 엮어 단극에 가능한 대전략들 각각의 결과를 평가한다.

책을 읽고 나면 단극 질서의 주요 차원에 대한 통일된 그림이 그려질 것이다. 이와 동시에 냉진이 종식된 이후 군사력의 압도적 우위를 누리고 있는 미국이 선택할 수 있는 대전략들의 결과에 대해 뚜렷한 이미지를 가질 수 있을 것이다.

제2장

단극 체계의 개념화

이 장은 세 가지 기능을 수행한다. 첫째, 단극 체계에 대한 나의 주장의 기반이 되는 국제정치 이론을 제시한다. 둘째, 나의 이론의 핵심이 되는 개념을 정의한다. 마지막으로, 단극 체계에 대한 나의 주장과 연관된 몇 가지 중요한 이슈에 대해 기초적인 논의를 한다. 그 전에 나의 단극 이론과 연결된 이론적 전통, 곧 구조적 현실주의 (structural realism)와 나의 이론 간의 관계에 대해 먼저 살펴본다.

구조적 현실주의와 단극 체계

단극 체계 이론은 국제 체계의 특정한 구조적 배열에 대한 이론이다. 따라서 이 책은 구조적 현실주의로 분류되는 학문 전통에 크게 의존하고 있다. 구조적 현실주의 전통에서 가장 중요한 업적은 의심의 여지 없이 월츠의 1979년도 책『국제정치이론』이다(Waltz 1979). 이 책의 핵심적인 논지는 국가들의 목적이 특정한 국가 행위로 전환되고 다시 특정한 결과를 산출하게 되는 방식이 국제 체계의 구조에 의해 조건지어진다는 것이다. 다시 말해, 월츠는 경쟁, 갈등, 동맹 등 국제 체계에서 반복적으로 나타나는 패턴을 단위가 아닌 체계의 구조를 통해 설명하려고 했던 것이다. 월츠가 구조에 대해 의미한 바는 체계의 조직 원리(무정부 아니면 위계), 단위들의 기능(특히 군사적 자산의 보유와 연관하여 국가들의 기능이 유사한지 아니면 차별적인지), 그리고 국가들 간의 힘의 분포(몇 개의 초강대국이 존재하는지)이다.[1] 요컨대 구조적 현실주의는 힘과 국제정치의 구조에 초점을 둔 것이다.

현실주의에서 힘이 핵심이라는 점을 감안할 때, 국제 체계에 대한 구조적 분석이 초강대국들 간의 상호작용에 초점을 두고 있는 것은 당연하다(Mastanduno 1997, 50). 월츠가 말했듯이, "소설과 마찬가지로 국제정치에 대한 이론도 한 시기의 초강대국들을 중심으로 쓰여진다"(Waltz 1979, 72). 이에 따라 구조적 현실주의자들은 양극 체계와 다극 체계의 상대적 이점을 규명하는 데 노력을 기울여왔다.

그러나 구조적 현실주의는 단극 세계에 대해서는 곧 사라질 것이라는 점 외에 별로 할 말이 없다.[2] 월츠는『국제정치이론』에서 존재할 수 있는 초강대국의 최소한의 수를 둘로 정했고, 따라서 연구

1　국제 구조에 대한 다른 관점으로는 Donnelly(2012) 참조.
2　두 가지 중요한 예외는 Mowle and Sacko(2007)과 Hansen(2011)이다. 이에 대해서는 뒤에서 상술할 것이다. 나는 단극에 대한 월츠의 논의에 초점을 두는데, 그것이 구조적 현실주의의 접근을 대표하기 때문이다. 신현실주의의 다른 학자들에게도 유사한 비판이 제기될 수 있다.

범주에서 단극을 배제한다(Waltz 1979, 136). 이 책에서는 양극 체계와 다극 체계에 대해서는 많이 논의하지만 "단극 체계(unipolarity)"라는 용어조차 쓰지 않는다. 월츠는 2011년의 인터뷰에서 단극을 제외한 것을 후회한다고 인정한 바 있다. "이제 양극 체계는 종막을 고했는데, 만일 책을 다시 쓴다면 무엇을 고치겠습니까?"라는 질문을 받고 대답하기를, "단극 체계에 대해 무언가를 추가할 것입니다. 단극 세계가 어떤 모습일지, 또 이런 세계의 장점과 단점이 무엇일지"(Waltz 2011, 4)라고 했다. 그렇지만 월츠는 단극 체계에 대해 논하는 것을 끝까지 피했다. 그는 소련이 미국과의 지정 전략적 경쟁을 포기한 지 4년이 지난 1993년에 세계를 "변형된 양극 체계"로 묘사했고 2000년에는 "다극 체계가 출현하고 있는" 상황이라고 진단했다(Waltz 1993; 2000a). 왜 이렇게 고집스럽게 단극 체계를 외면했을까?

월츠와 구조적 현실주의자들 대부분이 단극의 개념을 포용하는데 주저하는 이유는 월츠가 유일하게 이에 대해 언급한 대목에서 찾아볼 수 있다. 월츠는 1997년 논문에서 "구조 이론의 관점에서 볼 때 단극 체계는 가장 불안정한 국제 체계"라고 주장했다(Waltz 1997, 915). 다시 말해, 구조적 현실주의에서는 세력균형 메커니즘이 핵심적인 역할을 하기 때문에 단극 체계는 조만간 사라질 비정상인 것으로 보였던 것이다.[3] 따라서 지속되고 있는 단극 체계는 바로 구조

---

3 버스 핸슨(Birthe Hansen)은 월츠가 국제 체계의 형태에 단극 체계를 포함하지 않은 이유에 대해 세밀한 설명을 했는데, 그는 다음 세 가지 이유를 들었다. 첫째, 월츠는 냉전 시기에 저술하면서 양극 체계가 안정적이라고 생각했다. 둘째, 월츠는 초강대국이 하나만 존재하는 체계가 무정부는 아닐 것이라고 생각했다. 셋째, 월츠는 단극 체계를 위계적인 세계 정부와 동일시했는데 국가들은 이런 존재를 신뢰하지 않는다고 믿었고 이런 존

적 현실주의의 기본적인 예측에 도전하고 있는 것이다. 랜덜 스웰러 (Randall Schweller)가 주장하듯이, "반복적인 세력균형의 형성은 월츠의 이론에 핵심적인 것이다. (…) 이것에 문제가 생기면 이 이론의 예측은 빗나가게 되며 그 처방은 재앙이 될 것이다"(Schweller 1999, 37). 실제로 월츠의 이론에서는 다음과 같이 예측한다. "선택이 자유롭다면 하위 국가들은 약한 편으로 모여들 것이다. 이들을 위협하는 것은 강한 쪽이기 때문이다"(Waltz 1979, 126). 냉전이 끝나고 10년이 지났을 때에도 월츠는 단극에 대한 균형이 필연적이라고 믿었다. "지배적인 강대국이 자제와 인내를 가지고 행동한다고 해도 약한 국가들은 장래의 행동에 대해 걱정하게 될 것이다"(Waltz 2000b, 1). 요컨대 유일 초강대국의 지속적인 존재 자체는 국가들이 힘의 집중에 대항하여 균형을 취하고 결국 세력균형이 다시 일어날 것이라는 구조적 현실주의의 핵심적인 신조를 거부하고 있는 것이다.[4] 바로 이점이 단극 체계에 대해 대부분의 구조적 현실주의자들이 침묵을 지키는 이유이다. 사실 제4장에서 보게 되듯이, 단극 체계의 지속을 설명하기 위해서는 구조적 현실주의, 특히 체계적 세력균형에 대한 구조적 현실주의의 자연주의적 관점이 수정되어야 한다.

단극 체계에 대한 점증하는 연구들에도 불구하고 구조적 현실주의 이 외에는 단극 체계에 대한 체계적인 이론을 찾아보기 힘들다.[5]

재는 출현하지 않을 것이라고 생각했다(Hansen 2011). 그렇지만 냉전이 종식된 이후에도 월츠가 침묵을 지킨 것은 설명되지 않는다. 같은 이론 전통의 다른 학자들의 침묵도 마찬가지이다.

4   세력균형의 반복이 구조적 현실주의의 핵심 수칙이라는 것이 일반적인 평가이다. Nexon(2009) 참조. 이에 대한 반론으로는 Mowle and Sacko(2007) 참조.

5   예외로는 Mowle and Sacko(2007); Hansen(2011) 참조.

단극 체계에 대한 가장 영향력 있는 저술인 『균형 없는 세계(*World out of Balance*)』는 단극이 지니는 한계에 대한 기존 견해들을 근본적으로 비판한다(Brooks and Wohlforth 2008). 그렇지만 스웰러가 지적하듯이, "단극 체계의 속성에 대한 일반이론, 그리고 단극 체계가 미국뿐 아니라 다른 모든 국가에 어떤 영향을 미치는지를 설명하는 일반이론을 제시하지 않는다"(Schweller 2011, 179). 로버트 저비스(Robert Jervis)도 이에 동의하면서 "단극 체계가 어떻게 작동하는지에 대한 강력한 이론도 충분한 증거도 없다"라고 주장한다(Jervis 2009, 188).

이 책은 바로 이 이론적 공백을 메우려는 시도이다. 이를 위해 나는 단극 세계가 어떻게 작동하고, 언제 어떻게 끝나며, 단극의 전략적 선택에 대한 체계적 제약이 무엇인지에 대한 이론을 수립한다. 이제 나의 이론의 가정을 구체화할 차례이다.

무정부, 생존, 합리성

모든 연역 이론과 마찬가지로 단극 이론도 몇 가지 가정으로부터 시작된다. 나의 이론은 네 가지 가정에서 시작되는데, 넷 모두 구조적 현실주의 전통의 기존 연구로부터 차용한 것이다.[6]

단극 이론은 전체적인 세력균형이 존재하지 않는 국제 구조가 어떻게 결과를 제약하는지에 대한 이론이다. 보다 정확하게 말하자면,

---

6   이론적 가정에 관한 나의 관점에 대해서는 Monteiro and Ruby(2009a) 참조.

단극 이론은 어떻게 국제 구조가 국제정치의 주요 행위자들을 제약하여 결과에 영향을 미치는지를 특정한다. 따라서 나의 가정은 국제 체계의 구조와 행위자들 양자에 관한 것이다.

첫 번째 가정은 모든 구조적 현실주의에 공통된 것으로, 주권 국가가 국제 체계의 핵심적 행위자이며 따라서 체계는 무정부적이라는 것이다. 이런 맥락에서 무정부는 질서의 부재를 의미하는 것이 아니다. 국가 행동과 국제적 결과가 규칙적일 수 있다는 의미에서의 질서는 세계 정치에 존재할 수 있다. 그렇지만 여기에서의 무정부는 체계를 통제하고 결과를 위계적으로 부여할 수 있는 중앙 권위의 부재를 말한다.[7] 물론 국가들 간의 관계는 공식·비공식 제도에 의해 통제되기도 한다. 또한 위계적일 수도 있다. 그렇지만 나의 이론의 관심 영역, 곧 단극적 군사력 분포의 평화와 지속성이라는 영역에서는, 언제 어떻게 국익을 위해 군사력을 사용하거나 위협할지를 스스로 결정할 능력을 보유하고 있는 강대국들을 이 제도와 위계 구조가 구속할 수 없다.

두 번째 가정은 국가들이 생존(survival)을 최우선의 목표로 한다는 것이다. 존 롤스(John Rawls)의 개념을 빌리자면, 생존은 모든 다른 목표에 대해 "사전적 우선성(lexical priority)"을 지닌다(Rawls 1971, 63). 달리 말하자면, 국가들은 다른 목적을 추구하기 위해 생존 가능성을 낮추는 어떠한 행동도 하지 않는다. 국가들의 최우선 목적은 자국이 활동하는 위협적 환경 속에서 생존을 보장할 수 있는 모든 합당한(reasonable) 조치를 취하는 것이다.

7　현실주의에서 무정부를 가정하는 것의 역할에 대해서는 Milner(1991) 참조.

이 가정 역시 구조적 현실주의 전통에 공통적인 것이기는 하지만 그 의미는 제대로 특정되지 않곤 한다. 생존은 안보(security)나 자율성(autonomy)과는 다르다. 생존은 주어진 영토 내의 한 정치체제가 오직 자신의 상대적 힘에 의해서만 영향을 미칠 수 있는 국제 체계에서 자율적 행위자로 유지되는 것을 말한다. 안보는 생존을 포함하지만 그 이상까지 포괄하는 개념으로, 국가의 생존 자체에 위협이 되지 않는 것까지를 포함하여 국가에 대한 모든 위협을 억지하거나 패퇴할 수 있는 능력을 요구한다. 마지막으로 자율성은 연속적인 변수―국가들은 자율성의 수준이 다를 수 있다―이지만 생존은 이분법적 변수―국가는 생존하거나, 아니면 생존하지 못한다―라는 차이가 있다. 요컨대 생존은 국가 안보의 최소한의 핵심 요건이며 국가는 상대적 힘에 따라 다양한 수준의 자율성을 지니고 생존한다.

국제적인 위협 수준에서 "합당함"의 요건은 특히 중요하다. 이것이 없으면 나의 이론적 기초는 공격적 현실주의(offensive realism)에 가까워질 것이다. 공격적 현실주의에서는 다른 국가들의 의도가 불확실하기 때문에 국가는 세계 최강 혹은 그 지역 최강이 되지 않으면 생존을 확실히 보장받을 수 없다고 믿는다(Mearsheimer 2001a). 이 논리에 따르면, 국가들은 항상 생존 가능성을 높이기 위해 추가적 조치들, 곧 추가적인 자원과 군사력을 확보해야만 한다. 국가들에 더 이상 상대적 힘을 증대하지 않아도 되는 사치란 없다.[8]

이는 국가의 행동과 체계의 작동방식에 대한 좋은 묘사가 아니다. 이와 달리 국가들은 앞에서 언급한 합당함의 제약 속에서 생존

---

8   공격적 현실주의의 가정이 반드시 이 이론이 추론하는 결과로 귀결되지 않는다는 점에 대해서는 Wagner(2007) 참조.

가능성을 극대화하려고 시도한다. 다른 국가들의 의도를 확실히 알수 없음에도 불구하고 국가들은 절대적인 최악의 시나리오가 아닌 합당한 위협(reasonable threat)에 대한 계산 위에서 자국의 전략을 수립한다.[9] 대부분의 국가는 대부분의 경우 생존에 대한 진정한 위협에 직면하지 않는다. 예컨대 캐나다의 지도자들은 미국의 침략을 격퇴하기 위해 충분한 군사력을 축적해야 한다는 문제에 시간을 허비하지 않는다. 이유는 간단하다. 현재의 미국과 캐나다의 관계를 감안할 때 이런 침략은 전혀 일어날 것 같지 않기 때문이다.

국가들은 생존이 위협받을 가능성이 높은 상황에 직면하게 되면 당연히 이 위협을 완화, 억지, 패퇴하기 위해 할 수 있는 모든 일을 다 할 것이다. 위협을 가하는 국가에 대해 균형을 취하는 것이다. 균형은 추가적으로 잠재적 국력을 군사력으로 전환함으로써 내적으로 이루어질 수도 있고, 다른 국가들과 동맹을 맺어서 위협을 진정시키기에 충분한 군사력을 확보하는 외적인 방식으로 이루어질 수도 있다.[10] 그렇지만 생존에 대한 합당한 위협이 존재하지 않을 때 국가들은 다른 목적을 추구하게 될 것이며, 국가 생존이라는 최우선의 목적이 훼손되지 않는 방식으로 그렇게 할 것이다.

나의 이론의 기초가 되는 세 번째 가정은 국가들이 생존 다음으로 부(wealth)를 추구한다는 것이다. 부는 두 가지 이유로 중요하다. 첫째, 국가들에게는 당연히 경제성장 그 자체가 중요한 목적이

---

9   국제관계 이론에서 불확실성의 역할에 대해서는 Rathban(2007); Mitzen and Schweller (2011) 참조. 국가 행동의 추동력으로서 안보 위협의 역할에 대해서는 Walt(1985); Walt (1987) 참조.
10 내적·외적 균형에 대해서는 Waltz(1979, 116, 163) 참조.

다(Viner 1948). 정치체제들은 국내정치 수준에서 체제의 생존을 결정짓는 데 영향을 미치는 "선정자 집단(selectorate)"의 지지율을 높이기 위해 부를 축적하는 데 관심을 가진다(Bueno de Mesquita et al. 2003). 둘째, 부는 국가의 장기적 생존 가능성을 높이기 위해 필수적이다. 군사적 능력은 중·단기간의 군사적 위협을 억지하거나 자국을 방어하는 데 필수적이지만, 원칙적으로 모든 군사적 능력은 궁극적으로 노후화한다.[11] 따라서 장기적으로는 최신의 군사기술을 확보하는 데 필요한 잠재적 국력, 곧 부를 보유하는 데 생존이 달려 있다. 요컨대 국가들은 안보적 이유에서도 경제성장을 추구하는 것이다.

물론 위신이라든가 이념 같은 다른 국가 이익도 국가 행동에 영향을 미친다. 그렇지만 국가들의 최우선 목적이 생존과 부라는 가정은 다른 요소의 압력이 부차적이라는 것을 의미한다.

마지막 가정은 국가가 합리적이라는 것이다. 국가의 합리성을 가정하지 않은 국제정치 이론은 최소한 두 가지 문제를 지닌다. 첫째, 국가 행동을 설명할 수 없다. 둘째, 결과적으로 반증하기(falsify)가 어렵다.[12]

월츠의 이론이 바로 이런 경우이다. 널리 알려진 바와 같이, 월츠는 국제정치 이론이 외교정책 이론이 아니므로 특정한 국가가 어떻게 행동할지 예측할 수 없다고 주장했다.[13] 그는 국가가 합리적이라

---

11 예컨대 미국이 기술의 진보로 포괄적인 미사일 방어체계를 전개할 수 있게 되면 다른 국가들의 핵 보복 능력은 저하된다. Glaser and Fetter(2001).

12 나의 가정들 중 이것은 국가 행동에 대한 정확한 기술이라기보다는 하나의 "유용한 픽션"과 같은 성격을 지닐 것이다. 즉, 국가들의 동기와 행동에 대한 합당한 단순화라는 것이다. 현실이 이 단순화에 가까워질수록 이론은 경험적으로 더 풍부해진다. 국제관계 이론에서 가정의 역할에 대해서는 McDonald(2003) 참조.

고 가정하지 않음으로써 자신의 이론에서 국가 행동을 설명하려고 하지 않는다. 대신에 패턴과 결과, 즉 국가 행동의 결과에서의 규칙성을 설명한다. 달리 말해, 월츠는 특정한 국가가 무엇을 할지에 대한 예측이나 설명을 의도하지 않은 것이다. 그는 국제정치의 구조적 이론으로 특정 국가의 행동을 예측하라고 요구하는 것은 "만유인력 이론으로 낙엽의 낙하 경로를 설명하라는 것"과 마찬가지라고 주장한다(Waltz 1979, 121). 월츠에게 "국가 행동은 구조에 의해 결정되는 것이 아니며, 국가는 원하면 어떤 바보짓이라도 할 수 있다."[14] 요컨대 월츠의 이론은 합리적일 수도 있고 그렇지 않을 수도 있는 국가들의 행동의 결과, 국가들에 무슨 일이 벌어질지를 설명하는 데에만 유용한 것이다.

결과적으로 경험적 증거를 통해 월츠의 이론을 반증할 수 있는 여지는 상당히 제한된다. 어떤 국가 행동도 월츠의 이론을 부정하기 위해 동원될 수 없는 것이다. 이와는 반대로 그가 보기에 바람직하지 않은 결과를 초래할 것을 포함한 어떠한 국가 행동도 월츠 이론의 시야 내에서 설명될 수 있다. 월츠의 이론을 반증할 수 있는 유일한 경험 자료는 그의 이론이 예측한 특정한 결과가 현실화되지 않았다는 증거뿐이다.

따라서 나는 이 책에서 국가의 합리성을 가정한다. 그럼으로써 다른 많은 학자들과 같이 외교정책 영역에 구조적 이론화를 적용하

---

13 Waltz(1979, 67-73, 121-122). 합리성 가정이 없이 이론화한 데 대한 비판을 월츠에 적용한 것으로는 Mearsheimer(2009) 참조.
14 Waltz(1997, 915). 이 주장은 국가들이 균형을 취하면 현실주의가 증명되는 것이라는 견해와 모순된다.

여 국가 행동에 대한 예측을 도출하고 결과적으로 정책 함의를 도출한다.[15] 이 가정은 비합리적으로 행동했을 때의 막대한 비용을 감안할 때 대부분의 국가가 대부분의 경우 합리적으로 행동한다는 나의 견해를 반영하는 것일 뿐 아니라 나의 이론을 반증하는 데 쓰일 수 있는 증거의 범위를 넓혀준다는 이점도 가지고 있다. 구체적으로 말하자면, 나의 이론으로부터 도출된 예측에 일치하지 않는 국가 행동은 나의 이론에 대한 반증으로 간주되어야 한다. 제1장에서 논의한 대로, 단극 체계에 대한 이론을 평가할 수 있는 경험적 토대는 매우 제한되어 있다. 그러므로 이론의 반증 가능성을 높여서 과학적 성격을 강화하는 것이 중요해지는 것이다.

이 가정들은 모든 국가에 똑같이 적용된다. 이 책에서 제시하는 단극 이론에서는 서로 다른 국가들의 서로 다른 행동을 설명해야 한다. 핵 시대의 단극 체계에 내재되어 있는 잠재적 지속성을 설명할 때, 나의 이론에서는 왜 단극이 자신의 지위를 유지할 수 있게 해주는 행동을 계속할 것인지, 그리고 왜 다른 국가들이 단극과 경쟁하지 않을 것인지를 설명해야 한다. 나아가 단극 세계의 본질적인 잠재적 갈등을 설명할 때, 나의 이론에서는 대부분의 국가가 단극의 이익을 포용하는 반면에 단극을 반대하는 데 엄청난 비용이 수반되는데도 어떤 국가는 그렇지 않은 이유를 제시해야 한다. 단극 세계를 이해하는 데 이론이 가치가 있으려면, 이러한 상이한 행동에 대한 설명이 가정이 아닌 이론의 작동, 곧 인과관계 추론으로부터 나오는 것이 필수적이다. 따라서 여기에서 제시된 가정들은 모든 국가

15　Nearsheimer(1990); Waltz(1991); Layne(1993); Waltz(1993) 참조. 구조적 현실주의가 외교정책 이론을 포함하고 있는가에 대해서는 Elman(1996); Waltz(1996) 참조.

에 똑같이 적용되며, 국가들의 상이한 행동을 예측하는 데 충분한 것은 아니다. 뒤에서 제시할 나의 이론에서는 국가들의 상이한 행동이 국제적 맥락에서 차지하고 있는 상이한 위치에 의해 결정되며 국가들의 상이한 위치는 다시 단극과의 전략적 관계와 상대적 힘에 의해 결정된다고 본다.

구조, 극성, 초강대국

가정들이 명확해졌으므로 이제 핵심 용어를 정의할 수 있다. 아래에서 국제정치의 구조, 단극 체계 및 초강대국에 대해 정의한다.[16]

구조

앞서 논의했듯이, 월츠는 국제 체계의 구조를 세 가지 측면에 따라 정의했다. 체계의 조직 원리, 단위들의 기능, 힘의 분포가 그것이다(Waltz 1979, 100-101). 그의 추론을 따라 국제 구조의 이 세 가지 측면을 순서대로 논의한다.

첫째, 정치 체계에는 위계(hierachy)와 무정부(anarchy)의 두 가지 작동 원칙이 있다. 월츠에 따르면, 국내 체계는 위계적이며 국제 체계는 무정부이다. 이 의미는 국가 내부와는 달리 국가들 간에는 다른 모든 국가가 따라야 하는 위계적인 결정을 할 수 있는 세계 국

---

16 여기에서의 논의는 논쟁적인 것이 아니라 개념 규정에 관한 것이다. 따라서 이 논의는 옳고 그른 것이 아니라 그 유용성에 따라 평가되어야 한다. Goertz(2005).

가가 존재하지 않는다는 것이다.[17] 결과적으로 국가들은 자구적 환경(self-help environment)에 놓이게 되어 궁극적으로 자국의 생존과 안보와 독립성을 지키기 위해서 자국의 능력에만 의지해야 한다.[18]

둘째, 국제 체계의 구조는 단위들의 기능을 설정하여 정의된다. 위계적 국제 체계에서는 패권국이 생존을 포함한 각 국가의 핵심 기능을 보장해(또는 보장을 안 해)줄 수 있는 충분한 힘을 지니고 있어서 각 국가가 서로 다르고 다양한 기능을 전문화할 수 있게 해준다 (Waltz 1979, 93-97). 그러나 무정부적 체계에서는 각 국가가 생존과 안보, 독립성 등 동일한 목적을 추구할 능력을 확보해야만 하며, 따라서 각국은 유사한 기능적 능력을 지니게 된다.

셋째, 유사한 단위들의 무정부적 세계에서 국제 체계의 구조는 힘의 분포에 의해 규정된다(Waltz 1979, 97-99; Berenskoeter and Williams 2007). 힘의 분포, 특히 체계 내의 가장 강한 국가들 사이에 힘이 어떻게 분포되었는지는 국가들의 선택에 영향을 미치며, 따라서 체계의 작동방식을 규정한다. 월츠는 국력의 의미에 대해 상술하면서 물질적 능력의 핵심적 측면으로 영토, 인구, 자원, 경제적 건전성, 군사력, 정치적 안정과 효율성에 주목했다(Waltz 1979, 131). 월츠에 따르면, 이 모든 측면에서 막대한 능력을 보유해야만 강대국으로 간

---

17 이는 국제정치에 위계적인 관계가 존재하지 않는다는 것이 아니다. 오히려 국제관계의 많은 측면이 위계적이다. 핵심은 전반적인 위계(overall hierarchy)가 존재하지 않는다는 것, 즉 체계에서 가장 중요한 국가들이 서로에 대해 상당한 독자성을 지니고 있는 상황이 아니라는 것이다. 다시 말하자면, 무정부 상태에서도 특정 국가들 간에는 위계가 존재할 수 있다. 국제정치의 위계에 대해서는 D. A. Lake(2009) 참조.

18 Waltz(1979, 88-93). 구조적 현실주의에서 무정부의 역할에 대한 비판으로는 Wendt (1992) 참조.

주될 수 있다. 즉, 몇 가지 측면에서만 뛰어나다고 해서 강대국이 되는 것이 아닌 것이다.

강대국의 수는 국제 체계의 구조를 결정한다. 월츠는 두 가지 가능성만을 상정한다. 강대국이 둘 존재하는 양극(bipolarity)과 셋 이상의 강대국이 있는 다극(multipolarity)이 그것이다. 이 책에서는 이를 확장해서 제3의 가능성으로 단극을 다룬다.

그러나 구조에 대한 이런 정의는 구조적 현실주의자들 사이에서도 합의가 된 것은 아니다. 찰스 글레이저(Charles Glaser)는 『합리적 국제정치이론(*Theory of Rational International Politics*)』에서 강대국 정치에 대안적인 체계적 설명을 제시하고 있는데, 군사력이 국제 체계 구조의 구성요소로 간주되어야 하는지에 대해 월츠와 대립한다(Glaser 2010). 다른 글에서 글레이저가 주장했듯이, "군사력은 구조에 내생적인(endogenous) 것이며, 따라서 구조에 대한 정의에 사용되어서는 안 된다"(Glaser 2011a, 135 각주 4).

여기에서 핵심 문제는 구조에 외생적인 것과 내생적인 것이 어떤 요소이냐는 것이다. 달리 말해, 국제정치의 구조를 결정하는 요소와 구조에 의해 결정되는 요소의 차이이다. 여하튼 구조는 국가의 선택을 조건 짓기도 하지만 국가의 선택으로부터 나오기도 하는 것이다. 무엇이 내생적인지(구조에 의해 결정되는지) 결정하려면 알맞은 시간의 지평을 설정할 필요가 있다. 매우 짧은 시간만을 고려할 경우에 국력의 거의 모든 측면은 외생적인 것이다. 1년 정도의 단기간에 국가가 국력의 거의 모든 요소에 영향을 미칠 수 있는 능력은 제한되어 있기 때문이다.[19] 반면에 장기간을 설정한다면 국력의 모든 요소는 내생적인 것이 된다. 한 세기쯤의 장기간에 이 모든 요소는 국가의 선택에 달려 있는 것이다.

단극 체계의 국제정치에 대한 분석을 제시하려는 이 책의 목적상 국제 체계의 군사력 분포를 구조의 일부분으로 간주하는 것이 보다 적절하다. 분명히 국가들은 경제력을 군사력으로 전환해서 체계의 극성을 변화시킬 수 있다(국가들이 어떤 조건에서 더 그렇게 하는지가 단극의 지속성에 대한 장들의 목적이다). 그렇지만 나는 두 가지 이유로 군사력을 국제 체계의 구조의 한 부분으로 보는 대다수 구조적 이론가들에 동의한다.

첫째, 인구, 경제적 건전성, 정치적 안정과 효율성 등 국력의 다른 요소들 역시 국가의 정책 선택에 달려 있을 수 있다. 따라서 군사력만을 추려내어 구조에서 빼낼 아무런 이론적 이유가 없다. 국제 구조를 규정하면서 군사력을 포함한 데 대한 글레이저의 비판을 논리적 한계까지 몰고 가면 구조는 국력의 어떤 요소도 포함할 수 없게 된다. 국력의 모든 요소가 내생적이 되는 것이다.

둘째, 구조에 대한 글레이저의 정의는 당혹스런 가능성을 제기한다. 그가 주장하듯이, 만일 "다른 국가들보다 훨씬 큰 군사력을 보유할 능력이 있는 국가가 그렇게 하지 않아도 여전히 단극이다"라면 극성이라는 것은 군사력의 분포와 무관한 것이 되어버린다(Glaser 2011a, 135 각주 4). 한 국가가 압도적 우위의 군사력을 보유하고 있고 다른 한 국가가 지구상 최대의 경제를 보유하고 있는 상황에서는, 글레이저에 따르면 군사력이 열세인 후자가 단극인 단극 체계가 된다. 이는 직관에 반하는 것이며, 군사적 초강대국으로 극성을 따

19　특히 평화기에 그렇다. 전시에는 국가들이 훨씬 빨리 경제적 자원을 군사 자산으로 동원할 수 있다. Goldsmit(1946, 69-70, 78-79).

지는 현재의 용법과는 다르다. 군사력을 제외한 힘의 모든 요소에서 다른 국가들을 추월하는 국가를 단극이라고 부른다면, 확실히 단극이었던 시기는 미국의 GDP가 세계 생산의 거의 절반에 달했던 2차 세계대전 종전 직후이다. 그렇지만 미국과 소련 간의 냉전이 바로 시작되었고, 어떤 부문에서는(예컨대 유라시아 대륙 내의 지상군) 미국을 앞지르기도 한 막강한 군사력에 의해 소련이 미국의 행동에 제약을 가할 수 있었기 때문에 양극 체계가 되었던 것이다(Leffler 1992; Craig and Radchenko 2008). 체계의 극성을 규정하는 데는 분명히 군사력이 중요하다. 상대적 군사력이 작은 국가는 극이 될 수 없다. 요컨대 단극 체계를 이해하는 데에서 군사력의 분포는 핵심적인 구성요소인 것이다.[20]

단극 체계

단극 체계는 유일 초강대국이 존재하는 무정부적 국가 간 체계이다. 이 정의는 무정부, 국가, 하나의 초강대국이라는 세 측면을 묶은 것이다.

첫 번째 측면은 국제 체계의 조직 원리와 연관된다. 단극 체계는 무정부이다. 무정부는 단극의 불완전한 힘의 우위, 즉 다른 모든 국가를 통제하지는 못한다는 점에서 초래된다. 월츠가 지적했듯이, 초

---

20 그렇지만 군사력이 위협 환경에 내생적이라는 글레이저의 주장에는 동의한다. 국가들은 국가 안보를 보장하는 데 요구되는 임무들에 근거해서 군사력에 대한 투자 수준을 결정한다. 이 임무들은 힘의 분포를 포함하는 국제 체계의 구조가 얼마나 국가에 위협이 되는지에 달려 있다. 나아가 이러한 임무들을 수행하는 데 필요한 능력은 다른 국가들의 능력에 달려 있다. 이 논리는 단극의 지속성에 대한 나의 주장에서 핵심적 역할을 한다.

강대국이 "세계 모든 곳에 통제력을 행사할 수는 없다"(Waltz 1964, 888). 따라서 다른 국가들은 상당한 수준의 행동의 자유를 지니고 있으며, 단극보다 더 주의를 기울이는 이슈나 단극에 대항하여 협력할 수 있는 이슈에서는 이들도 원하는 바를 얻을 수 있다(Pape 2005b, 11; Joffe 2006, 27-28). 단극의 지배가 불완전하고 체계의 조직 원리로 무정부가 지속되기 때문에, 체계적 결과가 항상 단극의 압도적인 군사적 우위를 반영하지는 않는다. 요컨대 단극의 힘은 결과를 보장하지 않는 것이다.[21]

단극의 힘의 한계를 두드러지게 해주는 무정부 상태는 힘이 한 국가에 더욱 집중된 상태인 패권 체계와 단극 체계를 구분해준다.[22] 패권적 질서에서 조직 원리는 무정부가 아니라 위계이다. 만일 단극의 힘이 다른 모든 국가의 외적 행동을 통제할 수 있는 정도까지 확장된다면 단극 체계를 패권 체계가 대체하게 된 것이며, 나의 이론은 더 이상 적용되지 않는다.[23] 버스 핸슨이 지적하듯이, "단일한 초강대국이 더 강해지게 되면 국제적 권위체를 닮아갈 수 있다. 이 과정에서 단극 체계의 특성은 강화되었다가 결국 무정부 상태와 함께 사라지게 된다."[24]

---

21 힘과 결과의 구분에 대해서는 Hart(1976) 참조.

22 패권 체계는 오랫동안 패권안정론의 연구 대상이었다. Keohane(1980); Gilpin(1981); Wallerstein(1983); Russett(1985); Kindleberger(1986); Nye(1990). 패권에 대한 초기 연구들에 대한 논의로는 Strange(1987) 참조.

23 Wilkinson(1999); Gilpin(2002). 패권 체제와 제국에 대한 구분은 명확하지 않다. 최소한 전근대 시기에는 "실제적인 제국이 최소한 하나 존재하는 것이 패권 출현의 필요조건이었기" 때문이다. Kaufman(2007a, 15).

24 Hansen(2011, 39). 토머스 모울(Thomas Mowle)과 데이비드 사코(David Sacko)는 단극 질서와 패권 질서를 다른 방식으로 구분한다. "압도적인 힘의 집중이 패권 질서의 구성요소이기는 하지만 패권 개념은 또한 지도 국가(lead state)에 특정한 역할을 부여하며, 이

단극 세계의 조직 원리가 무정부라는 것이 단극 체계에 위계적 관계가 없다는 의미는 아니다. 국제정치 이론에서 이 개념을 가장 정교하게 다룬 글에서 데이비드 레이크(David Lake)가 지적했듯이, 위계는 "지배국이 피지배국에 대해 행사하는 권위의 정도로 규정된다"(D. A. Lake 2009, 9). 단극 체계에서 단극과 강대국들 간의 안보 관계는 본질적으로 무정부적이다. 레이크처럼 기술하자면, 단극은 다른 강대국들에 제한적인 수준의 권위만을 지니고 있어서 단극 세계의 조직 원리를 무정부라고 할 수 있는 것이다. 이와 동시에 단극은 단극을 받아들이는 국가들에는 상당한 권위를 지니고 있다. 즉, 단극 세계에는 중요한 위계적 관계의 여지가 존재하는 것이다. 레이크가 보여주었듯이, 편승(bandwagoning)이나 상호 원조, 일정한 기능적 분화 등 이런 관계들에 내재되어 있는 중요한 현상을 연구하기 위해서는 위계를 강조하는 이론적 관점이 필요하다. 그렇지만 이 책에서 제기하는 질문들, 곧 단극 체계의 잠재적 지속성, 평화와 갈등, 단극의 대전략에 대한 질문들을 연구하기 위해서는 단극과 단극의 선호를 거부하는 국가들 간의 무정부적 관계, 그리고 강대국들 간의 무정부적 관계를 강조하는 이론적 관점에서 더 많은 통찰을 얻을 수 있다. 따라서 나는 단극 체계에서 위계의 역할을 의식적으로 무시한다. 전체 체계의 무정부적 성격에 초점을 두기 위해서이다.

두 번째 측면은 단극 체계가 제국이 아니라는 것이다(Negri 2000; Ferguson 2004; Layne and Thayer 2006). 이 점은 나의 정의의 두 번

역할은 국내적, 국제적으로 받아들여져야 한다. 이는 단지 특정한 힘의 배열만을 묘사하는 구조적 진술인 단극 질서에 대비되는 점이다. Mowle and Sacko(2007, 6-18. 이 인용문은 p. 7).

째 측면, 즉 단극 체계가 국가 간 체계라는 측면에서 잘 나타난다. 로버트 저비스가 지적하듯이, "단극 체계의 함의는 법적으로 동등한 주권 국가들이 다수 존재한다는 것이며, 제국은 이를 거부한다"(Jervis 2009, 190-191). 극성이 어떻든지 간에 세력균형의 논리에 따라 작동하는 국가 간 체계와는 대조적으로 제국은 지배받는 사회들에 대한 분할통치 방식으로 지배된다(Nexon and Wright 2007, 253). 이 차이는 중대한 것으로, 세력균형 과정에 초점을 두는 나의 이론에서는 제국적 체계를 설명할 수 없다.

마지막으로, 단극 체계의 세 번째 측면은 오직 하나의 초강대국만을 지니고 있다는 것이다.[25] 따라서 이제 초강대국에 대한 개념 규정을 논의한다.

초강대국

월츠가 지적했듯이, 초강대국(great power)은 힘의 모든 차원, 즉 영토, 인구, 자원, 경제적 건전성, 정치적 안정과 효능, 과학기술적 효율성, 그리고 군사력에서 막대한 능력을 보유해야 한다. 구체적으로 각 영역에서 보유한 능력이 다른 국가들 중 가장 강력한 국가의 능력에 상응해야 한다. 그러므로 이 힘의 요소들 중 어느 것에서도 그 영역에서 세계 최강인 국가에 크게 뒤떨어지는 경우에는 초강대국이 될 수 없다. 실제로 영토나 인구가 비교적 작거나 2등 경제 국가는 초강대국이 되지 못한다. 따라서 초강대국의 지위는 상대적 힘에

---

25 이 측면은 기존의 연구들 모두에 공통적인 것이다. Layne(1993, 5 각주 2); Ikenberry et al.(2009, 4).

대한 고려에 기반을 둔다.[26]

군사력은 국제정치에서 최후의 결정 수단이므로, 초강대국은 힘의 다른 모든 요소에서 탄탄한 능력을 지녀야 할 뿐 아니라 체계 내의 최강국에 필적하는 군사력을 보유해야 한다. 군사력이 다른 국가들에 비해 크게 뒤처지는 국가는 초강대국으로 불려서는 안 된다.[27]

초강대국에 대한 전통적인 정의는 방어적인 군사 능력에 기반을 둔다. 이 관점에 따르면, 체계 내에서 가장 강한 국가에 대한 방어적인 전면전에서 패배를 피할 가능성이 높은 국가가 초강대국이다. 이와 같은 방어적인 개념 규정에는 몇 가지 중요한 측면이 있다. 우선, 군사행동에서 성공할 가능성으로 힘을 규정함으로써 카를 폰 클라우제비츠(Karl von Clausewitz)가 "마찰(friction)"이라고 불렀던 군사적 충돌에 내재되어 있는 불확실성을 파악하게 해준다(Clausewitz

---

26 초강대국에 관한 다양한 정의에 대해서는 Levy(1983, 17-18); Hopf(1991, 478-479) 참조. 2차 세계대전 이전 시기에 대한 논의들에서는 일반적으로 초강대국과 보통 국가들을 구분한다. 그렇지만 냉전 연구자들은 미국과 소련을 "슈퍼파워(superpower)"로 부르곤 한다. 소련이 몰락한 후에는 프랑스 외무장관 위베르 베드린(Hubert Védrine)을 필두로 미국을 "하이퍼파워(hyperpower)"로 불러왔다. 그러나 이런 식으로 개념을 부풀리는 것, 예컨대 중국, 프랑스, 독일, 일본, 러시아, 영국이 단극 세계에서 여전히 초강대국이라고 하는 식의 개념의 과장은 도움이 되지 않는다. 이로 인해 한번 초강대국이었던 국가는 영원히 초강대국의 지위를 유지하는 것처럼 오도되기도 하고, 극(단극 세계에는 오직 하나의 극만이 있다)의 개념과 초강대국(단극 세계에는 여러 초강대국이 있을 수 있다)의 개념을 분리하는 혼란이 초래된다. 초강대국은 상대적 힘에 따라 규정된다. 밀집 방진과 갤리선으로 무장한 페리클레스(Pericles)의 아테네는 초강대국이었다. 그렇지만 핵무장한 오늘날의 중국, 프랑스, 러시아, 영국은 초강대국이 아니다.

27 물론 국제 체계에서 군사력만이 효과적인 힘의 형태라는 것은 아니다. 소프트 파워(soft power), 즉 군사력을 사용하거나 위협하지 않은 채 외교정책의 목적을 달성할 수 있게 해주는 문화적·경제적 영향력의 역할에 대해 많은 연구들이 있다. 그렇지만 내가 초점을 두고 있는 체계적 평화와 지속성 문제에 관한 한 소프트 파워는 상대적으로 덜 중요하다. 따라서 나는 군사력의 분포에 초점을 둔다. 소프트 파워에 대해서는 Nye(2004) 참조.

1976, Book I, chapter 7, 119-121). 초강대국은 다른 초강대국과의 방어 전쟁에서 승리를 보장할 필요가 없다. 이는 거의 불가능에 가깝다. 초강대국은 패배를 피할 수 있는 가능성이 높기만 하면 된다. 둘째, 이 정의는 "승리하는 것" 대신에 "패배를 피하는 것"으로 성공을 규정함으로써 1945년 이후 초강대국들 간의 가상적인 전쟁에서 핵무기가 차지하는 역할을 파악할 수 있게 해준다. 초강대국들 간의 전면적인 핵전쟁이라는 것은 승리할 수 없는 전쟁이다. 그러므로 승리는 초강대국의 지위에 대한 너무 높은 조건이며 패배의 회피가 더 적절한 조건이다. 셋째, 이 정의는 자국의 영토를 방어하는 능력에만 전적으로 의존하고 있으며 영토 밖으로 힘을 투사하는 것은 간과한다. 바로 이 점에 나는 동의하지 않는다.[28]

초강대국이 되고 극이 되는 데 군사적으로 필요한 모든 것이 방어적 능력을 보유하는 것뿐이라면 오늘날 핵 국가들 중 몇몇은 초강대국이라고 할 수 있다. 미국에 더하여 중국, 프랑스, 인도, 러시아, 영국 모두가 초강대국의 지위에 오르는 데 필요한 잠재적 능력을 지니고 있다. 오늘날 이 핵 국가들은 미국까지 포함하여 체계 내의 어떤 국가와의 전면적인 방어 전쟁에서도 확실한 패배를 피할 능력이 있다. 그렇다면 이들을 초강대국으로 간주하고 지금이 다극 체계라고 해야 할까?

나는 아니라고 생각한다. 이런 관점은 프랑스나 러시아와 같은

---

28 초강대국에 대한 방어적 정의에 따라 어떤 학자들은 탈냉전 세계가 단극이라는 것을 부인하기도 한다. 예컨대 존 미어샤이머(John Mearsheimer)와 조지프 나이(Joseph Nye)는 미국의 힘이 단극이 되기에 부족하다고 믿으며 세계는 다극 질서라고 주장한다. Mearsheimer(2001a); Nye(2002); Posen(2003); Todd(2003).

핵 국가들과 미국 사이에 힘의 투사 능력에서 엄청난 차이가 있다는 것을 간과한다. 냉전이 종식된 이래 미국은 전 세계 어느 지역에서나 지속적인 정치-군사 작전을 독자적으로 수행할 수 있는 유일한 존재이다(Posen 2003; Betts 2005). 어떤 국가도 전 세계에 걸쳐 힘을 투사하고 결과에 영향을 미칠 수 있는 능력 면에서 미국에 근접하지 못한다. 이런 미국을 다른 핵 국가들과 같은 수준에 놓는 것은 미국의 전무후무한 힘의 투사 능력이 국제정치의 작동에 어떻게 영향을 미치는지를 포착할 수 없는 분석 도구를 주게 되는 것이다. 결국 초강대국에 대한 방어적 개념 규정은 국제 체계의 단극 구조가 작동하는 방식을 연구하는 데 부적절하다.

따라서 나는 초강대국에 대한 다른 정의, 곧 공격적 개념 규정을 택한다. 나의 관점에서 초강대국은 힘의 모든 요소에서 강한 능력을 보유한 데 더하여 군사력의 두 가지 측면에서 크게 뒤처지지 않는 국가이다. 첫 번째 측면은 공격으로부터 자국을 방어할 수 있는 능력이다. 이러한 점에서 나는 앞서 논의한 방어적 개념 규정에 동의한다. 초강대국은 체계 내의 최강대국과의 방어적인 전면전에서 패배를 피할 가능성이 높아야 한다. 그러나 이는 초강대국이 되는 데 충분한 조건이 아니다. 이에 더해 초강대국은 군사적 힘의 투사 요건을 충족해야 한다. 구체적으로 초강대국은 최소한 하나 이상의 중요한(relevant) 타 지역에서 체계 내의 최강대국과 유사한 수준에서 지속적인 정치-군사 작전을 독자적으로 수행할 수 있는 능력을 보유해야 한다.[29]

29 "중요한" 지역이란 잠재적 국력에 크게 도움이 될 수 있는 자원이나 시장이 있는 지역을 말한다.

타 지역에 힘을 투사하고 결과를 조건 지을 수 있는 능력은 국제 관계의 전체적 성격을 형성하는 데 핵심적 역할을 하기 때문에 이 공격적 요건은 매우 중요하다. 필요할 경우에 군사력을 통해서라도 제3의 지역에 영향을 미칠 수 있는 능력을 둘 이상의 국가가 지니고 있으면, 이 초강대국들과 그 지역의 하위 국가들 간의 관계는 경쟁적인 영향권 추구, 동맹 블록, 각 초강대국이 이끄는 안보 우산 등으로 결합된다. 그렇지만 하나의 국가만이 타 지역에 대해 비교할 수 없는 힘의 투사 능력을 보유하고 있으면, 그 지역에서는 유일 초강대국과 대립하는 국가들을 보호해줄 수 있는 어떤 블록이나 영향권, 안보 우산이 존재하지 않는다. 결과적으로 타 지역에서 정치적 결과를 놓고 경쟁할 수 있는 국가들의 수는 체계 내 대부분의, 아마 모든 국가 간의 관계를 규정하게 되는 것이다.

이를 달리 표현하자면, 자기 지역 이외의 중요한 지역과 연관된 이슈들에 대한 초강대국의 선호는 다른 어떤 국가들에 못지않게 중대하게 받아들여져야 한다. 따라서 자기 지역 밖에서 특정한 결과를 거두기 위해 정치-군사 작전을 수행하려는 초강대국은 그 지역 내의 강대국들과 다른 지역에 존재하는 다른 초강대국의 이해관계를 반드시 고려해야 한다. 다른 초강대국의 정치적 입장은 두 가지 이유로 중요하다. 첫 번째 이유는 해당 지역에서 다른 초강대국이 작전수행 능력이 있고 공통의 목적을 지닌다면 비용 분담의 기회가 될 수 있다는 것이다. 더 중요한 두 번째 이유는 만일 다른 초강대국이 이 정치-군사 작전의 목적에 강하게 반대한다면 이 작전의 위험과 비용이 급등할 가능성이 생긴다는 것이다. 어떤 경우이든 하나의 초강대국이 수행하는 정치-군사 작전의 결과와 위험 수준과 비용은 다른 초강대국의 입장에 따라 달라지는 것이다.

양극 체계나 다극 체계와 달리 단극 세계에서 초강대국은 다른 지역에서 자국의 선호를 반대할 수 있는 어떠한 국가도 마주하지 않는다(Wilkinson 1999, 142-143)(달리 표현하자면, 이런 경쟁자가 출현하는 순간 단극 질서는 끝이 난다). 이는 곧 지구상의 어떤 지역에서 정치-군사적 개입을 하려고 할 때 초강대국은 그 지역 국가들의 이해 관계만을 고려하면 된다는 것을 의미한다. 따라서 이 국가들 사이의 중요한 차이점에 대해 논의해야 한다.

단극 세계에서 유일 초강대국 이외의 국가들은 두 가지로 구분된다. 강대국(major powers)과 약소국(minor powers)이 그것이다. 타지역에서 정치-군사적 결과에 영향을 미치는 데 필요한 힘의 투사 능력은 없으나 자국을 공격하려는 어떠한 국가들에도 중대한 비용을 치르게 할 수 있는 능력을 보유한 국가가 강대국이다. 달리 말하자면, 강대국을 공격하려고 할 때 단극이라도 중대한 비용을 각오해야 하는 것이다. 따라서 강대국은 어떠한 잠재적 공격자와의 방어적 전면전에서도 패배를 면할 확률이 높고, 따라서 체계 내의 어떤 국가도 억지할 가능성이 많다. 이 범주에는 오늘날 미국 이외의 핵 국가들이 포함된다. 즉, 중국, 프랑스, 이스라엘, 인도, 북한, 파키스탄, 러시아, 영국이다. 단극에 중대한 비용을 치르게 할 능력이 없는 나머지 국가들이 약소국이다.[30] 뒤에서 논의하겠지만, 단극 세계에서

---

30 강대국과 약소국의 이 범주들은 의도적으로 크게 설정되었다. 전자는 기존의 연구들과 동일하다. 후자는 기존의 연구들과 다르며, 월포스가 2등국(second-tier states)과 차등국(lesser powers)으로 부른 것을 포괄한다. Wohlforth(1999, 7-8) 참조 두 범주 모두에 대단히 다른 국가들이 포함되었음을 인정한다. 예컨대 중국과 북한은 대단히 다름에도 불구하고 강대국 범주에 속한다. 마찬가지로 일본과 니우에는 국민소득이나 정치적 영향력

갈등을 유발하는 긴장의 근원 중 하나는 바로 이 약소국들이 자국을 공격하는 국가들에 중대한 비용을 치르게 할 수 있는 수단을 획득하려는 시도, 곧 강대국이 되려는 시도에 있다.

결과적으로 단극 체계는 두 가지 근본적 차이에 기반을 둔 국가 유형을 가져온다. 첫 번째는 힘의 투사 능력에 따른 단극과 다른 모든 국가 간의 차이이며, 두 번째는 궁극적인 단극과의 갈등에서 패배를 모면할 수 있는 능력에 따른 강대국과 약소국의 차이이다.

단극 체계에 대한 기존의 연구들에서는 강대국과 약소국 간의 이 근본적 차이점을 포착하지 못했다. 예컨대 핸슨은 미국 이외의 국가들에 대해 어떠한 구분도 하지 않았다. 결과적으로 이라크나 이란과 같은 국가가 미국에 대항하여 균형을 취하는 것을 "예외"로 취급한다(Hansen 2011, 30). 나의 이론에서는 강대국과 약소국을 구별함으로써 이 국가들의 균형 시도가 궁극적인 미국의 공격으로부터 방어 수단을 획득하려는 것(이라크의 경우에는 그렇다고 미국이 인식한 경우)임을 더 잘 이해하게 해준다. 달리 말하자면, 이 균형 시도는 강대국의 반열에 오르려는 약소국의 노력인 것이다. 따라서 이러한 시도는 단극 체계의 지속에 영향을 미치지 않는다. 단극 체계의 지속은 단극과 강대국들 사이의 투사 능력의 격차가 지속되는지의 여부에 달려 있기 때문이다.

단극 체계를 패권, 제국, 양극 체계, 그리고 다극 체계와 대비함으로써 탈냉전 시대의 독특한 역사적 성격이 드러난다. 다른 역사적

에서 엄청난 차이가 있음에도 불구하고 똑같이 약소국 범주에 들어간다. 그렇지만 나의 이론의 목적상 각 범주 내에서의 차이는 더 이상 세분할 필요가 있을 정도로 중요하지는 않다. 대안적 유형에 대해서는 Buzan and Waever(2003, 34-37) 참조.

사례들과 현재의 단극 체계를 비교하기도 하는데, 이 비교분석들은 모두 결함을 지니고 있다. 이런 역사적 시기가 진정한 단극 체계가 아니었기 때문이다.[31] 이집트, 페르시아, 로마, 중국 같은 역사적 사례는 제국이었다. 앞서 논의했듯이, 제국 체계는 단극 체계와는 다르게 작동한다. 나머지 사례들, 루이 14세하의 프랑스와 나폴레옹 당시의 프랑스, 그리고 1945년에서 1949년 사이의 미국과 같은 사례는 양극 체계 혹은 (균형 없는) 다극 체계였고 최소한 두 국가 이상이 힘의 투사 능력을 보유하고 있었다. 예컨대 나폴레옹의 프랑스는 유럽 대륙의 패권이 될 잠재력은 있었으나 영국 해군력에는 경쟁도 되지 못했고 지상군도 결국 워털루에서 영국군과 프러시아군에 패배했다. 마찬가지로 냉전 초기의 미국도 유라시아 대륙의 재래 전력에서 의문의 여지 없는 우위를 지니고 있던 소련과 세력균형을 이루고 있었다(Leffler 1992). 요컨대 무정부적 국가 간 체계에서 단 하나의 초강대국이 작동하고 있다는 점에서 현재의 탈냉전 단극 시대는 독특한 것이다.

잠재적 국력, 재래 전력, 핵 능력

다른 구조적 이론들과 마찬가지로 힘은 나의 분석의 핵심이다. 따라서 제3장에서 시작되는 나의 이론에서 상이한 형태의 힘이 차지하는 역할을 명확하게 하는 것이 중요하다. 여기에서 나는 먼저

---

31 역사적 사례들과 현재 사이의 다른 차이에 대해서는 Jervis(2009, 201) 참조.

잠재적 국력과 군사력의 차이를 논의하고 재래 전력과 핵 전력의 역할을 설정하기 위해 군사력에 대해 상세히 논의한다.

잠재적 국력, 군사력, 극성

구조와 단극 체계 및 초강대국에 대한 나의 개념 규정을 통해 볼때 단극 세계에도 경제적 강대국이 여럿 존재할 수 있음은 명백하다. 즉, 단극 체계는 잠재적 국력이 아닌 군사력의 특정한 분포를 지칭하는 것이다. 사실 단극 세계는 잠재적·경제적 국력의 분포에서는 단극, 양극, 다극 등 어떤 분포와도 부합한다. 단 하나의 필수 조건은 단극이 최고 수준의 잠재적·경제적 자원도 보유해야 한다는 것이다.

새뮤얼 헌팅턴(Samuel Huntington)은 군사력이 엄청나게 집중된 가운데 경제력은 비교적 대등하게 분포된 탈냉전 세계를 "단-다극(uni-multipolar)"으로 묘사한 바 있다(Huntington 1999, 35-49). 이런 묘사에는 동의하지만 이 책의 목적상 단-다극이라는 명칭은 적절해 보이지 않는다. 미국만이 타 지역에서 장기간에 걸쳐 대규모의 정치-군사 작전을 수행할 수 있는 유일한 국가인 오늘날의 세계를 묘사하는 데는 단극이 더 나은 용어이다. 헌팅턴의 이 개념적 장치를 받아들인다면 냉전은 "양-다극(bi-multipolar)"으로 불려야 할 터인데, 이는 쓸데없이 일을 복잡하게 만든다.

다른 어떤 국가도 단극의 군사력 투사 능력에 필적할 수 없으면 잠재적 국력 분포가 어떤 균형 상태에 있든 세계 질서는 단극적이다. 이 점은 사소하지 않다. 단극 체계의 지속성에 대한 대부분의 논의가 중국과 같은 국가가 언제 어떻게 미국 경제를 추월할 것인지의 여부에 초점을 두고 있기 때문이다. 제4장에서 논의하겠지만, 이는 잘못된 질문이다. 한 국가가 압도적인 군사적 능력을 보유한다는 단극 체계의 핵심적 특성이 유지된다면, 단극 체계의 종식을 가져올 동적 변화를 경제력을 통해 이해한다는 것은 불가능하다.

나아가 군사력의 균형에 따라 극의 수를 정하는 것은 일반적 용법에도 어울린다는 이점이 있다. 냉전 이후 미국이 단극이 된 것은 미국의 영토와 인구, 경제력, 정치적 효능이 갑자기 다른 국가들을 추월했기 때문이 아니다. 소련이 붕괴되고 미국의 군사력에 대적할 존재가 사라졌기 때문이다. 토머스 모울(Thomas Mowle)과 데이비드 사코(David Sacko)가 지적하듯이,

미국의 군비 지출은 전 세계의 50퍼센트에 육박한다. 이 수치조차 미국의 압도적인 군사적 우위를 제대로 보여주지 않는다. 미국은 군사력의 상당 부분을 세계 도처에 전개할 수 있는 유일한 국가이다. 미국의 군사기술은 다른 국가들에 비해 한 세대 앞서 있다. 미국의 우위는 지상이든 해양이든 우주항공이든 사이버 공간이든 모든 차원으로 확장된다(Mowle and Sacko 2007, 146).

그렇다면 단극 체계의 개념은 한 국가, 유일 초강대국에 군사력이 집중된 것에 초점을 두어야 하며 경제력의 압도적 우위를 필요로 하지는 않는다.

재래 전력, 핵무기, 극성

단극 체계가 군사력의 특정한 분포에 관한 것이므로 상이한 군사적 능력의 역할을 규정하는 것이 중요하다. 핵 시대에 가장 중요한 구분은 재래 전력과 핵 능력 간의 차이이다.

나는 이 책에서 저비스가 말하는 국제정치의 "핵 혁명"의 결과에 대해 비교적 낙관적인 관점을 견지한다(Jervis 1989). 우선, 상호 확증된 핵 보복 능력을 지니고 있는 국가들 간의 핵전쟁은 이길 수 없는 전쟁이며 국가의 생존에 중대한 위험을 초래한다. 둘째, 낮은 수준의 갈등도 개별 국가의 합리적인 단계적 조치의 결과로 핵전쟁을 초래할 수 있는 동적인 과정으로 확전되며 국가의 생존은 위험에 처한다. 셋째, 결과적으로 상호 확증된 핵 보복 능력을 보유한 국가들 간의 어떠한 군사적 갈등도 국가의 생존에 위험이 되며, 따라서 회피될 것이다. 요컨대 상호 확증된 핵 보복 능력을 지닌 두 국가가 전쟁에 돌입할 가능성은 거의 없다.

이는 상호 확증된 핵 보복 능력을 지닌 두 국가 간의 전쟁이 불가능하다는 것은 아니다. 우발적 확전이나 오판 등 전쟁이 일어날 수 있는 여러 경우가 있다. 그럼에도 불구하고 상호 확증된 핵 보복 능력을 지닌 두 국가가 전쟁을 벌일지를 계산할 때 핵전쟁의 엄청난 위험을 고려할 것으로 기대할 수 있다.

뒤에서 논의하듯이, 핵 혁명의 이 결과는 단극 세계의 지속성과 평화를 결정하는 데 대단히 중요하다. 사실 핵 혁명은 지속적인 단극 세계가 가능하게 된 조건이다. 이는 핵 시대가 도래하기 이전에 장기간의 단극 시대가 존재하지 않았던 이유를 설명해준다. 그렇기 때문에 핵 혁명은 나의 이론에서 필수적인 부분이다.[32] 이것이 없으면 이론에 대한 필요 자체가 없어져버린다. 단극 세계라는 것은 바로 사라져서 평화와의 연관성이나 대전략에 대한 제약과 같은 것을 연구하는 것은 탁상공론이 되어버릴 것이다.

그렇지만 이와 동시에 국제 체계에서 핵무기의 확산은 긴장과 갈등을 유발할 가능성을 매우 높이기도 한다. 핵무기는 핵보유국들 간의 관계를 안정화하지만 핵을 갖지 않은 국가들과 핵보유국들 간의 관계는 불안정하게 만들 가능성이 있는 것이다. 구체적으로 말하자면, 전 세계적 수준에서 힘의 균형이 존재하지 않는 상황에서 단극의 요구를 포용하지 않으려는 핵 비보유국들에는 자국의 생존을 실질적으로 보장해줄 지름길이 하나 있다. 핵무기를 획득하여 강대국이 되는 것이다. 이는 다시 단극에게 이 저항적 국가들에 핵무기가 확산되는 것을 막아야 할 강한 유인을 제공한다. 제6장과 제7장에서 논의하듯이, 충돌할 수밖에 없는 이 두 유인은 또 다른 갈등을 유발하게 된다.

핵보유국들 간에 평화의 가능성이 높아지는 반면 핵을 개발하려는 국가들과 단극 간에 갈등의 유인이 존재하게 되는 이 두 가지 효과는 단극 세계의 구조와 핵 혁명이 상호작용하여 유발된 것이다.

---

32 군사기술이 크게 변화해도 나의 이론은 견지될 수 있으나, 가능성이 낮은 두 가지 시나리오에서는 나의 이론이 현실 세계에서 낡은 것이 될 수 있다. 한 극단의 시나리오에서는 핵무기와 같은 평준화 기술(equalizing technology)이 대폭 확산되어 모든 약소국이 강대국이 될 수 있다. 이렇게 되면 갈등의 가능성과 균형의 필요성이 줄어들게 되며 나의 예측에 영향을 미치게 된다. Waltz(1981); Horowitz(2010) 참조. 다른 극단의 시나리오에서 보면, 단극이 다른 모든 국가에 대해 놀라운 1차 공격 능력을 개발하게 되면 상내적 힘은 더 증가하고 궁극적으로 무정부는 위계로 대체될 것이다. Glaser and Fetter(2001); Lieber and Press(2006).

그러므로 핵 혁명으로 인해 극성 자체가 중요하지 않게 되었다는 주장은 부분적으로만 옳다.[33] 제4장에서 논의하듯이, 핵 혁명은 다른 강대국으로부터 장기적 경제성장을 위협받지 않는 핵 국가들 사이에서만 갈등 유인을 누그러뜨린다. 한 강대국이 다른 강대국의 경제성장을 방해하여 그 국가의 장기적 생존을 위험에 빠뜨리는 정도에 따라 심지어 핵 국가들 사이에서도 전쟁이 합리적인 선택이 될 수 있다(이 선택은 핵전쟁으로 초래될 수 있는 비용—무제한적일 필요는 없다—에 비해 적국의 경제적 봉쇄로 초래될 경제성장의 손실이 얼마나 되는가에 달려 있다[34]). 나아가 핵 혁명은 단극 세계가 지속 가능하게 만듦으로써 국제 체계의 이 특정한 구조로부터 유발되는 동적 과정을 고착화시키는데, 제6장에서 논의하듯이 이 과정 중 일부는 특정한 형태의 반복적인 갈등으로 귀결될 수도 있다. 저비스는 『핵 혁명의 의미(The Meaning of Nuclear Revolution)』에서 이 점을 인정하여 핵 국가들 간의 평화와 현상 유지, 양자가 어떻게 핵 혁명으로부터 귀결되는지를 설명한다(Jervis 1989, 23-35). 나도 이에 동의하면서 핵 혁명하의 단극 세계가 핵 비보유국들을 포함한 체계 전체의 평화 수준에 가져오는 결과를 분석한다. 요컨대 핵 혁명과 단극 세계의 구조

---

33 Craig(2009); Deudney(2011) 참조. 이들은 핵 시대에서의 극성의 역할에 대해 의문을 제기한다. 나는 두 가지 이유로 이에 반대한다. 첫째, 단극 체계의 평화에 대한 장들에서 논의하듯이, 단극 세계에서 핵무기를 입수할 가능성은 균형에 대한 약소국들의 유인을 증대하며 핵무기를 획득함으로써 단극의 공세적인 군사행동에 대한 취약성을 궁극적으로 사라지게 할 수 있다. 둘째, 단극 체계의 지속성에 대한 장들에서 논의하듯이, 핵 혁명은 핵보유국들 간의(예컨대 강대국들 간의 또한 강대국들과 단극 간의) 보다 안정적 관계를 가능하게 하며, 따라서 단극 체계가 지속될 가능성을 높인다.

34 경제적으로 의존적인 국가가 어떻게 전쟁에 대한 합리적인 유인을 갖게 되는지에 대해서는 Debs and Monteiro(2013) 참조.

가 상호작용하여 평화 지향적이자 동시에 갈등에 취약한 동적 과정을 만들어내는 것이다. 따라서 핵무기의 부분적 확산이 평화에 가져오는 전반적인 효과는 아직 불투명하다.

이러한 핵 혁명의 결과를 감안할 때 핵 시대의 단극 세계에서 재래 전력이 지니는 효용은 무엇일까? 첫째, 핵 능력을 보유하지 못한 국가들에게 재래 전력은 핵 시대가 도래하기 이전과 같은 핵심 기능, 곧 국가의 생존을 보장하는 기능을 계속한다(물론 핵보유국들은 생존에 대한 보장을 핵 능력에 맡겨둘 수 있고, 따라서 재래 전력이 필요하지 않다). 둘째, 체계 내의 모든 국가들에게 재래 전력은 국경 밖으로 힘을 투사하고 생존 이외의 다른 목적을 추구하기 위해 해외에서 정치-군사 작전을 수행하는 데 핵심적이다. 마지막으로, 재래 전력은 공역을 통제하는 데 유용해서 우호적인 국가들에 개방하고 적대적인 국가들에 접근을 거부할 수 있게 해준다. 그렇지만 이러한 목적을 추구하기 위해 재래 전력을 사용할 때 국가들은 핵 국가들의 생존을 위협하지 않도록 조심해야 한다. 그럴 경우 핵전쟁으로의 확산을 촉발할 수 있기 때문이다. 이는 다른 모든 목적보다 생존이 사전적 우위에 있다는 우리의 가정을 위배하게 될 것이다.

제3장에서 단극 세계가 단극에게 가져다주는 혜택을 논의할 때 핵 혁명의 영향에 대해 다시 논의한다. 앞으로 논의하듯이, 핵 시대에서의 압도적인 힘의 우위는 단극에게 중대하지만 제한된 혜택을 가져다준다. 혜택에 대한 이러한 평가는 단극과 잠재적 도전국들 각각의 서로 다른 행동을 유도함으로써 지속적인 단극 세계가 될 가능성을 높여준다.

잠재적 강대국, 군사력, 균형

많은 학자들은 단극 세계에서 균형의 가능성에 대해 회의적이다. 최소한의 초강대국의 수를 둘로 규정한 월츠를 따라 스티븐 브룩스(Stephen Brooks)와 윌리엄 월포스는 세력균형론의 틀이 단극 체계에는 적용될 수 없다고 본다(Brooks and Wohlforth 2008, 48). 이 입장은 극만이 균형을 취할 수 있다는 견해에 근거를 두고 있는데, 나는 이에 동의하지 않는다.[35]

스웰러의 정의를 빌리자면, 균형은 "외부 권력이나 동맹에 의한 영토적 점령이나 정치적·군사적 지배를 방지 혹은 억지하기 위해 내적 동원에 의해 군사력을 창출 혹은 집결하거나 동맹을 결성하는 것"이다(Schweller 2006, 9). 이 정의는 두 가지 점을 강조한다. 첫째, 균형은 경제성장과는 구별된다. 사실 균형은 군사력을 창출 혹은 집결하기 위해 필요한 경제적 자원을 전제로 한다. 경제적으로 볼 때 미국은 20세기가 시작된 이래 가장 강력한 국가로 존재해왔다(Maddison 2007). 그렇지만 우리는 1945년까지 다극이었고 이후 1989년까지 양극이라고 묘사한다. 1945년 당시 세계 경제에서 미국이 차지하는 비중은 오늘날의 2배가량이었다. 그럼에도 불구하고 군사력의 분포만을 반영하여 2차 세계대전 이후의 초기는 흔히 양극으로 간주되며 오늘날은 전형적인 단극으로 간주된다. 대등한 경제적 강국이 존재하지 않는 것이 단극을 의미하지는 않았던 것처럼 경제적 경쟁국이 존재한다는 것이 곧 단극의 종식을 결정하는 것은 아닌 것

---

35 Schweller(1999, 40) 참조.

이다.

둘째, 스웰러의 정의는 단극 질서에서 어떤 국가라도 군사력을 창출 혹은 집결해서 균형을 취할 수 있다는 것을 강조한다. 따라서 브룩스와 월포스의 주장과는 대조적으로 단극 세계에 세력균형론을 적용하는 것은 생산적이다. 요컨대 단극 체계에 균형이 존재하지 않는 것은 아니며 균형은 단지 한 국가가 군사적 능력을 증강할 때 일어나는 것이다.[36]

제4장과 6장에서 단극 세계가 지속적이고 평화적인가 하는 질문에 대한 나의 견해를 제시하면서 단극 세계에서의 균형의 가능성에 대해 분석한다. 단극의 지속성에 대한 논의에서 보게 되듯이, 핵무기에 의해 국가의 생존이 실질적으로 보장되고 나면 충분한 핵 능력을 보유하는 것 이상의 추가적인 균형은 불필요해진다. 이는 힘의 투사에서 단극이 지닌 이점이 사라지게 될 정도로 강대국들이 단극에 대해 균형을 취하지는 않을 것임을 의미한다.

이와 동시에 단극 체계의 평화에 대한 나의 주장에서 균형이 지니는 핵심적인 역할은, 약소국들이 체계의 전체적인 세력균형을 교란하지 않으면서도 강대국 대열로 올라가려는 목적으로 군사력에 투자할 수 있다는 점이다. 이 가능성은 바로 핵무기의 존재로 인해 쉬워지며, 핵무기는 국가들로 하여금 단극에 필적할 정도로 자국의 힘의 투사 능력을 증강하지 않고도 방어 전쟁에서 패배를 면할 수 있게 해준다. 달리 말하자면, 국가들은 체계 수준의 단극적 세력균형에 영향을 미치지 않으면서도 균형에 의해 약소국에서 강대국의 지

---

36 균형 이론과 세력균형 이론의 차이에 대해서는 Nexon(2009) 참조.

위로 올라갈 수 있는 것이다. 그렇지만 약소국들의 이런 시도는 단극의 예방적 우려를 키울 수 있고 평화에 부정적 결과를 가져오게 된다.

지속성, 평화, 안정성

이 책의 핵심적인 관심사인 평화(peace)와 지속성(durability)은 지금까지 체계의 "안정성(stability)"의 문제로 합쳐지곤 했다. 사실 체계 안정성이야말로 국제정치 이론의 핵심적 관심으로 여겨져왔다. 그렇지만 안정성의 의미 자체는 여전히 논란의 대상이다.

상이한 국제 체계의 안정성에 대한 논의는 냉전 시대의 양극 질서에 뿌리를 두고 있다.[37] 월츠는 1964년에 「양극 세계의 안정성(The Stability of a Bipolar World)」이라는 논문에서 자신의 견해를 밝힌 바 있다(Waltz 1964). 그는 우선 체계의 안정성을 "지속성과 더불어 체계에서 이루어지는 조정(adjustment)의 평화로움(peaceful-ness)"으로 규정하고(Waltz 1964, 887) 이 두 가지 요건을 별개로 다루었다. 또한 평화와 관련하여 양 진영 간의 격심한 갈등에도 불구하고 "양극 세계 내 관계들의 단순성, 발생되는 강력한 압력, 그리고 상존하는 대재앙의 가능성이 두 초강대국을 보수적이 되게 한다"라고 주장했다(Waltz 1964, 903-904). 요컨대 월츠는 초기 저작에서 체계적 안정의 요건을 지속성과 평화로 규정했고 양극 질서는 둘 다

---

37 Kaplan(1957, 36-43); Morgenthau(1961, 189, 350); Deutsch and Singer(1964) 참조. 체계적 안정성에 대해서는 Jervis(1997, chapter 3) 참조.

지니고 있다고 주장했던 것이다.

그러나 후에 월츠는 이 틀을 포기했다. 베트남전 이후인 1979년에 나온 『국제정치이론』에서 평화는 체계적 안정성의 요건이 아니라고 주장했는데, 여기에서 그는 안정성에 대한 견해를 수정하여 오직 지속성으로만 규정했던 것이다.[38] 이 수정된 관점에서 체계는 강대국의 수가 유지되는 한 안정적인 것이다. 실제로 월츠는 후에 평화의 부재야말로 안정성의 특성 중 하나라고 단정하면서 "대전쟁들에서 살아남음으로써 체계는 안정성을 보여준다"라고 주장했다(Waltz 1993, 45).

월츠는 이처럼 협소해진 개념 규정을 통해 양극 체계가 상당한 수준의 갈등을 발생시키더라도 다른 힘이 분포하는 국제 체계로 쉽게 대체되지는 않는다고 주장하게 되었다. 달리 말하자면, 나중에 그는 양극 체계가 평화롭지 않을 수는 있으나 그럼에도 불구하고 지속적이며, 따라서 안정적이라고 보았던 것이다.[39] 심지어 1993년이 되면 「양극 세계의 안정성」에서 (평화와 안정성을 합치는) 실수를 저질렀는데 이후 이를 수정했다"라고 쓰기까지 했다.[40]

그렇지만 냉전이 종식된 이후에는 안정성의 개념에 평화가 복구되었다. 이는 양극 체계에 대한 월츠의 논문을 잇는 속편이라고 할

---

38 Waltz(1979, 161-163, 199-204) 참조.

39 면밀히 살펴보면, 월츠는 이미 1964년 논문에서 양극 체계가 평화롭지 않을 가능성을 예견했음을 알 수 있다. 그는 "전반적인 평화를 유지하는 데는 소규모 전쟁들을 불사하려는 의지가 필요하다"라고 썼다. Waltz(1964, 882).

40 Waltz(1993, 45 각주 5). 다른 학자들도 유사한 입장을 취했다. 예컨대 잭 레비(Jack Levy)에게 안정성의 의미는 "강대국들 간의 전쟁의 부재이지 체계 전체에서의 전쟁의 부재가 아니다." Levy(2002).

수 있는 월포스의 기념비적인 논문 「단극 세계의 안정성」의 목적 중 하나였다. 월포스는 이 논문에서 월츠의 초기 이론 틀을 차용하여 안정성은 지속성과 평화 양자를 요구한다고 보았으며, "나는 '안정성'을 평화로움과 지속성으로 규정하고 평화로움과 지속성을 별개로 다룸으로써 모호함을 피하려고 한다"라고 주장했다(Wohlforth 1999, 8 각주 11). 월포스에게 체계는 지속적일 수도 있고 평화로울 수도 있다. 그리고 양쪽 다일 수도 있는데, 이 경우에는 안정적이다. 이 틀을 통해 월포스는 세 가지 논점을 주장한다. 첫째, 세계는 단극적이다. 둘째, 단극 질서는 평화롭다. 셋째, 단극 질서는 지속적이다. 따라서 월포스에게 단극 질서는 안정적이다.

"안정성"이 지니는 이러한 개념적 모호성 때문에 나는 나의 이론에서 이를 제외하는 대신에 평화와 지속성을 독립적인 개념으로 다룬다.[41] 기존의 연구들에서 지속성은 느슨하게 규정되는 용어이다. 단극 체계가 지속적이라는 말은 무슨 의미인가? 지속적이라고 간주되려면 단극 세계는 얼마나 오랫동안 유지되어야 하는가? 단극 세계

---

41 이 점에서도 나의 이론은 "안정성"에 연관된 개념적 모호함을 야기하고 있는 기존의 단극 연구들과 다르다. 모울과 사코는 안정성을 불확실성의 감소로 보면서 "미래를 알 수도 있다는 확신"으로 규정한다. Mowle and Sacko(2007, 162). 핸슨은 이 논쟁에 "견고성(robustness)"이라는 또 다른 용어를 추가한다. 그녀의 관점에 따르면, 단극 체계는 "견고하지만 반드시 지속적일 필요는 없다." 이 의미가 무엇인지는 명확하지 않은데, 핸슨은 견고성이란 "단극 체계가 평화롭거나 정태적일 것임을 의미하는 것은 아니며 단지 강대국의 경쟁과 이로 인한 위험이 존재하지 않는다는 것만을 의미한다"라고 말한다. 이는 지속성에 대한 기존의 개념들과 상당히 유사하게 들린다. Hansen(2011, 40, 42). 나의 생각에는 지속되는 힘의 분포가 반복적으로 전쟁을 유발하는 체계에 적용되는 경우에 안정성이란 잘못된 용어이다. 안정성은 평화를 요구하기 때문이다. 나중에 논의하겠지만, 단극 질서는 지속적일 수 있으나 평화로운 것은 확실히 아니다. 그렇다면 월포스의 주장과는 정반대로 단극 질서는 안정적이지 않다고 결론짓는 일이 벌어진다.

의 지속성에 대한 기준으로 자의적인 시간 설정을 하기보다 나는 다음과 같이 이론적으로 단극 체계의 "지속성"을 규정한다. 그 근저에 있는 잠재적 힘의 분포가 변화함에도 불구하고 군사력의 단극적 분포가 유지될 때 이 체계는 지속적이다. 즉, 단극의 압도적인 군사적 우위가 경제적 쇠퇴에도 불구하고 견고하게 유지될 경우에 단극 체계는 지속성을 지니는 것이다.

이는 단극 체계의 지속성에 대한 가장 적절한 접근이다. 단극 체계가 군사력의 분포로 규정되기 때문이다. 단극의 압도적인 군사적 우위가 쇠퇴하는 데 걸리는 시간으로 지속성을 다루는 것은 이론적으로 부정확할 뿐 아니라 국제정치 이론의 적절한 과제도 아니다. 특히 핵무기 시대에 상대적인 경제력의 변화가 군사력의 분포를 예정하지는 않기 때문에 이는 이론적으로 부정확하다. 경제력의 전이가 이루어지는 시점은 수많은 국제적이고 국내적인 경제적 요인들에 의해 결정되며 이 요인들 대부분은 국제정치 이론의 범위를 넘어서기 때문에, 이는 국제정치 이론의 적절한 연구 대상이 아니다. 대신에 국제정치 이론에서는 단극의 압도적인 군사적 우위가 종식되는 시점을 예측하는 것이 아니라 이 우위를 사라지게 할 수 있는 조건을 확인하는 데 초점을 두어야 한다.

마찬가지로 평화 역시 다양한 의미를 지닐 수 있다. 책의 목적상 나는 국가 간 갈등의 부재로 평화를 규정한다. 국내적 전쟁(intrastate warfare)과 갈등의 치명도(lethality)라는 두 측면을 의도적으로 제외하기 위해서이다. 최근의 연구에 따르면, 냉전의 종식은 내전이 벌어지는 방식에 영향을 미치고 있다. 특히 양극 간 경쟁이 종식으로 비정규전(irregular warfare) 형태의 국내적 갈등이 감소하게 되었다

(Kalyvas and Balcells 2010). 그렇지만 국내적 평화(즉, 내전의 부재)에 대한 단극 체계의 전반적인 영향은 명확하지 않다. 스태티스 캘리버스(Stathis Kalyvas)와 래이어 밸셀(Laia Balcells)이 주장하듯이, 단극 체계는 장래에 "단기적이지만 더욱 치열하고 결과를 예측하기 어려운 내전들이 만연할 가능성을 열어둔다"(Kalyvas and Balcells 2010, 427). 뿐만 아니라 국내적 갈등에 대한 국제 구조의 영향을 조건 지을 수 있는 다양한 매개변수가 인과적 설명력을 갖고 있기 때문에 구조적 이론으로 국내적 갈등의 원인을 설명하는 것은 별로 결실을 거두기 어렵다. 따라서 나는 이런 시도를 하지 않는다.

내가 제외한 두 번째 측면은 갈등의 치명도이다. 탈냉전 이후의 전쟁들은 이전보다 덜 치명적이라고 주장되기도 한다[42](사실 이 주장은 치명도를 완전히 제외한 나의 평화 개념을 비판하는 데 쓰일 수도 있다). 그렇지만 치명도의 감소에 대한 극성의 영향을 파악하는 것은 쉽지 않다. 브루스 러셋(Bruce Russett)은 갈등의 추세에 대한 최근의 분석에서 "양극적 냉전 시대의 종식과 전 세계적인 전쟁의 감소 간에 단기적인 연관관계가 있음이 확인되지만, 이 감소 추세가 2차 세계대전 종전 시기까지 소급되기 때문에 양자 간의 인과관계는 의문시된다"라고 주장한 바 있다(Russett 2010). 뿐만 아니라 최근의 전쟁들이 치명도가 낮은 것은 미국이 인명 살상을 최소화하는 데 목적을 둔 고도로 발전된 군사기술을 개발한 것에 부분적으로 원인이 있다(Lyall and Wilson 2009; Caverley 2011). 따라서 나는 갈등의 치명도를 고려하지 않은 채 단극 세계의 국가 간 갈등을 분석하는 데 집중

---

42 Encina and Gleditch(2003) 참조.

한다.

단극 체계의 지속성과 평화라는 문제는 국제 체계가 어떻게 단극적이 될 수 있는지의 문제와는 구분된다. 이 책은 기존의 단극 체계의 작동에 관한 것이지 이런 체계가 어떻게 출현하는지에 관한 것이 아니다. 나의 이론은 이미 단극적이 된 세계에서 갈등과 균형을 야기하는 유인들에 관한 것이지 양극적 혹은 다극적 세계에서 단극의 출현을 허용하거나 가로막는 유인들에 관한 것이 아니다. 나는 현 단극 체계의 기원에 대해 이론화를 시도하지는 않지만 미국이 군사력의 압도적 우위를 분명히 누리고 있는 현재의 힘의 분포가 소련을 붕괴시킨 국내적 원인 덕분이라고 생각한다.[43] 미국은 경쟁국들에 상대적 힘을 증대해나가서 어떤 지점을 지나 단극이 되는 식으로 점진적으로 단극으로 부상한 것이 아니다. 1989년 소련이 미국과의 경쟁을 그만두겠다고 결정하고 2년 뒤에 소련이라는 국가가 해체된 결과로 미국은 갑자기 단극이 되었던 것이다.

마지막으로, 나의 이론으로부터 나오는 단극 체계에 대한 묘사, 즉 잠재적으로 지속성이 있고 평화적이 아니라는 묘사는 상대적이 아니라 절대적인 서술이라는 점이 중요하다. 나의 이론은 국제정치의 단극적 구조에 의해 작동하면서 갈등을 유발하거나 군사력 균형의 변동을 이끌어내는 인과관계에 초점을 둔다. 따라서 다른 형태의 국제 체계와 단극 체계를 비교하는 것이 결코 아니다. 즉, 단극 체계

---

43 Lewin(1991); Malia(1994); Kotkin (2001). 초강대국으로서의 소련의 생명력을 손상시키는 데 제한적인 역할을 한 국제적 요인들에 대해서는 Chernoff(1991); Deudney and Ikenberry(1991/1992); Gladdis(1992/1993); Koslowski and Kratochvil(1994); Lebow and Wohlforth(1995) 참조.

가 가장 평화롭지 않은 체계라거나 잠재적으로 가장 지속적이라고 주장하는 것은 아니다.

다음 절에서는 단극 체계에 대한 나의 구조 이론의 한계를 기술하고 나의 이론에서 다루지 않은 가장 중요한 비구조적 요소들에 대해 논의한다.

구조, 행태, 결과

국제 구조는 국가 행동을 결정하지 않는다. 전쟁이나 체계 변동에 대해서는 말할 것도 없다. 주지하듯이 "극성(polarity)은 기껏해야 설명의 필요요소 중 하나이시 충분한 설명이 아니다"(Ikenberry et al. 2009, 5; Jervis 2009, 191). 예컨대 어떤 갈등에 대한 완전한 설명이라면 구조적 유인에 더해 협상 과정의 결렬을 가져온 특정한 단위 수준의 결정을 고려해야만 한다. 그렇지만 구조는 유인을 제공한다. 월츠의 유명한 표현대로, 구조는 "만들어내고 밀어댄다"(Waltz 1986, 343). 이런 의미에서 극성은 다음 장들에서 제시하는 인과관계가 작동하도록 해주는 허용적 원인(permissive cause)이라는 것이 나의 주장이다.

따라서 단극 이론은 제한적이지만 중요한 기여를 한다. 단극 이론은 하나의 초강대국만이 존재할 때 "가장 넓은 의미에서의 현상들이 가장 넓은 의미에서 어떻게 같이 일어나는지" 설명해준다.[44] 달리 말하자면, 광범위할 수밖에 없으나 단극 이론은 체계적 균형의 부재가 어떻게 평화와 균형, 그리고 미국의 전략과 같은 국제정치의 핵심적인 현상에 영향을 미치는지 설명해준다. 나아가 단극 이론은 국가들마다 상이한 안보에 대한 우려가 체계적 균형의 부재에 의해 어떻게 서로 연관되는지 이해할 수 있게 해준다. 이러한 설명은 특히 미국과 같은 단극에 유용할 것이다.

그렇지만 단극이라는 극성이 모든 것을 설명해주는 것은 아니다. 냉전이 종식된 이후에 우리가 목도해온 여러 가지 결과와 과정을 설명하는 데 단극이라는 국제정치 구조가 충분한 것은 아닌 것이다. 몇몇 비판론자들은 국제 구조와 극성이 특정한 결과에 대해 직접적인 인과적 효과를 지니고 있지 않으므로 이를 연구하는 데 별다른 노력을 기울이지 않아야 한다고 주장한다.[45] 이들 중 하나인 제프리 레그로(Jeffrey Legro)에 따르면, "단극성 자체의 결정력이나 독립적 인과 효과가 결여되어 있으므로 단극 체계의 효과를 인정하려면 다른 요소들을 동원해야만 한다"(Legro 2011, 350).

이러한 평가는 부분적으로는 옳다. 극성 하나만으로 결과를 결정하지 못한다는 레그로의 주장은 맞다. 그렇지만 이 때문에 이를 연구하지 않아야 하는 것은 아니다. 연구할 대상의 기준이 어떤 결과에 대한 단독적인 결정 요인이어야 한다면 국제정치학자들은 별로 연구할 것이 없게 될 것이다. 중요한 정치 현상 중에 하나의 요소만으로 결정되는 것은 거의 없지 않은가. 극성은 충분한 것이 아니며, 국가 간 상호작용의 결과를 결정하기 위해서는 매개변수에 대한 연

---

44 이는 "철학(philosophy)"에 대한 리처드 로티(Richard Rorty)의 유명한 정의이다. Rorty (1999) 참조.
45 결과를 결정할 때 극성의 역할을 비판하고 매개변수를 강조한 초기 비판으로는 Bueno de Mesquita(1975) 참조.

구가 필요하다. 하지만 이와 동시에 극성은 국가 행동 중 상당수 중요한 행동의 결과에 영향을 미치기 때문에 국제정치 연구의 세계에서 이를 제외하는 것은 현명하지 못하다.

더욱이 어떤 비판가들은 극성이 주요 행위자들의 선택의 결과이기 때문에 국제 구조의 내생적인(endogenous) 것이지 외생적인(exogenous) 것이 아니라고 지적한다.[46] 다음과 같이 레그로는 명확히 구조에 반대한다.

> 국가의 선택이 극성에 대한 분명하고 강력한 원인임에도 불구하고 우리가 국가의 선택과 국제적 결과를 설명하기 위해 극성으로 규정된 구조에서 출발해야 한다는 것은 분명히 문제가 많다. 최소한 이러한 내생성으로 인해 많은 경우에 인과 사슬의 시작이 되는 국가 정책들에 대한 설명이 요구된다. 국가들이 자국의 선택이 만들어낼 구조를 예상하면서 극성에 대한 선택을 한다면, 구조(즉, 극성) 자체에 독자적인 인과적 효과를 부여하는 것은 잘못된 것이다(Legro 2011, 355).

이런 비판 논리는 잘못된 것이다. 국제정치의 구조가—하물며 극성은 말할 것도 없이—국제 체계를 구성하는 국가들의 행동에 의해 결정된다는 것은 옳다. 같은 논리로, 미래의 국제정치 구조가 현재의 국가 행동에 의해 만들어질 것이라는 점도 옳다. 이러한 시간의 연속성에서 볼 때 과거의 국가 행동이 현재의 극성을 결정한다

---

46 이런 식의 비판은 신고전적 현실주의를 기반으로 한다. Lobell et al.(2009) 참조.

고 주장할 수 있다. 그렇다면 분명히 현재의 국가 행동은 미래의 극성을 결정할 것이다. 하지만 이와 동시에 이 행동은 국제 체계의 특정한 구조의 맥락에서 취해지는 것이며 현재의 극성은 이 중 하나이다. 요컨대 구조와 행동은 별개로 분리된 영역이 아닌 것이다.[47] 따라서 행위자들의 행동을 만들어내고 밀어대는 구조의 역할을 분석하는 것이 행위자들의 행동이 국제정치 구조를 어떻게 만들어내고 밀어대는지를 연구하는 것보다 더 내인성의 문제를 겪게 되는 것은 아니다. 현재의 힘의 분포가 어느 정도 유지되는 한, 그리고 현재의 국가 행동이 체계의 극성을 바꾸는 데 시간이 걸리는 만큼 극성 자체를 연구하는 것은 충분한 가치가 있다. 지속되는 동안 국가 행동의 결과를 조건 짓기 때문이다.

다른 한편, 이 책의 구조적 분석이 평화와 지속성에 대한 다른 인과적 요소들과 어떻게 연결되는지 명확히 파악하는 것이 단극에 대한 우리의 이해를 증진시켜 줄 것이다. 이 요소들 중 두 가지가 특히 중요하다. 국내정치와 규범적 요소가 그것이다.

국제정치의 결과에 대한 국내정치의 영향을 부정하는 것은 어리석은 일이다. 특정한 결과의 원인에 대한 온전한 그림을 그리려면 구조적 요소와 국내적 요소 모두를 보아야 하는 것이다. 그러나 뒤에서 주목하게 될 예외들―단극의 대전략과 저항적 약소국들의 정권―을 제외하면 나의 분석에서는 국가들로 하여금 구조적 유인에도 불구하고 특정한 행동을 하도록 만드는 국내정치를 무시한다.[48]

---

47 Giddens(1984); Wendt(1987); Sewell(1992) 참조.
48 국내정치가 단극의 전략에 미치는 영향에 대해서는 Snyder, Shapiro and Bloch-Elkon (2009); Milner(2011) 참조. 초강대국에 순응 혹은 저항하는 약소국의 결정에 대한 국내

국내정치와 마찬가지로 관념 역시 국제정치에서 중요하다. 실제로 구조적 현실주의 전반에 대한 비판가들은 단극 체계에 대한 우리의 이해가 관념을 무시하고 물질적 능력에만 한정되어 있기 때문에 한계가 있다고 주장한다. 이 관점에 따르면, 우리는 현재의 특정한 단극적 질서의 "규범과 규칙"을 연구하는 데 집중해야 한다. 물질적 힘의 분포가 변하지 않아도 이 규범과 규칙은 변할 수 있기 때문이다(Legro 2011, 355).

단극이든 아니든 어떠한 국제 질서의 성격을 결정하는 데 국내정치와 관념이 중요하다는 데는 이의가 없다. 그렇지만 평화와 지속성, 그리고 전략이라는 이 책의 문제들에 관한 한 물질적 능력의 분포에만 초점을 둠으로써 상당한 설명력을 얻을 수 있다.[49] 그런 뒤에 다른 연구들이 국내정치와 관념이 어떤 역할을 하는지를 채워줄 수 있을 것이다. 이런 의미에서 나는 군사력 분포의 결과에 대한 물질적인 구조적 이론과 결합하여 국제 체계의 관념적 내용에 대한 이론을 이용하지 말라는, 그 연장선에서 국내정치에 대한 이론을 이용하지 말라는 마이클 데쉬(Michael Desch)에 동의한다(Desch 1998).

비구조적 요소들을 대체로 제외하지만, 나의 이론에서는 최소한 두 가지 방식으로 국내정치와 관념의 역할을 포함한다. 첫째, 나의 이론에서는 단극의 대전략에 중요한 역할을 부여하는데, 이는 분명히 부분적으로 국내정치에 의해 만들어지는 변수이다. 단극의 대전략이라는 변수는 관념적이자 국내적인 변수이다. 다음 장들에서 보

정치의 영향에 대해서는 Williams et al.(2012) 참조.

49 실제로 레그로는 바로 이 책이 취하고 있는 연구 방식, 즉 극성이 전략과 같은 다른 변수들과 어떻게 상호작용하는지를 분석하는 연구 방식을 추천한다. Legro(2011, 366).

듯이, 단극의 대전략은 압도적인 군사적 우위가 유지될 가능성과 단극 세계가 목도할 갈등의 유형을(수준은 아닐지라도) 결정하는 데 핵심적인 요소이다. 둘째, 단극 세계의 갈등의 근원을 논의할 때, 나의 이론에서는 어떤 약소국이 단극의 이익을 수용하지 않으면서 세계 질서에 통합되지 않기로 결정할 때 체제의 유형과 이념적 고려에 대한 여지를 남겨둔다. 앞으로 보게 되듯이, 단극을 이념적으로 반대하는 정치체제는 저항적 약소국이 되기 쉽다. 요컨대 나의 이론에서는 구조적 요소들에 초점을 두지만 다른 인과적 변수들에 대한 여지도 남겨두고 있는 것이다. 다음 장에서는 이러한 변수들 중 가장 중대한 것, 곧 단극이 지닌 대전략의 선택지를 다룬다.

제3장

단극의 전략적 선택의 범위

세계가 단극적이라는 것은 체계의 힘의 분포를 묘사하는 것이지 유일 초강대국의 전략을 말하는 것이 아니다. 사실 힘의 이점은 단극에게 어느 경쟁국의 제약도 없이 전략적 태세를 결정할 수 있는 상당한 여유를 준다. 압도적인 힘의 우위를 지닌 국가가 존재하는 세계에서는 이 국가의 대전략이야말로 단극 체계의 지속성과 평화 여부를 결정하는 데 가장 중요한 변수이다. 다음 장들에서 보듯이, 단극의 대전략은 강대국과 약소국 모두의 균형 여부와 국가 간의 갈등 유형에 중대한 영향을 미친다. 따라서 단극의 대전략은 국제정치 구조—이 경우 단극적 구조—와 가장 중요한 국제정치적 결과—갈등을 유발하고 경쟁을 초래하는 메커니즘—사이를 매개하는 중요한 변수이다.

단극에 대한 대부분의 문헌과 미국의 대전략에 대한 대부분의 논의에서는 압도적인 초강대국이 항상 "체계 관리"의 역할을 수행한다고 전제한다. 그렇지만 국가는 자국의 이익에 부합될 때까지만 현상 유지를 보장하는 관리 역할을 맡는다(Waltz 1979, 197). 이는 체계 관리의 비용이 압도적인 힘의 우위로부터 추출되는 혜택보다 클 경우에는 단극이 체계 관리의 책임을 회피할 수 있음을 의미한다. 따라서 단극 체계라고 해서 압도적인 힘을 지닌 국가가 전 세계에 관여하지만 힘의 사용을 절제하는 전략을 유지할 것이라고 단정할 수는 없다. 이와는 반대로 난극은 자국의 이익을 증대하기 위해 현상 변경을 선택할 수 있고 세계로부터 멀어지는 비관여 전략을 선택할 수도 있다.

따라서 단극이 수행할 수 있는 전략들 각각의 기본적 윤곽을 그려서 그 범위를 설정하는 것이 핵심이다. 이와 동시에 단극적인 군사력 분포의 존재가 단극의 전략적 선택을 어떻게 조건 짓는지를 이해할 필요가 있다. 이 장에서는 이 두 과제에 집중한다.

나는 우선 단극에게 가능한 전략적 선택의 목록을 제시하는데, 절제된 단극이 국제 체계를 관리한다는 단순한 인식을 두 가지 방식으로 복잡하게 바꿀 것이다. 첫째, 내가 "방어적 지배"라고 부르는 체계 관리는 단극의 군사적 대전략의 세 가지 선택지 중 하나일 뿐이다. 압도적인 힘의 우위를 지닌 단극은 자국의 이익을 위해 현상 변경을 선택할 수 있고, 힘의 우위에 따르는 안보를 누리면서 세계에 관여하지 않기로 선택할 수도 있다. 둘째, 군사 전략이 단극의 대전략에서 유일한 차원은 아니다. 단극은 경제 전략 역시 결정해야 하는 것이다. 특히 단극은 다른 강대국들의 경제성장을 수용할 것인지 봉쇄할 것인지를 선택해야 한다.

단극의 전략적 선택지가 분명해지고 나면 단극적 힘의 분포 자체가 단극이 전략을 선택하는 과정에 어떤 영향을 미치는지를 논의한다. 이를 통해 합리적인 단극이 대전략을 결정할 때 실행할 전략적 셈법에 관해 보다 잘 이해할 수 있다. 물론 이 셈법에는 수많은 다른 변수가 포함되어 있어서 순전히 구조적 요소만을 기반으로 최적의 대전략을 결정하는 것은 무모한 일이다. 그럼에도 불구하고 체계적 세력균형의 부재는 두 가지 구체적인 방식으로 단극의 전략적 셈법에 영향을 미친다. 첫째, 단극이 실행하는 어떤 전략도 "경쟁(competition)" 비용을 수반할 수 있다. 단극적 힘의 분포가 단극에게 이익을 가져다줄수록 경쟁국들의 등장이 비용을 초래하게 된다. 따라서 단극과 강대국들 간의 군사적 경쟁을 유발하는 어떤 전략적 선택도 경쟁 비용을 수반한다. 둘째, 단극이 고려하는 각 전략은 "갈등(conflict)" 비용을 포함할 수 있다. 제6장에서 보듯이 단극적인 힘의 분포에서는 특정한 갈등 유발 메커니즘이 특히 중요해지는데, 이 중 몇몇은 단극 자체에도 영향을 미친다. 단극으로 하여금 빈번히 갈등에 휘말리게 하는 전략은 비용을 수반하게 되는 것이다.

이렇게 해서 단극 체계의 평화와 지속성에 대해 각 전략적 선택이 가져오는 결과에 의해 단극의 전략적 셈법이 만들어진다. 이 장의 목적은 미국과 같은 단극의 최적의 전략을 정하려는 것이 아니다. 그보다는 현 시점에서 각 전략적 선택의 윤곽과, 압도적인 군사력의 우위가 단극의 결정에 어떻게 영향을 미치는지를 살펴볼 수밖에 없다. 핵 시대의 세계에서 각 전략적 선택에 수반되는 경쟁 비용과 갈등 비용에 대한 분석을 수행해야만 우리는 미국의 대전략에 대한 함의를 도출할 수 있을 것이다. 다음 4개 장의 핵심적 과제가 이것이다. 그리고 나서 나는 제8장에서 평화와 지속성에 대한 각 전략의 결과들(즉, 각각의 경쟁 비용과 갈등 비용)을 결합하여 현재의 미국에 대한 정책 처방을 만들 것이다.

단극의 대전략 선택지

로버트 아트(Robert Art)의 개념을 차용하면, 대전략은 외교적 목적과 군사적 태세의 결합으로 규정할 수 있다(Art 2003, 2). 그렇지만 아트가 군사적 차원만을 고려한 데 비해 나는 경제적인 외교정책 목적과 군사적인 외교정책 목적을 분리하는 양면적 접근을 택한다.

군사적 차원에서 단극은 세 가지 전략, 즉 공격적 지배, 방어적 지배, 비관여 중 하나를 선택할 수 있다. 이 세 가지 군사 전략을 구분하는 핵심은 현상(status quo)에 대한 단극의 태도이다. 나는 영토의 배치, 정치적 배열 및 군사력의 분포에 근거하여 국제적 현상을 규정한다. 공격적 지배 전략은 단극이 이 현상의 구성요소 중 최소한 하나 이상을 자국에 유리하게 수정하려는 전략이다. 방어적 지배 전략은 단극이 현상의 세 가지 구성요소 모두를 유지하게 한다. 비관여 전략에서 단극은 국제적 현상의 유지에 아무런 관심이 없으며, 따라서 다른 국가들이 자국에 유리하도록 현상을 변경하는 것을 허용한다.

이 세 가지 전략적 선택지는 포괄적인 범주이며, 최소한 기존 논의들이 제시하는 보다 구체적인 전략 여섯 가지를 포함한다. 첫째, 고립주의(isolationism)는 전 세계적인 안보 문제들로부터 철수하고 군사력의 사용을 단극의 생존과 그 영토 보전에만 국한하는 것이다.

이 고립주의만이 유일한 비관여 전략이다.[1] 둘째, 흔히 거론되는 전략인 역외 균형(offshore balancing)은 경쟁국의 부상을 막기 위해 일련의 대외적인 안보 공약을 한다는 점에서 고립주의와는 다르다. 셋째, 선택적 관여(selective engagement)는 전략적 이해 대상 지역들의 갈등에 개입함으로써 보다 빈번한 군사력 사용을 수반한다. 넷째, 집단 안보(collective security)는 전 세계적 안보 문제를 공동으로 관리하는 국제제도에 참여하는 것이다. 역외 균형과 선택적 관여, 그리고 집단 안보는 모두 방어적 지배 전략으로 현상을 수호하는 최선책의 처방에서만 서로 다를 뿐이다. 다섯째, 우월(primacy) 전략은 지속적으로 군사력을 사용하여 단극의 이익을 증진하도록 세계 질서를 수정하는 것이다. 여섯째, 전 세계적 제국(global empire) 전략은 세계 대부분의 지역을 단극이 직접 통제하려는 노력을 지속하는 것이다(Posen and Ross 1996/1997). 우월과 제국 전략은 공격적 지배의 수정주의 전략이다.

이 군사 전략들과 연관하여 몇 가지 간략한 논의가 필요하다. 우선, 공격적 지배 전략은 단극이 전 세계적 지배를 공개적으로 주장한다는 것을 의미하지는 않는다. 정반대로, 군사적 현상을 보다 유리하게 수정하려는 단극이 이에 대한 전략적 반대를 최소화하기 위해 자국의 행동을 방어적 지배 전략으로 포장할 가능성도 충분하다.

실제로 공격적 지배 전략은 추가적인 힘에 대한 갈망 이외에 여러 가지 방식으로 정당화될 수 있다. 단극은 특히 제국주의적 유혹에 빠져들기 쉽다. 예컨대 단극과 경제적으로 통합되어 있고 어느

---

1 보다 관행적인 "고립주의"보다 "비관여"라는 용어를 선택한 것은 고립주의가 흔히 경제적 고립(autarchy)과 연관되지만 비관여는 그렇지 않기 때문이다.

정도는 종속적인 지역에서 비공식적 "제국"을 창설하는 것과 같은 유혹이다.[2]

사실 체계를 재정립하려는 유혹은 단극으로 하여금 공격적 지배 전략을 선택하도록 할 수 있으며, 이는 단극이 창설하는 일련의 (안보적 및 경제적) 제도적 장치에 참여하는 국가들의 공동 번영을 위해서라고 정당화된다. 단극 체계에서는 단극의 대전략에 대한 구조적 제약이 최소화되기 때문에, 단극은 국제적 게임의 규칙을 재정립할 수 있는 좋은 기회를 공격적 지배 전략을 통해 발견할 수 있는 것이다.[3] 이런 식의 사고가 바로 1990년대에 유럽에서 실행된 미국의 공격적 지배 전략의 근거였다.

이와 더불어 단극은 "적극적 방어"를 이유로 수정주의적 전략에 착수하여 안보의 범위를 확장할 수 있다. 예컨대 미국에 대한 9·11 테러 공격 이후 중동에서 공격적 지배 전략을 추진하면서 조지 부시 대통령이 내세운 명분이 바로 이것이었다. 이 논리에 따르면, 미국을 안전하게 하려면 아프가니스탄의 테러리스트 안식처를 해체하고 잠재적인 핵무장국이자 테러 지원국인 이라크의 정권을 붕괴시켜야 한다.

공격적 지배 전략에 대한 또 다른 정당화는 단극이 압도적인 힘의 우위로 인해 현상 유지적인 적절한 개입을 지켜나갈 수 없다는 데서 찾을 수 있다. 특히 단극이 이전의 양극적 혹은 다극적 질서로부터 물려받은 광범위한 동맹 네트워크를 가지고 있을 때 적절한 개

---

2   이런 입장에 대한 고전적인 논의로는 Gallagher and Robinson(1953) 참조.
3   단극성이 단극에 대한 제약을 어떻게 감소시키는지에 대해서는 Jervis(2009, 192-194); Snyder, Shapiro and Bloch-Elkon(2009, 153); Walt(2009, 94-95) 참조.

입을 지켜나가기 어려울 수 있다.[4] 강대국들 및 약소국들과의 이전의 안보관계는 단극으로 하여금 최소한 방어적 지배전략을 통해 국제적 사태에 대한 선제적 개입을 계속하게 한다. 1990년대 미국의 전략을 묘사하면서 흔히 사용되었던 "세계의 경찰" 또는 "야경꾼"과 같은 비유에 드러난 바와 같다. 제6장에서 보듯이, 단극이 여러 지역에서 이러한 안보관계에 관여되어 있기 때문에 단극과 동맹관계를 맺지 않은 국가들은 생존을 우려하게 되고 이에 대한 방어 수단을 찾게 된다. 이는 다시 단극으로 하여금 균형을 추구하는 약소국들에 대해 예방적인 군사행동을 취하게 할 수 있다. 이 시나리오는 약소국이 핵무기를 갖게 됨으로써 일거에 강대국 반열에 오르고 단극의 변덕으로부터 안전해질 수 있는 핵 시대에 특히 실현 가능성이 크다. 결과적으로 방어적 지배 전략이 결국에는 확산을 막기 위한 갈등에 빈번히 개입하게 되는 결과를 초래할 것으로 예상되면 단극은 공격적 지배 전략으로 전환하려 할 수 있다.

마지막으로, 비관여 전략에 요구되는 것은 단극이 자기 지역이 아닌 다른 지역에서 현상의 유지 혹은 변경을 위해 개입하지 않는다는 것이다. 따라서 비관여 전략은 압도적인 군사력의 유지—따라서 단극 세계의 지속—와 양립 가능하다. 비관여적 단극에 대해 논의하는 것에 아무런 이론적 모순도 없는 것이다.[5]

---

4   다른 가능성은 제국 혹은 패권 질서로부터 단극 질서가 출현한 경우이다. 이 경우에도 단극은 새로운 강대국들이나 약소국들과 밀접한 결속을 유지할 가능성이 많다. 동맹 패턴 일반에 대해서는 Walt(1987); Christensen and Snyder(1990) 참조. 단극 질서에서의 동맹에 대해서는 Walt(2009) 참조.
5   달리 말해 비관여 전략은 단극 질서를 종식시키지 않는다. 비관여 전략은 단극이 군사력을 해체하도록 요구하지 않는다. 비관여 전략이 요구하는 것은 단극이 타 지역에서 군사

단극의 대전략의 두 번째 차원, 즉 경제적인 외교정책에 대해 논의해보자. 여기에서 단극은 두 가지 유형의 전략을 취할 수 있는데, 강대국들의 잠재적인 경제력 변화에 대한 태도에 따라 경제적 포용(accommodation) 전략과 경제적 봉쇄(containment) 전략으로 규정된다. 단극의 입장에서 경제적 포용 전략은 강대국들의 경제성장으로 인해 자신의 잠재적 힘이 상대적으로 감소하더라도 강대국들이 경제성장을 추구할 수 있도록 허용하는 것이다.[6] 따라서 경제적 포용 전략을 취하는 단극은 부상하는 국가들의 경제성장을 직·간접적으로 봉쇄하는 결과를 초래할 조치를 꺼리게 된다.

반면에 경제적 봉쇄 전략은 강대국들의 경제성장을 직·간접적으로 제약하는 행동을 수반한다.[7] 달리 말하자면, 단극이 강대국들의 경제성장을 촉진하는 국제적 조건을 만들 경우 포용 전략이며 이런

적으로 관여하지 않는다는 것과 다른 국가들이 자국에 유리하도록 지역적(결과적으로 세계) 현상을 변경할 수 있게 허용한다는 것이다. 이는 단극이 압도적인 군사력을 유지하는 것과 무관하다. 달리 말하자면, 비관여적 단극은 전 세계 어디에서나 정치-군사적 작전을 지속할 수 있게 해주는 군사력을 유지해야 하지만 단극 질서가 유지되는 한 타 지역에서는 그렇게 하지 않겠다고 선택하는 것이다. 제4장에서 보듯이, 이와 동시에 비관여 전략은 다른 강대국들이 힘을 축적하는 경쟁을 벌이도록 할 가능성이 높으며 이러한 동적 과정은 단극 질서를 종식시킬 수 있다. 물론 단극이 스스로 군사력 투사 능력을 해체하게 되면 단극 질서는 바로 끝난다.

6 달리 말하자면, 경제적 포용 전략은 단극이 다른 국가들과 경제적으로 교류하면서 자신이 절대적 이득을 얻는 한 다른 국가들이 상대적 이득을 거두는 것을 허용함을 의미한다. 국가들이 상대적 이득을 추구하는지 절대적 이득을 추구하는지에 대해서는 방대한 논의들이 있다. Mastanduno(1991); Powell(1991); Snidal(1991); Grieco et al.(1993); Morrow(1997) 참조.

7 나의 개념 규정에서 경제적 "봉쇄"는 부상하는 국가들의 경제성장을 제약하는 것만을 의미한다. 이는 일반적인 의미, 즉 냉전 초기에 수렴을 상대할 전략으로 조지 케넌(George Kennan)이 제안했던 봉쇄와는 다르다. 케넌의 봉쇄는 군사적 함의를 강하게 지니고 있지만 나의 용법은 그렇지 않다. Kennan(1984, 107-128); Gaddis(1982) 참조.

조건을 잠식하는 행동을 할 경우 경제적 봉쇄 전략이다.[8]

물론 현재와 같은 상호 의존적 세계에서 단극이 강대국들을 경제적으로 봉쇄하기란 쉽지 않다. 체계 내의 강대국들이 상호 의존적일수록 다른 국가들의 경제성장을 봉쇄하려는 행동의 결과로 단극 역시 경제적 피해를 입을 가능성이 커진다. 그럼에도 불구하고 브룩스와 월포스가 확실하게 보여주었듯이 미국이 다른 강대국들의 경제에 의존하는 것보다는 강대국들의 경제가 미국에 더 의존적이다 (Brooks and Wohlforth 2005, chapter 4). 따라서 고도로 상호 의존적인 단극이더라도 다른 강대국들의 경제성장을 봉쇄하려고 시도하는 것이 원칙적으로 가능하다.

나아가 경제적 봉쇄는 군사적인 (공격적 혹은 방어적) 관여 전략에 의해 가능할 수 있다. 주요 지역, 특히 경제적으로 봉쇄하려는 국가가 위치한 지역에 군사적으로 관여하지 않고서는 단극이 다른 국가들을 경제적으로 봉쇄하는 데 어려움을 겪을 수 있는 것이다. 이처럼 현실적으로 이 전략의 실행에 수반되는 장애에도 불구하고 이 전략을 나의 이론적 유형에 포함시킨다. 〈표 1〉은 단극의 대전략의 군사적 차원과 경제적 차원을 결합하여 대전략의 여섯 가지 선택지를 제시한다.

실제로 미국은 1990년에서 2001년 사이에 전 세계적으로 방어적 포용 전략을 추진했다. 단 유럽은 예외였는데, 미국은 유럽에서 소련의 이전 위성국가들을 미국의 영향권으로 편입하기 위해 공격적 포용 전략을 수행했다. 이와 동시에 미국은 1994년에 소말리아에

---

8 단극 질서에서의 체계 관리에 대해서는 Hansen(2011, 55-91) 참조.

표 1 단극의 대전략 선택지

		군사 전략		
		공격적 지배	**방어적 지배**	**비관여**
경제 전략	**포용**	공격적 포용	방어적 포용	비관여 포용
	봉쇄	공격적 봉쇄	방어적 봉쇄	비관여 봉쇄

표 2 냉전 종식 이후 미국의 대전략

지역	경제 전략	군사 전략	대전략
아프리카	포용	방어적 지배(1989-1994)	방어적 포용
		비관여(1995-)	비관여 포용
동아시아	포용	방어적 지배	방어적 포용
유럽	포용	공격적 지배(1989-2000)	공격적 포용
		방어적 지배(2001-)	방어적 포용
중동	포용	방어적 지배(1989-2000, 2009-)	방어적 포용
		공격적 지배(2001-2008)	공격적 포용
서반구	포용	방어적 지배	방어적 포용

서 철수한 이후 아프리카에 대해서는 대체로 관여하지 않았다. 그러다가 부시 독트린이 한창이던 2001년에서 2008년 사이에 중동에서는 공격적 포용 전략을 추진하여 아프가니스탄과 이라크의 정권을 붕괴시켰고, 동아시아에서는 방어적 포용 전략을 계속했으며, 유럽에서는 방어적 포용 전략으로 돌아섰고, 아프리카에 대한 비관여 전략은 지속했다. 〈표 2〉에서는 1989년 이래 세계 주요 지역에서의 미국의 전략을 요약해서 보여준다.

위의 유형은 단극이 취할 수 있는 모든 가능한 전략을 포괄하고 있어서 개념적으로 완결적이다. 그렇지만 나의 이론에서는 국가가 합리적이라고 가정하고 있으므로, 이 전략적 선택들 각각이 단극에 합리적인 것인지 따져볼 필요가 있다. 달리 말해, 특정한 제약하에서 이 전략들 각각이 단극이 합리적으로 선호할 만한 선택이 될지를 결정할 필요가 있는 것이다. 이를 위해 다음 절에서는 단극적 힘의 분포가 단극의 전략적 셈법을 조건 짓는 방식을 살펴본다.

단극의 전략적 셈법

제2장에서 보았듯이, 나의 이론에서는 국가가 합리적이라고 가정한다. 대전략을 선택하기 위해 단극은 비용-편익 분석을 할 것이며, 생존과 경제적 번영이라는 근본적 목적을 염두에 두고 최저의 비용으로 이 목적을 달성할 수 있는 최적의 전략을 추진할 것이다.[9]

그렇지만 단극의 합리적인 전략적 셈법은 국제 체계 이외에도 수많은 요소의 영향을 받는다. 우선, 국내의 정치·경제 엘리트들은 자신들의 관점에서 규정된 국가 이익을 추구하기 위해 대전략의 선택에 영향을 미칠 것이다(Snyder et al. 2009). 결과적으로 단극은 전략적 구상에 다른 목적들을 추가하게 될 수 있다. 이 목적들이 단극의 생존 가능성을 훼손하거나 장기적인 경제성장을 방해하지 않는 한 우리가 제2장에서 가정했던 국가 목적의 우선성이나 합리성의 제약을 위반하지는 않는다. 단극 체계하에서는 이러한 제약을 위반하지

---

9   미국이 체계 관리를 위한 개입의 수준이 다른 다양한 전략 중 어떤 선택을 할 것인지에 대한 다른 이론으로는 Milner(2011) 참조.

않는 다양한 전략이 존재할 수 있는 여지가 많은 것이다. 따라서 나의 이론으로부터 단극에 적합한 전략에 대한 확정적인 주장을 도출할 수는 없다.

우리가 할 수 있는 것은 군사력의 압도적 우위가 단극의 전략적 선택을 어떻게 조건 지을 수 있는지 결정하는 것이다. 이런 방식으로 단극적 국제정치 구조가 단극의 전략적 선택을 "만들어내고 밀어대는" 방식을 이해하려고 시도할 수 있다(Waltz 1986, 343).

단극적 힘의 분포는 단극의 전략적 선택에 최소한 두 가지 방식으로 영향을 미친다. 첫째, 단극이 시도할 수 있는 각 전략적 선택지는 내가 "경쟁" 비용이라고 부르는 것을 포함할 수 있다. 단극이 압도적인 군사력 우위의 지위로부터 혜택을 추출하면 할수록 다른 강대국들은 군사적 경쟁을 벌이기로 결정하고, 따라서 압도적 힘의 우위가 잠식되고 궁극적으로 사라지게 되어 단극은 손해를 볼 수밖에 없다. 따라서 강대국들로 하여금 이런 경쟁을 벌이게 만드는 전략은 단극에 경쟁 비용을 초래한다. 반면에 다른 강대국들이 단극의 군사적 경쟁자가 되지 않게 하는 전략은 단극이 단극 질서의 혜택을 계속 누릴 수 있게 해준다. 그렇다면 모든 조건이 동일할 때 단극의 혜택이 크면 클수록 단극은 경쟁 비용이 수반되는 전략을 더욱 피하려고 할 것이다.

하지만 모든 조건은 동일하지 않다. 경쟁 비용 이외에도 단극이 고려하는 각 전략적 선택에는 "갈등" 비용도 포함되어 있다. 어떤 전략은 단극이 군사적 갈등에 개입될 가능성을 줄여주지만, 어떤 전략은 국가 간의 전쟁에 단극이 자주 개입할 수밖에 없게 만든다. 각 전략의 갈등 비용은 이 전쟁에 들어가는 비용의 총합이다. 단극은 전략적 셈법에서 이 비용까지 고려해야 하는 것이다.

문제를 복잡하게 만드는 것은—단극 질서의 지속성과 평화에 대한 다음 장들의 분석에서 명확해지듯이—경쟁 비용을 수반하지 않는 전략이 단극에게 갈등 비용을 치르도록 할 수 있다는 점이다. 반대의 경우도 마찬가지이다. 달리 말하자면, 압도적인 군사력 우위의 지속성을 가져다주는 전략이 단극으로 하여금 군사적 갈등에 빈번히 개입되도록 할 수 있는 것이다. 이렇게 될 경우 단극은 단극 질서의 종식이 초래하는 비용(즉, 경쟁 비용)과 지속적인 단극 질서에서의 빈번한 전쟁의 비용(즉, 갈등 비용)을 비교해야만 할 것이다. 이런 상황에서 단극은 단극적 힘의 분포가 가져다주는 혜택이 단극 질서를 지속하는 데 수반되는 비용보다 더 클 경우에만 힘의 우위를 지속하는 전략을 실행할 것이다. 반면에 단극 질서를 지속해봐야 힘의 우위에서 오는 혜택보다 갈등 비용이 더 크다면, 단극은 전쟁에 연루되는 것을 피하면서 체계적 세력균형이 재출현하게 되는 전략으로(즉, 갈등 비용이 아니라 경쟁 비용을 수반하는 전략으로) 전환하게 될 것이다.

다음 4개의 장에서는 단극 세계의 지속성과 평화에 대한 각 전략적 선택의 효과에 초점을 둔다. 이 효과를 분석해야만 우리는 단극의 여섯 가지 전략적 선택지 각각이 경쟁 비용과 갈등 비용에서 어떤 결과를 거두는지를 명확히 파악할 수 있다. 그렇기 때문에 현재의 미국에 가장 적절한 전략이 무엇인지에 대한 분석은 마지막 8장까지 미루어둔다. 그러나 단극 체계의 지속성과 평화에 대해 각 전략이 가져오는 결과를 분석하기 전에 압도적인 힘의 우위가 가져오는 혜택에 대해 논의해야 한다. 그것이 각 전략에 수반되는 잠재적인 경쟁 비용의 크기를 결정하기 때문이다.

압도적 힘의 우위의 혜택

압도적인 힘의 우위에 있는 국가가 누리는 단극의 가치는 중요하지만 덜 이론화되어 있는 주제이다. 양극 체계나 다극 체계의 초강대국이 아닌 단극만이 할 수 있는 것은 무엇인가? 단극이 됨으로써 생기는 부가적인 가치를 정하려면, 생존과 안보 및 장기적 경제성장이라는 핵심적인 국가 목적에 있어서 단극과 다른 초강대국들을 비교할 필요가 있다. 앞으로 보게 되듯이, 단극 체계는 안보 영역에서는 제한적인 혜택을 가져다주지만 경제 영역에서는 상당한 혜택을 가져다준다.

단극 체계의 혜택은 핵무기의 존재에 의해 크게 좌우된다. 강대국들이 핵 억지력을 보유하게 되면 단극이 적당한 비용으로 이들을 군사적으로 패배시킬 방도는 없다. 마찬가지로 핵 세계에서는 압도적 힘의 우위가 단극의 최우선 목적인 생존을 보장하는 데 큰 도움이 되지 않는다. 강대국들이 재래 전력에서는 단극에 못 미치지만 잔존 가능한(survivable) 핵무기를 보유하여 생존을 보장할 수 있다면, 국가가 생존을 확보하기 위해 재래 전력의 압도적 우위를 누릴 필요는 없게 된다.[10] 단극이 경쟁국들의 출현을 허용해서 여럿 중 하나의 초강대국이 된다고 해도 자신의 생존을 보장할 수 있는 능력이 훼손되지는 않는다.

---

10 "잔존 가능한" 핵무기란 1차 핵 공격을 견뎌내고 보복 능력을 지닌 핵무기이다. 잔존 가능한 핵무기만이 국가의 생존을 완전히 보장한다 상대국이 "장한(splendid)" 1차 공격 (상대를 완전 무장해제하는 공격)을 시도할 아무런 유인이 없게 되기 때문이다. 나는 여기에서 "잔존 가능한" 핵 능력과 "견고한(robust)" 핵 능력을 혼용한다.

마찬가지로 핵 시대에 단극 체계는 동맹국들에게 안보 우산을 투사하는 단극의 능력에도 큰 도움이 되지 않는다. 달리 말하자면, 단극 체계는 다른 국가들에게 확장 억지(extended deterence)에 대한 신뢰할 만한 보장을 제공하지 않는다. 어쨌든 냉전 시기 내내 미국은 서유럽에 대한 소련의 침공을 억지할 수 있었다. 압도적인 힘의 우위가 이런 점에서 혜택이 되는 유일한 상황은 잠재적인 경쟁국이 극도로 공격적이고 위험 감수적인 자세를 취하는 경우이다. 글레이저가 지적했듯이, "미국 단극 체계가 강대국 전쟁을 억지하는 데 상당한 가치가 있는 경우는 바로 극히 탐욕스러운 수정주의 중국이 생기는 경우만이다"(Glaser 2011a, 141). 그렇지만 부상하는 강대국이 이처럼 무모한 자세를 취할 가능성은 오늘날의 핵 세계에서는 크지 않다. 중국이 강대국으로서의 생존이 보장되었는데도 수정주의 목적을 추구하면서 위험 감수적 태세를 취해야 할 이유는 분명하지 않다(제4장과 제5장에서 이 주제로 돌아올 것이다). 부상하는 강대국이 이런 목적을 갖지 않기 때문에 단극 체계는 동맹국들에게 안보를 제공하는 미국의 능력에도 큰 도움이 되지 않는 것이다.

　　단극적 힘의 분포가 단극에게 전 세계적 공역 통제권이라는 이점을 가져다준 것은 확실하다(Posen 2003). 그렇지만 공역을 통제하는 것의 안보적 가치는 단극이 수행하는 전략에 달려 있다(Glaser 2011a, 142). 비관여 전략이라면 공역 통제 능력은 문제가 되지 않는다. 국제적 현상 유지를 위한 방어적 지배 전략이라면 공역 통제는 불필요하다. 국제적 현상 유지는 둘 이상의 초강대국이 경쟁적 혹은 협조적 안보기구를 확장함으로써도 이루어질 수 있기 때문이다. 따라서 공역 통제는 단지 공격적 지배 전략에 대해서만 가치가 있는 것이다. 그러나 제4장과 제6장에서 보듯이, 공격적 지배 전략은 단극 질서의 지속성을 단축시키고 (부상하는 강대국이 위치하고 있는 지역에서 실행될 경우) 국가 간의 전쟁 대부분에 단극이 개입하게 되는 치명적 결과를 가져올 수 있다. 결과적으로 공역 통제 능력은 전 세계적 수준에서 단극에 합리적인 선택이 될 수 없는 전략(공격적 지배)에 대해서만 이득이 되는 것이다.[11]

마지막으로, 안보 영역에 있어서 단극 체계는 압도적 초강대국에게 한 가지 큰 이점을 준다. 단극이 약소국과 전쟁을 벌이려고 결정할 경우에 이 전쟁이 다른 강대국과의 전쟁으로 확전될 위험이 없는 것이다. 제6장에서 보듯이, 핵 세계에서 생존이 보장된 강대국들은 단극의 행동을 포용할 가능성이 크고, 따라서 단극과 분쟁 상태인 약소국들을 지원하려 하지 않을 것이다. 결과적으로 단극은 약소국들을 다루는 데 있어서 훨씬 큰 자유를 누리고 있는 것이다. 이는 다시 단극에게 약소국들에 대한 협상의 우위를 누릴 수 있게 해준다.[12]

순전히 안보적인 영역을 벗어나면 단극 체계는 단극에게 상당한 경제적 이득을 가져다주며, 이는 안보에도 간접적인 영향을 미친다. 힘의 압도적 우위는 단극이 국제경제 환경을 조성할 수 있게 해

---

11 Brooks at al.(2012/2013, 41). 브룩스는 전 세계적 공역 통제가 미국이 상당한 혜택을 얻고 있는 개방적 국제경제 체제에 핵심적이라고 주장한다. 나의 생각에는 이 개방적 국제경제 체제는 참여국 전체는 아니더라도 대부분에 혜택을 주고 있으며, 따라서 대체로 자기 보전적이다. 미국이 전 세계적 공역 통제를 상실한다면 아마도 다른 국가들이 나누어 가질 것이며, 결과적으로 미국에 이 체제에서 추출하고 있는 혜택을 줄이라고 요구할 것이다. 그렇지만 미국의 군사력은 이 체제에서 지대를 거두는 능력에 도움이 되는 것이지 체제 자체의 유지에 도움이 되는 것은 아니다.

12 제6장에서 논의하듯이, 압도적인 힘의 우위는 단극으로 하여금 단극의 전반적인 목적에 저항하는 약소국들과 빈번한 전쟁을 벌이도록 한다. 핵심은 이 전쟁들이 약소국이 강대국이나 초강대국의 지원을 받는 경우의 전쟁보다 비용이 낮다는 것이다.

서 자신의 경제성장에 유리한 조건을 만들어낼 수 있다. 양극 체계나 다극 체계로 돌아간다고 해서 이러한 조건이 반드시 사라진다고 할 수는 없으나, 전 세계적 투사 능력을 지닌 다른 초강대국이 존재하게 되면 이전에 단극이었던 국가의 경제성장에 유리한 국제 환경을 유지하는 것이 어렵게 된다. 특히 경쟁국들이 부상하게 되면 배타적인 경제적 영향권이 재출현할 수 있고, 단극이었던 국가에 여러 시장이 봉쇄되어 성장 잠재력이 훼손될 수 있다.[13] 이는 단극적 힘의 분포가 단극에게 상당한 경제적 혜택을 부여할 수 있음을 의미한다. 그만큼 압도적인 군사력 우위에 따르는 제한적인 안보적 이득을 보강시켜 줄 것이다.

전반적으로 미국 우월론자들은 단극 체계의 혜택을 과장하고 있다(Glaser 2011a, 136). 단극은 자신의 생존을 보장하는 데 있어서 상당한 이득을 누리지 않으며 동맹을 지원하기 위해 힘을 투사하는 능력이 더 커진 것도 아니다. 전 세계적 공역에 대한 다른 국가들의 접근을 거부할 수 있는 능력은 단지 공격적 지배 전략을 수행할 경우에만 이점이 된다. 따라서 압도적인 힘의 보유로부터 거두는 혜택은 오직 단극이 약소국들에 대한 행동의 자유를 누린다는 데 있다. 따라서 안보 영역에서 단극의 혜택은 단지 저항적인 약소국들을 다룰 때뿐이다. 이 점 이외에 힘의 압도적 우위는 단극에게 경제성장에 유리한 국제적 조건을 지속시킬 가능성을 커지게 해준다.

이론적으로 볼 때, 단극 체계가 단극에 부여하는 혜택은 제한적이기는 하나 무시할 만한 것은 아니다. 따라서 단극 세계의 지속성

---

13 제8장에서 미국이 현재의 압도적 군사력 우위로부터 경제적으로 혜택을 보고 있는지에 대한 경험적 논의를 다룬다.

을 훼손할 수 있는 어떤 전략도 경쟁 비용을 수반하게 된다. 단극 체계가 지속적일 수 있는 조건을 모색하려면 이 경쟁 비용을 피할 수 있는 조건을 모색해야 한다. 이것이 다음 장의 주제이다. 그러고 나서 경쟁 비용을 수반하지 않는 전략이 갈등 비용을 가져오는지를 따져보아야 한다. 이것이 제6장의 주제로, 단극의 각 대전략이 특정한 갈등 유발 메커니즘으로 귀결되는지를 검토한다. 마지막으로 제8장에서는 이 두 가지 주장이 현재의 세계 정치에 어떤 결과를 가져오는지를 살펴보며, 현재 미국이 추출하고 있는 "단극의 배당(unipolar dividend)"이 압도적인 힘의 우위를 유지하기 위해 지속적으로 벌이고 있는 갈등의 비용을 초과하는지를 평가한다. 이런 의미에서 단극의 전략적 선택이라는 문제가 이 책 전체에 스며들어 있다.

제4장

단극 체계의 경쟁의 근원

냉전이 종식되고 단극 세계로 대체된 이후에 이 새로운 미국 주도의 질서가 지속될 수 있는지에 대해 많은 논의가 있었다. 국제정치 이론가들 사이에서도 단극 체계의 지속성에 대해 활발한 논의가 진행되었다. 체계적 세력균형이 재수립될 시기에 대해서는 견해가 달라서, 크리스토퍼 레인(Christopher Layne)과 같이 2010년이면 다른 국가들이 미국을 따라잡을 것이라는 예측에서부터 월포스와 같이 최소한 2030년까지 미국의 힘은 도전받지 않으리라는 전망까지 다양하다.[1]

단극 체계가 지속될 것인가에 대한 학계의 견해는 크게 우월론(primacism)과 쇠퇴론(declinism)의 두 가지 입장으로 나뉜다. 쇠퇴론자들은 단극 체계가 비교적 빨리 종식될 것이라고 주장하는 반면,

---

1   Layne(1993); Wohlforth(1999). 보다 최근으로는 Joffe(2009) 참조.

우월론자들은 단극 체계의 장기적 지속성을 단언한다. 이 논쟁의 핵심에는 힘이 균등화되는 것이 안정적인 것이라고 믿는 세력균형론적 현실주의자들과 이와 반대로 압도적인 힘의 우위가 국제 체계의 "자연적" 상태라고 주장하는 패권론적 현실주의자들 간의 근본적인 이론적 대립이 놓여 있다. 지난 20여 년간 이 논쟁은 해결되지 않은 채 남아 있다.

거듭되는 노력에도 불구하고 해결되지 않는 학문적 논쟁 대부분이 그렇듯이, 단극의 지속성에 대한 양측의 주장 각각은 부분적으로 옳다. 단극 체계가 오래 지속될 것인지의 여부는 운명적인 것이 아니므로 압도적 우위의 쇠퇴와 지속 모두가 가능한 결과인 것이다.

이와 동시에 이 논쟁의 양측은 핵심적인 문제를 놓치고 있다. 미국의 압도적인 군사력 우위의 지속성에 대한 기존의 모든 논의는 불확정성이라는 본질적 성격을 과소평가하고 있다. 단극 체계가 지속적일 것인가는 확정적으로 대답할 수 있는 문제가 아니다. 양측은 각각 다른 조건하에서 일어날 수 있는 변동을 상정하고 있는 것이다.

이 장은 이러한 교착상태에 대한 돌파구를 마련한다. 단극 체계가 언제 종식될지를 예측하는 대신에 나는 단극 체계가 왜 지속될 수 있는지를 설명하고 지속성을 가능하게 하는 조건을 모색한다. 이 장의 핵심은 단극 세계의 지속 여부가 두 가지 변수, 즉 체계적 변수와 전략적 변수에 달려 있다는 주장이다. 이 변수들이 적절한 조건을 만들어낼 경우에 단극적 군사력 분포는 지속될 것이다. 부상하는 경제적 강국들이 단극과 같은 수준에서 전 세계의 다른 지역에 힘을 투사하려고 자국의 잠재적 국력을 군사력으로 전환하지 않을 것이

기 때문이다.[2]

체계 수준에서 한 국가가 군사력의 압도적 우위를 유지할 가능성은 단극과 잠재적 도전국 간 전쟁의 기대 비용에 달려 있다. 강대국 전쟁의 비용이 커질수록 군사적 도전을 촉발할 수 있는 상황의 범위는 좁아질 것이며, 따라서 단극 체계가 지속될 가능성이 커진다. 핵 시대에 쇠퇴하는 단극과 부상하는 군사적 도전국 사이의 전쟁 비용은 막대해서 양 국가의 생존을 위협할 것이다. 따라서 핵 시대에 부상하는 경제적 강대국이 단극에 군사적 도전을 도모할 가능성은 매우 낮다.

그렇지만 막대한 전쟁 비용에 의해서만 지속성이 보장되는 것은 아니다. 지속성은 두 번째 변수인 단극의 전략에도 달려 있다. 제3장에서 보았듯이, 단극의 전략적 신택지 중 어떤 것은 경쟁 비용을 유발할 수 있다(즉, 다른 강대국들이 단극에 도전하도록 할 수 있다). 그렇지만 다른 전략들은 단극에 아무런 경쟁 비용을 수반하지 않을 수 있고 다른 강대국들이 단극에 도전할 아무런 유인도 제공하지 않을 수 있다. 보다 구체적으로 말하자면, 단극이 방어적 포용의 대전략을 실행한다면 —현상을 유지하는 군사 전략과 부상하는 강대국들의 경제성장을 포용하는 경제 전략을 병행한다면 —다른 강대국들은 군사화할 유인이 별로 없게 될 것이다. 이와 같이 방어적 포용 전략

---

2   따라서 강대국들의 군사력 투사 능력이 자기 지역에만 한정될 경우에 단극 체계는 지속된다. 역으로 이는 강대국들이 단극 체계를 종식시키지 않으면서도 자기 지역에서는 상당한 수준의 군사력을 증대할 수 있음(그럼으로써 이 지역에서 단극의 행동을 제약함)을 의미한다. 제5장에서 부상하는 강대국들의 현재의 행동 경로를 논의하면서, 그리고 제8장에서 미국의 압도적 우위에 대한 장래의 도전 가능성에 대해 논의하면서 다시 이 점을 살펴본다.

은 경쟁 비용을 수반하지 않는다. 그러나 만일 단극이 비관여로 전환하거나 현상을 수정하려는 군사 전략을 실행할 경우, 또는 부상하는 강대국들의 경제성장을 봉쇄하는 경제 전략을 실행할 경우, 강대국들이 군사력에 추가로 투자하고 단극에 군사적 도전을 감행할 유인이 커지게 된다. 달리 말해, 방어적 포용 이외의 전략은 모두 경쟁 비용을 유발한다. 따라서 부상하는 강대국들이 계속적으로 잠재적 힘을 군사력으로 전환해서 체계 전체 수준에서 군사력의 균형을 이룰지 여부는 단극의 전략적 선택에 달려 있는 것이다.

전체적으로 고려하면, 부상하는 경제적 강대국들은 단극을 억지할 수 있는 능력을 확보하고 나면 군사력 분포의 현상에 만족하게 된다. 이는 곧 단극 질서가 원칙적으로 지속성이 있으며 강대국 전쟁의 기대 비용이 특히 높은 현재와 같은 핵 시대에는 단극 질서가 지속될 가능성이 높다는 것을 의미한다.

단극의 지속성에 대한 이러한 주장은 체계적 세력균형이 재현될 가능성을 높이는 조건들에 대한 보다 이론적인 주장에 근거를 두고 있다. 간단히 말해 나의 주장은 핵 세계가 국가들로 하여금 균형의 주 목적인 생존을 체계적 세력균형의 변화 없이 달성할 수 있게 해준다는 것이다. 충분한 핵무장은 어떤 국가라도, 심지어 재래 전력에서 현저히 열세인 국가라도 생존과 안보를 보장해준다. 이와 동시에 핵무기의 존재는 단극과 도전국 간의 잠재적 갈등의 비용을 높인다. 따라서 단극 세계에서 강대국들은 일단 견고한(robust) 핵무장을 확보하게 되면 단극에 대해 균형 전략을 추구할 유인이 없어지는 것이다. 이처럼 국제정치 구조에 내한 핵 혁명의 영향으로 인해 단극 체계는 잠재적으로 지속적인 것이 된다. 강대국들이 단극의 압도적인 힘의 우위에 도전하지 않고도 만족스럽게 안보를 추구할 수 있기 때문이다.

이 장의 남은 부분은 다음과 같이 진행된다. 다음 절에서는 단극이 지속적인지에 대한 우월론자와 쇠퇴론자 간의 논쟁을 보여준다. 그리고 나서 균형 행위와 체계적 세력균형 간의 관계에 미친 핵 혁명의 영향에 대해 논의한다. 그다음 절에서는 단극 체계가 지속될 수 있는 전략적 조건을 확정한다. 그리고 강대국들에 대한 제약의 근원을 분석한다. 마지막 절에서는 나의 이론이 경험적으로 반증될 수 있는 방식을 논의한다.

단극의 지속성에 대한 논쟁

단극 세계에는 군사력의 체계적 균형이 없다. 한 국가, 즉 단극이 비길 데 없는 힘의 투사 능력을 지니고 있으므로 세력균형이 이루어지지 않는 것이다. 이 상황은 단극 체계의 지속성에 대한 많은 논쟁을 촉발했는데, 특히 쇠퇴론과 우월론의 두 입장을 중심으로 논쟁이 이루어져왔다.

쇠퇴론자들은 크라우트해머의 표현인 "단극의 순간(unipolar moment)"을 믿는다(Krauthammer 1990/1991). 이들은 미국의 압도적인 군사적 우위를 곧 사라질 역사적 순간으로 간주하면서 단극의 종식을 예고하는 여러 가지 변동 과정을 제시한다(Layne 2006a). 이 관점에 따르면, 전형적인 세력균형 논리의 결과로 다른 초강대국이 반드시 출현할 것이다(Waltz 2000a; Layne 2006a).

나아가 쇠퇴론자들은 미국이 전 세계적 역할을 점점 더 꺼리게 될 것으로 믿으며, 압도적인 군사력 우위의 비용을 짊어지려는 미국의 의지와 능력을 위축시킬 여러 가지 요인을 지적한다(Kupchan 2002). 예컨대 2008년의 금융 위기는 미국의 정책 결정자들이 활용할 수 있는 자원을 상당히 고갈시켰다(Cohen and DeLong 2010). 설상가상으로 미국은 아프가니스탄과 이라크를 10년간 점령하는 데 1조 달러에 달하는 비용을 쏟아부었다(Blimes and Stiglitz 2008). 전반적으로 쇠퇴론자들의 관점은 미국의 필연적인 쇠퇴가 항상 눈앞에 있다고 믿는 전통적인 비관론에 깊이 뿌리박혀 있다(Bercovitch 1980; Fallows 2010; Friedman and Mandelbaum 2011).

쇠퇴론자들은 미국의 압도적 우위가 기울어 가고 있는 국제적인 증거로 중국과 브라질, 인도와 같은 개발도상국의 극적인 경제성장에 주목한다(Kang 2007; Ross and Feng 2008). 쇠퇴론자들에 따르면, 이 국가들은 빠르게 성장하고 있을 뿐만 아니라 미국에 대한 연성 균형[3]과 경성 균형(Grieco 2002; Friedberg 2005; Christensen 2006)을 도모하고 있다.[4] 체계적 세력균형이 재수립되는 과정은 시간이 걸릴 수 있으나, 단극 체계가 조만간 종식된다는 데는 의심의 여지가 없다는 것이다.[5]

이론적인 측면에서 쇠퇴론자들은 압도적인 힘의 우위가—패

---

3 "연성 균형" 주장 중 핵심적인 것으로 Paul(2004); Pape(2005); Paul(2005) 참조. 반대 입장으로는 Art et al.(2005/2006); Brooks and Wohlforth(2005a); Lieber and Alexander (2005) 참조.

4 이에 대한 이론적 논의로는 Waltz(1993); Waltz(2000a); Waltz(2002); Layne(2006b) 참조.

5 월츠 자신이 이 입장을 강력히 옹호한다. Waltz(2002).

권으로 변하여 국제 체계를 위계적인 것으로 만들 수 있기 때문에—단극의 의도나 행태와 무관하게 그 자체로 체계적 균형을 촉발하기에 충분하다고 주장한다.[6] 따라서 이들은 워싱턴이 공격적 의도를 보일 때에만 다른 국가들이 미국에 대해 균형을 취할 것이라는 보다 미묘한 위협균형론(balance-of-threat theory)도 배격한다(Walt 1987). 잭 레비(Jack Levy)가 주장하듯이,

> 문제가 패권인 경우에 위협에 대한 평가에서 의도의 역할에 대한 논쟁은 모두 사라져버린다. 체계에 대한 패권이야말로 항상 다른 국가들, 최소한 다른 강대국들의 이익에 가장 큰 위협이 되며 오직 체계 내에서 가장 강력한 국가만이 패권을 행사하려는 위협이 될 수 있기 때문이다(Levy 2004, 35).

요컨대 쇠퇴론자들은 미국이 현재와 같은 압도적인 지위를 유지할 방도가 없다고 믿는다. 그렇게 하려는 시도야말로 잘못된 것이며, 다른 국가들로 하여금 균형 시도를 더욱 강화하게 할 것이다.

이와 대조적으로 우월론자들은 가까운 장래에 국제정치의 기본 구조에 어떠한 변화도 없을 것으로 예측한다. 이들은 다양한 이유

---

6 스웰러와 샤오유 푸(Xiaoyu Pu)는 지난 20년간 미국에 대한 균형이 부재한 것과 쇠퇴론자들의 주장을 절충하는 입장을 제시한다. 이들에 따르면, 균형이 이루어지기 이전에 단극이 유일 초강대국임을 도전국이 부정하는 단계가 선행한다. 그런 다음에야 두 번째 단계에서 도전국은 쇠퇴하는 단극에 대해 적절한 균형을 취하게 된다. 이는 흥미로운 이론적 가능성을 지니고 있지만 균형의 근본적 원인에 대해서는 논의하지 않고 있다. 또한 균형의 부재에 대한 다른 경쟁적 설명과 비교하여 검증할 수 있게 해주는 경험적 함의도 제시하지 않는다. Schweller(2011, 5-6); Schweller and Pu(2011) 참조.

때문에 미국에 대한 균형은 있을 수 없으며, 최소한 분석 가능한 시기까지 미국의 압도적인 힘의 우위는 계속될 여지가 많다고 주장한다(Kagan 2008; Joffe 2009). 우월론의 관점을 지닌 국제정치학자들 중 가장 저명한 브룩스와 월포스는 미국과 다른 모든 국가 간의 힘의 격차가 너무 크기 때문에 가까운 시기에 미국에 대한 균형은 불가능하다고 주장한다. "유례없이 미국에 권력 자원이 집중됨으로써 오랫동안 국제정치 연구에 핵심이었던 체계의 제약적 효과는 더 이상 작동하지 않게 되었다."[7] 단적으로 우월론자들은 균형을 발생시키는 어떠한 인과적 과정도 존재하지 않는다고 본다. 단극 체계가 세계 질서의 항구적 상태가 될 것이라고까지는 주장하지 않지만, 이들의 주장에는 다른 결론을 이끌어낼 만한 것이 거의 없다.

우월론자들의 견해에 따르면, 단극 세계의 지속성은 여러 가지 상호 보완적인 요소에 의해 지지된다. 우선 상대적 힘에서 미국의 우위는 너무도 막대하여 앞서 논의했듯이 균형을 취하려는 국가들에게는 거의 넘어설 수 없는 장애가 된다(Wohlforth 1999; Wohlforth 2002). 이에 더해, 냉전이 종식된 후 미국은 전 세계적인 안보 제공자라는 중요한 역할을 수행해왔으며, 다른 국가들은 그 혜택을 받아왔기 때문에 이를 손상시키려 하지 않는다(Mastanduno 1997; Mastanduno 2002). 마지막으로 미국은 광범위하게 공유된 가치에 근거를 두고 있는 자유주의적 국제 질서의 최종적인 수호자로 간주된다. 오늘날의 국제 체계에서 다수를 차지하고 있는 자유주의 국가들

---

7 Brooks and Wohlforth(2008, 3). 균형의 부재를 설명하기 위해 미국이 해양 세력이라는 사실을 강조하는 입장에 대해서는 Levy(2004, 45); Levy and Thompson(2005); Levy and Thompson(2010) 참조.

은 이 질서의 핵심 축인 미국의 역할을 손상시킴으로써 자유주의 질서를 위험에 빠뜨리길 원치 않는다(Ikenberry 2001; Ikenberry 2002; Nye 2002; Risse 2002; Walt 2005; Ikenberry 2011). 요컨대 우월론자들은 미국이 상대적 힘의 측면에서 막대한 우위를 지니고 있고 시혜적이고 자유주의적인 방식으로 단극의 역할을 수행하는 점을 감안할 때, 다른 국가들이 미국의 단극 질서를 손상시키려고 할 어떠한 유인도 없으며, 따라서 미국의 단극 질서는 지속될 것이라고 주장하는 것이다.

쇠퇴론과 우월론은 모두 근본적인 이론적 입장을 표출하고 있다. 소련이 붕괴된 직후 월츠와 레인에 의해 처음 제기된 쇠퇴론은 세력균형 이론의 핵심 논리에 근거를 두고 있다. 구조적 현실주의가 한 부분인 이 이론적 전통에 따르면, 필적할 수 없는 힘의 집중은 다른 국가들에게 위협이 되어 이들이 필연적으로 압도적인 힘에 대해 균형을 취하게 하며, 따라서 전체적인 체계적 세력균형이 재수립된다는 것이다(Waltz 1993; Waltz 2000a; Waltz 2002; Layne 2006b). 월츠는 이 논리를 간명하게 표현하여 "싫든 좋든 시간이 흐르면 균형이 이루어지며 현재의 단극 체계로부터 다극 체계가 출현하게 되면 현실주의가 입증될 것이다"라고 주장했다(Waltz 1997, 915). 이 논리에 따라 쇠퇴론자들은 부상하는 국가들의 급속한 경제성장을 균형 시도의 표현으로 간주한다.

마찬가지로 우월론의 입장 역시 국제정치 이론에 근거를 두고 있다. 우월론자들은 패권적 현실주의(hegemonic realism)와 패권안정론을 토대로 전체적인 힘의 균형의 부재가 국제 체계에 혜택이 된다고 믿는다.[8] 사실 패권적 현실주의자들에게는 압도적인 힘의 존재가 국제 체계의 평화가 유지되는 데 필수적이다. 세력균형은 과도기적 현상이며 세력 전이(power transition)는 경쟁과 잠재적 갈등의 근원이다.[9] 따라서 국가들은 미국이 국제 체계를 지휘하는 것을 허용하고 실제로 바랄 것이라는 것이다.

단극의 지속성에 대한 쇠퇴론과 우월론 간의 논쟁은 전혀 해결되지 않아서 양측의 입장 내에서 계속 논의가 전개되고 있다. 부분적으로 이 논쟁에 결론을 내리지 못하는 이유는 압도적 우위의 지속성에 대한 기존의 이론적 주장이 다양하기 때문이다. 그렇지만 양측의 입장은 모두 지속적인 단극 세계에서 무슨 일이 일어나는지에 대한 핵심적인 점을 간과하고 있다. 이후의 논의에서 나는 단극의 지속성에 대한 양측의 관점에 의문을 제기한다.

쇠퇴론자들은 단극 체계가 지속적일 수 있게 하는 핵 혁명의 중요한 역할을 간과하고 있다. 핵 혁명은 국가들로 하여금 다른 국가의 재래 전력에 대등한 전력을 갖출 필요 없이 단지 핵 보복 능력만을 갖춤으로써 생존을 보장받을 수 있게 해준다. 이는 곧 핵 시대에 부상하는 경제적 강대국들이 일단 핵 보복 능력을 확보하고 나면 필적할 수 없는 힘의 집중에 대해 균형을 취할 필요가 없음을 의미한다.

이러한 변화는 단극 세계의 종식이 임박했다는 쇠퇴론의 두 번째 오류를 부각시켜 준다. 합목적적 국가 행위인 균형이 체계적 결과로

---

8   Organski(1958); Gilpin(1981); Organski and Kugler(1981); Voeten(2000); Kang (2003/2004); Bussman and Oneal(2007); Wohlforth(2009); Levy and Thompson (2010) 참조.

9   Gilpin(1981); Kim and Morrow(1992); Kugler and Lemke(1996); Powell(1999); Lemke(2003); Powell(2006); Debs and Monteiro(2014) 참조.

세력균형을 반드시 가져오는 것은 아니다. 생존에 대한 위협에 직면하여 국가들이 균형을 취한다는 점에서 쇠퇴론자들과 세력균형 현실주의자들은 옳다. 그렇지만 이러한 균형의 시도가 필연적으로 단극 체계를 종식시키고 체계적 세력균형을 복구할 것이라는 생각은 맞지 않다. 핵 세계에서는 구조적 요소들 때문에 국가들이 체계적인 힘의 분포가 양극이나 다극으로 전환될 때까지 단극에 대해 균형을 취하지 않는 것이다.

그렇다면 우월론자들이 옳은 것일까? 반드시 그렇지는 않다. 우월론자들은 핵 혁명의 영향과 단극의 대전략의 효과를 인정하지 않는다. 이들의 관점에서는 미국과 다른 국가들 간의 힘의 격차가 너무나 커서 어떤 국가들의 연합도 이 격차를 극복할 수 없다(Wohlforth 1999; Wohlforth 2002; Brooks and Wohlforth 2008). 그러나 이는 사실이 아니다. 오늘날에도 만일 중국과 유럽연합 국가들이 미국의 위협으로부터 생존하기 위해 함께 미국에 대해 균형을 취하겠다고 결정하면, 이들은 미국이 동원할 수 있는 것보다 훨씬 많은 자원을 군사력으로 전환할 수 있다. 이들이 체계적 세력균형을 재구축하려 하지 않는 것은 견고한 핵무장으로 생존이 보장되어 있다는 사실과 미국의 전략이 이들의 장기적 생존을 위협하지 않는다는(즉, 이들의 경제성장을 봉쇄하려 하지 않는다는) 사실 두 가지에 근거를 두고 있다. 단극 구조의 본질적 성격이 아니라 이 두 가지 조건 때문에 바로 강대국들의 전략적 셈법이 단극적 군사력 분포의 종식에 반대되는 방향으로 설정되는 것이다.

이와 같은 이론적인 문제에 더해 단극의 지속성에 대한 기존의 논쟁이 해결되지 않는 두 번째 이유가 있다. 쇠퇴론자들과 우월론자들의 주장 모두는 경험적 함의가 확정되지 않아서 경험적 사실에 근거하여 사전적으로 평가하는 것이 불가능하다. 우월론자들의 주장은 반미 균형 시도가 대두되면 궁극적으로 틀린 것으로 판명될 수 있지만, 쇠퇴론자들의 경우에는 그렇지 않다. 균형의 부재가 지속되어도 쇠퇴론자들은 시간이 흐르면 균형이 일어날 것이라고 언제나 반박할 수 있는 것이다. 따라서 단극의 지속성에 대한 논쟁은 궁극적으로 단극 체계가 종식되지 않는 한 옳고 그름이 판별될 수 없는 두 입장 사이에 갇혀 있다.[10] 이 논쟁을 벌이고 있는 목적이 바로 세력균형이 실제로 재구축될 것인지를 알기 위해서이므로, 이런 상황은 도움이 되지 않는다. 이처럼 단극이 지속되는 동안에는 쇠퇴론과 우월론의 경험적 내용이 똑같다는 것 역시 왜 논쟁이 계속되었는데도 빛보다는 열만 발산했는지를 설명해준다.

균형, 세력균형, 핵무기[11]

이 절에서는 핵 혁명이 균형 행위와 체계적 세력균형 간의 관계에 미친 영향을 보여준다. 이는 현 국제 체계의 단극적 구조가 잠재적으로 지속적이라는 나의 주장의 첫 단계에 해당하며, 다시 두 가지 논점을 필요로 한다. 첫째, 균형 행위는 체계적 세력균형과 논리

---

10 필연적으로 중국이 부상할 것이라는 공격적 현실주의의 예측에 대한 이런 종류의 비판으로는 Lemke(2004, 52-75 esp. 70-72) 참조.

11 세력균형론에 대한 핵 혁명의 영향을 간략히 논의한 나의 주장으로는 Monteiro(2012a) 참조.

적으로 다르다. 둘째, 결과적으로 핵 혁명은 국가들로 하여금 단극의 재래 전력에 대응하지 않고—따라서 체계적 세력균형을 이루어 단극 질서를 종식시키지 않고—균형의 핵심 목적(곧, 생존)을 이룰 수 있게 해준다.

논의를 전개하기 전에, 이 장의 초점이 단극 세계의 지속성에 대한 핵 혁명의 영향이지 단극 세계의 평화에 대한 것이 아님을 유념해야 한다. 후자에 대해서는 제6장에서 분석하는데, 체계 내의 가장 강력한 국가들 간에는 평화로운 관계가 이루어지는데 왜 핵 혁명이 핵 국가와 비핵 국가들 간에는 빈번한 갈등이 유발되는 조건을 만드는지를 보여줄 것이다. 이 두 영향을 같이 고려하면 핵 혁명에 대한 복합적인 관점이 생긴다. 핵 혁명은 긍정적 결과와 부정적 결과를 모두 가져오는 것이다.

세력균형 이론은 국제관계에 대한 현실주의를 이해하는 데 핵심적이다. 대니얼 넥슨(Daniel Nexon)은 세력균형 이론의 최근 연구들을 검토하면서 핵심 원리를 다음과 같이 규정한다.

대부분의 학자들이 동의하듯이, 세력균형 이론을 규정하는 핵심적 명제는 체계적 세력균형이 국제정치에서 자연적인 경향이라는 것이다. 결과적으로 세력균형 이론이 의미하는 바는 국가들이 단일한 정치 공동체에 군사력이 집중되는 것을 견제하거나 심지어 무산시킨다는 것이다. (…) 세력균형 이론의 지지자들은 세계 정치에 고유한 메커니즘이 국제 체계에서 반복적으로 세력균형이 형성되게 하는 압력을 만든다고 주장한다(Nexon 2009).

월포스는 세력균형 이론에 대한 또 다른 평가에서 다음과 같이 정리한다.

현재의 국제 체계에서 균형 행위와 세력균형이 출현할 것으로 기대하게 만드는 세력균형 이론의 핵심적 혹은 기초적 명제가 정확히 무엇인지 보자. 세력균형 이론의 논지는 무정부 체계에서 단위들이 장기적 생존(안보) 확률을 최대화해야 하고, 따라서 위험스런 힘의 집중(패권)을 견제하기 위해 스스로의 능력을 강화하거나(내적 균형) 동맹의 다른 단위들과 능력을 결합하거나(외적 균형) 잠재적 패권국의 성공적인 세력 강화 방안을 따라 한다(모방)는 것이다(Wohlforth et al. 2007, 157).

이 논의들이 분명히 하고 있듯이, 세력균형 이론은 통상 자연과학 법칙처럼 제시된다. 국제적 무정부 상태와 국가가 생존을 최우선의 목적으로 한다는 가정이 필연적으로 체계적 세력균형을 이끄는 것이다.[12] 그러나 사회적 법칙의 "자연과학화"에서 흔히 벌어지듯이, 이 이론에서는 균형 행위와 체계적 세력균형 간의 관계가 본질적으로 조건적이라는 것을 숨기고 있다. 이 절의 나머지 부분에서는 이 관계를 당연시하는 데 대해 의문을 제기하는데, 특히 핵 시대에 관해 중대한 의미가 있다. 이를 위해 우선 세력균형 이론의 핵심적인 논지 전개 수순을 해체해보자.

---

12 넥슨이 지적하듯이, 무정부 상태는 세력균형의 논리가 가동되기 위한 사전적 조건이다. 무정부가 자구(self-help)를 이끌고, 자구가 균형을 이끌며, 마지막으로 균형이 세력균형을 이끈다. Nexon and Wright(2007, 336).

다양한 방식으로 제시될 수 있으나, 세력균형 이론은 다음과 같은 핵심적 논리를 담고 있다.

1. 국가는 생존을 최우선의 목적으로 하며 생존이 문제가 되지 않는 한도 내에서 다른 목적을 추구한다.
2. 한 국가에 필적할 수 없는 힘이 집중되면 다른 국가들의 생존이 위협받는다.
3. 다른 국가들은 생존 확률을 높이기 위해 집중된 힘을 지닌 국가에 대해 균형을 취할 것이다.
4. 생존에 대한 위협은 다른 어떤 국가들 이상으로 힘을 축적함으로써 최소화된다.
5. 균형 시도는 체계적 세력균형의 재구축으로 귀결된다.
6. 결과적으로 한 국가로의 필적할 수 없는 힘의 집중은 오래가지 않는다.

이 핵심 논리의 단계는 (1) 국가의 최우선 목적인 생존에서 시작해서 (6) 체계적 세력 불균형의 지속 불가능성으로 끝난다. 이 논리가 바로 단극의 지속성 논쟁에서 쇠퇴론자들이 지닌 입장의 근거이다.

나는 첫 번째 명제, 즉 국가가 생존을 최우선의 목적으로 한다는 것은 문제 삼지 않는다. 실제로 제2장에서 논의했듯이, 나는 국가가 다른 모든 목적보다 생존에 사전적 우선성을 둔다고 가정한다. 그렇지만 (2)에서 (6)까지의 명제를 면밀히 살펴보면, 각각이 반드시 연결되는 것이 아님을 알 수 있다. 보다 구체적으로, 명제 (2)는 반드시 수립되는 것이 아니다. 한 국가에 필적할 수 없는 힘이 집중되는 것이 반드시 다른 국가들의 생존을 위협하지는 않기 때문이다. 따라서 명제 (3)이 반드시 명제 (4)를 이끄는 것은 아니다. 국가의 생존에 대한 위협을 최소화하는 데 이런 수준의 힘이 반드시 필요한 것은 아니기 때문이다. 결과적으로 명제 (5)와 (6)이 반드시 따라 나오는 것은 아니다. 균형 행위는 성공적인 것일지라도 체계적 세력균형으로 귀결되지 않을 수 있으며, 체계 수준에서의 단극 질서와 같이 필적할 수 없는 힘의 집중이 지속되는 것을 가능하게 한다. 요컨대 최소한 이론적으로는 경쟁국들에 상응하는 힘을 축적하지 않는 균형에 의해서도 국가의 생존이 보장될 수 있고, 이에 따라 체계적 세력균형의 변화를 꾀할 필요가 없어지며, 이는 결과적으로 단극 질서가 지속되게 하는 것이다.

명제 (2)부터 시작해보자. 한 국가에 필적할 수 없는 힘이 집중되면 특정한 조건하에서 다른 국가들의 생존이 위협받게 되는데, 이 조건은 세력균형 이론에서 제대로 규정되지 않는다. 약한 국가들의 생존에 필적할 수 없는 힘이 위협이 되는 경우는 오직 생존이 세력균형에 달려 있을 때뿐이다. 이는 재래 전력만이 존재하는 세상의 경우로, 경쟁국의 공격을 억지하거나 패퇴하기 위해 국가는 상응하는 재래 전력을 보유해야 한다.[13] 다른 국가에 대한 재래 전력의 열세는 군사적 취약성과 억지 능력의 부재로 이어지고 궁극적으로 국가의 생존이라는 목적을 훼손하게 된다.[14]

---

13 이것이 세력균형론자들이 믿는 바이다. 패권안정론자들은 이에 동의하지 않으며, 단극 체계가 지속적이라는 나의 주장에 동의한다. 그러나 이들의 이론 수립 과정은 나와는 다르다.

그렇지만 이는 핵이 존재하는 세계의 경우가 아니다. 잔존 가능한 핵무기를 지니고 있어서 상호 확증 보복 능력을 갖추고 있는 핵 강국들 간의 억지는 전면전의 경우에 각국이 참혹한 비용을 피할 수 없다는 전제에 근거를 둔다. 핵 국가가 적에게 엄청난 비용을 안겨 줄 수 있는 능력이 재래 전력의 균형에 기반하지 않으므로, 핵 국가는 생존을 위협하는 어떤 국가라도—심지어 재래 전력이 훨씬 강력한 국가라도—억지할 수 있다. 제2장에서 논의한 바와 같이, 이것이 바로 재래 전력과 핵 능력 간의 핵심적 차이이다.

이와 같이 명제 (2)를 조정하는 것은 명제 (3), 즉 국가들이 생존 확률을 높이기 위해 힘이 집중된 국가에 대해 균형을 취할 것이라는 주장에 영향을 미치지는 않는다. 핵 세계에서도 어떤 국가들은 더 강한 국가들에 대해 균형을 취할 수 있다. 약소국들, 특히 단극과 같은 편이 아닌 약소국들은 핵을 개발해서 강대국의 반열에 오르려고 할 수 있다. 뒤에서 보듯이, 약소국들의 이런 시도는 약소국들과 단극 간의 힘의 균형에 큰 변동 가능성을 가져오며 핵 세계에서 예방 전쟁의 가능성을 높일 수 있다.

그렇지만 명제 (2)의 수정은 명제 (3)이 명제 (4)를 이끌어내는 데 영향을 미친다. 달리 말하자면, 핵 국가가 재래 전력의 열세에도 불구하고 어떤 국가라도 억지할 수 있다는 가능성을 균형의 논리에 도입하게 되면, 우리는 국가가 다른 국가에 상응하는 재래 전력을

---

14 물론 실제 현실은 이보다 복잡해서 "상응하는 재래 전력"은 이 맥락에서 폭넓게 이해되어야 한다. 핵심적인 개념은 재래 전력의 세상에서는 상대적인 재래 전력의 균형이 국가의 생존 확률을 결정하는 데 핵심 변수라는 것이다. 상대 국가의 재래 전력에 실제로 상응해야 하는지의—즉, 탱크 대 탱크, 항공모함 대 항공모함 식으로—여부는 공격·방어 비율과 군사적 효율성에 달려 있다. Biddle(2004).

구축한 이후에야 생존을 보장할 수 있으며 이렇게 되어야 균형 시도를 멈출 것이라는 생각을 수정해야 한다.[15]

핵무기가 존재하지 않는 상황에서 생존을 확실히 하려면 국가들은 가장 강력한 국가의 군사력에 상응하거나 심지어 그것을 추월할 때까지 균형을 취해야만 할 것이다. 명제 (4)가 진술하듯이, 이 지점에 이르러야만 생존에 대한 위협이 최소화된다. 그러나 핵 세계에서는 균형의 최고 목적, 즉 생존의 보장이 잠재적 경쟁국과 같은 힘을 축적하지 않아도 달성될 수 있으며, 따라서 명제 (4)에 위배된다. 핵무기를 획득한 국가들은 상대적 재래 전력이 무시할 정도라고 하더라도 사실상 생존을 보장받는 것이다. 따라서 핵 세계에서 명제 (4)는 조건적이 되어야 한다. "어떤 다른 국가 이상의 힘을 구축하지 않아도 생존에 대한 위협은 최소화될 수 있다"로 수정되어야 하는 것이다.

잔존 가능한 핵무기에 대해 아무런 효과적인 방어가 존재하지 않기 때문에 핵무기는 재래 전력의 균형이 없이도 생존을 사실상 보장한다. 오늘날의 과학기술로는 극복할 수 없는 핵무기의 공격적 이점은 오히려 억지—승리가 불가능하거나 의미가 없을 정도로 비용이 크기 때문에 갈등을 회피해야 할 필요성—를 강조하게 한다. 직관과는 반대로, 핵무기는 현상을 유지하려는 측에 막대한 이점을 가져다주는 것이다. 캠벨 크레이그(Campbell Craig)가 주장하듯이, "핵무기는 안정성을 가져온다. 바로 핵무기가 공격을 원하는 국가보다는 방어하는 국가를 결정적으로 유리하게 해주기 때문이다"(Craig

15 이 입장에 대한 이전의 논의로는 Monteiro(2009); Deudney(2011) 참조.

2003, 158). 유사한 논리로, 존 미어샤이머(John Mearsheimer)는 "어떤 국가도 핵무장 국가의 본토나 사활적 이익을 공격하지 않을 것이다. 끔찍한 핵 보복을 초래할 수 있다는 우려 때문이다"라고 주장한다(Mearsheimer 1998). 우월론자들의 주장도 어느 정도 핵무기의 평화 효과를 배경 조건으로 포함하고 있다. 브룩스와 월포스는 다음과 같이 주장한다.

국제 체계는 핵무기로 인해 이미 전통적인 힘의 균형에서 멀어지고 있다. 모든 주요 (경제적) 강대국들은 핵무기를 보유했거나 바로 생산할 수 있다. 확실한 2차 공격 능력을 지니고 있어서 이들의 영토 보전은 과거의 어느 강대국들보다 확고하며, 따라서 힘의 집중으로부터 오는 안보 위협은 크게 감소한다.[16]

그렇다면 핵 세계에서 국가의 최고 목적인 생존은 체계적 세력균형의 변동을 요구하지 않는 수단(핵무기 개발)을 통해 달성될 수 있다. 사실 핵 국가들 사이에서 전체적인(즉, 재래 전력 및 핵 전력) 세력균형을 추구하는 것은 헛된 일이다. 두 핵 국가가 서로에 대해 전쟁에 돌입할 가능성은 매우 낮고 전쟁이 일어난다면 재래 전력의 균형과 상관없이 둘 다 생존에 위협을 받을 것이므로 재래 전력의 균형 시도는 불필요하다.

이러한 추론은 체계적 세력균형의 형성에 대한 기계적 이해에 깔

---

16 Brooks and Wohlforth(2005b, 511-512). 브룩스와 월포스에게 핵무기의 존재는 배경적 조건으로, 단극 세계의 지속성을 설명하는 데 포함되지 않는다. Craig(2011, 2025-2028) 참조.

려 있는 이론적 모순을 부각시켜 준다. 세력균형 논리는 국가의 목적을 추구하기 위해 전쟁을 하겠다고 위협하거나 실제로 감행할 수 있는 국가 능력에 기반을 둔다(Craig 2003, 29). 이 주장에 수반된 논리적 단계는 다음과 같다. 침략적 국가라고 할지라도 모든 국가는 생존을 중시한다. 따라서 방어 경향의 국가라고 할지라도 잠재적 침략국으로 하여금 공격할 경우에 전멸시키겠다는 위협을 믿을 만하게 할 수 있어야 한다. 이렇게 할 수 있는 유일한 방법은 잠재적 침략국 이상의 힘을 보유할 때까지 균형을 취하는 것이다.

그렇지만 핵 세계에서는 어떠한 강대국 간의 전쟁에서도 승리할 수 없다. 저비스가 보여주었듯이, 잔존 가능한 핵무기는 전면전을 승리가 불가능한 전쟁으로 만든다(Jervis 1984). 이는 핵 세계에서 전면적인 전쟁이 국가의 생존을 위험에 빠뜨린다는 것을 의미하며, 균형을 이끌었던 애초의 전제, 즉 국가의 최우선 목적이 생존이라는 전제 자체를 위험에 빠뜨리게 된다. 결과적으로 다른 핵 국가에 대해 전면전을 하겠다는 위협 자체는 이러한 위협을 가한 국가의 생존을 위협하는 것이다. 요컨대 핵 혁명은 국제정치의 최후 수단, 즉 전면전을 감행할 수 있는 능력 자체를 불합리한 것으로 만들어버린다. 핵 시대에 이 능력을 쓰는 것은 오토 폰 비스마르크(Otto von Bismarck)가 말했듯이 죽는 것이 두려워 자살하는 꼴이다.

더욱이 저비스 등이 주장했듯이, 난공불락의 핵무기의 존재 때문에 강대국들 간의 어떤 전쟁도 핵전쟁으로 확전되지 않을 것이라고 보장하기는 어렵다.[17] 전면적인 핵전쟁은 "양측이 점점 더 깊이 개입

---

17 이러한 관점은 안정-불안정 모순론자들에 의해 반박된다. 이들은 확전의 비용이 너무 크기 때문에 핵전쟁의 수준에서는 안정이 유지되지만 재래전의 수준에서는 오히려 불안정

되고, 점점 더 우려하게 되며, 점점 더 후수(後手)가 되지 않으려고 하는 동적 과정에서" 초래된다(Jervis 1989, 19). 핵전쟁이 제한되고 따라서 전쟁이 이길 수 있는 것이 되려면, 두 나라 중 하나가 상대방에 궤멸적인 피해를 줄 수 있는 능력을 보유한 채로 항복할 수 있어야 한다(Craig 2003, 30). 패배가 국가의 생존을 위험에 빠뜨리는 한 이는 명제 (1)을 위배하는 것이다. 국가의 최우선 목적이 생존이라는 명제 (1)이야말로 나의 이론을 포함한 모든 현실주의 이론의 가장 기본적인 가정이다.[18]

따라서 핵무기는 균형 이론과 세력균형 이론을 구분하는 데 중대한 역할을 한다. 넥슨이 지적했듯이, 기존의 연구들에서는 논리적 일관성이 없이 이 둘을 결합하곤 한다. 균형 전략의 조건과 동기, 그리고 그 실행 방식을 설명하는 이론(즉, 균형 이론)은 체계 수준에서 세력균형이 이루어지는 것을 설명하는 이론(즉, 세력균형 이론)과는 논리적으로 별개이다(Nexon 2009, 340-342). 넥슨에 따르면, "균형 전략의 보편성을 상정하는 이론이라고 하더라도 이 전략들이 체계적인 세력균형으로 합쳐진다는 것을 의미하지는 않는다"(Nexon 2009, 340). 이 장에서 개진된 이론이 바로 이 경우이다. 균형이 공통된 국가 전략일 수 있지만 체계 전체는 계속 비균형 상태일 수 있는 것이

(전쟁의 빈발)이 초래된다고 주장한다. Snyder(1961); Snyder(1965).

18 커 리버(Kier Lieber)와 대릴 프레스(Daryl Press)는 미국이 다른 모든 핵 국가에 대한 1차 공격 능력을 확보하여 이 국가들의 잔류 핵무기를 제거함으로써 핵 억지가 가져다주는 안전 보장을 사라지게 하기 직전일 수 있다고 주장했다. 그러나 이들의 분석에서도 "러시아가 경계에 돌입하면 공격이 실패할 수도 있다"라는 점을 인정한다. 다음 장에서 보듯이, 중국의 경우에 리버와 프레스의 연구가 출판되었을 당시에는 핵무기가 실제로 취약했으나 이후 안정적인 2차 공격 능력을 확보했다. 베이징이 핵 능력을 계속 확대하고 있는 이유가 여기에 있다. Lieber and Press(2006, 8).

다. 핵무기는 이러한 상태에서 큰 위안이 되는 셈이다.

그렇지만 핵 혁명이 국제 체계에 어떻게 영향을 미쳤는지에 대한 기존의 분석들은 다른 결론에 도달했다. 대니얼 듀드니(Daniel Deudney)는 핵무기가 군사력을 마비시키고 극성을 무의미하게 만들며 국민 국가를 낡은 존재로 만든다고 결론짓는다(Deudney 2007, 244-277; 2011). 이런 식의 추론에 따르면, "핵무기라는 최고의 군사적 능력이 단극적으로 분포되어 있지 않으므로 (…) 체계는 최소한 양극적이거나 아마도 다극적일 것이다"(Deudney 2011). 나의 생각에 이 결론은 타당하지 않다. 미국은 재래 전력에서 압도적인 우위를 점하고 있어서 비핵 국가들에 대해 상당한 행동의 자유를 누리고 있는데, 이 행동의 자유는 미국과 같은 정도로 힘의 투사 능력을 지니고 있지 않은 다른 핵 국가들에 비해 월등하다. 미국의 독보적인 투사 능력은 다른 핵 국가들의 존재에도 불구하고 국제 체계를 단극적으로 만들기 때문에, 극성은 여전히 국제 체계에서 중요하다.

이와 유사한 논리로 크레이그도 안보가 확보된 핵 국가들이 존재하는 세상에서는 "양극이건 다극이건 어떤 종류의 세력균형도 훨씬 덜 중요해진다"고 주장한다(Craig 2003, 161, 강조는 필자). 따라서 그는 핵 혁명을 국제 체계의 안정을 가져오는 추동력으로 간주한다. 미국의 힘이 다른 어느 국가도 필적할 수 없는 정도인 현재의 조건에서는 핵 혁명이 미국의 압도적인 힘이 가져오는 안정성을 더욱 강화한다는 것이다(Craig 2009, 27-44, esp. 36-40). 그렇지만 크레이그의 주장은 이후 나오는 다르게 전개되어서, 핵무기가 확산되어 단극 체계가 점점 더 위험하고 불안정해질 것으로 예측한다.[19] 크레이그는 핵 국가의 수가 계속 증가하면서 단극 세계의 불안정이 증대될 것으로 보면서 핵 시대에 세력균형 현실주의자가 제시할 수 있는 유일한 대안은 세계 정부라고 믿는다. 핵무기의 파멸적인 결과에 직면하여 현실주의자들이 "무정부 조건이 새로운 리바이어던(Leviathan)―즉, 모두의 모두에 대한 핵전쟁의 가능성 때문에 현실화되는 세계 국가―으로 변하게 되는 미지의 새로운 정치 과정을" 예견하게 되리라는 것이다(Craig 2003, xvii, 강조는 Craig).

나의 견해는 핵무기가 "새로운 리바이어던"의 기미를 가져오는 것은 맞지만 이 리바이어던이 세계 국가의 형태로 오지는 않는다는 것이다. 대신에 강대국 정치에서 무정부의 영향을 약화시키는 국제 체계의 구조적 변동을 통해 올 것이다. 핵무기는 핵보유국이 생존을 최우선의 목적으로 하는 국가로부터 생존의 위협을 받지 않을 것임을 보장한다. 그렇다면 핵무기는 세계 국가의 출현을 불가피하게 하는 것이 아니라 국가 생존의 관점에서 볼 때 세계 국가를 해결책으로 처방하도록 한 조건들 자체를 약화시키게 된다. 그러므로 핵무기는 최소한 핵보유국들 간에는 평화의 가능성을 증대하는 국제정치 구조의 한 요소이며, 새로운 리바이어던, 곧 주변의 강대국들을 위협하지 않기 때문에 영원히 지위를 누릴 수 있는 단극이 만들어질 수 있게 해준다.

핵 세계에서는 다른 국가 이상으로 힘을 축적하지 않고도 국가의 생존에 대한 위협을 최소화할 수 있다고 인식하게 되면 명제 (5)를 수정해야 한다. 균형 시도와 체계적 세력균형의 변화를 분리해야 하는 것이다. 결과적으로 단극 세계의 지속성을 배제했던 명제 (6)은

---

19 Craig(2009, 41-44). 제6장에서 자세하게 논의하겠으나, 이 예측은 핵 확산을 막는 예방을 고려하지 못하며, 따라서 단극 세계에서 핵 확산이 일어날 가능성을 과장하고 있다.

한 국가에 대한 필적할 수 없는 힘의 집중이 장기간 지속될 수 있는 가능성을 포용하도록 수정되어야 한다. 요컨대 단극 질서는 지속적일 수 있는 것이다.

지금까지의 논의를 기반으로 세력균형 이론의 핵심 논리를 다시 정리하면 다음과 같다(강조된 부분이 수정된 것이다).

1. 국가는 생존을 최우선의 목적으로 하며 생존이 문제가 되지 않는 한도 내에서 다른 목적을 추구한다.
2'. 한 국가에 필적할 수 없는 힘이 집중되면 다른 국가들의 생존이 **위협받을 수 있다.**
3'. 다른 국가들은 위협받는 정도에 따라 생존 확률을 높이기 위해 집중된 힘을 지닌 국가에 대해 균형을 취할 것이다.
4'. 생존에 대한 위협은 다른 어떤 국가들 **이상으로 힘을 축적하지 않아도 최소화될 수 있다.**
5'. 균형 시도는 체계적 세력균형의 재구축으로 **반드시 귀결되지는 않는다.**
6'. 결과적으로 한 국가로의 필적할 수 없는 힘의 집중은 **오래갈 수 있다.**

이 수정된 논리는 체계적 세력균형이 결과일 뿐만 아니라 목적에 대한 수단이기도 하다는 통찰을 반영하고 있다. 이 최우선의 목적은 생존 확률을 높여서 국가 안보를 최대화하는 것이다. 세력균형이 이 목적에 대한 수단이 될 때에만 국가들은 이를 추구한다. 기존의 세력균형 이론들이 "연관된 메커니즘과 과정은 무조건적이라고—달리 말해 시공을 초월하여 변하지 않는다고―전제하는 데" 비해 이 수정된 논리는 세력균형이 국가의 생존 확률을 최대화하기 위해 적국의 힘에 상응할 만한 필요성의 정도에 달려 있다고 본다(Nexon 2009, 337, 강조는 Nexon). 따라서 단극의 지속성 문제에 적용했을 때 나의 이론의 예측은, 월츠의 표현대로 "단극으로부터 다극으로의 사실상의 필연적인 이동"(Waltz 2000a, 32)을 예견하는 결정론적 세력균형 이론의 예측과 크게 다르다.

사실 월츠와 같은 구조적 세력균형 이론은 핵무기의 안정화 역할과 모순된다. 월츠식의 세력균형 현실주의는 국제정치의 영원한 최후 수단을―곧 전면전의 공포를―반복적인 세력균형의 근원으로 간주한다(Waltz 1979). 이 관점에 따르면, 강대국 간의 전쟁은 가능성이 낮으나 무정부적 체계에 의해 가능해진다. 그러나 월츠는 1981년 논문 「핵무기의 확산: 왜 다다익선인가(The Spread of Nuclear Weapons: Why More May Be Better)」에서 난공불락의 방어상의 이점을 지닌 핵무기의 확산이 어떻게 국제 체계에 평화를 가져오는 효과가 있는지를 밝히고 있다(Waltz 1981). 핵 세계에서 강대국 간의 전쟁은 무정부적 국제 체계에서도 거의 불가능해지는 것이다.

이 두 가지 추론은 양립 불가능한 듯 보인다.[20] 핵무기가 강대국 간의 전면전을 불합리한 것으로 만든다면 전면전의 공포는 더 이상 국제정치의 최후 수단이 되지 않으며, 이는 세력균형 이론의 핵심 전제를 무효화하는 것이다.[21] 이 책에서는 핵 혁명이 (핵) 강대국들

---

20 크레이그가 이전에 이 점을 지적했다. Craig(2003, 160); Roth(2007, 369-384) 참조.
21 흥미롭게도 핵무기 확산의 혜택에 대한 월츠의 주장은 "양극 질서의 안정성"을 가져오는 두 기둥이라고 월츠가 지목했던 두 요소, 즉 양극성과 핵무기를 평가하는 데 적용될

사이에서는 균형의 필요성을 없애주고 저항적인 약소국들 사이에서는 균형의 필요성을 증대시키는 것을(이에 대해서는 제6장에서 논의한다) 보여줌으로써 이 두 가지 입장이 양립할 수 있도록 하려고 한다.

세력균형 현실주의와 핵 혁명의 효과를 조화시키려는 나의 주장은 글레이저가 제시한 "상황적(contingent)" 현실주의에 근거를 두고 있다(Glaser 1994/1995; Glaser 2010). 이에 따르면, 경쟁의 비용이 협력의 비용을 초과하게 되면 무정부 세계의 자구 체계는 국가들이 경쟁 대신 협력을 하도록 이끈다는 것이다.[22] 특히 글레이저는 국가들이 자제(self-restraints)의 신호로 군사 정책을 사용하는 데 주목한다. 일방적인 자제와 공격력의 제한을 통해 국가는 자국의 의도에 대한 중요한 정보를 소통한다는 것이다(Glaser 2010, 67-70). 생존이 보장되는 지점까지 균형을 취하지만 체계 내의 최강국에 상응하는 투사 능력을 갖추지는 않는 것이 이러한 자제를 보여주는 분명한 방법이며, 다른 국가들의 안보 우려를 완화(제거는 아닐지라도)해준다. 또한 이는 단극적 핵 세계의 지속성을 가능하게 한다.

특히 글레이저는 단극 질서에 관해 논의하면서 만일 핵무기가 존재하지 않는다면 부상하는 국가들은 재래 전력을 더욱 증강하려 할 것이라고 주장한다. 그의 표현대로 핵 세계에서는,

미국의 적대 동맹들은 억지와 방어 능력을 갖추기 위해 미국의 힘과

수 있다. 핵무기에 대한 월츠의 주장을 중시한다면 소위 양극적 안정의 시기에 대부분의 역할을 했던 것이 양극성이 아니라 핵무기였던 것으로 보인다. Wagner(1993); Frankel (1996, 31-32 각주 38); Donnelly(2000, 110 111, 118 각주 120) 참조.

22 세력균형 이론의 논리가 협력의 유인을 얼마나 간과하는지에 대해서는 Chan(2012) 참조.

군사력에 상응할 필요가 없다. 미국의 군사적 잠재력—즉, 특정한 군사 작전을 수행할 수 있는 잠재력—은 미국의 힘에 전적으로 일치하는 것이 아니라 이 방어상의 이점들로 인해 감소되기 때문에 미국의 힘이 그만큼 위협적인 것은 아니다(Glaser 2011a, 138).

핵무기로 인해 만들어진 방어상의 이점은 단극 질서를 지속 가능하게 한다. 단극에 대한 도전이 극단적으로 높은 비용을 수반하며 또한 압도적인 군사적 우위를 차지할 유인이 적기 때문이다. 결과적으로 이렇게 압도적인 군사적 우위의 지위라는 것이 잔존 가능한 핵무기를 보유하고 있는 강대국들을 상대로는 제한적인 공격적·방어적 이점만을 가져다주는 것이다.

이러한 견해는 역사적 경험과도 일치한다. 놀랍게도 핵무기의 발명 이후에 초강대국은 출현하지 않았다. 1945년 첫 핵무기가 폭발했던 당시에 초강대국은 미국과 소련이었다.[23] 당시 미국에 대해 재래 전력에서 압도적 우위를 점하고 있던 소련은 4년 뒤에 미국의 핵 능력을 따라잡아서 핵 영역에서도 경쟁국이 되었다. 그 이후 세계는 45년간의 양극 질서를 경험했고, 소련의 붕괴 이후에는 25년간의 단극 질서를 경험하고 있다. 핵 시대가 도래한 이후에 초강대국의 수는 감소해왔는데, 이러한 결과는 나의 관점과 일치한다. 핵 세계에서 균형의 목적은 체계 내에서 가장 강력한 국가의 전체 능력에 상응하

---

23 핵 혁명이 언제 완수되었는지에 대한 견해는 억지를 보장하는 최소한의 핵 능력이 무엇인지에 따라 다르다. Lieber and Press(2009) 참조. 그러나 가장 엄격한 기준을 따르더라도 핵 혁명은 1960년대 중반에 완결되었다. 이 시기에 미국과 소련 양국은 전면전에서 상호 확증 취약성을 사실상 보장해주는, 잔존 가능한 핵무기와 ICBM을 보유하게 되었던 것이다.

지 않고도 달성될 수 있으며, 따라서 한 국가가 초강대국의 반열에 올라감으로써 체계 내 세력균형의 변화가 초래될 가능성은 낮아진다. 실제로 핵 시대에 초강대국의 반열에 오르내린 경우는 단 한 번의 강등, 즉 1989년~1991년에 붕괴된 소련뿐이다.

단극의 지속성과 대전략

지금까지의 논의가 옳다면 왜 우월론자들은 틀렸을까? 단극 체계가 반드시 지속적이라는 주장에 무슨 문제가 있을까? 핵 혁명이 강대국들의 생존 우려를 감소해주었다면 단극 체계는 반드시 지속될 것이다.[24] 따라서 단극 체계의 지속성에 대한 논쟁은 우월론자들의 승리로 끝나야 한다.

하지만 반드시 그렇지는 않다. 생존은 당연히 국가들의 최우선 목적이며, 따라서 핵무기는 생존을 보장해줌으로써 강대국들이 단극에 균형을 취할 필요를 없애준다. 그러나 국가는 단기적인 생존만을 목적으로 하지 않는다. 제2장에서 보았듯이, 나의 이론에서는 국가가 경제성장에도 목적을 둔다고 가정한다.[25] 만일 강대국이 경제성장을 지속하지 못하게 된다면 미래의 생존이 위험에 처할 수 있다. 핵무기가 언제까지나 생존을 보장하리라는 확신은 있을 수 없다. 포괄적 미사일 방어와 같은 획기적인 기술의 발전이 잔존 가능한 핵무기의 억지 효과를 사라지게 할 수도 있다. 따라서 강대국들은 경

24 Deudney(2011) 참조.
25 Glenn(2011, 2020-2021) 참조.

제적인 측면에서 너무 뒤처지지 않아야 할 강한 동기를 지닌다. 이와 동시에 이러한 경제적 동기는 생존 목적에 종속되어 있다. 달리 말해, 강대국들은 생존 목적이 완전히 확보된 후에야 부를 추구하며, 부를 추구하는 방식도 생존 목적을 훼손하지 않아야 하는 것이다. 이는 균형과 궁극적으로 단극 질서의 지속성에 무엇을 의미하는가?

나는 앞에서 수정된 균형 논리를 제시했는데, 이는 순전히 국가의 최우선 목적인 생존에만 초점을 둔 것이었다. 이제 이를 확장해서 두 번째 목적인 경제성장까지 포함할 때이다. 이는 곧 명제 (1)과 (2′)가 경제성장에 대한 위협까지 설명해야 함을 의미한다. 이 확장된 논리로 국가들은 명제 (3′)에 의해 두 가지 목적이 위협받는 정도에 따라 단극에 균형을 취하게 된다. 결과적으로 명제 (4″)에 따르면, 국가들은 이제 생존과 경제성장에 대한 위협 모두가 최소화될 때까지 균형을 취한다. 확장된 논리는 다음과 같다(강조는 이전의 수정된 논리에서 변화된 것이다).

1′. 국가는 생존을 최우선의 목적으로 하며 생존이 문제가 되지 않는 한도 내에서 다른 목적, **곧 부를** 추구한다.
2″. 한 국가에 필적할 수 없는 힘이 집중되면 다른 국가들의 생존과 **경제성장이** 위협받을 수 있다.
3″. 다른 국가들은 위협받는 정도에 따라 생존 확률과 **경제성장 능력**을 높이기 위해 집중된 힘을 지닌 국가에 대해 균형을 취할 것이다.
4″. 생존과 **경제성장에** 대한 위협은 다른 어떤 국가들 이상으로 힘을 축적하지 않아도 최소화될 수 있다.

5′. 균형 시도는 반드시 체계적 세력균형의 재구축으로 반드시 귀결
되지는 않는다.

6′. 결과적으로 한 국가로의 필적할 수 없는 힘의 집중은 오래갈 수
있다.

결론적인 명제 (6′)은 같으나 단극이 지속될 수 있는 조건은 변화
되었다. 이제 명확해졌듯이, 단극 질서의 지속성은 강대국들의 생존
이 보장되는 것에 더하여 두 번째 요소, 즉 강대국들의 경제성장을
가능하게 하는 국제적 조건의 존재에 달려 있는 것이다.

따라서 단극 세계의 지속성은 부상하는 강대국들에 대해 단극이
방어적 포용의 대전략을 수행하는 데에도 달려 있다. 이 전략만이
경쟁 비용을 수반하지 않기 때문이다. 이는 경제적 차원에서 단극이
무역, 투자, 원자재 등의 흐름을 교란하거나 제한하는 것과 같이 강
대국들의 경제성장을 봉쇄하려는 행동을 하지 않아야 한다는 것을
의미한다. 군사적 차원에서 방어적 포용 전략은 단극이 경제성장의
잠재력을 지닌 강대국이 위치한 지역에서 방어적 지배 전략을 수행
하여 이 지역의 현상 유지를 시켜주어야 한다는 것이다.[26] 다른 군사
적 선택들은 그 지역 강대국들의 장기적 경제성장에 유리한 국제 환
경이 유지될 것이라는 신뢰를 훼손할 것이다. 우선, 공격적 지배 전

---

26 나는 단극이 방어적 포용 전략을 수행해야 하는 요건을 경제성장의 잠재력을 지닌 강대
국들이 위치한 지역으로 한정한다. 왜냐하면 강대국이 없는 지역이나 단극의 전략과는
상관없는 이유로 강대국의 경제성장 잠재력이 제한적인 지역에서는 단극의 다른 전략들
이 단극의 압도적 우위를 훼손하거나 경쟁 비용을 유발할 가능성이 낮기 때문이다. 달리
말해, 단극의 전략이 강대국들의 경제성장을 실질적으로 방해하지 않는 한 경쟁 비용이
수반되지는 않는다.

략은 그 지역의 자원을 통제하고 이에 대한 강대국들의 접근을 거부하겠다는 단극의 의도를 드러낼 것이다. 또 비관여 전략은 그 지역 내의 경쟁을 격화시키고 이에 따라 국제적인 경제적 흐름이 방해받게 됨으로써 같은 결과를 낳을 것이다.[27] 어떤 경우이든 장기적 생존을 보장하는 데 유리한 환경의 부재는 강대국들에게 재래 전력을 강화하려는 강력한 유인을 가져다줄 것이며, 이는 다시 기존의 단극적 군사력 분포의 지속성을 훼손할 것이다.

이러한 주장은 단극 세계의 지속성의 조건을 구조적 수준에서 전략적 수준으로 확장한다. 한마디로 말해서 강대국의 경제성장이 단극의 전략에 제약을 받는다면, 이 강대국은 핵무기가 단기적인 생존을 보장해줌에도 불구하고 단극에 대한 균형을 계속 취할 유인을 지니게 되는 것이다.

논의를 이어가기 전에 나의 주장에 제기될 수 있는 비판을 검토해보자. 재래 전력에서 압도적 우위인 단극이 왜 다른 강대국들의 경제적 성장을 허용하여 궁극적으로 단극의 상대적 경제력을 손상시킬 수 있는 방어적 포용 전략을 선호해야 하는가? 대신에, 왜 단극 시대의 시작부터 공격적 봉쇄 전략을 통해 다른 강대국들의 경제성장을 봉쇄함으로써 "요람 속의 아이를 목 조르고" 그럼으로써 상대적 경제력의 우위를 확보하여 군사력의 압도적 우위를 지속시키지

---

27 제3장에서 논의했듯이, 단극이 비관여 전략을 수행하면서 그 지역의 강대국에 대해 경제적 봉쇄를 취하기는 어려울 수 있다. 하지만 비관여 봉쇄 전략이 가능할지의 여부는 구조적 변수에 의해 결정되는 것이 아니라 단극의 비군사적 수단이 강대국의 경제성장에 미치는 영향에 달려 있다. 따라서 나는 비관여 봉쇄 전략을 대전략의 유형에 포함하기로 했다. 다만 오늘날의 미국과 같이 압도적인 힘을 지닌 국가도 이를 실행하는 데 어려움을 겪을 것이라는 점을 지적한다.

않아야 하는가? 공격적 봉쇄 전략이야말로 단극이 강대국들에 취할 수 있는 가장 좋은 전략이 아닌가?

강대국들에 대한 경제적 봉쇄가 군사력 우위의 지속을 보장하는 데 더 나은 방법이라는 주장의 문제는 바로 핵 세계에서 강대국들이 이미 가까운 장래까지 생존을 보장받고 있다는 점이다. 따라서 이들의 경제성장을 봉쇄하려는 시도가 이들을 사라지게 하는 것은 아니다. 정반대로, 강대국들의 경제성장을 봉쇄하려는 단극의 시도는 이들이 더 많은 경제력을 군사력에 투자하도록 할 것이다. 결과적으로 강대국들에 대한 경제적 봉쇄는 단극 세계의 지속성을 훼손하게 될 것이다. 달리 말해, 경제적 봉쇄는 성공할 기회보다는 실패할 확률이 높다.

그렇지만 경제적 봉쇄 전략이 항상 역효과만을 거둔다는 것은 아니다. 실제로 이 전략이 적절할 수 있는 두 가지 시나리오가 있다. 첫째, 핵이 없는 세계라면 강대국들은 생존을 보장하기 위해 단극의 경제 전략이 어떻든지 간에 체계적 세력균형이 재구축될 때까지 군사적으로 균형을 취해야 한다. 따라서 핵이 없는 세계에서는 포용 전략이 단극에게 똑같이 경쟁 비용을 유발한다. 이 조건하에서 경제적 봉쇄는 수반되는 경쟁 비용의 크기에 따라 더 나은 전략이 될 수 있다. 핵 세계에서는 경제적 봉쇄가 경쟁 비용을 초래하지만 포용 전략은 그렇지 않다. 따라서 더 큰 갈등 비용을 수반하지 않는 한 포용 전략이 더 나은 전략이다. 둘째, 단극이 유일 초강대국의 지위로부터 아무런 혜택도 추출하지 못할 경우에 경제적 봉쇄가 의미를 지닐 수 있다. 이런 경우라면 경제적 봉쇄는 아무런 경쟁 비용을 초래하지 않는다. 하나 혹은 그 이상의 군사적 경쟁국이 출현한다고 해도 단극이 잃을 혜택이 없기 때문이다. 이 상황에서는 경제적 봉쇄가 단극으로 하여금 잠재적인 군사적 경쟁국에 대해 유리한 경제적 지위를 차지할 수 있게 해주는 적절한 전략이 될 수 있다.[28] 그럼에도 불구하고 단극이 유일 초강대국의 지위로부터 상당 규모의 혜택을 추출하고 있는 단극적인 핵 세계에서는 포용이 경쟁 비용을 수반하지 않는 유일한 경제 전략이다.

요컨대 강대국들의 경제성장을 방해하려는 단극의 전략은—경제적 봉쇄 전략을 통해 직접적으로 하든가 혹은 강대국들이 위치한 지역에 대한 공격적 지배 또는 비관여 전략을 통해 간접적으로 하든가—강대국들로 하여금 단극의 재래 전력 투사 능력에 상응할 때까지 잠재적 능력을 군사력으로 전환함으로써 균형을 취하도록 할 것이다. 따라서 방어적 포용 이외의 단극의 전략들은 강대국들이 단기적 생존이 보장되는 수준을 넘어 체계적 세력균형의 변동에 영향을 미쳐서 단극 질서를 종식시키는 수준까지 균형을 취하도록 할 것이다. 반면에 방어적 포용 전략은 강대국들이 경제성장을 지속할 수 있게 해주며, 따라서 단기적으로 확보된 생존 능력이 장기적으로도 위축되지 않을 것임을 보장해준다. 그럼으로써 강대국들이 단기적 생존이 보장된 지점을 넘어서 균형을 취하려는 유인을 사라지게 해준다. 결과적으로 핵 세계에서 수행되는 방어적 포용 전략은 경쟁 비용을 수반하지 않고 단극 질서가 지속되도록 해주는 것이다.

28 이 전략이 단극을 잠재적 경쟁국에 비해 더 나은 경제적 상황에 있도록 해줄지의 여부는 단극의 상대적 경제력을 부양하면서 경쟁국의 경제를 봉쇄할 수 있을지에 달려 있다.

강대국 자제의 근원

지금까지 이 장에서 제시한 나의 주장은 최소한 세 가지 비판을 초래할 수 있다. 첫째, 나의 주장은 국가들이 국제적 현상 유지에 만족하는 데 각각의 상대적 힘에 따라 다른 요건이 필요하다는 것처럼 보인다. 즉, 단극에는 단극의 지위로부터 추출하는 혜택이 방어적 포용 전략에 수반되는 갈등 비용보다 큰 경우에 압도적 힘의 우위를 지속시키는 데 필요한 행동을 하도록 요구한다. 이와 동시에 부상하는 경제적 강대국들에게는 단극의 군사적 우위에 대한 도전을 자제하도록 요구한다. 이 두 가지 다른 요건이 어떻게 일관될 수 있는가? 둘째, 무정부적 국제 체계에서 살아가고 있는 강대국들이 방어적 포용 전략을 실행하고 있는 단극이 계속 그럴 것이라고 어떻게 믿을 수 있는가? 만일 단극의 호의가 지속되리라는 신뢰가 보장되지 않는다면, 단극이 방어적 포용 전략을 실행하고 있을지라도 강대국들이 단극에 대한 재래 전력의 균형을 왜 취하지 않을 것인가? 마지막으로, 나의 주장은 생존과 경제성장이라는 두 가지 국가 목적만을 고려하고 있어서 강대국들의 균형 행동을 야기하는 수많은 다른 동기들을 간과하고 있다. 따라서 지금까지 제시한 나의 주장이 옳을지라도 여전히 강대국들은 나의 이론에서 간과한 요소들에 자극되어 균형을 취할 수도 있다. 이 절에서는 이 세 가지 비판에 대해 순서대로 논의한다.

단극 질서가 지속될 수 있다는 나의 주장은 모순된 예측을 한 것으로 보인다. 한편으로는 단극의 지위를 유지하는 것이 방어적 포용 전략에 수반되는 갈등 비용보다 큰 혜택을 가져다줄 경우에 단극이 지위를 유지하려고 할 것으로 예측한다. 그렇지 않을 경우에 단극은 군사력에 대한 투자를 그만둘 것이고 상대적 힘은 점차 기울 것이다. 다른 한편으로, 핵무기의 존재와 단극의 방어적 포용 전략이라는 조건이 들어맞을 때 부상하는 강대국들이 단극의 압도적인 힘의 우위를 인정하고 이에 대한 군사적 도전을 삼갈 것으로 예측한다. 그러나 군사력의 압도적 우위가 혜택을 가져다준다면, 단극과 부상하는 강대국들 모두가 체계 내 일등의 지위를 놓고 경쟁할 것으로 예측할 수 있다. 만일 이와 반대로 힘의 압도적 우위가 혜택을 가져다주지 않는다면, 단극이든 부상하는 강대국들이든 이 지위를 유지하거나 확보하려는 어떤 행동도 하지 않을 것으로 예측할 수 있다. 단극의 지속성을 가능하게 하는 이 두 예측을 어떻게 조화시킬 수 있을까?

이 비판에 대해 논의하기 위해서는 단극 질서의 지속성을 가능하게 하는 특정 조건을 강조할 필요가 있다. 이 조건은 곧 경제 영역에서는 강대국들의 경제성장을 제약하지 않는 전략과 군사적으로는 강대국들의 지역에서 현상을 유지하는 전략이다. 만일 극단적인 경우에 현상 유지의 비용(즉, 방어적 포용의 갈등 비용)이 너무 커지게 되면 단극은 방어적 포용 전략을 포기할 것이다. 대신에 단극은 자신에게 유리한 방향으로 현상을 변경하기 위해 공격적 전략을 취하거나 비관여 전략을 취하여 군사적 세력균형이 재수립되게 할 것이다. 어떤 경우이든 단극 질서는 곧 종말을 맞게 된다. 만일 정반대의 극단적인 경우에 단극이 추출하는 경제적 혜택이 다른 국가들의 경제성장을 제약하는 데 달려 있다면, 부상하는 강대국들은 단극의 지위를 놓고 경쟁하게 될 것이다. 이 경우에도 마찬가지로 단극 질서는 지속되지 못한다.

　합리적 행위자로서 단극은 방어적 포용의 갈등 비용(현상 유지를 위해 갈등에 개입하기 위해 치르는 비용)이 다른 전략들의 갈등 비용과 경쟁 비용의 총합보다 작을 때에만 단극 체계를 지속시키는 데 필요한 두 조건을 충족시키려고 할 것이다. 요컨대 단극 체계가 지속적인 경우는 오직 단극이 그 지위로부터 추출하는 혜택이 제한적이면서 군사적 우위를 유지하는 비용이 과도하지 않은 절충점이 존재할 때이다.[29] 이 두 가지 제약 사이에 전혀 절충점이 없다면—즉, 방어적 포용의 갈등 비용이 너무나 커서 강대국들의 경제성장을 포용하는 전략으로 얻을 수 있는 것보다 단극의 혜택이 클 때에만 이 전략이 합리적인 것이 된다면—단극 질서는 지속될 수 없다.

　따라서 단극과 강대국들은 다르게 행동할 것으로 예측되며, 단극의 혜택이 존재하지만 제한적인 경우에만 단극 체계가 지속되게 할 것이다. 이 조건하에서 강대국들은 단극이 제공하는 체계 관리로부터 혜택을 받으면서 제약 없는 경제성장을 누릴 수 있다. 단극의 입장에서는 현상 유지에 필요한 갈등 비용을 조달할 수 있게 해주는 제한적인 경제적 렌트를 누리게 된다.

　다른 학자들도 이 절충점의 중요성을 인식한다. 예컨대 존 아이켄베리(John Ikenberry)는 국제 체계에서 미국의 우위를 지속시킬 수 있는 토대로 자신이 패권의 자제(hegemonic self-restraint)라고 규

29　이는 상대적인 힘의 우위의 혜택에 근거를 두고 단극 세계의 지속성을 논의한 기존의 연구들을 수정하는 것이다. 예컨대 조앤 고와(Joanne Gowa)와 크리스토퍼 램지(Kristopher Ramsay)는 단극이 다른 국가들이 초강대국의 반열에 오르려는 시도를 하지 못하도록 지속적인 투자를 통해 상대적인 군사력의 우위를 유지할 유인을 갖고 있기 때문에 단극적 군사력의 분포가 지속적이라고 주장했다. Gowa and Ramsay(2011) 참조.

정한 것에 대해 많은 논의를 해왔다.[30] 이 견해에 따르면, 미국이 힘의 압도적 우위를 계속 누리는 데 핵심적인 것은 2차 세계대전 이후에 구축된 제도적 장치들인데 이것들이 미국의 렌트 추출 능력을 제한해준다. 이러한 자기 구속(self-binding)의 과정을 통해 미국은 다른 국가들이 미국의 리더십 역할에 도전할 필요성을 사라지게 한다.

이 주장은 비록 올바른 방향을 가리키긴 하지만 두 가지 이유 때문에 결과적으로 과녁에서 벗어난다. 첫째, 미국의 자제가 단극 질서의 지속성에 긍정적 영향을 미치기 위한 조건을 만드는 데에서 핵무기의 역할을 간과한다. 단극의 제한적인 렌트 추출은 단극 체계의 지속성을 설명하는 데 필요조건이지만 충분조건은 아니다. 체계적인 세력균형의 부재 속에서 강대국들의 생존을 보장하는 것, 즉 핵무기의 존재 역시 필요하기 때문이다. 둘째, 미국의 리더십이 내장되어 있는 제도적 장치가 중요한 이유는 바로 이것이 다른 강대국들의 경제성장을 포용하는 워싱턴의 결정을 지지하기 때문이다. 미국의 압도적인 힘의 우위를 지속적으로 만드는 것은 바로 이 제한적인 렌트 추출이지 일련의 공식적 제도들을 통해 관리된다는 사실이 아닌 것이다.

나의 주장에 대한 두 번째 비판은 공격적 현실주의의 논리에 근거를 둔다. 공격적 현실주의에 따르면, 국가는 다른 국가들의 (현재와 미래의) 의도를 결코 확신할 수 없기 때문에 항상 자국의 상대적 힘을 극대화하려고 한다(Mearsheimer 2001). 압도적인 힘의 우위를 지닌 국가가 어느 순간 방어적 포용 전략에서 멀어질 수 있다는 위

---

30 Ikenberry(2001); Ikenberry(2011) 참조.

험을 감안할 때, 핵 세계라고 하더라도 단극이 방어적 포용 전략을 취하고 있다고 해서 왜 강대국들이 단극의 힘의 우위가 지속되는 것을 허용해야 하는가? 왜 이들이 단극의 전략과는 상관없이 무조건 균형을 취하지 않아야 하는가?

이 비판에 대한 나의 대답은 나의 이론의 가정, 즉 국가들이 생존 보장을 위해 합리적인 단계를 따른다는 가정으로부터 나온다.[31] 강대국들은 핵 억지에 의해 이미 단기적인 생존이 보장되었으므로, 이들의 최대 우려는 장기적 생존을 보장하는 것이며 그 최선책은 경제성장의 지속이다. 이런 맥락에서 핵 강대국들은 단극이 방어적 포용 전략을 포기하고 다른 전략을 취할 위험을 감수할 수 있다. 만일 이 위험이 현실화된다면 즉각적인 생존이 이미 보장되었으므로 그때부터 재래 전력의 균형을 취하기 시작할 수 있다. 단극이 방어적 포용 전략을 수행하고 있는 때에 재래 전력의 균형을 취하는 것은 (효과가 의문시되는 군사적 투자에 자원을 이전함으로써) 장기적 경제성장에 방해가 되며, 따라서 장기적 생존이라는 목적에도 방해가 된다. 요컨대 단극이 방어적 포용 전략을 취하고 있을 때 핵 강대국들이 취할 수 있는 가장 합리적인 행동 경로는 경제성장에 집중하고 재래 전력의 균형을 피하는 것이다.

세 번째로 가능한 비판은 내가 생존과 경제성장에 대한 국가의 동기만을 논의하고 균형의 다른 근원을 간과하고 있다는 것이다. 생존과 경제성장에 대한 우려가 반드시 다른 국가들이 단극에게 균형을 취하도록 하지는 않는다는 나의 주장이 옳을 수는 있으나, 내가

---

31 제2장을 참조하라.

빠뜨린 다른 이유들 때문에 균형이 불가피하게 될 수도 있다. 어쨌든 국가들은 종종 지역적인 목적이나 규범적 이유 혹은 국내적인 압력 때문에 행동하기도 한다. 이 추론을 더 밀고 나가면, 핵 혁명이 부상하는 강대국들로 하여금 더 공격적인 균형을 필요로 하는 다른 목적을 추구할 수 있게 해주었다고 주장할 수 있다. 잠재적인 힘이 성장함에 따라 부상하는 강대국들은 더욱 팽창적인 지역적 이익과 안보 목적을 추구할 수 있다. 또한 이념적 목표를 달성하려는 노력을 배가할 수도 있다. 이 다른 동기들이 궁극적으로 체계적 세력균형을 이루어서 나의 이론의 경험적 함의를 손상시킬 수 있지 않은가?

이런 비판은 핵 혁명의 효과를 과소평가하며, 따라서 국가가 생존을 최우선 목적으로 한다는 나의 가정을 부정한다. 이 비판을 물리치기 위해 나의 주장의 두 측면을 강조해야겠다. 첫째, 단극 체계가 지속되는 것과 다른 강대국들이 지역적 강대국의 지위를 지니는 것은 양립할 수 있다. 따라서 부상하는 경제적 강대국들이 재래 전력을 증강해서 지구상의 다른 주요 지역에서 단극에 버금갈 정도로 정치-군사 작전을 하지 않는 한 이러한 국가들이 재래 전력을 증강함에도 불구하고 단극 체계가 지속된다는 주장은 타당하다. 달리 말해, 단극 체계는 지역적 구도 내에서 강대국들이 군사력을 증강하는 것에 도전받지 않는 것이다. 둘째, 단극이 강대국들의 경제성장을 포용하고 또 강대국들이 위치한 지역의 현상을 유지하면서 관여 정책을 계속할 때에만 단극 질서가 지속된다는 것이 나의 주장이다. 이는 부상하는 강대국들의 지역적 의도가 단극 및 단극의 압도적 힘과 관련이 될 것임을 의미한다. 지역 내에서 단극의 동맹과 경쟁이 벌어지게 되면 단극의 안보 보장을 발동하게 되고, 따라서 단극이 해당 분쟁에 연루될 것이다. 이는 부상하는 강대국들의 생존을 위험에 처하게 한다.

국가의 생존이 다른 모든 목적보다 우선하고 경제성장이 그다음이라는 가정을 기반으로, 현상 유지를 위한 단극의 노력은 부상하는 강대국들의 지역적인 안보적 목적을 완화하는 효과가 있다고 예측한다. 이런 상황에서는 부상하는 강대국 하나가―지역적 경쟁이나 국내적인 압력이나 규범적 목적의 결과인―부차적 목적을 달성하려는 시도는 추가적인 군사력의 확보만을 가져올 것이다. 만일 이 강대국이 추가적인 군사력을 이런 목적을 위해 사용하려고 할 경우에 단극 세계의 지속성을 위협하게 될 것이다. 그렇지만 단극과 부상하는 강대국들 사이에 상호 확증 핵 보복 능력이 존재한다는 것을 감안할 때 단극의 동맹에 대한 어떠한 군사적 위협도 관련된 모든 국가의 생존이 문제가 되는 갈등으로 확전될 수 있는데, 이는 국가가 생존에 부여하는 사전적 우선성에 위배된다. 이 추론을 연장하면, 유용하지 않은 추가적 군사력은 확보되지 않을 것이라고 예측할 수 있다.

나아가 이와 연관된 다른 문제는 단극이 부상하는 강대국들의 경제성장을 포용하고 있음에도 불구하고 부차적 목적을 위한 군사적 경쟁을 벌이는 것이 합당한가 하는 것이다. 그렇기 위해서는 해당 목적이 단극의 경제 전략을 봉쇄로 바꿀 가능성이 있는데도 불구하고 중요하다고 강대국들이 평가해야 한다. 부상하는 강대국들이 경제성장에 유리하다고 판명된 국제적 조건이 바뀔 위험을 감수하려고 할 가능성은 낮다. 이 두 번째 요소는 부상하는 경제적 강대국들이 부차적 목적으로 인해 단극에 군사적 도전을 감행하지 않을 것이라는 나의 예측을 강화해준다.

　요컨대 경제력의 증강이 이익과 목적을 확장할 것이라는 주장은 옳을 수 있으나, 부상하는 강대국들이 자기 지역을 넘어서 군사력을 투사하는 데 필요한 능력으로 이러한 목적을 추구할 것임을 의미하는 것은 아니다. 관여 정책을 추구하고 있는 단극에 대항하여 이렇게 하는 것은 강대국들의 생존 자체를 위험에 처하게 할 것이다. 물론 단극이 공격적 지배나 비관여 군사 전략을 수행할 경우에 강대국들의 균형이 발생할 수 있다. 이 두 경우에는 부상하는 강대국들이 추가적인 재래 전력을 확보하여 생존과 경제성장을 보장하려고 할 수 있다. 단극성이 국제 체계의 지속적인 구조가 될 수 있게 해주는 것은 바로 현상 유지를 위한 단극의 관여와 경제적 포용의 결합인 것이다.

　이처럼 나의 이론에 제기될 수 있는 비판을 논의했으므로, 이제 이 장에서 제시한 대로 강대국들을 자제하도록 하는 이유가 다른 비구조적 요소들에 의해 강화될 수 있음에 주목해보자. 왜 핵 강대국들이 단극의 재래 전력 우위에 균형을 취하지 않기로 결정하는지에 대해 나의 이론을 넘어서 다른 이유를 찾아볼 수 있다. 구체적으로 두 가지 논리가 왜 단극 질서가 지속적인지 설명해줄 수 있다. 나는 이 둘을 나의 이론 자체의 부분이 아니라 나의 이론을 보강해줄 수 있는 것으로 논의한다. 이 두 가지 논리가 작동하는지 여부가 체계적 세력균형의 부재에 달려 있지 않기 때문이다.

　첫째, 단극이 방어적 포용 전략을 선택하는 경우에 지역적인 역균형(counterbalancing)의 가능성이 핵 강대국들이 재래 전력의 균형을 유지하는 데 장애가 될 수 있다. 하나의 핵 강대국이 군사력을 증강한다는 결정을 하게 되면 그것은 그 지역 내에서 위협과 불안정의 원인이 된다. 이에 따라 역내의 다른 국가들은 이 핵 강대국에 대해 균형을 취하게 된다. 따라서 이 핵 강대국의 균형 시도는 불확실한 결과를 가져오게 된다. 단극에 대해서는 상대적 약점을 감소시킬지 모르지만 역내의 다른 국가들에 대해서는 상대적 강점을 훼손시킬 수 있는 것이다.[32]

둘째, 단극이 먼 지역에 위치하고 있는 해양 세력(maritime power)인 경우에 강대국들은 방어적 포용 전략을 수행하고 있는 단극에 대해 재래 전력의 균형을 더욱 꺼리게 될 수 있다. 기존의 연구들에서는 국가들이 인접한 지역의 대륙 세력보다는 해양 세력에 균형을 취하지 않는 경향이 있음을 보여주고 있다(Levy and Thompson 2005; 2010). 현재의 미국과 같이 단극이 강대국들이 위치한 지역과 연결되지 않은 지역에 있을 경우에 이 논리는 나의 이론이 제시하는 바와 같이 체계적 세력균형의 재수립을 가로막는 메커니즘을 강화해준다.

경험적 함의

이 장에서 제시한 나의 이론은 명확한 경험적 함의를 제공한다. 국가들이 재래 전력만을 지니고 있는 비핵 세계에서 단극 질서는 오직 압도적인 잠재력의 지원을 받을 때에만 출현할 수 있다. 달리 말

---

32 현재의 중국 사례에 이 논리를 적용한 것으로는 Shambaugh(2004/2005); Ross(2006) 참조.

해, 재래 전력의 세계에서는 군사력의 단극적 분포가 단극의 상대적인 경제적 쇠퇴를 감당할 수 없다. 다른 강대국들은 경제적으로 부상하자마자 단극에 균형을 취하게 된다. 단극의 압도적인 군사적 우위가 사라지고 단극 체계가 체계적 세력균형으로 대체될 때까지 재래 전력에 투자하는 것이다. 따라서 재래 전력의 세계에서 단극 체계는 지속성이 없다. 잠재력 분포의 변화를 견뎌내지 못하는 것이다. 이러한 예측은 핵무기가 처음 도입되었던 1945년 이전의 역사적 사실에 부합한다. 어떤 국가도 압도적인 군사력 우위를 유지하지 못했던 것이다. 정반대로 어떤 식의 압도적인 군사적 우위도 예외 없이 균형 동맹을 촉발했다.[33]

현재와 같은 핵 세계에서는 단극의 지속성에 대한 나의 관점이 세 가지 핵심적인 경험적 함의를 제공한다. 첫째, 단극이 강대국들에 대해 포용의 경제 전략과 그 지역에 대해 방어적 지배의 군사 전략을 수행할 경우에 강대국들은 단극에 균형을 취하지 않아야 한다. 따라서 이 두 조건이 충족되었는데도 불구하고 핵 강대국들이 재래 전력의 균형을 시도한다는 어떠한 증거도 나의 이론에 대한 반증이 된다. 마찬가지로 단극이 경제적 봉쇄 전략을 수행하는데도 핵 강대국들이 균형을 취하지 않는다는 증거나, 단극이 강대국이 위치한 지역에서 공격적 지배의 군사 전략을 수행하고 있거나 세계에 대해 비관여 전략을 취하는데도 강대국들이 균형을 취하지 않는다는 증거도 나의 이론에 대한 반증이 된다. 다음 장에서는 국제 체계에서 유일한 단극 체계의 시기인 탈냉전 시기의 경험적 사실들이 어떻게 나

---

33 세계사에 존재했던 제국적인 혹은 지역적인 압도적 강대국들은 내가 제2장에서 제시했던 단극의 정의를 충족하지 못한다. Kaufman(2007b).

의 이론에 부합하는지를 살펴본다.

지난 20여 년간 미국에 대한 균형의 부재는 많은 이들을 곤혹스럽게 했다. 이 장에서 명확해졌듯이, 우리는 현재의 국제 질서를 이해하기 위해서 균형과 체계적 세력균형의 출현을 분리해야 하는데 이는 핵무기에 의해 가능하다. 오늘날의 핵 세계에서 핵무기를 보유하지 못한 국가들은 상당한 수준의 균형을 취하지만 핵 국가들은 거의 균형을 취하지 않는다.

동등한 힘에 도달할 때까지 계속하지 않는데도 왜 국가들은 균형을 취하는가? 이는 균형의 목적이 힘의 동등성이라고 생각할 경우에만 문제가 된다. 그렇지만 세력균형은 균형의 목적이 아니다. 균형의 목적은 국가의 생존과 경제적 동력을 확보하는 것이다. 재래 전력의 세계에서는 이런 목적을 추구하는 것이 강대국들 간에 체계적 세력균형을 낳을 수 있다. 그러나 핵 세계에서 국가들은 일단 핵 보복 능력을 확보하게 되면 단극이 경제성장에 유리한 국제적 조건을 보장하지 않음으로써 장기적 생존 능력을 위협하는 경우에만 단극에 균형을 취할 것이다. 단극은 강대국들의 경제 발전을 봉쇄하려고 직접적으로 시도하거나 강대국들이 위치한 지역의 현상 유지를 위해 군사력을 사용하는 것을 거부함으로써 이 조건을 훼손할 수 있다. 어떤 경우이든 균형이 재개되고 단극 세계의 지속성은 위협받게 된다. 그러나 합리적인 단극이라면 압도적인 힘의 우위가 가져다주는 혜택이 체계를 관리하는 비용보다 클 경우에 단극 질서의 종식을 피하는 것이 이득이 된다. 따라서 이 특정한 상황에서 단극이 방어적 포용 전략을 수행하여 다극 체계를 지속되게 할 것으로 예측할 수 있다.

이 장에서는 세 가지 핵심적 주장이 제기되었다. 첫째, 단극 체계의 지속성에 대한 논의가 경제력의 분포와는 별개인 군사적 균형의 문제에 다시 초점이 맞추어져야 할 필요성을 강조했다. 지속적인 단극 세계라는 도전적 과제에 직면하여 우월론자들과 쇠퇴론자 모두 잠재적·경제적 힘의 분포의 변화에 주의를 기울여왔다. 그러나 경제력은 단극 세계의 지속성을 예측하는 데 올바른 변수가 아니다. 단극성은 경제력이 아니라 군사력의 균형에 대한 묘사이다. 미국의 군사력이 도전받지 않는 한 다른 국가들의 경제가 미국을 따라잡는다고 해도 세계는 단극 체계로 남아 있을 것이다. 따라서 우리는 균형의 결정 요인들과 이 요인들이 어떻게 체계적 세력균형을 초래할지의 여부에 초점을 두어야 한다.

둘째, 균형이 체계적 세력균형의 변화로 귀결되는 경우는 오직 이 변화가 국가의 생존이 확보되는 데 필수적인 것일 때뿐임을 주장했다. 재래 전력의 세계에서는 그렇지만, 핵 세계에서는 확실한 핵무기의 보유가 생존을 사실상 보장한다. 따라서 현재와 같은 핵 세계에서는 부상하는 경제적 강대국들이 체계적 세력균형의 변화를 초래하지 않고도 균형의 주 목적을 달성할 수 있으며 지속적인 단극 세계의 가능성을 열어준다.

마지막으로, 핵 세계에서 부상하는 경제적 강대국들이 핵 억지에 의해 단기적 생존이 확보되었는데도 계속 균형을 취할지 여부는 단극의 전략에 달려 있다고 주장했다. 단극이 강대국들의 경제성장을 포용하고 이들의 지역에서 현상 유지를 보장하는 경우에 이 강대국들은 균형을 지속할 유인을 갖지 않으며, 따라서 단극 체계는 지속될 수 있다. 그렇지만 단극이 강대국들의 경제성장을 봉쇄하려고 하거나 이 지역들 내에서 현상 유지를 회피한다면 강대국들은 균형을 지속할 유인을 갖게 되며 궁극적으로 단극 세계의 종말이 오게 될 것이다.

이 주장은 단극의 압도적인 군사력 우위를 지속시키는 데 있어서 상당한 역할을 단극에 부여함으로써 중요한 정책 함의를 지닌다. 핵 세계에서 단극은 차등적인 경제성장률에 의해 좌우되지 않고 군사력의 우위가 지속될지의 여부에 부분적으로 통제력을 지니고 있다. 군사 전략과 더불어 강대국들의 경제성장에 대한 단극의 정책이 체계적 군사력 균형을 관리하는 데 핵심적 도구인 것이다.

보다 포괄적으로 보자면 나의 이론은 단극이 직면한 핵심적 딜레마를 부각시키는데, 이 책의 결론에서 이를 다시 다룬다. 단극은 다른 국가들의 경제성장을 봉쇄할 수 있으며 그 결과로 잠재적 힘에서 가장 강력한 국가로 남을 수 있지만, 궁극적으로 군사력의 압도적 우위를 잠식하게 될 균형 시도를 촉발할 수 있다. 또는 단극은 다른 국가들의 경제성장을 포용하여 군사적 도전을 피하고 군사력의 우위를 유지할 수 있으나 체계 내의 가장 강력한 경제의 지위는 위험에 빠질 수 있다. 달리 말하자면, 군사적 단극성은 경제적 패권의 보장을 희생해야만 지속적인 것이다.

제5장

탈냉전 시대의 경쟁

앞서 제시한 나의 이론은 현재의 세계 정치에 대해 두 가지 핵심적인 경험적 함의를 제공한다. 첫째, 미국이 방어적 포용의 대전략을 추구하는 한 잔존 가능한 핵무기를 보유한 모든 강대국은 미국에 대해 더 이상 균형을 추구하지 않을 것이다. 둘째, 미국이 다른 전략으로 선회하는 경우에 그 지역의 강대국들은 균형을 취하기 시작하여 더 많은 잠재적 능력을 군사적 능력으로 전환하고 동맹 결성을 통해 이 능력들을 결합하며 궁극적으로 체계적 세력균형을 변화시켜서 단극 질서를 종식시킬 것이다.

오늘날의 강대국들에 대한 대부분의 연구들은 중국과 같이 급속히 성장하는 경제적 강대국들이 미국의 압도적인 힘의 우위에 대해 군사적 도전을 개시할 가능성에 초점을 두어왔다. 따라서 미국에 대한 다른 잠재적 도전국들이 출현할 가능성에 대해서도 간략히 다루겠으나, 나의 분석에서는 중국의 지금까지의 궤적과 미래의 행태에 집중한다.

내 이론의 경험적 함의는 우월론과 쇠퇴론 모두와 대조될 수 있다. 우월론자들은 미국의 대전략과 상관없이 중국과 같이 부상하는 경제적 강대국들이 미국에 대해 균형을 시도하지 않을 것이며, 따라서 국제 체계의 단극적 구조는 계속될 것이라고 주장한다. 반대로 쇠퇴론자들은 워싱턴이 어떤 대전략을 수행하든지 간에 중국이나 부상하는 다른 경제적 강대국들이 미국에 대해 균형을 감행할 것이며 머지않아 단극 질서는 완전히 종식될 것이라고 주장한다.[1]

탈냉전 이래의 경험적 사실들은 이 두 관점이나 나의 이론을 확실하게 검증해주지는 않는다. 그렇지만 미국의 최대 경제적 경쟁자인 중국이 전면적인 군사화를 하지 않은 것은 우월론이나 쇠퇴론과 대조적으로 조건적인 지속성을 주장한 나의 이론을 지지해준다고 볼 수 있다.[2]

지금까지 균형 시도가 왜 일어나지 않았는지, 그런데도 왜 장래에 반드시 일어나는지에 대해 쇠퇴론자들은 제대로 설명하지 않는다. 미국의 경쟁국들이 미국의 패권에 군사적 도전을 감행하기에는 아직 너무 약하다는 이들의 주장은 설득력이 없다. 일본은 미국 GDP의 12퍼센트에 불과했던 1941년에 태평양에서 미국의 압도적

---

1 중국의 경제적 부상이 국제 체계에 미칠 영향에 대해서는 많은 연구들이 있다. Betts (1993/1994); Friedberg(1993/1994); Mearsheimer(2001); Friedberg(2005); Goldstein (2005); Christensen(2006); Goldstein(2007); Friedberg(2011a); Friedberg(2011b). 미국의 압도적인 힘의 우위에 대해 중국이 균형을 취하지 않는 경우에 중국과 미국 간에 위기가 어떻게 벌어질 것인지에 대해서는 Goldstein(2013) 참조. 이 논의들이 근거하고 있는 이론적 주장에 대한 요약으로는 Mearsheimer(2010b) 참조.

2 중국의 경제적 부상이 국제정치 이론에 의미하는 바에 대한 깊이 있는 논의로는 Johnston(2012) 참조.

우위에 정면으로 도전했다(Barnhart 1987; Mearsheimer 2001a, 172-181, 219-224; Debs and Monteiro 2013). 마찬가지로 냉전 시기의 대부분 동안 미국에 대비한 소련의 GDP는 오늘날의 중국보다 낮았다. 1945년에 소련의 GDP는 미국의 19퍼센트에 불과했고 1955년에는 39퍼센트로 증가했다. 냉전이 최고조에 달했던 1970년대에 이르러 구매력 지수(Purchasing Power Parity: PPP)로 측정한 소련의 GDP는 미국의 57퍼센트였다(Posen 2013). 이에 비해 2012년에 중국의 GDP는 미국의 53퍼센트였으며 구매력 지수로 측정하면 거의 80퍼센트에 달했다.[3] 이는 냉전 시기의 대부분 동안 소련이 현재의 중국보다 작은 상대적 잠재력으로 미국에 전 세계적 도전을 감행했음을 의미한다(Posen 2013). 그렇지만 베이징은 아시아태평양 지역에서 미국의 압도적인 군사적 우위에 도전하지 않고 있으며, 전 세계적으로는 더욱 그렇다. 불충분한 잠재적 경제력이 아닌 무언가 다른 것이 탈냉전 중국이 단극 체계의 20여 년간 미국의 압도적 우위에 도전하지 않은 이유임이 확실하다.

마찬가지 이유로 지난 20여 년간의 역사는 나의 이론과 우월론자의 관점에 대해 명확히 승부를 가려주지 않는다. 여하튼 우월론은 미국에 대한 군사적 균형이 개시되어야만 부정될 수 있는 것이다. 그럼에도 불구하고 중국의 현재 행태와 1940년대 초반 일본의 행태, 그리고 냉전 시기 소련의 행태를 간략히 비교해보면 균형의 부재에 대해 우월론이 제시하는 이유와 나의 이론을 비교하고 평가해볼 수 있다. 나의 이론에 따르면, 베이징이 미국에 대해 균형을 시도

3 냉전 초기에 대해서는 Mearsheimer(2001a, 75); Posen(2013) 참조. 2012년 미국과 중국의 GDP에 대해서는 World Bank(2013) 참조.

하지 않은 이유는 핵무기가 생존을 보장해주고 있고 미국의 방어적 포용 전략에 의해 장기적인 경제적 전망이 유리하기 때문이다. 이와 대조적으로 우월론자들에 따르면, 미국에 대한 중국의 균형 부재는 두 국가 간의 극복할 수 없는 힘의 격차에 기인한다. 우월론자들에게 이 힘의 격차는 균형의 어려움─비효율성, 비용, 집합행동 문제─을 배가해서 균형 시도를 더 이상 의미가 없는 정도로 만든다 (Wohlforth 1999; Wohlforth 2002). 그렇지만 중국의 잠재적 능력과 미국에 대한 과거의 도전국들의 잠재적 능력을 잠깐 비교해보아도 미국의 압도적 우위에 중국이 도전하지 않는 것에 대한 설명을 베이징의 자원이 불충분하다는 점에만 의존할 수 없음이 드러난다. 요컨대 그간의 경험적 사실에 의한 평가가 우월론이 예측하는 결과 자체를 부정하게 해주는 것은 아니지만 그 인과 논리는 의문시하게 해주는 것이다.

탈냉전 이후 역사적 사실들이 나의 이론의 경험적 함의와 어떻게 들어맞는지를 구체적으로 보여주기 위해 이 장의 남은 부분은 네 절로 구성한다. 다음 절에서는 1989년 단극 질서가 들어선 이래 미국의 힘이 진화해온 과정을 살펴본다. 그리고 나서 두 번째 절에서는 중국의 급속한 경제적 부상이 미국의 방어적 포용 전략에 의해 가능했음을 보여준다. 세 번째 절에서는 미국에 대한 잠재적 도전국들의 가능한 경로를 고려해보고 가장 유력한 도전국으로 중국을 지목한다. 마지막으로, 중국 군사력의 진화 과정을 살펴보면서 중국의 생존이 상대적으로 소규모의 핵무기에 의해 보장되고 있으며, 따라서 베이징이 재래 전력에서 미국과의 전 세계적 경쟁을 어떻게 피해왔는지를 보여준다.

미국의 잠재력의 진화

나의 이론에 대해 처음부터 제기될 수 있는 비판은 단극 질서가 이미 끝나가고 있다는 것이다. 실제로 몇몇 분석가는 미국의 압도적 우위의 종식이 임박했다는 징조를 제기하고 있다. 이들을 강한 쇠퇴론자로 부를 수 있는데, 이는 체계적 세력균형의 재수립에 대해 상대적으로 긴 시간의 지평을 내다보고 있는 약한 쇠퇴론자와 대조된다.[4]

강한 쇠퇴론자들이 보기에 이라크전과 아프가니스탄 전쟁의 경제적·군사적 비용, 그리고 2008년에 시작된 전 세계적 금융 위기는 이미 미국을 쇠퇴 경로에 올려놓았으며 압도적 우위의 종식으로 진행될 수밖에 없다. 로버트 페이프는 「제국의 몰락(Empire Falls)」이라는 논문에서 이 주장의 핵심을 보여준다(Pape 2009). 그는 미국이 "전례 없는 쇠퇴를 겪고 있으며 미국의 쇠퇴는 곧 단극 질서가 종말에 다가가고 있음을 의미한다"라고 주장한다(Pape 2009, 22). 그의 주장의 근거는 중국과 같은 잠재적 경쟁국에 비해 미국의 경제성장률이 낮다는 것이다. 그에 따르면, 이렇게 낮은 경제성장률은 조지 부시 행정부가 중동 지역에서 과도하게 공세적으로 수행했던 공격적 지배 전략—그는 "우월(primacy)" 전략이라고 부른다—에 의해 야기되었다. 유사한 논지로 크리스토퍼 레인(Christopher Layne)도 "'단극의 순간'은 끝났으며 팍스 아메리카나—1945년에 시작된 미국의 상승기—는 급속히 가라앉고 있다"라고 주장한다(Layne 2012,

---

4 Pape(2009); Walt(2011); Layne(2012). 이에 대한 대응으로는 Wohlforth(2012a) 참조.

1). 이어서,

미국의 쇠퇴에는 외적 추동력과 내적 추동력이 작용한다. 미국 쇠퇴
의 외적 추동력은 국제정치에서 새로운 강대국이 대두한 것과 세계
경제력의 중심이 유럽-태평양에서 아시아로 선례 없는 이동을 하
고 있다는 것이다. 이런 점에서 미국의 상대적 쇠퇴와 단극 질서의
종식은 불가분하게 연결되어 있다. 특히 중국과 같은 새로운 강대국
의 부상은 그 자체가 미국의 힘의 쇠락에 대한 가장 확실한 증거이
다. 중국의 부상은 단극 질서의 종식에 대한 징표이다. 국내적으로
변화의 추동력은 미국 경제력의 상대적인―어떤 면에서는 절대적
인―쇠퇴, 미국이 직면한 만성적인 재정 위기, 그리고 달러의 기축
통화 지위에 대한 점증하는 불안감이다(Layne 2012, 2).

그러나 페이프나 레인의 결론은 옳지 않다. 미국의 전략은 실제
로 너무 개입적이었을 수 있고 중대한 갈등 비용을 초래했을 수 있
으며, 따라서 다음 장에서 논의하듯이 2001년에서 2008년 사이에
미국이 중동에서 수행했던 것과 같은 공격적 지배 전략은 취하지 말
아야 했을 수 있다. 그러나 전 세계적 군사력의 분포는 여전히 미국
을 혼자만의 리그에 놓아두고 있다. 더욱이 중국의 경제적 부상 그
자체 때문에 압도적인 미국의 군사력 우위가―이것이 바로 단극 질
서를 규정하는 특성이다―종식될 운명이 되는 것이 아니다.

면밀히 검토해보면, 단극 질서가 곧 끝난다는 강한 쇠퇴론자들의
주장에는 두 가지 문제가 있다. 첫째, 이 주장은 개념 수준에서 난극
성과 공격적 지배(우월)를 혼동하고 있다. 단극성이란 한 국가, 곧 단

극에 유리하게 군사력의 불균형이 존재하는 국제 체계의 배열 형태이다. 우월은 단극에 유리하게 현상을 변경시키려는 일종의 공격적 지배 전략이다. 페이프나 레인과 같은 강한 쇠퇴론자들은 미국이 보다 신중한 대전략을 수행하기를 원하며, 따라서 공격적 지배 전략을 계속하는 데 필요한 힘이 더 이상 미국에 가능하지 않음을 보여주려 한다. 이들의 논리는 간단하다. 미국의 힘이 쇠퇴하고 있음을 보여주면 미국이 공격적 지배의 값비싼 전략을 수행하지 않아야 한다는 논리가 따라 나온다. 그렇지만 공격적 지배 전략의 갈등 비용이 반드시 단극 질서의 종말을 가져오는 것은 아니다. 더욱이 강한 쇠퇴론자들은 아프가니스탄 전쟁과 이라크전의 영향을 과대평가한다. 사실 GDP 비중으로 볼 때 미국은 베트남전에서 훨씬 더 큰 비용을 치렀다. 1975년에는 패배한 채 철수했으나, 15년 뒤에는 이보다 훨씬 큰 냉전에서 승리를 거두었던 것이다(Daggett 2010).

둘째, 강한 쇠퇴론자들은 최근에만 초점을 두고 있어서 2008년 금융 위기 이후 미국의 낮은 경제성장률의 중요성을 과장한다. 세계 경제에서 미국이 차지하는 비중은 냉전이 종식된 당시(27퍼센트)에 비해 현재(22퍼센트)는 감소했으나, 이로 인해 어떤 식으로든 미국의 압도적인 군사력 우위가 지속되지 못한 것은 아니다.[5] 페이프 자신도 인정하듯이, 세계 경제에서 미국의 비중은 1970년대에 줄어들었다가 1980년대에는 다시 증가해서 군사력 투자를 유지할 수 있었는데, 바로 이것이 냉전이 종식된 당시 미국을 단극의 지위에 올려놓았던 것이다(Pape 2009, 29).

5 출처: World Bank(2013).

페이프와 레인을 따라 스티븐 월트(Stephen Walt)도 최근의 추세가 "세계 질서를 만들어가는 미국의 능력이 급격히 쇠퇴하고 있음을 예고한다"고 주장하면서 "분명히 미국은 국제 문제에 개입할 자원을 과거와 같이 지니지 못할 것이다"라고 결론짓는다(Walt 2011). 그렇지만 월트는 "미국의 잠재력에 대한 장기적 전망은 희망적"이라고 생각하면서 "미래의 세계가 단극적이든 양극적이든 다극적이든, 워싱턴은 이 극들 중 아마도 가장 강한 한 극이 될 것"이라고 예측한다(Walt 2011). 그러나 군사력에서는 장기적으로도 미국의 전 세계적인 압도적 우위가 무너진다는 것을 상상하기 어렵다.

전반적으로 평가할 때, 단극 질서가 이미 끝났다거나 종말이 다가오고 있다는 주장은 경험적 현실에 부합하지 않는다. 냉전이 종식된 이후 20여 년간 미국은 군사적으로나 잠재적 경제력에서나 여전히 압도적인 우위를 점하고 있는 것이다.

중국의 경제성장에 대한 미국의 포용

일반적으로 미국의 경쟁국이 될 가능성이 가장 높다고 간주되는 중국은 역사상 대부분의 도전국보다 더 급속히 성장해왔다. 〈그림 1〉에서 보듯이, 1989년에 현재의 단극 체계가 들어선 이래 중국 경제는 거의 9배 성장했다. 이는 미국 경제가 1.7배 정도 성장한 것과 대비된다.[6] 이 기간 동안 중국은 경제 규모에서 세계 11위에서 2위

---

6   출처: World Bank(2013).

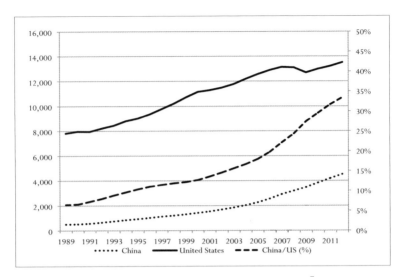

그림 1 미국과 중국의 GDP, 1989~2012년(2005년 기준 10억 달러)[7]

로 올라섰고, 2010년에는 일본을 추월했으며, 현재 미국에만 뒤처져 있다. 하지만 마이클 베클리(Michael Beckley)가 지적하듯이, 중국이 워낙 작은 규모에서 출발했으므로 GDP 격차는 훨씬 완만하게 줄어들어왔다(Johnston and Chestnut 2009; Beckley 2011/2012). 그럼에도 불구하고 1989년 이후 중국 경제는 경이로울 정도로 급속히 성장해왔다.[8]

이 시기에 미국은 중국의 경제적 부상을 적극적으로 포용했다. 미국 행정부는 1990년대에 무역 상대국으로서 중국의 최혜국 대우(Most Favored Nation)를 매년 갱신해주어서 중국 기업들이 미국 시장에 접근할 수 있는 최적의 조건을 만들어주었다. 중국은 2001년

---

7   출처: World Bank(2013).

8   Maddison(2007). 중국의 구체적인 경제 모델에 대해서는 Naughton(2010); Zhao(2010)
     참조.

12월에 워싱턴의 지지하에 WTO에 가입하여 회원국들과의 최혜국 대우가 영구히 보장되었다. 무역 영역에서 중국의 경제성장에 유리한 국제적 조건을 보장하는 데 관한 한 미국은 더 이상 포용적이지 못할 정도였다. 대니얼 듀드니와 존 아이켄베리가 결론짓듯이,

> 1970년대 이래 미국은 WTO 등의 국제기구 가입을 포함하여 중국의 개방을 지지했으며 중국의 성장과 번영을 대체로 환영했다. 중국은 미국의 유일 초강대국 부상의 수혜자이며, 전체적으로 전후 자유주의 국제 질서의 최대 수혜자이다(Deudney and Ikenberry 2012, 20).

미중 간 경제관계에 갈등이 없었던 것은 아니다. 미 행정부는 2000년대 들어 중국의 환율 조작이나 정부 보조금, 비관세 장벽, 그리고 기타 시장 접근 장벽들에 대해 불만을 제기해왔다(Naughton 2006; Goldstein and Lardy 2008; Naughton 2010). 외환 전문가들에 따르면, 중국 정부는 위안화를 20~25퍼센트 정도 평가절하해서 중국 기업들에 상당한 지원을 해왔다.[9] 미 재무장관 티모시 가이트너(Timothy Geithner)는 2009년 초에 중국이 환율을 "조작(manipulating)"하고 있다고 했는데, 이는 IMF의 조사를 요구할 수 있는 비난이었다.[10] 그러나 이 상황을 바로잡는 데 베이징이 대체로 명목적인 조치만을 했음에도 불구하고 워싱턴은 이에 대해 별다른 보복 조치를 취하지 않았다. 미국 정부의 공식 문서에서는 중국의 환율 "조작"을

9   예컨대 Sanger(2010, A1) 참조.
10   Guha and Beattie(2009)에서 재인용.

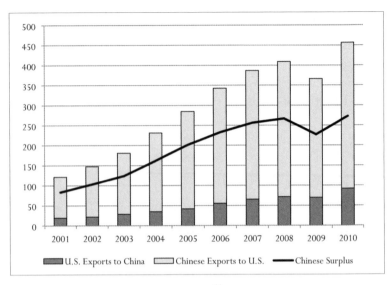

그림 2 미중 무역량, 2001~2010년(10억 달러)[11]

거론하는 것을 지금까지도 삼가고 있다(Drezner 2009, 39). 마찬가지
로 베이징이 중국 기업들에 보조금을 지급하고 중국 시장을 보호하
고 있다는 불평이 자주 제기되지만, 이로 인해 미국이 중국의 경제
성장에 대한 포용 전략을 변경하지는 않았다.

실제로 미중 간의 경제적 유대는 지속적으로 강화되고 있어서 중
국의 경제성장을 포용하는 전략에 대한 워싱턴의 확고함을 보여준
다. 오늘날 양국은 서로의 경제에 중요한 기여를 하고 있다. 지난 10
년간 양국 간의 무역량은 거의 4배 증가했는데. 주목할 것은 중국에
대한 미국의 무역적자가 점점 증가하고 있다는 점이다. 이 무역적자
는 2000년에 830억 달러였는데, 2010년에는 2,730억 달러로 눈덩

11 출처: U.S. Department of Commerce data; U.S. International Trade Commission
   data.

이같이 불어났다(〈그림 2〉 참조).[12] 미국 시장은 중국산 상품과 서비스의 최대 목적지여서 중국 수출량의 20퍼센트를 받아들인다. 중국 GDP의 30퍼센트를 수출이 차지한다는 점을 고려할 때, 미국에 대한 중국의 상호 의존 수준은 특히 주목된다.[13] 무역의 다변화와 미국 시장 의존도를 줄이려는 중국의 노력에도 불구하고 이처럼 양국 간에 고도의 상호 의존이 지속되는 것은 만일 워싱턴이 중국에 대한 경제적 봉쇄 전략으로 전환할 경우에 양국 모두 큰 피해를 입을 수 있음을 의미한다.[14] 제8장에서 다시 논의하겠지만, 이는 미국이 포용 전략을 계속할 가능성을 높여준다. 요컨대 중국의 경제성장을 포용하는 전략을 선택함으로써 미국은 냉전의 종식과 단극 체계의 출범 이래 중국의 급속한 경제성장에 기여해왔던 것이다.

제7장에서 보듯이, 이와 동시에 워싱턴은 단극 시대의 출범 이래 동아시아와 태평양 지역에서 방어적 지배의 군사 전략을 실행하고 있다. 미국은 이 지역에서 유리한 방향으로 현상 변경을 시도하지 않았고 비관여 전략을 선택하지도 않았다. 대신에 미국은 일본, 한국, 대만을 포함하여 이 지역의 광범위한 동맹 네트워크를 유지해왔고, 이 동맹관계를 이용하여 이 국가들이 어떠한 수정주의적 요구도 자제하도록 해왔다.[15] 결과적으로 단극 체계가 수립된 25년 동안

---

12 출처: U.S. Department of Commerce data; U.S. International Trade Commission data.
13 출처: World Bank(2012).
14 Casey(2012) 참조.
15 중국의 부상에 대한 대응으로 동아시아 국가들이 균형을 취할지의 여부에 대해서는 Kang(2003); Shambaugh(2004/2005); Ross(2006); Chan(2010) 참조. 동남아시아에 대한 유사한 분석으로는 Goh(2007/2008) 참조.

이 지역의 현상은 대체로 변하지 않았다. 미국의 저지 노력에도 불구하고 북한이 핵을 보유하게 된 것이 유일한 예외이다.[16] 전반적으로 볼 때 미국은 중국에 대해 방어적 포용의 대전략을 실행해온 것이다. 중국이 핵보유국이라는 점까지 감안하면 미국의 이 전략은 단극적 군사력 분포가 지속될 수 있게 해준다.

잠재적 도전국들

중국이나 다른 강대국들이 미국에 대해 전 세계적인 군사적 균형을 전개하여 단극 질서를 종식시킬 가능성은 얼마나 될까?

제2장에서 논의했듯이, 국제 체계에서 하나의 극이 되려면 자기 지역을 넘어서서 힘을 투사할 수 있는 능력을 보유해야 한다. 나아가 도전국은 단극에 버금가는 잠재적 경제력을 유지할 필요가 있다. 탈냉전 시대에 도전국은 미국 경제와 유사한 규모로 부를 창출할 수 있는 경제를 보유하지 않는 한 미국의 우위에 도전하는 군사적 시도를 감행하기 어렵다. 따라서 미국의 압도적 우위에 대한 군사적 도전의 가능성을 분석하기 전에 중국 및 다른 강대국들의 잠재적 능력의 전개 과정을 먼저 고려해야 한다.

이를 위해 장기적인 인구적·경제적 추세를 살펴볼 필요가 있다. 유엔(UN)에 따르면, 미국의 인구는 2011년에 3억 1,100만 명이었는데 2050년에는 4억 명이 될 것으로 추산된다. 중국의 인구는 2011

---

16 북한 사례에 관한 자세한 분석에 대해서는 제7장을 참조하라.

년에 13억 4천만 명이었는데 2050년에 14억 명에 달할 것이다. 결과적으로 향후 35년간 미국의 인구는 중국에 비해 상대적으로 증가하여 중국 인구의 28퍼센트가 될 것이다. 또한 중국의 인구 감소는 고령화로 귀결되어 사회복지에 대한 압력을 가중시켜서 중국 정부에 부담을 줄 것이다. 따라서 인구 문제는 미국의 단극 질서를 종식시키는 조건이 되지 않는다.[17]

경제적 측면에서 중국은 2010년에 일본을 추월하여 세계 2위의 경제 대국이 되었다.[18] 2012년에 미국의 GDP는 15조 6,840억 달러로, 8조 3,580억 달러인 중국의 2배였다. 지난 5년간, 즉 2008년에서 2012년간의 경제성장률(중국의 경우 9.3%, 미국의 경우 0%)이 지속된다고 가정하면, 약 15년 후에는 중국의 GDP가 미국을 따라잡을 것이다.[19] 액면대로라면 이러한 추산으로 중국 경제의 성장을 통해 경제적인 세력균형이 신속히 재구축될 것임을 알 수 있다.

그러나 이 시나리오는 조심스럽게 분석해볼 필요가 있다. 중국은 지난 5년간 매년 미국에 비해 거의 10퍼센트 이상 성장해왔다. 그러나 중국 경제에 대한 많은 분석에서는 성장률이 감소할 것으로 예측한다.[20] 이와 동시에 미국 경제는 2008년 금융 위기에서 회복하면서 다시 성장하기 시작할 것이다. 따라서 현실성 있게 추산하자면 매년

---

17 출처: United Nations(2011); World Bank(2013). 중국의 인구 문제에 대해서는 England (2005); Zhao and Guo(2007) 참조.

18 Associated Press(2010) 참조.

19 출처: World Bank(2013).

20 Pei(2006); World Bank(2012). 더욱이 경제성장의 둔화는 중국의 정치적 안정에 심각한 위험을 초래한다. 몇 가지 분석에 따르면, 중국은 사회적 갈등을 방지하기 위해 매년 6.5 퍼센트 이상의 성장을 필요로 한다. Naughton(2006).

중국의 성장률이 미국보다 5퍼센트 정도 높을 것이다. 이런 성장률에 따르면, 중국의 GDP가 미국을 추월하는 데는 "고작" 25년이 걸릴 것이다. 보다 신중히, 그렇지만 현실적으로 추산하여 중국과 미국의 성장률 차이를 3퍼센트라고 하면, 중국 경제가 미국 경제와 대등해지는 때는 50년 후, 즉 2060년이 될 것이다(World Bank 2012).

중국의 GDP를 PPP로 측정하면 중국은 심지어 더 빨리 미국을 추월한다. 그러나 군사적 경쟁은 말할 것도 없고 첨단산업의 경쟁력을 측정하는 데 PPP는 적절하지 않다. 요세프 요페가 지적하듯이,

세계 순위는 비교역 대상 품목들, 예컨대 이발이라든가 해적판 소프트웨어, 정부 서비스 같은 것들의 낮은 가격으로 측정되는 것이 아니다. 대신에 첨단기술, 에너지, 자원, 서구 고등교육의 비용 등을 생각해보라. 이런 것들이 성장에 필수적이며 반드시 세계 시장에서 구입되어야 한다. 또한 대외원조를 통한 해외 영향력도 환율에 따른 가격으로 확보된다. 첨단무기의 수입은 말할 것도 없다(Joffe 2009).

더욱이 앞서 언급한 인구성장률의 차이를 고려하면 2030년에 중국의 1인당 국민소득은 미국의 3분의 1 이하가 될 것이다. 이 차이가 중요한 이유는 1인당 국민소득이 기술의 발전 수준과 연관되며 이것이 체계 내에서 가장 선진적인 국가에 상응하는 무기 체계를 개발할 수 있는 능력을 결정하기 때문이다. 이런 이유 때문에 중국 경제가 비교적 가까운 장래에 총 국민소득에서 미국을 따라잡을 수는 있으나 미국의 압도적인 군사력 우위에 도전하기 위해서는 베이징이 GDP의 훨씬 많은 부분을 군비에 투입하겠다는 의식적인 결정을

해야 할 것이다(Crane et al. 2005).

미국의 군사적 우위에 도전하는 데 필요한 잠재적 능력을 다른 국가들이 더 빨리 확보하게 될 가능성은 거의 없다. 유럽 국가들은 급격한 인구 감소에 직면해 있어서 최소한 수십 년간은 이 점이 성장에 장애가 될 것이다. 더욱이 유럽 국가들의 경제통합이 단일한 군사력을 보유하는 정치 통합체로 귀결될 가능성은 별로 없다(Rosato 2011a; Rosato 2011b). 따라서 미국의 군사력에 대한 도전이 유럽으로부터 출현할 가능성은 없다. 일본과 러시아 역시 심각한 인구 문제에 직면해 있어서 미국의 우위에 군사적으로 도전하기 위해 필요한 장기적인 잠재적 경제력을 창출하는 데 큰 장애를 지니고 있다(Haas 2007).

마찬가지로 브라질이나 인도 같은 신흥 경제국의 경우에 미국을 따라잡는 데 중국보다 더 시간이 걸릴 것이다. 지난 5년간(이 기간 동안 미국 경제는 정체되어 있었다) 매년 3퍼센트 이상 성장해온 브라질의 2012년 GDP는 미국의 7분의 1이었다. 브라질이 미국보다 3퍼센트 이상의 성장을 유지해나갈 수 있다고 하더라도 미국의 GDP와 같아지려면 반세기가 걸릴 것이다. 인도 경제의 경우에 2008년에서 2012년 사이에 더 급속히 연간 6퍼센트로 성장해왔다. 그렇지만 2012년 인도의 GDP는 미국의 8분의 1에 불과했다.[21] 더욱이 인도는 중국과 마찬가지로 경제성장에 대한 중대한 제도적 장애를 지니고 있다(Ahluwalia 2011; Sieff 2009). 물론 이 국가들 모두가 자원을 합쳐서 미국에 대한 균형 연합을 결성할 수도 있다. 하지만 이렇

---

21 출처: World Bank(2013).

게 다양한 국가들의 집합행동에 대한 장애는 대단히 크다. 이들 중 일부는 역사적으로 미국의 동맹이었고, 일부는 서로 과거의 적대국이었다. 따라서 미국이 강대국들에 대해 방어적 포용 전략을 실행하는 한 미국에 대한 이런 광범위한 균형 연합이 출현할 가능성은 극히 낮다.

요컨대 잠재력 면에서 미국에 대한 미래의 경쟁국이 될 가능성이 가장 큰 국가는 중국이다. 중국이 세계 최대 경제의 지위에 오르리라고 예정된 것은 아니지만 가능성은 크다. 현 추세가 지속된다면, 그리고 미국에 비해 상대적으로 인구가 감소하는 문제를 갖고 있음에도 불구하고 중국은 미국을 추월할 정도로까지 경제적으로 성장하리라고 예측할 수 있다. 워싱턴이 중국의 경제성장을 계속 포용할 경우에 베이징이 미국에 대해 전 세계적으로 군사적 균형을 감행하는 데 필요한 잠재적 능력을 충분히 보유하게 될 것임에는 의심의 여지가 없다. 그렇지만 다음 절에서 보여주듯이, 중국이 이런 목적을 추구할 것이라는 증거는 없다. 이와는 반대로 나의 이론에서 예측하듯이, 중국은 미국이 압도적 군사력을 보유하고 있는 단극 세계에서 강대국의 지위에 만족하고 있는 듯 보인다.[22]

중국의 군사적 능력과 전략

중국에 대한 미국의 방어적 포용 전략은 중국의 생존이 핵무기

---

22 중국이 현상 유지 국가인지 수정주의 국가인지에 대해서는 Johnston(2003); Legro (2007) 참조.

에 의해 이미 보장되어 있기 때문에 미중 관계를 평화롭게 만드는 효과를 가져온다. 이 절에서는 생존이 보장된 중국이 지금까지 미국의 압도적인 힘의 우위에 도전하기 위한 전면적인 군사력 증강을 피해왔음을 보여준다. 나아가 중국의 목적과 군사적 능력이 그 범위에 있어서 지역적이며 앞으로도 그럴 것이라는 증거를 살펴본다. 우선 중국의 핵 능력에 초점을 두며, 이후에 베이징의 재래 전력 역시 나의 이론의 경험적 함의에 일치한다는 것을 보일 것이다.

중국의 핵 능력

1964년에 처음 핵무기를 개발한 이래 중국은 소규모로 잔존 가능한 핵무기를 개발해왔다. 실제로 중국의 핵무장은 핵확산 금지 조약(Nuclear Nonproliferation Treaty: NPT)을 체결한 핵 강대국들 중에서 가장 규모가 작다. 중국이 보유하고 있는 전개된 핵탄두의 수는 미국의 6분의 1 수준이다(미국의 전개되지 않은 핵탄두를 기준으로 하면 3퍼센트로 떨어진다). 〈표 3〉은 유엔 안보리의 상임이사국이자 최대의 핵보유국인 5개국의 전략 자산을 비교한다.

중국의 핵전력은 미국 본토에 도달할 수 있는 지상발사 핵탄두 60기 정도를 포함하고 있다.[23] 이에 비해 미국은 중국 본토에 최소한 핵탄두 1,902기를 보낼 수 있다.[24] 2010년 러시아와 체결한 신 전

---

23 여기에는 DF-5A 20기, DF-31(CSS-10 Model 1) 20기, DF-31A(CSS-10 Model 2) 20기의 지상 발사 ICBM이 포함된다. 미국 국방정보국은 2014년까지 SLBM인 JL 2(CSS NX 14) 36기가 실전 배치될 것으로 추산한다. 출처: SIPRI(2013, table 6.6). 또한 Office of the Secretary of Defense(2011) 참조.

표 3 상임 이사국들의 핵탄두 보유, 2012년[25]

국가	총 핵탄두	전개된 핵탄두	2012년 GDP 1조 달러당 전개된 핵탄두
중국	250	250	30
프랑스	300	290	111
러시아	8,500	1,800	893
영국	225	160	66
미국	7,700	2,150	137

략무기 감축 협정(New START)에 따라 향후 5년간—전개된 핵탄두 1,550기가—줄어든다고 해도 미국의 핵무장은 중국에 비해 훨씬 대규모로 유지될 것이다(U.S. Department of State 2010). 나아가 중국의 핵무기 개발은 단거리 및 중거리 탄도미사일(SRBM과 MRBM)에 집중되어 있다.[26] 미국 본토에 도달할 수 있는 중국의 대륙간 탄도탄(ICBM) 중 일부는 다탄두를 장착할 수 있으나 중국은 다탄두를 장착하지 않고 있다. 아마 다탄두 각개유도 미사일(Multiple Independently Targetable Reentry Vehicle: MIRV)이 공격적 의도를 보일 것이라는 우려 때문일 수 있다.[27] 전반적으로 중국의 핵 개발은 낭비 없는 다중화(redundancy without waste)의 목표와, 지역 내의 핵 확

---

24 여기에는 B-52H 전략 폭격기에 의해 발사되는 순항미사일 200기, B2 폭격기에 의해 발사되는 B-61과 B-83 낙하폭탄(gravity bomb) 100기, Minuteman III ICBM에 장착되는 재진입체 Mk-12A와 Mk-21 200기, Trident II SLBM 1,152기가 포함된다. 출처: SIPRI (2013, table 6.2).

25 출처: SIPRI(2013, table 6.1); World Bank(2013).

26 여기에는 DF-15와 DF-21이 포함되는데, 사거리가 각각 600km와 2,500km이다. 출처: SIPRI(2013, table 6.6).

27 중국의 ICBM은 DF-5A와 DF-31/DF-31A로, 사거리가 각각 7,200km와 13,000km이다. 출처: SIPRI(2013, table 6.6).

산이 연쇄 증폭되는 유인을 제공하지 않기 위해 공격적 의도를 드러내지 않는다는 목표 아래 진행되어왔다. 핵전력의 구축에서 중국의 신중함은 특히 핵 강대국들의 GDP당 전개된 핵탄두의 수를 비교해 보면 두드러진다. 러시아의 경우에 GDP 1조 달러당 893기로 가장 많은 데 비해 중국은 단지 30기로 137기인 미국의 4분의 1에도 못 미친다.

핵무기 전개의 규모에서 중국이 자제할 수 있는 것은 전략적 깊이(영토의 크기와 지리적 특성의 합) 덕분으로, 이는 대규모의 핵 공격을 감당하면서 보복 능력을 유지할 수 있다는 확신을 갖게 해준다. 냉전 당시의 소련과 같이 중국의 핵전력은 주로 이동식으로 배치되어 있으며, 쓰촨과 신장의 광범위한 지역에 산개되어 있다. 이러한 전략적 조건은 다른 핵 국가들, 예컨대 전략적 깊이가 무시할 만한 정도인 이스라엘과 같은 국가들과 크게 다르며, 중국이 소규모 핵전력을 유지하면서도 견고한 2차 공격 능력을 지닐 수 있게 해준다.[28]

전문가들은 중국의 핵전력에 대해 중국이 최소한의 핵 억지를 추구하는지 또는 확증 보복 능력을 추구하는지에 관해 논쟁하고 있지만, 중국이 미국과 대등한 정도의 대규모 핵전력을 목표로 하지 않는다는 데에는 이견이 없다. 제프리 루이스(Jeffrey Lewis)는 중국의 핵전력 정책이 낮은 수준의 피해를 위협하는 소규모 핵전력이 억지에 충분하다는 "최소 억지(minimum deterrence)" 독트린에 기반을 두고 있다고 주장한다. 그에 따르면, 베이징은 일단 "최소한의 보

---

28 이와 같이 거대한 전략적 깊이의 이면은 중국이 대규모로 핵전력에 투자할 경우에 취약한 전략적 깊이를 지닌 국가들의 경우보다 공격적 의도를 분명히 드러나게 한다는 점이다.

복 수단"을 확보한 뒤 국가의 생존은 보장하지만 공격적 목적을 가진 것으로 해석될 수 있는 확장은 회피하는 신중한 핵 태세(nuclear posture)를 취하게 되었다는 것이다(Lewis 2007).

최근에 M. 테일러 프레이블(M. Taylor Fravel) 등은 루이스의 결론에 의문을 제기했다(Fravel and Modeiros 2010, 51). 이들에 따르면, 중국은 오랫동안 최소 억지보다 대규모의 정교한 핵무기가 필요한 확증 보복 능력을 목표로 해왔으며, 2010년에 이르러 1차 공격을 받은 후 40기까지의 핵탄두를 미국 본토에 발사할 수 있는 능력을 포함해서 "모든 적국에 대해 신뢰할 만한 2차 공격 능력을" 전개하게 되었다는 것이다(Fravel and Modeiros 2010, 75) 그러나 중국의 목표를 보다 확장된 것으로 보는 이 견해도 중국이 핵전력에서 미국과 경쟁적인 수준에 있다고 보지는 않는다. 미 군사 전략가들이 하는 가장 비관적인 평가는 중국이 미국으로 발사할 수 있는 핵탄두의 수가 "향후 15년 이내에 100기 이상"이 되리라는 것이다(National Air and Space Intelligence Center 2009, 3). 이는 미국이 보유한 것으로 추정되는 핵전력의 작은 부분일 뿐이다.

실제로 프레이블 등은 최근 중국의 소규모 핵전력 증강이 미국과의 군비경쟁을 시작하는 것은 아니라는 확증을 제시한다. 대신에 "미국의 전략 방어의 규모와 효과에 대한 평가"에 근거해서 낡은 전력을 개량하고 "중국에 대한 1차 공격 이후 미사일 방어체계를 침투할 수 있는" 능력을 확보해야 할 필요성에 따라 이 증강이 이루어졌다는 것이다(Fravel and Medeiros 2010, 81). 요컨대 중국의 핵 전략의 목표는 "잠재적 적국의 전략 방어를 무력화하기에 충분한 규모의 핵무기를 포함하여 확증 보복을 통해 억지를 달성하기 위한 확고한 2차 공격 능력"을 구축하고 유지하는 것이다(Fravel and Medeiros 2010, 85). 프레이블 등은 핵 혁명의 효과에 대한 나의 견해에 동의하면서 다음과 같이 주장한다.

> 중국이 신뢰할 만한 소규모 핵무기의 개발에만 집중하는 것을 "현명한(prudent)" 외교정책으로 간주할 수 있다. 중국의 지도자들은 핵무기라는 것이 기본적으로 전장에서 사용할 수 없는 것이며 일단 상호 억지가 이루어지면 대규모 핵전력이나 군비경쟁은 비용 부담이 크고 역효과를 가져오며 궁극적으로 자멸적인 것이라고 믿어왔다. 마찬가지로 그들은 중국의 국력과 핵전력의 크기를 동일시하지 않는다. 강하게 보이고 공격을 억지하기 위해서는 적은 수의 핵무기면 충분하다는 것이다(Fravel and Medeiros 2010, 87).

또한 핵에 대한 중국의 원칙은 미국에 대한 비위협 태세도 포함한다. 중국 정부는 핵무기에 대한 "선제 사용 불가 정책(no first use policy)"을 공표하고 지켜왔으며 핵무기의 발사 단계를 낮은 수준으로 유지하고 있어서 억지 목적이라는 것을 재확인하고 있다(Guangquian and Yu 2009). 만일 중국이 미국으로부터 생존을 위협받고 있다고 믿게 된다면 핵 억지 능력을 증강하는 데 상당한 노력을 추가할 것이 분명하다.

따라서 중국의 핵 전략은 내 이론의 예측과 일치한다. 중국은 미국과 핵 군비경쟁에 돌입하지 않은 것이다. 대신에 중국은 국가의 생존을 보장하기 위해 중국 본토에 대한 공격을 억지하는 데 충분한 보복 능력을 확고히 해주는 소규모 핵전력만을 보유한다. 핵전력의 확충은 안보상 역효과를 촉발할 수 있기 때문에 베이징은 비교적 소규모 핵전력을 유지하면서 미국과의 경쟁을 피한다. 중국이 이처럼 경이로운 경제성장 기간 동안에 핵전력을 대규모로 증강하지 않은 사실은 경제력과 군사력이 같은 방향으로 움직인다는 쇠퇴론자들의 관점에 중요한 반증을 제공한다.

중국의 재래 전력

재래 전력의 영역에서도 지금까지 중국은 증대하는 경제력을 미국에 대한 군사적 도전으로 전환하지 않기로 결정해왔다. 실제로 경제성장률 대비 방위비 증가율은 중국이 미국보다 약간 낮다. 지난 10년간(2003~2012) 중국 경제는 2.45배 성장했으나 군비 지출은 경제성장률의 110퍼센트인 2.75배 증가했다. 이에 비해 같은 기간에 미국 경제는 1.14배 성장했고 군비 지출은 1.32배 증가해서 경제성장률의 115퍼센트였다. 2012년에 미국의 군비 지출은 6,710억 달러로 중국의 군비 지출 1,570억 달러의 4배 이상이었다.[29] 〈그림 3〉은 지난 10여 년간 미국과 중국의 군비 지출을 비교한 것이다.

중국이 추구하고 있는 국가안보정책은 단순한 수치를 넘어서 본질적으로 방어적이며 범위에서도 지역적이다.[30] 중국의 지정 전략적 목적은 "국가 발전에 유리한 안보 환경을 유지하는 것"에 초점을 두고 있다(Goldwin 2010, 86; Information Office of the State Council

---

29 출처: World Bank(2013); SIPRI(2013). GDP 수치는 2005년 US달러 기준, 군비 지출은 2011 US달러 기준이다.
30 People's Republic of China(2011) 참조.

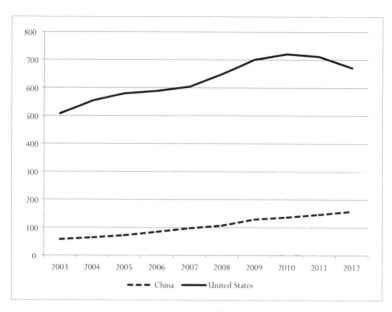

그림 3 미국과 중국의 군비 지출, 2003~2012년[31]

2011). 이 목적은 남중국해와 동중국해에서 영토적·경제적 이익을 증진하는 것은 물론 타이완과 연관된 위기를 방지하는 것을 필요로 한다. 따라서 중국은 갈등 발생 시에 일정 기간 미국의 접근을 거부할 수 있는 지역적인 반접근(Anti-Access: A2)/지역 거부(Area Denial: AD)에 목적을 둔 "근해 적극 방위(offshore active defense)" 전략을 실행해왔다. 그러나 때에 따라 정도의 차이가 있었을 수는 있으나 미중 관계는 계속 긍정적인 성격이었다. 이는 갈등적 관계에 따르는 높은 비용과 잠재적 위험을 반영한 것으로, 미국이 압도적 우위를 누린 지난 25년간 베이징은 미국의 세계적 역할에 대해 전반적

31 출처: SIPRI (2013).

으로 협력적인 자세를 유지해왔던 것이다.[32]

중국의 군사 전략은 핵심적 임무인, 미국에 대한 A2/AD를 중심으로 하며, 베이징이 보다 야심적인 원양 진출을 추구한다는 어떤 징표도 없다. 전 세계적인 투사 능력은 말할 것도 없다(Erickson 2010, 332). 앤드류 에릭슨(Andrew Erickson)이 지적하듯이, "중국의 해군력은 지금까지 타이완이 독립을 선언하지 못하도록 일종의 지역적인 반접근에 집중해왔으며, 광범위한 해상교통로(Sea Lane of Communication: SLOC)의 확보 태세와는 거리가 멀다"(Erickson 2010, 332-333). 나아가 중국군의 현대화 시도는 전략적 공백 상태에서 이루어지는 것이 아니다. 중국이 군사력을 현대화함에 따라 미국도 그렇게 하고 있는 것이다. 중국이 A2/AD 능력을 증강하는 데 대한 대응으로 미군은 중국의 지역에 대해서까지 우위를 유지하기 위해 "공해전투(air-sea battle)" 개념을 개발하기로 결정했다(U.S. Department of Defense 2011). 이에 더해 미군은 "전 세계 어느 지역이든 약 한 시간 내에 재래식 타격을 가할 수 있는 능력을 요구하

32 중국 지도부는 탈냉전 이후 최소한 세 번에 걸쳐 중국이 미국에 대해 보다 공세적으로 행동하는 것이 유리할지에 관해 논의했는데, 세 번 모두 대결적 자세를 기각했다. 첫 번째는 1995년에 미국이 타이완의 리덩후이(李登輝) 총통에게 코넬 대학교를 방문할 수 있도록 입국 비자를 발급했을 때였다. 두 번째는 1999년 코소보 전쟁 때 미국 폭격기가 베오그라드의 중국 대사관을 폭격했을 때였다. 세 번째 논의는 버락 오바마(Barack Obama) 대통령이 취임한 후인 2009년에 벌어졌는데, 첫 몇 달간 보다 공세적 노선으로 전환했다가 미국에 대한 도전이 어렵다고 판단한 베이징의 고위 지도부가 보다 포용적인 자세로 돌아갈 것을 지시했다. 마찬가지로 미국 역시 위기 발생 시에 중국에 대해 공세적 노선을 견지하는 것을 삼가왔다. 조지 부시 행정부 초기에 미국의 EP-3 정찰기가 중국 전투기와 충돌한 후 중국에 불시착한 적이 있었다. 사건 직후 첫 24~48시간 동안 미 행정부의 매파들이 이 위기에 대한 강경한 접근을 주장하기도 했으나, 곧 미국은 훨씬 유화적인 노선을 택했다. Wu(2006); Finkelstein(2010); Weiss(2012); Weiss(2013) 참조.

는"" "재래식 신속 전 세계 타격(Conventional Prompt Global Strike: CPGS)" 개념을 실행하고 있다(Bunn and Manzo 2011). 전체적으로 이러한 점들은 미국과 중국 간의 타 지역에 대한 투사 능력의 차이가 실제로 점점 커지고 있으며 단극으로서의 미국의 지위가 강화되고 있음을 확인해준다.

지금까지 중국에 가장 중요한 외교정책 이슈는 타이완이었다. 중국의 전략가들이 "제1도련(first island chain)"을 장악하는 국가가 중국의 태평양 진출을 제약할 것이라고 믿었기 때문이다.[33] 이러한 믿음이 중국 내전의 깊은 역사적 상처와 겹쳐져서, 베이징은 타이완의 독립을 억지하고 그렇지 못할 경우에 미군이 중국의 군사적 개입을 방해하지 못하도록 하는 것을 최우선시하게 되었다. 지금까지 미국은 중국과 타이완 간의 긴장을 완화하는 역할을 해왔다. 예컨대 2005년에서 2006년 사이에 부시 대통령은 타이완의 첸수이벤(陳水扁) 총통에게 독립을 시도하지 말라고 경고했고, 중국의 후진타오(胡錦濤) 주석에게 베이징이 원하는 "하나의 중국(one China)" 정책을 미국이 고수할 것이라고 확인해주면서 긴장을 완화했다.[34]

중국은 타이완 이슈가 진정된 이후에 동중국해와 남중국해 문제

---

33 제1도련은 타이완을 비롯하여 쿠릴 열도, 일본, 류큐 제도, 필리핀, 인도네시아, 보르네오, 나투나 제도로 구성된다. Cole(2010, 19-37) 참조.

34 Tucker(2005); Tung(2005); Cohen(2010) 참조. 이론적으로 타이완 이슈는 갈림길의 길목과도 같다. 나의 이론이 옳다면, 동아시아에서 현상을 유지하고 중국의 타이완 정책을 수용하려는 미국의 정책은 중국과의 갈등 가능성을 줄여줄 것이다. 나의 이론이 맞지 않다면, 타이완에 대한 중국의 목적을 포용하는 것은 중국의 목적을 더욱 팽창적으로 만들어서 다른 지역적인, 궁극적으로 전 세계적인 이슈들에서 중국이 자국에 유리하게 현상변경을 시도하도록 할 것이다. 중국이 타이완에 대한 목적을 이루도록 미국이 허용해야 하는 이유에 대해서는 Glaser(2011b) 참조.

에 집중해왔다.[35] 중국을 비롯한 이 지역 안팎의 여러 국가들은 남중국해에서 석유와 천연가스 및 어장과 같은 경제적·영토적 이해관계를 갖고 있다.[36] 이 이해관계는 유엔 해양법 협약(UN Convention on the Laws of the Sea: UNCLOS)이 인정하는 중국의 권리보다 확장된 것이다.[37] 중국은 UNCLOS가 부여한 자원 채취권에 더하여 200해리 배타적 경제수역에 대한 주권을 주장하고 있다. 나아가 200해리 밖의 대륙붕에 대한 주권도 주장한다.[38] 이와 같이 중국은 해양에 대한 영토적 이해관계와 더불어 상당 수준의 경제적 이해관계도 갖고 있다(Cole 2010, 43-57). 중국의 GDP에서 해양산업이 차지하는 비중이 증가하고 있는 데다가 중국의 에너지 수요가 커지고 있기 때문이다. 중국의 석유 공급 중 약 10퍼센트 정도가 동중국해 및 남중국해의 유전에서 생산되며, 수입 에너지의 75퍼센트가 말라카 해협을 통과한다(Cole 2010, 46) 대외 무역과 에너지에 대한 의존이 심화되면서 해상교통로의 방어가 중국의 핵심적인 전략적 이익이 된 것이다. 버나드 콜(Bernard Cole)이 지적하듯이, "중국은 식량과 에너지 및 무역 때문에 대양에 가장 의존적인 나라들 중 하나이다"(Cole 2010, 57).

중국의 지도부는 경제적 영향력의 증대를 이용하여 남중국해의

---

35 Dutton(2010); Fravel(2011); Swaine and Fravel(2011) 참조.
36 이 중 가장 중대한 것은 파라셀 군도와 스프래틀리 군도로, 중국과 타이완, 베트남(스프래틀리의 경우 말레이시아와 필리핀도 포함한다)이 영유권을 주장하고 있다. 중국은 스프래틀리 군도에 막대한 원유가 매장되어 있다는 확증이 없는데도 이 자원의 경제적 중요성을 강조해왔으며, 이에 따라 이 군도에 대한 영유권 주장을 강화해오고 있다. Fravel(2012, 34) 참조.
37 UN Convention on the Laws of the Sea. http://www.un.org/depts/los/convention_agreements/texts/unclos/closindx.htm
38 Cole(2010); Saunders et al.(2011) 참조.

모든 도서에 대한 주권을 주장해왔고, 결과적으로 영토 주권과 해저 자원의 통제와 연관된 여러 분쟁이 발생했다(Cole 2010, 27). 실제로 이 지역에서 중국의 경제적 영향력이 증대되면서 인접국들이 이미 여러 가지 양보를 해오고 있다.[39] 이로 인해 중국이 점점 더 수정주의적 목적을 추구한다는 인상을 줄 수 있으나, 이 지역의 갈등을 살피면서 프레이블이 지적했듯이, "중국이 하는 주장의 내용과 범위는 바뀌지 않았다. (⋯) 중국은 남중국해에 대한 주권 주장이나 해양 권리 주장의 내용을 변경하거나 확장하지 않았다"(Cole 2010, 33, 41).

마지막으로, 중국은 동중국해에서 다오위다오/센카쿠 열도의 주권에 대해 일본과 분쟁 중이다. 이 열도에는 춘샤오 가스전과 같은 해양 에너지 자원이 상당량 포함되어 있어서 중국에게 특히 중요하다. 그렇지만 미일 간의 상호방위조약을 감안할 때 중국은 이 분쟁 때문에 이 지역에 대한 미국의 안보 구도에 직접적으로 대립하는 상황에 처했다(Cole 2010, 41-42). 따라서 중국은 지금까지 이러한 상황에서도 신중하게 행동해왔다.

이 지역을 넘어선 중국의 안보 이익에 관해서도 많은 논의가 있다. 어떤 분석가들은 이러한 이익 때문에 궁극적으로 베이징이 광범위한 군사력 투사 능력을 구축할 것이며 결과적으로 중국이 초강대국이 되어 단극 질서를 종식할 것이라고 믿고 있다. 이런 맥락에서 특히 단기적으로 중국의 두 가지 목표가 주의를 끈다. 에너지 안보와 민간인 철수 해양 수송로가 그것이다. 실제로 중국은 전 세계에 걸쳐 에너지 자원에 대한 해양 접근에 관해 강한 이해관계를 갖

---

39 Cole(2010, 39) 참조. 특히 중국은 베트남에 대한 압력을 가중시키기 위해 최근 하이난도 인근의 우디섬에 새로 대규모 해군 기지를 구축했다. Cole(2010, 32) 참조.

고 있다. 나아가 해외 여행객들이 점증하고 500만 명 이상의 중국인 이민자들이 해외에 살게 되면서 위기 발생 시에 이들을 구출하는 문제에도 큰 관심을 가지게 되었다(2011년 아랍의 봄 사태 당시 이집트와 리비아에서 중국 시민을 철수시키는 데 어려움을 겪으면서 이러한 우려는 더욱 커졌다). 그럼에도 불구하고 가까운 장래에 이런 임무를 수행하기 위해 중국이 투사 능력을 구축하려고 노력하는 듯 보이지는 않는다. 실제로 에너지 안보 문제는 해상교통로를 확보하는 것의 중요성을 점점 감소시키는 듯하다. "해양을 통한 에너지 수입의 비중이 점점 감소하고 있기 때문이다"(Clarke 2010, vii). 대신에 중국의 에너지 안보에 대한 가장 큰 위협은 "국내 시장의 비효율성과 열악한 관리 실태"이다(Clarke 2010, vii). 마찬가지로 2011년에 리비아에서 해상 및 항공 자산을 통해 사국민을 철수시키는 소규모 작전을 수행하기는 했으나, 중국은 대규모 작전을 수행하는 데 필요한 항공 및 해상 수송 능력을 구축하려 하지 않고 있다(Duchâtel and Gil 2012). 라이언 클라크(Ryan Clarke)가 결론 내리듯이,

　　많은 분석가들은 항공모함 등 첨단 해군력을 개발하려는 베이징의 의도 때문에 중국이 미국과 같이 전 세계적인 힘의 투사를 시도하려 한다고 오판하게 되었다. 그러나 중국 해군(PLAN)의 초점은 지역적인 것이며, 양도할 수 없는 영토의 일부분으로 간주하는 타이완과 스프래틀리 군도와 같은 남중국해에서 갈등이 벌어질 경우에 미국과 일본의 개입을 억지할 수 있는 잠수함과 같은 비대칭 전력의 효과적 활용에 집중하고 있다(Clarke 2010, vii).

중국의 영토적·경제적 이익이 중국군을 현대화하고 개혁하려는 노력을 촉발했음은 분명하다. 베이징은 지난 10여 년간 광범위한 근해 접근 거부(타이완에 대한 미국의 접근을 포함하여), 영토 보전, 천연자원 안보라는 목적을 수행하기 위해 상당한 투자를 해왔다. 중국군의 전략 태세는 지역 내 미국의 존재에 대해 비대칭 전략을 수행하는 데 목적을 두고 있다. 이 의미는 가까운 장래까지 중국의 해군과 공군이 "동아시아에서 타이완과 미국의 전력에 대해 분명한 군사적 위협을 가하고 타이완의 독립을 억지하며 타이완에 영향력을 행사하여 베이징의 의지대로 분쟁을 종결시키는 데 필요한 능력을 구축하는 데" 집중하리라는 것이다(U.S. Department of Defense 2010, 25). 다시 말하자면, 중국은 앞으로도 제한적으로 지역적인 힘의 투사만을 추구할 것이다(Yoshihara and Holmes 2010). 중국의 해군력에 대한 최근의 철저한 분석에 따르면,

중국은 해군력의 증강에 양면적 접근을 하고 있는 듯 보인다. 한편으로는 중국의 해양 권역(예컨대 타이완)에 대한 주요 전투 수행을 지원하기 위해 막강한 첨단 반접근 능력을 구축하는 데 계속 집중하고 있고, 다른 한편으로는 원거리 지역(인도양)의 전략적 조건을 중국에 유리하게 만들 수 있는 능력을 비교적 완만하게 증강하고 있다 (Erickson 2010, 344).

베이징은 미국을 중국의 근접 지역에 대한 위협, 특히 궁극적인 타이완 위기에 개입할 수 있는 위협으로 간주하기 때문에, 군사력 증강의 대부분은 미국의 군사력 투사 능력을 막는 데 초점을 두어

왔다. 중국이 개발해온 일련의 군사적 능력은 미 해군이 결정적으로 개입하기 이전에 타이완에 대해 군사적 승리를 거두기 위한 것이다. 이 목적을 위해 중국 해군은 잠수함을 활용하여 미 항모가 전장에 접근하는 것을 늦추고 전장에 들어서면 대함 탄도미사일과 장거리 순항미사일로 공격한다는 계획을 세우고 있다(Cole 2010, 149, 164-167). 이러한 작전을 수행할 수 있는 능력을 개발하기 위해 중국은 그간 대함, 대위성 미사일과 핵 잠수함 및 미사일 구축함을 확보하는 데 집중해왔다. 이에 더해서 중국은 첨단기술의 (정보화된) 군사 환경에서 작전을 수행할 수 있는 능력과 지휘, 통제, 통신, 컴퓨터, 정보, 감시 및 정찰(Command, Control, Communications, Computers, Intelligence, Surveillance and Reconnaissance: C4ISR) 능력에 크게 의존하는, 잠재적 적국에 대적할 수 있는 능력을 개발하는 데 집중적으로 투자하고 있다(Pollpeter 2010).

중국의 투자는 기술적으로 추격하려는 노력의 일부이지 "기술적으로 추월하려는 것이나 미국의 군사적 우위를 영원히 종식시킬 수 있는 혁신적 기술을 개발하려는 것이 아니다"(Hagt 2010, 513). 중국의 해군력은 전 세계적으로는 말할 것도 없고 아시아태평양 지역에서도 미국의 해군력에 크게 뒤처져 있다(Cole 2010, 87). 다음 10년 간 중국은 근해 적극 방어 전략에 필요한 핵심 작전을 수행하기 위한 전력 자산을 확보하는 데 집중할 것이다(Cole 2010, 185). 콜의 분석에서 명확히 보여주듯이, "미 해군의 존재가 없어도 일본과 한국 및 타이완의 해군력 때문에 중국은 아직 동아시아에서 지배적인 해군력을 지닌 것은 아니다"(Cole 2010, 183. 강조는 필자). 따라서 현재 "중국 해군(PLAN)의 기술개발 노력은 지역적인 해양 전략을 수행할 수 있는 해군력을 만드는 데 집중되어 있다"(Cole 2010, 150. 강조는 필자). 중국 해군은 "향후 반세기 내에 미국의 해군력에 필적할 만하게 되는 것에 목표를 두지 않지만, 지역 내의 다른 국가들의 해군력을 저울질할 것임은 분명하다"는 것이 콜의 결론이다(Cole 2010, 152, 158). 그러므로 중국이 현재 타이완의 공식적 독립을 막기 위한 투사 능력을 개발하고는 있으나 확장된 대규모 공격 작전 능력을 갖춘 해군력을 구축하고 있는 것은 아니다.[40] 중국의 경제성장 전망까지 고려하면 이 의미는 중국 경제가 세계 최대가 된 이후 수십 년 동안에도 미국이 전 세계적으로 힘의 압도적 우위를, 즉 단극의 지위를 유지하리라는 것이다.

방어력을 현대화하기 위한 중국의 노력이 워싱턴의 우려를 낳을 것임은 분명하지만, 그렇다고 동중국해와 남중국해에서 미국의 접근을 저지하기 위한 노력을 "이 지역 밖의 상황과 동일시하면 안 된다. 이런 노력의 결과물이 원양까지 쉽게 적용될 수 없기 때문이다"(Erickson 2010, 345). 중국이 추구하는 지역적인 힘의 투사 수준이 타이완 해협을 넘어서지만 제1도련과 제2도련을 넘지는 않으며 아시아태평양 지역의 한계 내에 있다는 국방부 보고서가 이러한 견해를 뒷받침한다.[41] 실제로 중국의 목적은 전반적으로 방어적인 것으로, 미국과 전 세계적으로 경쟁하려는 팽창주의적 목적 때문에 목표를 키워가고 있는 것이 아니라 제1도련 및 그 근해에서 미국의 군

---

40 Cole(2010, 191). 중요한 것은 중국이 지금까지 상륙 작전 능력을 증강하는 데 별 관심이 없었다는 점이다. Cole(2010, 106) 참조.
41 U.S. Department of Defense(2010) 참조. 제2도련은 쿠릴 열도, 일본, 오가사와라 제도, 마리아나 제도 및 인도네시아를 포함한다.

사력에 대응하려는 것이다.[42]

베이징이 중국 인근에서 미국의 개입에 대응할 능력을 개발해가고 있고 점점 원거리까지 힘을 투사하게 될 터이지만 자기 지역을 넘어서서 군사력을 투사하려 들 것으로 예측되지는 않는다. 핵 잠수함과 항모를 보유하는 것이 베이징이 자기 지역을 넘어서서 힘을 투사하는 능력을 확보하려는 것으로 보일 수도 있다(U.S. Department of Defense 2010, 33). 그러나 미 국방부의 기획진조차 중국의 위협 수준을 과장하지 말라고 경고한다. "중국이 가까운 장래에 중국에서 멀리 떨어진 지역의 고강도 전투에 대규모 병력을 파병하고 유지할 수 있는 능력을 갖출 가능성은 거의 없다"는 것이다.[43]

중국이 근접 안보선을 훨씬 넘어서서 힘을 투사하는 능력을 보유하기 위해서는 장기리 공군력, 군사용 조선 능력, 해상 보급, 원격 함선 수리, 전비 태세, "해외 공군 및 해군기지에 대한 보장된 접근"을 포함하여 대대적으로 일련의 새로운 능력을 개발해야 한다(Erickson 2010, 337). 이제까지 수년간 중국이 아시아에 대한 인민해방군의 투사 능력을 향상시키기 위해 접근점을 보장해주는 국가들과 관계를 발전시켜온 것은 사실이지만, 현재 베이징은 단 하나의 해외기지도

---

42 Yoshihara and Holmes(2010, 224) 참조. 2008년에 해적을 소탕하고 중국 선박을 보호하기 위해 아덴만으로 파병된 중국군에 대해 논란이 많았다. 이 파병이 중시된 이유는 중국 본국에서 가장 멀리 파병된 데다가 대규모 해상 보급을 필요로 했고 중국의 "전쟁이 아닌 군사 작전(Military Operations Other than War: MOOTW)" 능력을 보여주었기 때문이다. 그러나 이 일회성 작전에서 보다 팽창주의적인 해상 전력적 혹은 영토적 목적을 읽어내기는 쉽지 않다. 2013년 말 현재 중국 해군은 "이러한 원거리 해상교통로를 통제하기는커녕 그곳에서 존재를 유지할 능력도 아직 갖추지 못했다." Cole(2010, 56).

43 U.S. Department of Defense(2010, 29). 이 보고서에서는 중국이 이런 능력을 10~20년 내에 확보할 가능성이 거의 없다고 주장한다. 그리고 그 시기에라도 중국이 이런 능력을 보유하려고 현재 시도하고 있다는 어떤 증거도 제시하지 않는다.

구축하지 않고 있다.[44]

어떤 분석가들은 타이완 위기 시에 미국의 개입을 막는 데 목적을 둔 탄도미사일과 순항미사일의 개발을 "베이징이 보다 팽창주의적인 외교정책을 추구하려고 할 때 활용하게 될" 군사적 팽창 과정의 시작으로 간주하기도 한다(Yoshihara and Holmes 2010, 211). 그렇지만 이 지역에서 중국이 현재 개발 중인 제한적 능력으로부터 전 세계적인 목표나 지정 전략적 야심을 추론해내기란 쉽지 않다(Yoshihara and Holmes 2010, 219). 마찬가지로 중국의 사이버 전력 개발에 대해서도 논의가 분분하지만 중국의 공세적 의도에 대한 어떠한 증거도 없다. 미국의 안보 전문가들은 중국의 사이버전 능력이 예컨대 타이완과 같은 지역적 위기 시에 예방적인 사이버 공격을 감행하여 미국의 개입을 억지할 잠재력이 있다고 간주한다.[45] 미국의 군사력 투사에서 위성 네트워크의 역할을 잘 알고 있기 때문에 중국은 현재 광범위한 대위성 무기 체계도 개발하고 있다.[46] 나아가 중국은 "베이두(Beidou)"라는 명칭의 전 세계적 GPS 체계도 개발하고 있어서 필요한 위성의 반을 이미 궤도에 올려놓고 있다. 이 베이두 체계로 베이징은 기존의 미국, 러시아[글로나스(GLONASS)], 유럽[갈릴레오(Galileo)]의 GPS 체계에 의존하지 않고 중국 영토를 방어하는 데 필요한 독자적 감시 및 표적 능력을 보유하게 될 것이다. 이와

---

44 Erickson(2010, 341). 중국과 파키스탄 간의 최근 합의로 파키스탄은 과다르항에 "장래에 중국 함선이 정기적으로 정박하고 이(인도양) 지역에서 중국 함대의 수리 및 정비 장소로 사용하는 것을" 허용하게 되었다. 그렇지만 2013년 현재 그곳에 중국의 상설 해군기지가 있다는 보도는 없다. Bokhari and Hille(2011).

45 Libicki(2011) 참조.

46 Easton(2009) 참조.

같은 능력의 대부분은 미국의 압도적 우위를 극복하는 데 불충분할 터이지만, 중국의 인접 지역에서 미국이 중국의 목적을 위협하는 한 중국은 미국의 우위를 최대한 상쇄하려고 할 것이다. 이러한 상황과 이에 대한 미국의 대응에 대한 최근 보고서의 저자들은 "다가오는 10여 년간 격화될 것"이 분명한 "우주에서의 '거대 게임' 스타일의 경쟁"을 예상한다(Easton 2009, 10). 그러나 이러한 결론은 추측에 불과하다. 중국의 대위성 전력은 베이징의 "근해 적극 방어"에 필수적이며, 근해 적극 방어 전략의 목적은 중국의 국경 인접 지역에 힘을 투사하여 중국의 영토와 근접 지역에 대한 미국의 접근을 거부하는 것이다. 중국의 우주 전력이 대위성전에 국한되어 있는 한 적극적인 방어 전략을 수행하는 것의 하나로 보아야 할 것이다.

요약하자면, 미국은 현재 시태평양 지역을 압도하고 있으며 앞으로도 계속 그럴 것이다. 가까운 장래에도 중국의 해군력과 공군력이 미국에 상대가 되지 않을 것이기 때문이다.[47] 군사력의 확대를 제한하겠다는 중국 지도부의 결정은 미국에게 중국이 방어적 의도를 갖고 있다는 신호가 되고 있다. 중국은 현재 미국이 통제하고 있는 동중국해와 남중국해를 통해 오가는 원자재의 수입과 공산품의 수출에 크게 의존하고 있다.[48] 따라서 중국의 목적은 서태평양에서 미국과 대등한 해군력을 보유하는 것이 아니라 보다 낮은 수준에서 반접근/지역 거부 전략을 수행하는 것이다. 이를 통해 이 지역에서 중국의 승인 없이 미 해군이 작전 수행을 할 경우에 미국이 감당할 비용과 위험 수준을 올리려는 것이다.[49] 이와 같이 제한된 목적하에 중국

---

47 Goldwin(2008) 참조.
48 Cozad(2009) 참조.

은 서태평양에서 미군이 베이징의 의지에 반하여 아무런 장애 없이 행동하는 것을 막을 수 있게 해주는 무기 체계와 전략을 개발해왔다. 하지만 다른 한편으로 중국은 현재 전 세계적 대양 해군이나 전략 공수 또는 표적 추적 능력을 개발하려는 어떤 계획도 갖고 있지 않다. 글레이저가 지적하듯이, "중국은 특히 타이완에 관해서는 미국이 호의적 의도를 지녔다고 확신하지 않으며, 따라서 미국의 힘을 상쇄하기 위해 어느 정도 투자를 해왔다. 하지만 그렇다고 해서 미국의 목적 때문에 자국이 전면적인 군사력을 확충하기 시작할 것이라고 보지는 않는다."[50]

물론 중국의 궁극적 목적은 시간이 지나면서 바뀔 수 있다. 베이징이 지금은 제한적 목적을 지니고 있지만, 특히 잠재적 힘이 커지면서 점차 팽창적 목적을 드러낼 수도 있는 것이다. 이런 추론에 따르면, 중국의 전략적 자제에 대한 지금까지의 증거들은 모두 쓸모없는 것이 된다. 경제적으로 더 강력한 중국이 무엇을 할지를 예측하는 데 아무런 도움이 되지 않기 때문이다. 핵심적인 문제는 중국의 목적이 제한적인 것으로 남을지 혹은 잠재력이 커지면서 무제한적인 것이 될지의 여부이다. 애버리 골드스타인(Avery Goldstein)이 지적하듯이, 지금까지 중국이 해온 군비 투자 각각은 본질적으로 방어적인 것으로 판명될 수도 있고 팽창적 군사 정책의 첫 단계일 수도 있다. 현 단계에서 우리가 확실히 알 수 있는 방도는 없다(Goldstein 2008). 그렇지만 더 성장할 때까지는 중국이 신중하게 행동하다가 미래의 한 시점부터는 더 팽창주의적으로 행동하고 군비 투자를 더

49 McDevitt(2007) 참조.
50 Glaser(2011a, 137-138). 또한 Goldstein(2005) 참조.

하리라는 생각은, 과거의 유사한 상황에서 다른 국가들이, 예컨대 소련과 같은 국가들이 상대적인 잠재력에서 중국의 현 단계와 같은 단계에 있었을 때 중국보다 훨씬 더 많은 균형을 취했다는 사실을 간과하고 있다.[51]

핵 억지 덕분에 중국이 재래 전력의 투사 능력에 대한 투자를 추후로 미룰 수 있으며, 따라서 미국의 압도적 우위에 베이징이 도전할 준비가 되기 전에 노후화될 수도 있는 무기 체계에 자원을 허비하는 것을 피하고 있다고 주장할 수도 있다. 그러나 역사적 증거들은 정반대 방향을 가리키고 있다. 소련은 미국의 GDP의 약 4분의 1에 불과하던 1949년에 핵무기를 확보했으나, 사실상 확보된 생존과 잠재력의 취약성에도 불구하고 미국에 대해 전면적인 균형을 계속 취했다. 글레이저가 21세기 초에 중국에 대해 지적했듯이, "중국이 자기 지역이나 이 지역을 넘어서서 거대한 영토적 야심을 가졌거나 앞으로 가질 것이라고 믿을 이유는 거의 없다"(Glaser 2011b). 물론 중국의 목적에 대한 불확실성은 피할 수 없다. 지금까지 제시한 나의 이론에 따르면, 미국의 대전략이 방어적 포용으로부터 멀어질 경

---

51 물론 1989~1991년에 소련의 붕괴를 목격한 중국 엘리트들이 중국이 더욱 강력한 경제력을 보유하기 전까지는 군비에 과잉투자하지 않기로 확고히 결정했다고 주장할 수도 있다. 이런 추론에 따르면, 중국이 궁극적으로 공세적 목적을 가질 것이라는 신념과 1989년 이후 중국의 행동 간의 모순이 사라질 수 있다. 그렇지만 이런 주장은 국제 체계의 구조로부터 추론된 것이 아니다. 달리 말해, 이 주장은 군사력의 압도적 우위가 국제정치에 어떠한 영향을 미치는지에 대한 것이 아니다. 대신에 중국 엘리트들의 학습과 적응에 대한 주장일 뿐이다. 더욱이 현재 활용할 수 있는 경험적 증거에 기반하여 이 주장을 기각할 수 없는데도 이 주장은 단순한 오컴의 면도날 시험(Occam's razor test)을 통과하지 못한다. 과거 중국의 제한적 목적에 대한 증거에 의존하여 미래 중국의 목적이 무제한적일 것이라는 주장을 지지하고 있는 것이다. 과거 중국의 제한적 목적에 대한 증거가 이 목적이 앞으로도 제한적일 것이라는 주장을 지지하는 데 사용되는 것이 보다 일관적이다.

우에 중국은 군비 투자를 강화하여 미국의 압도적인 군사력 우위를 잠식하려 들 것으로 예측할 수 있다. 따라서 중국의 지도자들로서는 미국의 전략이 변화할 경우에 균형을 취하려는 막대한 노력이 필요하게 될 가능성이 있다고 생각하는 것이 합리적이다. 그렇지만 기존의 증거들은 중국의 이 같은 보다 팽창주의적인 지정 전략적 야심을 지지하지 않는다.

결론적으로, 중국 경제는 경이로울 정도로 빠르게 성장하고 있으며 이 과정은 미국의 포용 전략의 지원을 받고 있다. 그렇지만 중국은 군사력에 대한 투자를 능력보다 훨씬 적게 하고 있다. 미국에 대한 완전한 군사적 도전을 감행하는 데 필요한 것보다 훨씬 적게 하고 있는 것이다. 핵전력의 차원에서 중국은 지역 내 혹은 미국과의 군비 경쟁을 촉발하지 않은 채 생존을 보장할 수 있는 정도의 비교적 작은 억지력을 선택해왔다. 재래 전력의 차원에서 중국은 아시아 태평양 지역에서 미국의 압도적인 군사적 우위에 대응하기 위해 군사력을 현대화하고 있다. 이러한 경향 중 어느 것도 중국이 전 세계적 차원에서 군사적으로 팽창하거나 미국과의 경쟁을 벌이는 길로 들어섰음을 보여주지 않는다. 작지만 확고한 핵 억지력에 의해 생존이 보장되었으므로, 미국이 중국의 경제성장에 유리한 국제적 조건을 계속 보장하는 한 중국은 미국과의 협력을 통해 경제성장에 집중할 것이다.

미국은 중국에 대해 일관되게 방어적 포용 전략을 펼쳐왔다. 핵 시대의 다른 전략들이 중국으로 하여금 미국의 압도적인 군사력 우위가 사라질 때까지 균형을 취하게 힘으로써 경생 비용을 초래할 것이라는 점을 알기 때문에, 워싱턴은 중국 경제가 방해 없이 성장하도록 허용하는 것을 선택했고 아시아태평양 지역의 현상을 미국에 더 유리하도록 변경하는 시도를 멀리해왔다. 제7장에 보게 되듯이, 이 전략은 미국에 갈등 비용을 유발했다. 그렇지만 20여 년간의 단극 시대 동안 워싱턴은 방어적 포용의 갈등 비용보다 단극의 지위로부터 추출하는 이익이 더 크다고 판단해왔다. 제8장에서 이와 같은 전략적 계산에 관해 다시 논의한다.

그렇다면 가까운 장래에 또는 심지어 중국이 지구상 최대의 경제 대국이 된 이후에도 미국은 자기 지역의 밖에서 장기간 정치-군사 작전을 수행할 수 있는 유일한 국가로 남을 것이다. 중국의 군사력이 현대화되면 미국이 아시아태평양 지역에서의 압도적 우위를 유지하기 위해 더 많은 군사 자산을 이 지역에 집중해야 할 수는 있으나, 베이징이 자기 지역 밖으로 힘을 투사힐 능력을 갖지 못하는 한 미국은 압도적인 힘의 우위를 유지할 것이고 단극 세계는 지속될 것이다.

물론 이것이 미중 관계가 항상 협력적일 것이라든가 심지어 우애로울 것이라는 의미는 아니다. 중국이 단극으로서의 미국의 역할이 지속되는 것을 포용한다고 해서 베이징이 미국 주도의 자유주의적 국제 질서 논리를 채택하리라는 것은 아니다. 오히려 상이한 정치 원리를 지지하고 미국이 추구하는 많은 목적에 반대되는 방향으로 외교정책을 설정하게 될 가능성이 높다. 나의 이론에서 예측하는 것은 다만 이와 같이 상반된 주변적 이해관계에도 불구하고 중국이 전 세계적 현상에 대한 군사적 도전을 감행하지 않을 것이며, 따라서 미국이 단극 지위를 유지하도록 허용하리라는 것이다.

제6장

단극 체계의 갈등의 근원

제4장에서 논의했듯이, 단극 체계가 지속적일 수 있다면 평화로울 수 있는지 여부는 더욱 중대한 문제이다. 초강대국이 둘 이상인 경우에 갈등이 발생하는 인과 메커니즘은 그간 많은 관심의 대상이었으나 단극 세계의 갈등의 근원에 관해서는 거의 학술적 논의가 없다. 이에 대한 통상적인 관념은 단극성이 국제 체계의 평화로운 구조라는 것이다. 월포스가 1999년에 한 진술이 지금도 기존의 논의를 대표한다.

세력균형 이론가들은 탈냉전 세계가 갈등으로 치닫고 있다고 주장하지만, 이들이 단극성 자체가 갈등을 야기한다고 주장하는 것은 아니다. 이들이 주장하는 것은 단극성이 곧 양극성 또는 다극성으로 변할 것이라는 점이다. 논쟁의 대상은 단극성의 평화가 아니라 지속성인 것이다.[1]

그렇지만 단극 세계에서 갈등의 근원에 대해 더 생각해보아야 할 최소한 두 가지 이유가 있다. 이론적으로 볼 때, 우리는 단극 체계에서의 갈등의 가능성과 유형에 대해 단극의 전략적 선택이 미치는 영향을 잘 이해하지 못하고 있다. 단극이 군사 전략과 경제 전략 각각을 실행할 때 평화에 어떤 결과를 가져오는가? 각 전략의 갈등 비용은 무엇인가? 보다 구체적으로, 경쟁 비용을 수반하지 않아서 지속적인 단극 세계를 가능하게 해주는 유일한 전략인 방어적 포용 전략이 국제 체계의 평화에 도움이 되는가? 아니면 단극이 갈등에 빈번히 개입하도록 하는 메커니즘을 촉발해서 단극에 갈등 비용을 초래하는가?

경험적으로 볼 때 지난 20여 년간 전반적으로는 국제적 갈등이 낮은 수준이었으나 미국이 연관된 군사행동은 특히 높은 수준이었다. 따라서 단극성이 평화롭다는 견해는 최소한 부분적으로는 정당화되기 어렵다. 탈냉전 이후의 이러한 갈등이 체계 수준의 힘의 분포와 무관한 것인가?

이 질문들에 답하기 위해서는 단극 세계에서의 갈등의 근원에 대해 잘 이해해야 할 필요가 있다. 이 장에서는 단극적 군사력 분포로부터 야기되는 인과 메커니즘을 밝히고 국제정치의 단극 구조가 어떻게 갈등의 유인을 유발하는지에 대한 이론을 제시한다. 단극적 군사력 분포는 초강대국들 간의 경쟁과 같은 중요한 갈등 유인은 제거했으나 다른 종류의 전쟁을 유발하는 인과 메커니즘을 촉발한다는 것이 나의 주장이다. 나아가 단극이 국제적 상황에 관여하는 한 갈

---

1   Wohlforth(1999, 24). 이에 대한 유일한 예외가 나의 이전 연구이다. Monteiro(2011/2012) 참조.

등에 개입될 가능성은 높다. 이 의미는 비관여 이외의 모든 군사 전략이 갈등 비용을 수반하리라는 것이다. 지금부터는 기존의 연구들에서 묘사되는 단극성의 평화 효과에 상반되게 단극의 각 전략이 어떻게 갈등을 촉발하는지를 설명한다. 요컨대 나는 단극 체계가 평화롭다는 관점에 의문을 제기하는 것이다.

보다 구체적으로 이 장에서는 단극 체계가 두 가지 유형의 전쟁에 대한 유인을 제공한다는 것을 설명한다. 하나는 유일 초강대국을 다른 국가와 대결시키는 것이고, 다른 하나는 다른 국가들 간의 전쟁이다. 나는 단극 세계에서 강대국 전쟁의 불가능성 자체에 의문을 제기하는 것이 아니라 강대국 전쟁 너머를 바라봄으로써 이 그림에 살을 붙이려는 것이다.

단극 세계에서 발생하는 갈등의 유형은 유일 초강대국의 군사 전략에 따라 결정된다. 즉, 방어적 지배 전략과 공격적 지배 전략은 상당한 갈등 비용을 초래하며 유일 초강대국과 약소국들 간의 전쟁을 유발한다. 반면에 비관여 전략은 단극을 곤란에 빠뜨리지 않고 갈등 비용을 전혀 초래하지 않지만 다른 국가들 간의 갈등으로 귀결된다. 어떤 경우이든 각 전략은 심각한 갈등 가능성을 포함하고 있는 것이다.

나의 목적은 양극 체계나 다극 체계에 비해 단극 체계가 얼마나 더 평화스러운지를 비교하고 평가하려는 것이 아니다. 서로 다른 체계들을 비교하는 데 그간 많은 헛된 노력을 해왔다.[2] 나의 초점은 기존의 연구들에서 다루지 않은, 단극 체계에 특징적인 전쟁의 인과

---

2   Waltz(1964); Deutsch and Singer(1964) 참조.

경로를 확인하는 것이다. 내가 확인한 인과 메커니즘이 작동하는 한 단극 체계는 기존의 연구들에서 추측하는 것보다 더 잠재적인 갈등을 수반한다.

미국의 압도적 우위를 순전한 축복으로 여기는 사람들에게는 불행하게도 나의 이론에서는 완전히 다른 그림을 제시하고 있다. 그렇지만 이 그림은 이미 미국의 최근 경험에 의해 지지된다. 제7장에서 보듯이, 단극으로서 미국의 경험은 놀라울 정도로 전쟁에 취약한 것으로 판명되고 있다. 이 장에서는 이에 대한 이론적 설명을 제공한다.

나머지 부분은 다음과 같이 진행된다. 다음 절에서는 단극 체계가 평화롭다는 기존의 견해를 살펴본다. 그다음 절에서는 나의 이론을 제시하면서 단극의 세 가지 군사 전략이 어떻게 갈등을 유발하는지를 설명한다. 이 장을 마치기 전에 나의 주장의 경험적 함의를 추출할 것이다.

단극 체계와 평화에 대한 기존 연구

단극 체계가 평화롭다는 주장을 가장 명쾌하게 제기한 연구는 월포스의 1999년 논문 「단극 세계의 안정성」이다(Wohlforth 1999). 월포스의 주장은 간단명료하다. 그에 따르면,

현재의 단극성은 평화를 촉진한다. 미국의 완진한 힘의 우위는 이선 체계들이 지녔던 중대한 갈등의 원천, 즉 국제 체계의 리더십에 대

한 패권 경쟁이 사라졌음을 의미한다. 어느 국가도 전쟁이나 장기간의 경쟁에서 미국에 우위를 점해야만 성공할 수 있는 정책을 추구할 위치에 있지 않다. 어느 국가도 미국의 집중된 적의를 불러올 수 있는 행동을 취할 수 없다. 이와 동시에 단극성은 다른 강대국들 간의 안보 경쟁을 최소화한다. 체계의 리더로서 미국은 지역적인 안보 갈등을 완화하고 다른 강대국들 간의 경쟁을 제한하기 위해 핵심적인 안보 제도를 관리할 동기와 수단을 지니고 있다. 다른 한편 하위 국가들(second-tier states)은 균형의 기대 비용이 엄청나기 때문에 단극에 편승할 유인을 지니고 있다.[3]

단극은 어떠한 도전도 물리치고 강대국의 경쟁도 방지할 만큼 강력할 뿐 아니라 전 세계의 다른 국가들 간의 갈등을 관리할 수도 있어서 이 국가들에게 단극과 한편이 될 유인을 만들어낸다.[4] 이 주장에 따르면, 단극이 지닌 힘의 우위는 너무도 커서 개입하는 어떠한

3 Wohlforth(1999, 7-8). 언론에 유출된 뒤에 기각되었던 1992년의 「국방기획지침(Defense Planning Guidance)」과 월포스의 견해가 놀라울 정도로 유사하다는 점에 주목할 필요가 있다. Tyler(1992) 참조. 월포스는 10년 뒤에 단극 체계가 평화를 촉진하는 다른 이유를 하나 첨가했다. 지위(status)의 모호성을 감소시키기 때문이라는 것이다. Wohlforth(2009) 참조. 그러나 월포스는 "현실 세계의 정치에서는 (…) 지위의 추구가 극도로 복잡한 방식으로 다른 목적들과 뒤섞일 수 있음"을 인정한다. 이 다섯 번째 요소에 대한 확실한 판정을 불가능하지는 않아도 어려운 것으로 만든 것이다. Wohlforth(2009, 43) 참조.

4 아이켄베리도 현재의 단극 세계가 왜 평화로운지에 대해 유사한 주장을 전개했다. 그에 따르면, 단극 체계의 평화는 미국의 리더십이 고도로 제도화되고 널리 받아들여지기 때문에 유지된다. 그러나 이 주장은 미국의 단극 체계의 성격에 따른 것이지 단극적 구조로부터 추출된 것이 아니다. 실제로 아이켄베리가 묘사한 제도적 배경이 작동한 시기는 냉전 이후가 아니라 냉전 시작부터인 것이다. Ikenberry(2002, 215, 237-238). 아이켄베리의 주장에 관한 자세한 논의에 대해서는 제8장을 참조하라.

분쟁도 해소한다. "일단 단극 체계가 들어서면 하위 국가들은 갈등을 유발할 수 있는 안보 경쟁이나 지위 경쟁을 하려 들지 않게 된다. 단극이 편을 들게 되면 어느 쪽이 이길지 의심의 여지가 없기 때문이다"(Wohlforth 1999, 24-25). 요컨대 체계 내의 다른 국가들에 대해 단극이 누리는 확실한 힘의 우위가 단극으로 하여금 아무런 도전도 받지 않으면서 다른 국가들의 갈등을 관리하게 해준다는 것이다. 이것이 바로 단극 체계가 평화롭다는 주장을 뒷받침하는 핵심 논리이다.[5]

그런데 이 주장은 전쟁의 상이한 유형들 각각을 구체적으로 어떻게 설명하는가? 나의 이론과 마찬가지로 월포스의 우월론에서는 국가 간의 무력 갈등만을 다룬다.[6] 제2장에서 제시한 국가 유형으로부터 교전국들의 지위에 따라 여섯 가지 전쟁 유형을 도출할 수 있다. 즉, 초강대국들 간의 전쟁, 초강대국과 강대국 간의 전쟁, 초강대국과 약소국 간의 전쟁, 두 강대국 간의 전쟁, 강대국과 약소국 간의 전쟁, 두 약소국 간의 전쟁이 그것이다. 단극 체계가 각 유형의 전쟁으로 귀결될 수 있는지 여부에 대한 기존의 견해들을 살펴보자.

초강대국들 간의 전쟁이 단극 체계에서 가능하지 않음은 분명하

5 모울과 사코는 탈냉전 단극 세계에 대한 연구에서 국가 간의 군사적 분쟁(Militarized Interstate Disputes: MID)에 대해 통계 분석을 했는데, 그 결과가 단극 체계가 평화를 가져온다는 주장을 지지하는 듯하다. 하지만 이들의 결론이 이들의 자료 분석으로부터 도출된 것이라고만 볼 수는 없다. 첫째, 이들의 분석이 보여주는 것은 MID의 감소이지 전쟁의 감소가 아니다. MID의 감소가 곧 전쟁의 감소는 아닌 것이다. 둘째, 이들의 자료는 비교적 평화로웠던 1990년대에 한정되어 있어서 미국이 줄곧 전쟁을 하고 있었던 2000년대를 간과했다. 마지막으로, 이들도 인정하듯이 MID가 적었던 이유는 단극 체계 이외의 다른 요소 때문일 수 있다. Mowle and Saçko(2007, 56-64) 참조.

6 단극 체계가 어떻게 국내적인 갈등에 영향을 미치는지에 대해서는 Kalyvas and Bacells (2010) 참조.

다. 월포스의 논리에서는 "1990년에 두 국가의 힘이 대등했다. 이 중 하나가 사라졌다. 새로운 극은 나타나지 않았다. 따라서 2 - 1 =1"이 다(Wohlforth 1999, 10). 더욱이 월포스의 우월론에서는 단극 체계가 패권 경쟁을 배제한다고 주장함으로써 초강대국과 강대국 간의 전쟁의 여지도 없다. 이 두 유형의 전쟁이 없는 것이 바로 단극 체계가 평화롭다는 주장의 주된 이유이다. 그에 따르면, 단극 체계는 "지난 시대에 정책 결정자들을 괴롭혔던 두 가지 난제, 곧 패권 경쟁과 강대국들 간의 세력균형이라는 문제가 없다는 것을 의미한다."[7]

이 점에 대해 나는 월포스의 주장에 동의한다. 그러나 이것이 전부가 아니다. 초강대국들 간의 전쟁의 부재가 평화를 향한 중요한 조건임은 물론이다. 그러나 초강대국들 간의 경쟁과 그로 인해 초래될 수 있는 갈등은 단극에 대해 하나 이상의 경쟁국이 출현했음을 의미하며, 이는 곧 양극적 혹은 다극적 구조로의 이행이 이미 이루어지고 있음을 말한다. 이런 의미에서 초강대국들 간의 전쟁에 대한 논의는 맥락상 단극 체계의 평화가 아니라 지속성에 대한 논의에 속하는 것이다. 이를 단극 체계의 평화에 대한 논의에 포함한 것은 냉전의 양극 체계에 대한 논의에서 벌어졌던 실수를 연상시킨다. 당시 두 초강대국이 왜 서로 싸우지 않을 것인지에 대한 논의들은 양극 체계가 평화롭다는 것을 의미하곤 했는데, 두 초강대국 각각과 약소국들, 그리고 약소국들 간의 전쟁 가능성은 간과되었던 것이다.[8]

우월론자들은 유일 초강대국과 강대국들 간에 이루어지는 평화

---

7 Wohlforth(1999, 26), Jervis(2009, 195) 참조.
8 Kaplan(1957, 36-43); Morgenthau(1961, 189, 350); Deutsch and Singer(1964); Waltz(1964) 참조.

에 더하여 강대국들 간의 전쟁도 일어나지 않을 것이라고 믿는다. 단극이 국제 문제에 관여하고 어떠한 중대한 갈등도 통제할 터이기 때문이다. 월포스에 따르면, "단극이 지니는 힘의 우위가 중요한 것은 단극이 관여하기 때문이며, 단극이 다른 강대국들 간의 정치에 관여할 가능성은 매우 높다"(Wohlforth 1999, 25). 단극이 전 세계적 현상 유지를 위해 관여할 경우에 강대국들 간의 전쟁 가능성이 낮다는 데는 나도 동의한다. 그렇지만 단극이 항상 관여할 것이라고 기대할 만한 강력한 이유가 있다고 할 수는 없다. 그리고 월포스가 암시는 했으나 더 이상 분석하지 않았듯이, 단극이 관여하지 않는 경우에 강대국들 간의 전쟁은 분명히 가능하다. 달리 말하자면, 비관여 전략이 갈등을 초래할 것이라는 우월론자들의 주장에는 동의하지만 합리적인 단극이 결코 비관여하지 않을 것이라는 주장에는 동의하지 않는다.

이와 동시에 우월론자들은 단극의 압도적인 힘의 우위가 균형의 기대 비용을 막대하게 해서 약소국들이 편승하는 결과를 가져온다고 믿는다. 이것이 바로 유일 초강대국과 약소국들 간의 전쟁이 없다는 월포스의 근거이다. 그러나 뒤에서 보여주듯이, 모든 약소국이 편승에 대해 동일한 유인을 지니고 있는 것은 아니다(달리 말해, 균형의 기회비용은 약소국마다 다르다). 따라서 단극 체계의 작동에 대한 우월론자들의 주장은 이 유형의 전쟁이 일어날 가능성을 과소평가한 것이다.

마지막으로, 월포스의 우월론 주장은 다른 유형의 갈등이 발생할 여지를 남긴다. 힘의 압도적 우위는 단극이 전 세계적으로 갈등을 관리할 수 있게 하지만 이 주장이 강대국과 약소국 간의, 그리고 약소국들 간의 관계에 적용되는 것은 아니다. 월포스가 설명했듯이, 그의 주장은 "체계의 지도국이 밀접한 관계를 맺고 있지 않은 지역적 강대국들 간 또는 하위 국가와 약소국 간의 안보 경쟁에는 설명력이 약하다"(Wohlforth 1999, 25). 우월론자들은 단극 세계에 약소국들 간의 갈등은 물론 강대국과 약소국 간의 갈등이 있을 수 있다는 점을 인정하고는 있으나, 이 갈등이 단극 체계가 평화롭다는 자신들의 주장에 가져올 결과에 대해서는 제대로 모색하지 않는다. 나의 이론에서는 이 허점을 중대하게 여긴다.

　요컨대 단극 체계가 평화를 가져온다는 주장은 체계 내의 가장 강력한 국가들 간의 상호작용에만 크게 편향되어 있다. 월포스의 주장이 구조적인 것이므로(즉, 평화가 국제정치의 단극적 구조로부터 나오는 것이지 단극의 특정한 성격으로부터 나오는 것은 아니다) 이러한 편향성이 예상치 못할 일은 아니다(Wohlforth 1999, 8 각주 12). 국제 체계에 대한 구조적 분석들에서는 일반적으로 강대국들 간의 상호작용에만 초점을 맞춘다.[9] 그렇지만 다음 절에서 보여주듯이, 단극 체계의 평화에 관해 철저히 분석하려면 체계 내의 가장 중요한 국가들 간의 상호작용을 넘어서서 갈등의 잠재적 원인을 살펴보아야 한다.

　앞으로 제기하는 나의 주장은, 초강대국들 간의 경쟁의 부재와 단극에 의한 체계 관리의 가능성이 어떻게 양극적 체계와 다극적 체계에서 갈등을 유발했던 다양한 메커니즘을 약화시키는지에 대한 월포스와 우월론자들의 구체적인 주장을 직접 반박하는 것이 아니다. 이 구체적인 주장은 옳다. 이보다 내가 목적하는 바는 단극 체계

9　Mastanduno(1997, 50) 참조.

의 평화에 대한 분석의 범위를 다른 국가들의 상호작용으로까지 확장하는 데 있다. 이렇게 하면서 단극 체계가 다른 분포의 국제 체계들보다 더 평화롭다는 우월론자들의 결론에 의문을 제기할 것이다. 어떤 갈등 유발 메커니즘이 단극 체계에서 왜 작동하지 않는지를 지적한 점에서는 우월론자들이 옳지만, 단극 세계가 만들어낸 새로운 전쟁 유발 메커니즘까지 감안하면 단극 체계가 다른 국제 체계들에 비해 더 평화스럽다고 확정할 수는 없다. 단극 체계는 양극 체계나 다극 체계보다 평화로울 수 있고 그렇지 않을 수도 있는 것이다. 그 여부는 우월론자들이 집중적으로 조명하는 평화 효과와 내가 강조하는 갈등 유발 메커니즘 간의 상대적 비중에 달려 있다. 단극 세계의 상대적 평화로움을 결정할 수 없기 때문에 나의 주장은 상대적이 아닌 절대적인 차원에서 제시된다.[10]

단극 체계, 전략, 갈등

단극 체계는 초강대국들 간의 경쟁과 전쟁을 억제하지만 상당한 갈등 유인도 유발한다. 단극 체계가 유발하는 갈등의 유형은 단극

---

10 나아가 이 장에서 제시하는 나의 주장은 전쟁의 발발에 대한 것이지 전쟁의 지속 기간이나 강도에 대한 것이 아니다. 따라서 전쟁의 치명도(lethality) 문제에 대해서는 다루지 않는다. 그렇지만 이론적으로 단극 체계가 다른 분포의 국제 체계보다 전쟁의 치명도를 낮출 것이라는 주장을 믿을 이유는 없다. 물론 역사적으로 볼 때 탈냉전 시대의 갈등이 이전 시기보다 특별히 더 치명적이지는 않았다. 그렇지만 제2장에서 논의했듯이, 이 치명도의 하락 추세에 대한 극성의 영향을 구분해내는 것은 쉽지 않다. 따라서 경험적으로 볼 때 탈냉전 시대의 전쟁들이 상대적으로 덜 치명적이었다는 것은 부정할 수 없으나, 이것이 체계적 세력균형의 부재가 가져온 효과라고 믿을 만한 이론적 근거는 없다.

이 실행하는 군사적 대전략에 따라 달라진다. 어떤 군사 전략은 단극 자체에 상당한 갈등 비용을 초래하며, 어떤 전략은 단극의 지역 밖에서 중대한 갈등을 불러올 수 있다. 따라서 먼저 나의 이론의 기본적 논리를 제시한 후에 단극의 전략적 선택이 어떻게 특정한 갈등 유발 메커니즘을 촉발하는지를 분석한다. 갈등 비용과 체계 전체의 평화에 대한 각 군사 전략의 영향을 구체적으로 논의한다.

지금부터의 논의에서는 단극과 강대국들 간의 힘의 분포가 고정된 것으로 간주한다. 단극 체계가 양극 체계나 다극 체계로 변동하는 방식—갈등으로 귀결될 수도 있고 아닐 수도 있다—에 대해서는 제4장에서 논의했으며 이 장의 논의 범위를 벗어난다. 단극이 힘의 압도적인 우위를 증대해서 세계적 패권이나 제국이 되는 방식도 마찬가지이다.[11] 요컨대 이 상에서는 지속적인 단극 구조의 맥락에서 단극의 대전략 선택 각각이 어떻게 갈등을 유발하는지를 분석한다.

보다 구체적으로, 강대국과 약소국 간의 전쟁과 약소국들 간의 전쟁 이외에 두 가지 다른 유형의 전쟁이 단극 세계에서 빈발할 수 있다. (1) 단극의 공격적 혹은 방어적 지배 전략에 따라 일어나는 유일 초강대국과 약소국들 간의 전쟁과 (2) 단극의 비관여 전략에서 유발되는 강대국들 간의 전쟁이 그것이다. 달리 말하자면, 단극 세계에서는 초강대국들 간의 전쟁과 단극과 강대국들 간의 전쟁을 제

---

11 공격적 지배 전략이 평화에 미치는 영향을 분석하기는 하지만, 내가 제시하는 메커니즘은 기본적으로 무정부적 국제 체계의 존재에 근거를 두고 있으며, 따라서 단극이 패권의 지위에 가까워질수록 그 분석적 효용은 감소한다. 공격적 지배 전략이 성공적이라고 판명될 경우에 단극은 패권의 지위를 추구할 수 있으나, 제4장에서 보았듯이 공격적 지배 전략은 강대국들의 균형을 촉발할 가능성이 높고, 따라서 이 전략의 성공 가능성은 거의 없다.

표 4 나의 이론과 우월론의 비교

전쟁 유형	내 이론	우월론
초강대국 대 초강대국	없음: 초강대국은 하나뿐임	없음: 초강대국은 하나뿐임
초강대국 대 강대국	없음: 패권 경쟁이 없음	없음: 패권 경쟁이 없음
강대국 대 강대국	**있음: 단극이 비관여할 때**	없음: 강대국 간의 경쟁 약화
초강대국 대 약소국	**있음: 균형의 비용이 약소국마다 다름**	없음: 모든 약소국에 균형의 비용이 막대함
강대국 대 약소국	있음: 단극의 관여 밖의 갈등이 존재함	있음: 단극의 관여 밖의 갈등이 존재함
약소국 대 약소국	있음: 단극의 관여 밖의 갈등이 존재함	있음: 단극의 관여 밖의 갈등이 존재함

외하고 모든 종류의 전쟁이 가능한 것이다. 초강대국들 간의 전쟁은
단극 체계 자체에서 불가능하고 단극과 강대국들 간의 전쟁 가능성
은 거의 없기 때문이다. 나의 이론에서는 각 유형의 갈등으로 이끄
는 인과 메커니즘을 분석한다.

〈표 4〉에서는 단극 체계의 평화에 대한 우월론자들의 관점과 나
의 이론을 대비하고 있다. 두 이론이 각 유형의 갈등 가능성을 어떻
게 보고 있는지, 그리고 각 입장이 근거를 두고 있는 주장이 무엇인
지를 요약해준다. 예측상 차이를 보이는 것은 굵은 글씨로 표시되어
있다.

이 표에서 명확히 드러나듯이, 나의 이론은 우월론과 두 가지 핵
심적 측면에서 다르다. 첫째, 우월론자들은 힘의 우위가 너무나 압도
적이어서 균형의 기대 비용이 언제나 막대하다고 믿는다. 결과적으
로 체계 내외 모든 국가는 단극에 편승할 것이며, 따라서 단극은 전
쟁에 개입되지 않는다는 것이다. 이와는 달리 지역 내의 상황이나

현상 유지의 가치와 연관된 이유로 어떤 국가들에는 편승에 비해 균형의 비용이 낮을 수 있다. 이 국가들은 저항적(recalcitrant) 약소국이 될 수 있으며, 단극이 방어적 지배 전략을 실행하고 있더라도 단극과의 전쟁에 돌입하게 될 수 있다.

둘째, 우월론자들은 단극이 항상 방어적 지배 전략을 실행할 것이며 공격적 수정주의나 비관여 전략을 취하지 않으리라고 전제한다. 이와 달리 나는 공격적 지배와 비관여 모두가 단극에게 가능한 전략적 선택임을 보이고 각각이 유발할 수 있는 갈등의 유형을 추정한다. 공격적 지배 전략은 방어적 지배 전략보다 더 단극과 저항적 약소국들 간의 갈등을 유발할 수 있으며, 비관여 전략은 강대국들 간의 전쟁 가능성을 초래한다.

극성, 자구(self-help), 전쟁

내 이론은 단극 체계가 평화에 미치는 영향에 대한 단순한 직관에 근거를 두고 있다. 한마디로 말해서 단극 체계는 국가들 간의 대립이 결집하여 국제 체계의 핵심적 긴장, 곧 체계 내에서 가장 강력한 국가들 간의 긴장으로 발전되지 않도록 한다는 것이다.

이와 달리 양극 세계나 다극 세계에서는 각 초강대국들이 만든 동맹 체계가 이러한 결집을 야기한다. 초강대국과 하위 국가 간의 분쟁은 하위 국가를 후원하는 다른 초강대국의 대응을 야기할 수 있고, 결과적으로 두 초강대국 간의 대결이 될 수 있다.[12] 마찬가지로

---

12 월츠에 따르면, 초강대국들이 하위 국가들과의 갈등에 개입되는 메커니즘은 양극 체계와 다극 체계에서 다르다. 다극 체계에서는 극들이 하위 국가들에 의해 원치 않는 갈등에 끌

두 하위 국가 간의 분쟁이 양측의 동맹인 초강대국의 개입을 촉발하여 초강대국들 간의 대결이 될 수 있다. 이와 같이 충분한 상호 억지력을 지닌 동맹 블록으로 분쟁이 결집될 수 있는 가능성이 둘 이상의 초강대국이 존재하는 체계에서 평화를 가져오는 역할을 한다. 부수적인 분쟁을 체계 내의 핵심적 대립으로 흡수함으로써 체계적 세력균형이 양극 체계 및 다극 체계에서 평화를 유지하는 역할을 하는 것이다. 부정적 측면은 초강대국들 간의 전쟁 가능성이다.

단극 체계에는 이러한 결집 메커니즘이 존재하지 않는다. 단극 체계에서는 단극 혹은 단극과 동맹관계인 국가에 의해 위협받는 국가에 대한 초강대국의 후원이 존재하지 않는다. 달리 말하자면, 단극적 힘의 분포는 초강대국들 간의 경쟁은 억제하지만 단극과 저항적 약소국들 간, 그리고―단극이 비관여 전략을 사용할 경우―강대국들과 약소국들 간의 경쟁 가능성을 열어둔다. 단극 체계에서는 약소국들이 관여된 분쟁을 체계의 핵심적 대립으로 흡수하지 않음으로써 체계 전체의 세력균형의 부재가 갈등을 유발하는 역할을 하는 것이다. 긍정적 측면은 초강대국들 간의 전쟁의 부재이다.

달리 말하자면, 단극 체계는 약소국들이 초강대국이 지닌 의도의 불확실성에 대처할 수 있게 해주는 수단, 곧 다른 초강대국과 동맹을 맺을 기회를 없애버린다. 양극 체계와 다극 체계에서는 원칙적으로 약소국들이 외적 균형을 통하여 초강대국의 불확실한 의도의 효과를 완화할 수 있으나, 단극 세계에서는 단극 체계의 정의 그대로 이러한 후원국이 존재하지 않는 것이다. 사실 체계적 세력균형의 부

려 들어갈 수 있지만, 양극 체계에서는 두 극 간의 힘의 균형에 따르는 억지 효과로 그럴 가능성이 낮다. Waltz(1979, 161-193).

재는 의도의 불확실성 문제를 증폭시킨다.[13]

국제 체계에 둘 이상의 초강대국이 있다면 저항적인 약소국은 원칙적으로 안보 후원국을 찾아 외적 균형을 취할 수 있다.[14] 그러나 단극 세계에서는 단극에 대해 균형을 취해줄 다른 초강대국이 존재하지 않는다. 단지 강대국들만이 이 역할을 해줄 수 있다.[15] 그렇지만 생존이 이미 보장된 강대국들은 단극을 수용하려고 할 것이며, 그렇지 않더라도 저항적인 약소국의 안보 문제를 해결하려고 하지 않을 것이다. 강대국들은 단극에 비해 힘의 투사 능력이 제한적이므로 자국의 방어를 확고히 하는 데 집중해야 하며, 따라서 저항적 약소국은 자력으로 생존해야 한다. 사실 양극 체계나 다극 체계에서도 초강대국의 안보 보장을 믿지 못하게 되는 경우가 있다(Fazal 2007; Debs and Monteiro 2013). 난극 세계에서 깅대국은 신뢰할 만한 안보 우산을 제공하려고 하지 않으며, 그럴 능력도 없다. 따라서 저항적인 약소국은 단극에 대해 외적으로 균형을 취할 수가 없다.

이와 같은 외적 균형 능력의 부재야말로 단극 체계의 평화에 가장 중대한 문제를 제기한다. 저항적 약소국들이 극도의 자구(extreme self-help) 상태에 처하는 것이다. 극도의 자구는 다음 네 가지 특징을 지닌다. 무정부 상태, 다른 국가들이 지닌 의도의 불확실성,

---

13 달리 말해, 단극 체계는 안보 딜레마를 더욱 심각하게 만든다. Jervis(1978); Glaser (1997) 참조. 콜린 엘먼(Colin Elman)이 주장하듯이, 힘의 압도적 우위는 위협에 대한 국가의 셈법에 포함되는 모든 요소를 능가하며 안보가 확보되지 않은 모든 국가(오늘날의 비핵 국가)에 단극이 위협이 되게 한다. Elman(2003, 16).
14 "외적 균형"과 "내적 균형"이라는 용어를 쓴 것으로는 Waltz(1979, 116, 163) 참조.
15 단극 체계의 맥락에서 균형을 논의한 것으로는 Art et al.(2005/2006) 참조. 단극 체계가 하위 국가들에 '하나의 선택지'만을 허용함으로써 어떻게 외적 균형의 가능성을 변화시켰는지에 대해서는 Hansen(2011, 31, 46, 74) 참조.

초강대국을 억지할 수 있는 능력의 부족, 균형 연합을 이룰 수 있는 초강대국 후원국의 부재가 그것이다. 처음 두 특징은 모든 체계에서 모든 국가에 공통된 것이다. 셋째는 모든 체계에서 약소국들이 처하는 악조건이다. 그러나 넷째는 단극 체계에서 저항적인 약소국에만 적용된다.

단극 체계에서 저항적 약소국들이 처하는 극도의 자구라는 곤경은 두 가지 동시적 효과를 가진다. 저항적 약소국들이 초강대국에 대해 생존을 확보하지 못하는 대단히 곤란한 상황에 처하는 동시에 단극은 저항적 약소국들에 대해 행동의 자유가 커지는 것이다. 이 두 효과가 합쳐져서 단극이 어떤 지배 전략을 쓰든지 상관없이 체계 내에서 갈등 유발 메커니즘의 근원을 이룬다. 단극 세계에서 저항적 약소국들은 오직 자국의 (재래) 군사력에만 의지해야 하는 것이다.[16] 다른 힘의 분포 체계와 대조적으로 단극 체계는 유일 초강대국으로 하여금 다른 초강대국이 개입하는 전쟁으로 확전되고 궁극적으로 자국의 본토까지 위협받게 되는 위험을 초래하지 않고서도 저항적 약소국들에 대해 공격적으로 행동할 수 있게 해준다. 따라서 단극 체계에서는 초강대국의 개입의 비용이 낮아지게 된다.[17]

이렇게 본다면 전쟁과 평화의 문제에 대한 단극 체계의 영향을 제대로 파악하기 위해서는 구조적 분석에서 초점을 두는 초강대국들 간의 상호작용 이외의 것을 보아야 한다. 사실 강대국들 간의 상

---

16 재래 전력의 억지에 대해서는 Mearsheimer(1983) 참조.

17 이 예측은 기존의 경험적 사실과 부합된다. 냉전 시기에 주변부의 갈등에 대한 한 초강대국의 개입은 다른 초강대국의 주목을 받게 되고, 그에 따라 상대의의 싸움에 상당한 사원을 쏟아붓게 되곤 했다. Westad(2007) 참조. 이와 대조적으로 제7장에서 보듯이, 탈냉전 시기에 미국은 저항적 약소국들을 상대할 때 실질적으로 자유롭게 행동했다.

호작용도 넘어서야 한다. 국가 간의 갈등에 대한 단극적 구조의 영향을 완전히 파악하려면 약소국들을 포함하여 체계 내의 모든 국가들 간의 상호작용을 보아야 한다.[18] 다음 절들에서는 단극 체계가 약소국들과 강대국들 간의 갈등은 물론 단극과 약소국들 간의 갈등을 유발하는 방식을 분석한다.

단극 체계와 전쟁에 대한 합리주의적 설명

그렇다면 극도의 자구가 어떻게 전쟁을 초래하는가? 전쟁의 원인에 대한 최근의 연구들은 합리주의적(rationalist) 접근과 형식주의적(formal) 접근으로 이루어지고 있다.[19] 합리주의적 연구들은 협상이 무산되고 군사적 갈등이 초래되는 메커니즘에 대한 이해를 증진시켜 준다. 이 연구들은 세 가지 메커니즘, 곧 정보 문제[의도, 능력, 결의(resolve)에 대한], 약속이행(commitment) 문제, 분쟁 대상의 불가분성에 초점을 둔다.[20] 단극이 비관여 전략을 선택하는 경우에 강대국들 간에 전쟁이 발발하게 되는 메커니즘이 기존의 문헌에서 개발된 이러한 일반적 메커니즘이 된다. 따라서 여기에서는 두 가지 지배 전략을 추구하는 단극과 저항적 약소국들 간의 전쟁을 유발하는 특정한 메커니즘에만 집중한다. 극도의 자구가 합리주의적 접근이 개발한 세 가지 메커니즘을 모두 촉발시킬 수 있다는 것이다.

---

18 이 점에 대해서는 Hansen(2011, 40, 45, 53) 참조.
19 기념비적 연구로는 Fearon(1995) 참조.
20 그러나 Powell(2006)에서는 협상의 불가분성이 단지 의지 문제의 특정한 형태일 뿐이라고 주장한다.

갈등의 첫 번째 근원은 단극의 의도와 결의에 대한 정보 문제로부터 나온다. 직관과는 반대로 저항적 약소국에 대한 단극의 압도적인 군사력 우위는 저항적 약소국들이 단극의 의도와 결의를 평가하기 어렵게 만들며, 따라서 단극의 강압적 시도가 성공할 가능성을 낮춘다. 이러한 효과에 대해서는 몇 가지 이유가 있다. 실제로는 사용하지 않으면서도 무력을 사용하겠다고 위협하여 상대를 굴복시키는 강압(coercion)이 성공하려면 믿을 만한 위협과 믿을 만한 보장(assurance) 양자가 있어야 한다. 요구에 응하지 않을 경우에 상대에게 비용을 치르게 하겠다는 위협이 믿을 만해야 하고, 요구에 응할 경우에 그렇게 하지 않겠다는 보장도 믿을 만해야 하는 것이다.[21] 압도적인 힘의 우위는 단극이 다른 국가들에 피해를 입힐 때 드는 비용을 낮춤으로써 믿을 만한 보장을 제시할 능력을 약화시키고, 따라서 강압을 어렵게 한다.[22] 이는 현상 유지를 위한 억지 시도와 현상 변경을 위한 강제(compellence) 시도 모두에 적용된다. 즉, 현상 수호를 결정한 단극은 저항적 약소국들이 장래에 수정주의적 목적을 지니지 않도록 보장하는 데 어려움을 겪게 될 것이다, 마찬가지로 현상을 더 유리하게 수정하려는 단극은 이번에 제한적인 요구를 한 후에 더 큰 요구를 하지 않을 것이라고 저항적 약소국들을 설득하는 데 어려움을 겪을 것이다.[23] 마지막으로, 단극은 군사력의 압도적 우

---

21 Schelling(1966) 참조.

22 이 주장을 더 자세히 전개한 것으로는 Monteiro(2009); Monteiro(2013) 참조.

23 이 주장을 강제(즉, 현상 변경에 목적을 둔 강압적 시도)에 국한하여 논의한 것으로는 Sechser(2010) 참조. 토드 세처(Todd Sechser)는 "골리앗의 저주"라고 이름 붙인 현상을 통해 압도적인 강대국이 어떻게 다른 국가들에 압도적 강대국과의 상호작용에서 결의를 지니고 있다는 평판을 쌓을 필요를 느끼도록 압력을 가하는지를 묘사하고 있다. 따라서

위 때문에 위기 시에 결의에 찬 신호를 보내는 능력이 약화된다. 단극은 약소국들에 대해 비교적 낮은 비용과 제한적인 위험만을 감수한 채 군사 작전을 수행할 수 있기 때문에, 위기를 확산시키고 무력을 사용하겠다는 위협이 충분한 결의를 보여주는 신호가 되기 어려울 수 있다.[24] 이로 인해 단극에 의해 강압적 위협을 받은 상대국은 단극의 결의 수준을 잘못 판단하게 되고 협상이 무산되며 결과적으로 전쟁이 발발하게 되는 것이다. 요컨대 두 가지 지배 전략을 취하는 단극은 저항적 약소국들을 상대하는 데 상당한 정보 문제를 겪을 것이다.

다른 국가의 의도에 대한 정보가 불완전한 상태에서 체계적 세력 균형의 부재는 단극과 저항적 약소국들 간에 약속이행(commitment) 문제도 유발한다. 그러나 기존의 연구들에서 초점을 두는 전형적인 약속이행 문제, 즉 상대적으로 힘이 커진 국가들이 현상을 유지한다는 약속을 지키지 않는 문제는 아니다(Powell 2006). 알렉산드르 뎁스(Alexandre Debs)와의 공동 연구에서 주장했듯이, 이런 유형의 약속이행 문제는 잠재적인 힘, 곧 경제력의 분포가 변동하는, 상대적으로 드문 경우에만 적용된다(Debs and Monteiro 2014). 그 대신에 단극적 군사력 분포는 다른 두 가지 약속이행 문제를 유발할 가능성이 높다. 첫 번째는 저항적 약소국들이 비밀리에 핵무기 프로그램과 같

압도적 강대국이 무력 사용의 위협을 통해 요구를 제시할 때마다 상대국은 이후의 또 다른 요구를 피하기 위해 완고한 입장을 견지할 것이다. 내가 Monteiro(2013)에서 주장했듯이, 세처의 주장은 불필요할 정도로 강제와 평판 효과에만 국한되어 있다. 약소국을 강압하는 데에서 단극이 겪는 어려움은 이보다 광범위하며, 강제와 억지 모두에 적용되고 평판 효과 이외의 다른 원인에도 기인한다.

24 이 논리는 Pfundstein(2012)의 핵심 주장이다.

은 무기 개발에 착수하여 단극에 대한 상대적 군사력을 한 단계 높여 강대국이 되려고 할 수 있다는 것이다. 핵무기는 극도의 자구 상황을 종료해줌으로써 저항적 약소국들에 대단히 유리할 수 있다. 그러므로 저항적 약소국들은 예방적 공격을 피할 수 있다면 비밀리에 핵무기를 확보하지 않겠다는 약속을 지키지 않을 수 있다. 그러나 저항적 약소국들이 핵무기를 확보하는 것은 단극이 반대할 가능성이 크다(이 점에 대해서는 방어적 지배 전략의 맥락에서 뒤에 논의한다). 따라서 이는 두 번째 약속이행 문제를 촉발할 수 있다. 단극은 은밀한 핵무장의 가능성 때문에 비밀리에 핵 개발을 하고 있다고 의심되는 저항적 약소국에 대해 예방적인 군사적 공격을 하지 않겠다는 약속을 지키기 어려워지는 것이다. 달리 말하자면, 저항적 약소국이 핵무기 개발을 의도하고 있는지에 대한 정보 문제 때문에 저항적 약소국은 핵 개발을 하지 않겠다는 약속을 지키기 어렵게 되며, 다시 단극은 예방적 공격을 하지 않겠다는 약속을 지키기 어렵게 되는 것이다. 이 두 가지 유형의 약속이행 문제가 결합하여 갈등을 유발한다.

마지막으로, 협상 대상의 불가분성의 결과로 극도의 자구 상태가 전쟁을 초래할 수 있다. 단극과 저항적 약소국들 간의 힘의 격차가 워낙 크기 때문에 단극이 저항적 약소국들의 주권과 심지어는 생존까지 위태롭게 하는 요구를 할 수 있다. 생존은 불가분한 국가 목적이므로 이를 위협하는 단극의 요구는 평화롭게 해결될 수 있는 협상의 범위를 사라지게 하여 전쟁을 촉발할 수 있는 것이다.

이제 단극이 선택할 수 있는 세 가지 군사 전략이 평화에 미치는 영향을 분석한다. 지금까지 살펴본 바와 같이, 단극 체계의 평화에 대한 기존의 견해들은 단극이 계속해서 방어적 지배 전략을 실행할 것으로 전제한다. 다음 절에서는 이 전략이 어떻게 상당한 갈등을 유발하는지를 보여준다. 그다음에는 다른 두 전략, 즉 공격적 지배와 비관여 전략 역시 갈등을 초래한다는 것을 보여준다.

방어적 지배

방어적 지배 전략을 수행하는 단극은 현상의 세 가지 측면, 즉 모든 국가의 영토적 경계와 국가 간 정치적 제휴관계 및 전 세계적인 힘의 분포 모두를 보존하려고 할 것이다. 단극은 영토를 획득하거나 자국에 유리하게 국가 간 제휴관계를 수정하거나 상대적 힘을 강화하려는 시도를 피할 뿐만 아니라 다른 국가들이 이런 시도를 하지 못하게 할 것이다. 달리 표현하자면, 단극은 방어적 지배 전략을 수행할 때 아놀드 울퍼스(Arnold Wolfers)가 말한 "소유 목적(possession goals)", 즉 영토적 팽창과 상대적 능력의 강화가 아니라 "환경 목적(milieu goals)", 즉 국가들이 활동하는 환경의 조성에 집중할 것이다(Wolfers 1962, 73).

이 방어적 지배 전략에는 갈등으로 진행되는 두 가지 상이한 경로가 수반된다. 전쟁으로 가는 첫 번째 경로는 단극의 의도에 대한 불확실성에 의해 야기되며, 이로 인해 몇몇 약소국이 군사력을 증대하려고 할 것이다. 이러한 균형 시도는 전쟁으로 치닫는 연쇄 과정을 촉발할 것이다.

당연한 일이지만 국가는 다른 국가들의 의도를 확신할 수 없다.[25] 그런데 단극이 현상 유지를 하는 것으로 보일 때에도 이러한 불확실성은 단극 체계에서 더 악화된다. 단극이 수정주의적이지 않은 목적을 공언한다고 해도 다른 국가들로서는 단극이 지금까지 그래왔거나 앞으로도 그런 의도일 것이라고 확신할 수 없다. 단극적 힘의 분포가 단극의 대전략에 대한 구조적 제약을 최소화하기 때문에 이 불확실성은 특히 문제가 된다. 월츠가 지적했듯이,

> 상한 국가가 절제하고 인내하며 온건하게 행동한다고 해도, 약한 국가들은 장래의 행동에 대해 우려할 것이다. (…) 안보에 대한 심각한 위협이 존재하지 않는 것은 미국이 외교정책을 선택하는 데 폭넓은 여유를 가져다준다.[26]

단극의 전략에 대한 불확실성의 증대에 직면할 때 다른 국가들에게는 두 가지 선택지가 있다. 현상을 유지하려는 단극의 의지를 수용하거나 저항하는 것이다.[27] 다른 국가들은 단극을 수용함으로써 갈등의 가능성을 최소화하되 외적 자율성을 포기하는 비용을 치른다. 나는 "편승(bandwagon)"보다 "수용(accommodation)"이라는 용어를 사용하는데, 편승은 보다 적극적이고 의도적이며 협소한 의미이기 때문이다.[28] 또한 수용은 단극에 대해 전략적 독립성을 증대

---

25 Mearsheimer(2001, 31) 참조.
26 Waltz(2000a, 28-29). 현상 유지를 공언하는 단극이 실제로는 위장된 수정주의 국가라는 것이 아니라 약소국들이 단극의 의도를 확신할 수 없다고 전제하는 것이다. 구조적 현실주의의 기본 논리에서 수정주의 국가의 역할에 대해서는 Schweller(1994); Glaser(1994/1995); Schweller(1996); Kydd(1997) 참조.
27 단극 체계에서 하위 국가들에 주어지는 전략적 선택지에 대한 다른 설명으로는 Walt(2005); Layne(2006a, 30) 참조.
28 미어샤이머는 편승을 "한 국가가 더 강한 적대국과 힘을 합치며 같이 정복한 전과를 더

하려는 시도를 의미하는 "헤징(hedging)"과는 다르다.[29] 수용은 단지 단극의 선호를 묵인하는 것이며, 이 선호를 실행하는 데 적극적인 역할을 하는 것과는 무관하다. 이런 의미로 "수용"이라는 용어를 사용하는 것은, 에릭 보텐(Erik Voeten)이 지적했듯이 양극이나 다극적 상황에 비해 단극 세계에서는 단극과 다른 국가들 모두가 구조적 제약으로부터 더욱 자유롭다는 사실을 반영한 것이다(Voeten 2011, 121-128). 보텐에 따르면, 단극 체계에서는 "미국의 힘의 우위를 새로운 제도적 질서로 확고히 하려는 계획을 국가들이 따라야 할 아무런 체계적 이유가 없다"(Voeten 2011, 122).

자국의 생존을 보장할 수 있는 능력을 보유하고 있고 단극 주도의 체계에 적극적으로 참여하여 큰 혜택을 거둘 수 있는 강대국들에 수용은 덜 위험한 것이다.[30] 월츠가 지적했듯이, 더 강한 국가를 수용하는 전략은 "더 강한 국가가 안보를 위협하지 않을 때" 약한 국가들에게 적절할 수 있다(Waltz 1979, 126). 따라서 강대국들은 단극에 대항하고 현상을 수정하려고 하지 않을 것이다.[31] 약소국들 역시 단극

강한 상대국이 훨씬 더 많이 가져가도록 양보할 때" 일어나는 것이라고 정의한다. 이렇게 규정되면 편승은 강대국의 전략이 아니라 "약소국들의 전략이며 (…) 적대적인 강대국에 홀로 맞서게 된 약소국들이 주로 취하는 전략이다." Mearsheimer(2001, 162-163) 참조. 일반적인 편승에 대해서는 Walt(1985, 3-43); Schweller(1994, 139-140) 참조. 단극 체계에서의 편승에 대해서는 Walt(2009, 108-111) 참조.

29 헤징에 대해서는 Medeiros(2005); Foot (2006); Tessman(2012) 참조.

30 수용의 혜택에 대해서는 Mandelbaum(2005); Ikenberry(2011) 참조.

31 Wohlforth(1999, 7-8) 참조. 심지어 강대국들이 힘을 강화하려고 하는 경우에도 이들의 생존이 보장되어 있기 때문에 단극이 이들을 막을 수 있는 능력은 크지 않다. 어떤 경우이든 강대국이 단극에 대한 균형을 취하기 시작한다면 단극 체계의 종식을 가져올 수 있는 동적인 과정을 보게 될 것이며, 이는 단극 체계의 평화가 아닌 지속성에 대한 논의에 속한다.

의 표적이 되지 않기 위해 단극을 수용할 것이다. 요컨대 우월론자들이 주장하듯이 단극이 지닌 힘의 격차로 인해 대부분의 국가들은 단극을 수용할 것이다(Mowle and Sacko 2007, 65). 모울과 사코에 따르면,

> 단극에 대한 편승은 안보상 위협을 크게 야기하지 않는다. 단극은 이미 군사적으로 지배적이기 때문에 힘이 더 증대된다고 해서 약한 국가들에 대한 위험이 증대되는 것은 아니다. 단극과 싸울 수 없다면 단극의 표적이 되지 않으려고 하는 것이 합리적이다. 이 상황에서는 자구의 필요성이 여전하지만 편승이 보다 합리적이다.[32]

실제로 대부분의 국가들이 이러한 조언을 따를 것이라는 데 나도 동의하지만, 편승을 거론하면서 흔히 전제하듯이 국가들이 선제적으로 편승할 것이라고는 생각하지 않는다.

그렇지만 "모든" 국가가 그럴 가능성은 낮다. 수용은 약소국들에 더 큰 위험을 수반한다. 단극이 적대적으로 돌아설 경우에 생존이 보장되지 않기 때문이다. 따라서 약소국들 중 일부는 현상을 유지하려는 단극의 의지에 대항하는 저항적 약소국이 될 수 있다.

약소국이 단극을 수용할지 저항적이 될지의 여부를 국제 체계의 구조가 전적으로 결정하는 것은 아니다.[33] 그러나 다음의 두 가지 방

---

32 Mowle and Sacko(2007, 71). 또한 Williams et al.(2012) 참조.
33 실제로 단극 체계에 대한 이전의 연구들에서는 단극 체계가 균형과 편승 모두에 대한 유인을 준다고 주장하면서 약소국들이 어떤 전략을 선호할지에 대한 예측을 부정했디. 핸슨은 여기에서 내가 논의하는 균형/편승 딜레마와 유사해 보이는 "무리 짓기(flocking)/무임승차하기 딜레마"를 논의하면서 이 점을 주장한 바 있다. 핸슨에 따르면, 단극 체계

식으로 단극적 구조가 수용 대 저항의 확률에 영향을 미친다.

첫째, 지배 전략에 반드시 필요한 것은 전 세계에 걸쳐 다른 국가들과 동맹 혹은 비공식적인 안보적 유대관계를 만들고 관리하는 것이다. 그러나 단극의 이러한 동맹들은 최소한 인접한 일부 약소국들과 갈등이나 불만 관계를 맺고 있을 수 있다. 단극의 동맹들과 적대적 관계를 맺고 있는 약소국들은 단극의 선호를 수용하지 않을 가능성이 크다. 그럴 경우에 안보 비용이 더 커지기 때문이다. 대신에 이들은 저항적 약소국이 될 가능성이 크다. 이유는 간단하다. 적대국이 단극의 보호를 누리고 있는 지역적인 전략적 상황 때문에 단극과 같은 편이 되지 못하는 것이다. 우월론자들의 주장과는 상반되게 지배 전략에 수반되는 동맹 네트워크가 평화를 가져오기만 하는 것은 아닌 것이다. 단극은 전 세계의 주요 지역에서 몇몇 강대국이나 약소국과 같은 편이 됨으로써 이들의 적대국을 극도의 자구라는 힘든 안보 상황에 몰아넣어 생존을 위태롭게 한다. 이 국가들이 바로 저항적 약소국이 될 수 있는 주요 후보이다.

단극의 동맹 체제와 갈등 가능성을 연결하는 메커니즘을 강화하는 두 번째 방식도 있다. 지역적 세력균형에 단극이 개입하게 되면서 이 약소국들에 현상 유지의 가치가 낮아질 가능성이 커지는 것이다. 이 국가들에 지역 통합과 안보 극대화의 기회가 줄어들기 때문이다.[34] "평화의 가치(value of peace)"에 대한 문헌들이 보여주듯이, 현상에 낮은 가치를 부여하는 국가들은 보다 위험 감수적이다. 이런

에서는 "체계적 결과의 범위가 확정되지 않으며 신현실주의 이론으로 예측하거나 설명할 수 없다." 이에 따라 핸슨의 주장은 반증할 수 없다. Hansen(2011, 34-36) 참조.

34 이는 약소국들이 단극의 요구에 굳게 맞설 평판적 유인을 제공한다. Secher(2010) 참조.

주장은 1941년에 미국을 공격하기로 결정한 일본이나 1973년에 이스라엘을 공격하기로 결정한 이집트와 시리아를 설명하는 데 사용되었다.[35] 두 사례 모두에서 공격국들은 자국의 능력이 상대국보다 현저히 약하다는 것을 알고 있었다. 그럼에도 불구하고 이들은 공격에 따르는 위험을 감수하려 들었다. 전쟁 이전의 현상을 받아들일 수 없었기 때문이다. 달리 말해, 평화의 가치가 낮은 국가들은 자국의 입지를 개선할 수 있는 기회를 얻기 위해 단극과의 대결에 따르는 위험을 감수하려 드는 것이다.

요컨대 전반적으로는 단극을 수용할 유인이 강함에도 불구하고 어떤 약소국들에는 그렇게 할 때의 위험이 저항할 때의 위험보다 큰 것이다.[36] 달리 말해, 이 국가들에는 균형의 비용이 편승의 비용보다 상대적으로 작다. 결과적으로 단극 체계에서 몇몇 약소국은 단극을 수용하지 않는 선택을 하게 될 것이다.[37]

이러한 저항적 약소국들을 극도의 자구라는 대단히 힘든 상황에

---

35 Mearsheimer(1983) 참조. 현상에 낮은 가치를 부여하는 국가들이 감행한 다른 갈등에는 1962년 중국-인도 전쟁, 1973년 이스라엘-아랍 전쟁, 1973년 중국-베트남 전쟁이 포함된다.

36 더욱이 이념적 요인이 특정한 약소국들이 단극에 대항하려는 성향을 증대할 수도 있다. 단극이 지지하는 이념과 근본적으로 대립되는 이념에 근거를 둔 정권은 포섭되기를 거부할 확률이 크다. 그러나 이러한 논리는 단극 체계의 구조로부터 도출된 것이 아니며, 따라서 나의 이론에 직접 포함되지 않는다. 핸슨은 "세계 질서에 반대하는" 국가들이 처한 특히 취약한 입장과 단극을 억지하기 위한 수단을 개발해야 할 이들의 특히 강한 유인에 주목한다. Hansen(2011, 74-75).

37 모울과 사코는 이 점을 인식했으나 이론화하지는 않았다. 이들에 따르면, "우리가 균형 시도가 없다고 주장하는 것은 아니다. 북한, 이란, 중국, 러시아 모두가 미국에 대한 낮은 수준의 균형을 시도하고 있다. 그러나 이 균형 시도들은 이전 시기에 목도되었던 것보다 훨씬 약하다. 다른 한편, 편승은 현저하다. (…) 따라서 단극 세계는 편승이 균형보다 현저한 세계인 것이다." Mowle and Sacko(2007, 86).

처하게 함으로써 방어적 지배 전략을 실행하는 단극은 이들이 자국의 능력을 강화하려는 시도를 하도록 자극한다. 저항적 약소국들이 스스로를 방어할 능력을 결여하고 있는 한 단극의 의도에 대한 불확실성은 이들을 위험에 처하게 한다. 실제로 이 국가들은 단극의 선의에 의존하고 있으며, 단극이 자국을 표적으로 하는 공격적 지배 전략으로 전환하거나 격심한 지역적 안보 경쟁을 초래할 수 있는 비관여 전략으로 전환할 것을 우려해야 한다. 요컨대 저항적 약소국들에 대한 유인에서 방어적 지배는 공격적 지배와 별반 다르지 않은 것이다.

단극의 궁극적인 공격을 억지하고 그것이 실패했을 경우에 생존의 기회를 키우기 위해 저항적 약소국들은 자국의 재래 전력을 강화하고 가장 효과적인 비대칭 전략을 개발하며 정보를 공유하려고 할 것이며, 핵 시대에 가장 가능성이 높으며 궁극적인 억지 방안인 잔존 가능한 핵무기를 획득하려고 할 것이다. 달리 말하자면, 저항적 약소국들은 강대국, 즉 전쟁의 비용을 높이는 능력을 보유하여 단극을 억지할 수 있는 국가가 되기 위해 전력을 다할 것이다.[38]

따라서 방어적 지배 전략은 저항적 약소국들에 내적 균형, 특히 핵무기 개발에 대한 강한 유인을 제공한다. 극도의 자구에 수반되는 위험을 고려할 때 어떤 저항적 약소국이라도 이로부터 탈출할 수 있는 기회를 상실하려고 하지 않을 것이다. 핵 시대에는 충분한 기술적·경제적 능력을 지닌 저항적 약소국이 극도의 자구에서 탈출하

---

38 핸슨 역시 이 점을 인식하고 있다. 그에 따르면, 단극 세계에서는 단극에 대한 경쟁국이 존재하지 않기 때문에 "핵무기를 획득하려는 유인이 세계 질서를 반대하는 국가들 사이에 특히 강하다." Hansen(2011, 75).

고 단극으로부터의 생존을 확보할 수 있는 확실한 방법이 하나 있다. 잔존 가능한 핵무기를 개발하는 것이다.[39] 월츠는 간단명료하게 다음과 같이 주장한다. "압도적인 힘을 지닌 국가를 믿을 만하게 억지할 수 있는 방법은 하나이다. 핵무기를 개발하는 것이다"(Waltz 2011, 2). 유사한 논리에 따라 캠벨 크레이그도 "약소국들은 작지만 잔존 가능한 핵무기를 개발함으로써 위험에 처했을 때 스스로 안보를 보장할 수 있다는 것을 알고 있다"라고 주장한다.[40] 요컨대 2차 핵 공격 능력이(혹은 어떤 주장에 따르면, 심지어 최소한의 핵 억지 능력만으로도) 생존을 보장하며 약소국들이 극도의 자구에서 탈출할 수 있게 해주는 것이다.[41] 핸슨이 지적하듯이, 이는 단극 세계에서 특히 가치가 크다.

다른 국가들은 핵무장을 함으로써 초강대국의 체계 관리로부터 스스로를 방어할 수 있고 효과적인 억지를 달성할 수 있다. 이는 전반적으로 이들의 안보를 강화한다. 이러한 이득은 단극 체계에만 한정

---

39 저비스가 지적하듯이, "미국의 과잉 팽창과 미국이 궁극적으로 철수하리라는 우려 모두가 다른 국가들이 핵무기를 확보하도록 부추긴다." Jervis(2009, 212); Waltz(1993, 54) 참조.

40 Craig(2009, 36). 크레이그는 이러한 유인이 핵무기의 확산을 가져오고 단극 세계의 평화를 이룰 것이라고 믿는다. 그러나 확산에 대한 단극의 반대 때문에 갈등이 유발되고 자신이 예측하는 결과가 가능하지 않을 수 있다는 것을 간과한다.

41 보다 구체적으로 나의 주장은 부분적으로 핵무장이 된 단극 세계—단극과 몇몇 국가만이 핵무기를 보유하고 있고 다른 국가들 대부분은 그렇지 못한 세계—가 초래하는 수평적 핵 확산의 유인이 갈등으로 귀결되리라는 것이다. 갈등을 초래하는 것은 핵 확산의 과정 자체이지 그 결과가 아니다. 이 과정이 어떻게 예방 전쟁의 유인을 만들어내는지에 대해서는 Monteiro(2009); Debs and Monteiro(2014) 참조. 어떻게 최소한의 핵 억지가 생존을 보장하는지에 대해서는 Freeman(1988); Lewis(2007) 참조.

된 것은 아니다. 그러나 단일한 선택만이 존재하기 때문에(즉, 다른 초강대국의 부재) 단극 체계에서 특히 중요하다(Hansen 2011, 74).

그렇지만 방어적 지배는 단극에게 이러한 현상 변경에 반대할 만한 충분한 이유도 제공한다(Hansen 2011, 76). 사실 단극은 여러 가지 이유로 핵무기의 확산, 특히 자국의 리더십을 수용하지 않는 약소국들의 핵 확산에 강하게 반대할 것이다. 첫째, 핵 확산은 체계의 리더십으로부터 나오는 이익을 감소시키며 상대적 힘의 우위를 유리한 결과로 전환할 수 있는 단극의 능력을 제한한다. 핵무기에 의한 이러한 제약은 되돌릴 수 없는 것이어서, 저항적 약소국에 대해 지역적 도발을 억지하고 그 지도부를 강제하며 필요할 경우에 그 레짐을 전복하려는 어떠한 시도도 사실상 가능하지 않게 된다. 둘째, 핵무기의 확산은 곧 강대국 지위의 확산과 일치하므로 이는 단극의 체계 관리를 더욱 어렵게 만든다(Hansen 2011, 60-61). 단극의 체계 관리 능력은—혼란을 막고 안정적인 국제 환경을 보장하며 강대국들의 균형 유인을 막는 능력—다른 국가들이 위험을 감수하는 경쟁을 감행하지 못하게 하는 동시에 이들에 대해 위험을 만들어내는 능력에 달려 있다. 이러한 능력은 다른 국가들이 핵무기를 보유하게 되면 심각하게 훼손된다. 핵무기의 확산, 그리고 이에 따른 강대국 지위의 확산은, 단극에 도전하려는 유인을 사라지게 하기 위해 다른 국가들에 공공재로서 체계의 안정을 제공하는 단극의 능력에 제한이 되는 것이다. 마지막으로, 핵 확산은 저항적인 강대국의 등장을 가져올 수도 있다. 단극을 수용하지 않는 이런 강력한 국가는 단극에 대해 균형을 계속 취하기로 결정할 수 있고, 이는 단극의 압도적 우위를 위태롭게 한다. 또한 이 새로운 강대국은 그 지역을 불안정하게 만들고 지역적인 군비 경쟁의 위험을 증대할 수 있으며, 다른 국가들 모두를 경쟁에 빠져들게 해서 마찬가지로 단극의 상대적인 힘의 우위를 훼손하는 데 일조할 수 있다. 요컨대 단극은 체계 리더십의 이점을 유지하고 체계의 관리를 용이하게 하며 새로운 초강대국의 출현을 막기 위해서 저항적 약소국들의 상대적 힘이 증대하는 것을 반대할 만한 충분한 이유를 갖고 있는 것이다.

따라서 단극은 저항적 약소국들에게 현상을 수정하지 말라고 요구할 것이다. 이렇게 해서 핵무기를 개발하려고 시도하는 저항적 약소국들은 단극과 그 동맹국들에 의한 예방 공격의 목표가 될 위험에 처한다.[42] 저항적 약소국들이 핵무기를 확보하려는 시도를 한다고 단극이 확신하게 되면 예방적 군사 작전을 감행할 가능성이 매우 높다.[43] 그러나 저항적 약소국들은 비밀리에 핵무기를 확보하려고 할 수 있다. 민간 핵에너지 프로그램으로 위장하여 군사 목적의 핵 프로그램을 개발하는 것이다. 따라서 저항적 약소국들이 실제로 핵무기를 개발하고 있는지에 대한 불확실성 때문에 단극은 핵 개발에 대한 확증과 상관없이 예방 공격을 감행할 수도 있다.[44]

단극이 방어적 지배 전략을 추진할 때 전쟁으로 귀결되는 두 번째 인과 경로는 다른 유형의 불확실성과 관련이 있다. 저항적 약소국들은 현상을 조금씩 수정하면서—토머스 셸링(Thomas Schelling)

---

42 Waltz(1981); Debs and Monteiro(2014) 참조.

43 Debs and Monteiro(2014) 참조.

44 Debs and Monteiro(2014)에서 우리는 이 주장을 발전시켜서 2003년 미국 주도의 이라크 침공을 설명했다. 제7장을 참조하라.

의 "살라미 전술(salami tactics)"을 연상하도록—현상의 한계를 시험할 수 있는데, 이는 단극의 대응을 불러오지 않으면서 자국의 입지를 개선하기 위해서이다(Schelling 1966, 66-69). 약소국의 이런 행동은 영토적 정복일 수 있고 국제적 제휴관계의 변경이나 상대적 힘의 증대가 될 수도 있다. 이에 대해 단극은 현상의 부분적 수정을 받아들일 수 있고 억지하거나 억지가 실패할 경우에 현상 복구를 요구할 수도 있다. 평판 때문이든 불충분한 정보 때문이든 혹은 단극이 개입하는 강도의 문제 때문이든 다양한 이유로 단극의 이러한 요구가 주의를 끌지 못할 수 있다. 이렇게 되면 단극과 저항적 약소국 간에 전쟁의 문이 열리게 된다.[45]

어떤 인과 경로에 따라 일어났든 단극과 한 저항적 약소국 간의 전쟁은 다른 저항적 약소국들에 무시할 수 없는 선례가 되며, 자국의 능력을 증강해야 할 추가적인 이유가 된다. 단극이 지닌 압도적 힘의 정도에 따라(즉, 동시에 또 다른 전쟁을 감행할 수 있는 능력에 따라) 이 전쟁은 다른 저항적 약소국들에게 균형을 가속화할 좋은 기회가 될 수도 있다. 다시 말하자면, 만일 단극이 동시에 다른 약소국과 싸울 능력을 보유하지 않았다면—이는 구조적으로 사전에 결정될 문제가 아니다—한 저항적 약소국과의 전쟁은 다른 국가들에게는 단극이 저지하기 전에 자국의 처지에서 탈출할 수 있는 기회의 창을 제공해준다. 요컨대 한 저항적 약소국과의 전쟁은 다른 저항적 약소국들에게 (핵무장을 포함하여) 공격을 억지하는 데 필요한 능력을 확보함으로써 생존을 보장해야 할 유인을 강화해주고 (특정한 조

---

45 Fearon(1995); Powell(1999); Secher(2010) 참조.

건하에서는) 그렇게 할 수 있는 가능성을 높여주는 것이다.

이와 동시에 단극이 지닌 압도적 힘의 규모에 따라 한 저항적 약소국과의 전쟁은 강대국들 간의 전쟁을 포함하여 강대국과 약소국들 간의 전쟁이 일어날 기회의 창을 열게 된다. 한 전쟁에 대한 개입으로 단극의 힘이 제한되는 정도에 따라 다른 곳에서 다른 국가들 간의 대립을 관리할 수 있는 능력은 감소하며, 이에 따라 이러한 대립이 군사적 갈등으로 분출될 가능성이 높아진다. 이렇게 해서 단극이 비관여 전략을 취하지 않을 때에도 약소국들과 강대국들 간의 전쟁이 가능한 것이다.

단극이 자신의 힘을 증대하려고 하지 않으면서도 계속 관여 정책을 유지하리라는 우월론자들의 가정을 받아들여도 단극적 힘의 분포가 전쟁을 이끌 수 있다는 것이 명확해졌다. 이제 이 확실치 않은 가정을 완화해서 단극이 선택할 수 있는 다른 전략들을 분석한다.

공격적 지배

공격적 지배 전략을 실행하는 단극은 영토를 획득하거나 국가 간의 제휴를 유리하게 수정하거나 힘의 분포를 변경하여 현상을 변경하려고 할 것이다.

영토 정복은 공격적 지배 전략 중 가장 야심적인 목적이지만 민족주의의 시대에는 쉽지 않은 일이다.[46] 따라서 드물게 일어날 것이

---

46 Edelstein(2008) 참조.

다. 이보다 수정주의적인 단극은 다른 국가들 간의 국제적 제휴나 상대적 힘의 분포를 자국에 유리하게 변경하는 데 집중할 것이다. 이런 목적은 소프트 파워나 설득에 의해 추진될 수 있으나 이런 방식이 충분하지는 않을 것이다.[47] 앞서 보았듯이, 방어적 포용 전략조차 모든 약소국들이 단극의 목표를 수용하도록 이끌지 못한다. 모든 국가를 설득하지 못하기 때문에 수정주의적 단극은 군사력을 전개할 가능성이 크다. 구체적으로 단극은 필요하면 군사력을 동원하여 저항적 약소국의 상대적 힘을 약화시키고 국제적 제휴관계를 변경하려고 할 것이다. 극단적인 경우에 단극은 다른 국가들을 침공하거나 강압적으로 정권을 교체하려고 할 것이다.

공격적 지배 전략은 저항적 약소국들의 극도의 자구 상황에 내재된 위험을 증대시킴으로써 갈등으로 가는 세 가지 경로를 촉발한다. 첫 번째 인과 경로는 방어적 지배의 경우와 유사한데, 저항적 약소국의 내적 균형 유인과 이를 막으려는 단극의 유인이 합쳐지게 되는 논리이다. 공격적 지배 전략은 저항적 약소국들에게 내적 균형에 대한 강한 유인을 주게 된다. 그렇지만 상대적 힘을 강화하려는 저항적 약소국들의 노력은 실현되기도 전에 단극과의 전쟁을 초래할 가능성이 크다. 공격적 지배 전략은 저항적 약소국들로 하여금 힘을 증대하기 위해 애쓰도록 하지만, 단극이 그전에 그런 약소국들을 위협하도록 하기도 하는 것이다. 지배 전략을 실행하는 단극은 현상이 자신의 이익에 해롭게 변경되는 것에 반대할 것이다. 이에 비해 약소국들은 단극의 예방적 공격을 억지할 능력이 충분하지 않다. 또다

47 Nye(2004) 참조.

시 그 결과는 예방 전쟁으로 귀결되는, 억지의 붕괴가 될 것이다. 요컨대 이 두 가지의 서로 맞물린 논리가—힘을 강화하려는 약소국과 이를 막으려는 단극—갈등으로 가는 첫 번째 경로의 핵심을 이룬다.

전쟁으로 가는 두 번째 인과 경로도 방어적 지배 전략의 경우와 유사하다. 저항적 약소국들은 자국에 유리하게 현상을 일부분 수정하는 데 단극이 얼마나 반대할지 불확실하기 때문에 위험을 무릅쓰고 자국의 입지를 개선하려고 할 수 있다. 이 논리에 대해서는 이미 논의했으므로 여기에서는 생략한다.

세 번째 인과 경로는 공격적 지배 전략에만 해당되는데, 왜 이 전략이 방어적 지배 전략보다 더 갈등을 유발할 수 있는지를 설명해준다. 압도적 힘을 구가하는 단극은 저항적 약소국들에게 평화적으로는 받아들일 수 없는 수정주의적 요구를 할 수 있다. 더욱이 힘의 격차가 상당해서 단극이 큰 비용을 치르지 않고 비교적 쉽게 전쟁에서 이길 수 있으므로 단극의 요구는 점점 증대될 수 있다. 그렇지만 저항적 약소국들로서는 생존을 위협하는 요구에 승복할 수 없을 것이다. 다른 한편, 저항적 약소국들은 추가 능력을 확보하기 전에는 단극에 막대한 비용을 치르게 할 수 없다. 이러한 동적 과정은 억지의 붕괴로 이어져서 전쟁으로 귀결될 가능성이 크다. 단극의 이러한 요구에 대항하여 싸우게 되면 약소국의 패배로 끝날 것이고, 이 요구에 순응하게 되면 확실히 패배하는 결과를 가져올 것이다. 요컨대 영토나 국제적 제휴나 군축이나 정권 교체에 대한 단극의 요구는 받아들여지지 않을 것이며 저항적 약소국에 대한 단극의 공격적 전쟁으로 귀결될 것이다.

공격적 지배 전략을 실행하는 단극과 저항적 약소국 간의 전쟁

역시 방어적 지배 전략과 연관하여 논의했던 두 가지 효과를 가져온다. 첫째, 이 전쟁으로 인해 다른 저항적 약소국들은 균형을 취하려는 노력을 배가하게 된다. 둘째, 강대국들과 약소국들 간의 전쟁 가능성이 높아진다.

요컨대 공격적 지배 전략은 방어적 지배 전략보다 단극이 개입되는 갈등의 가능성을 더욱 크게 만드는 것이다. 이 장의 나머지 부분에서는 갈등에 지친 단극이 세계로부터 떨어져서 비관여할 경우에 무슨 일이 벌어지는지를 살펴본다.

비관여 전략

공격적 지배 전략과 방어적 지배 전략에 대한 지금까지의 분석에서는 단극적 구조가 단극이 연루된 전쟁을 유발할 가능성에 초점을 두었다. 이 전쟁들의 비용이 너무 커질 경우에 단극은 비관여 전략으로 전환할 수 있다(Lieber 2005, 54-58). 구체적으로 말하자면, 지배 전략의 갈등 비용이 비관여 전략의 경쟁 비용보다 클 경우에 비관여 전략이 단극의 합리적 선택이 될 것이다. 이는 단극이 절대로 비관여 전략을 하지 않으리라는 우월론자들의 견해를 반박하는 것이다. 비관여가 갈등을 초래할 것이라는 데 우월론자들이 동의하므로, 비관여가 단극의 합리적 선택일 수 있다면 우월론자들은 단극 세계의 평화에 대한 견해를 바꾸어야 할 것이다.[48]

48 핸슨은 단극이 관여 정책에 대해 딜레마에 놓여 있다는 점을 파악하고 있다. 비관여는 "문제들이 악화되고 해결할 수 없는 상태가 되거나 최소한 위험해지고 더 큰 비용을 초

비관여 전략을 하려면 단극은 자기 지역 이외의 지역에서 지역적 세력균형에 개입하는 것을 자제하면서도 군사력의 압도적 우위는 유지해야 한다(당연히 단극은 자기 지역에서는 비관여 전략을 할 수 없다). 이러한 전략은 단극과 다른 국가들 간의 긴장을 감소시키며 단극이 연루된 전쟁의 가능성은 적어진다.[49]

그러나 비관여 전략 역시 다른 국가들 간의 갈등을 초래할 수 있다. 강대국들과 약소국들이 자기 지역에서 경쟁하기 때문이다. 다음 장에서 보듯이, 소련이 붕괴한 이후 미국은 세계의 주요 지역에서 계속 지배 전략을 실행해왔다. 따라서 단극의 비관여 전략이 초래하는 갈등 유발 메커니즘을 평가하기가 쉽지 않다. 그럼에도 불구하고 단극의 전략이 구조적으로 결정되지 않기 때문에 이론적으로 비관여 전략을 분석할 수 있다.

단극의 비관여로 압도적 힘이 사라지면 단극의 지역을 제외한 각 지역은 소규모의 준국제 체계로 간주될 수 있다. 단극이 비관여하게

래할" 위험이 있는 반면, 관여는 "비용이 크고 다른 국가들 일부가 자극받는 것을 피할 수 없으며" 단극으로 하여금 "너무 많거나 너무 큰 문제를 다룰 경우에 상대적으로 약해지거나 힘이 소진될 위험을 감수하게 한다." 그러나 핸슨은 이와 같이 상반된 유인을 인식하고 있음에도 불구하고 단극적 힘의 분포에서는 관여(그녀가 "관리"라고 부르는)가 더 어울리며 단극이 관리를 위해 빈번히 관여할 것이라고 결론짓는다. 그녀의 논지에 비추어 볼 때 이 결론은 입증되지 않는다. Hansen(2011, 61-63).

49 양극 체계에서 초강대국들이 주변부에 개입되지 않는다는 월츠의 주장에 이 논리가 내포되어 있다. 월츠에 따르면, 양극 체계에서 초강대국들은 힘의 증강에 큰 도움이 되지 않는 주변부 국가들과의 동맹으로부터 얻을 것이 많지 않다. Waltz(1969, 310); Waltz(1979, 169, 172); Van Evera(1990) 참조. 그러나 이 논리에 따라 비관여가 단극의 일반적인 전략이라고 주장하려면 이 전략에 수반되는 경쟁 비용을 무시해야만 한다. 이 경쟁 비용이 지배 전략의 갈등 비용보다 작을 경우에만 비관여는 합리적인 것이 된다. 그렇다면 단극 체계에서는 비관여 전략의 경쟁 비용이야말로 단극을 주변부에 개입하게 만들고 궁극적으로 빈번히 전쟁에 개입하게 만드는 지배 전략을 정당화할 것이다.

된 지역들은 단극적 구조에 의해 직접적으로 초래되는 전 세계적인 갈등 메커니즘으로부터는 사실상 단절된다. 이 지역들 각각은 단극적일 수도 있고 양극적이거나 다극적일 수도 있다. 각 지역 내에서 강대국들 간의 상호작용은 단극, 양극, 다극 체계에서 초강대국들 간의 상호작용과 마찬가지인 것이다.

단극적 지역은 단극의 지역 이외에는 흔하지 않지만, 존재한다면 비교적 주변적인 지역이어야 한다. 주요 지역에 존재하는 지역적 패권국은 체계적 세력균형을 재구축하고 단극 체계를 종식시킬 것이기 때문이다. 그렇지만 덜 중요한 지역에서는 비관여하는 단극을 자극하지 않으면서 지역적 단극 체계가 출현할 수 있다. 이런 상황을 "깃들인 단극 체계(nested unipolarity)"로 부를 수 있다.[50]

단극이 비관여를 유지하는 지역의 깃들인 단극 체계에서 생기는 갈등 유발 메커니즘은 공격적 지배 전략과 방어적 지배 전략에 대한 논의로부터 도출할 수 있다. 공격적 지배 전략을 추구하는 지역적 단극은 전 세계적 수준에서 공격적 지배 전략이 초래하는 갈등 유발 메커니즘을 지역적으로 초래한다. 마찬가지로 지역적 패권국의 방어적 지배 전략은 체계 수준에서와 같은 갈등 유발 메커니즘을 지역적으로 촉발할 것이다.[51]

---

50 냉전 당시, 특히 미국의 힘이 쇠퇴하고 있다고 인식했을 때 미국은 특정한 지역에서 미국의 목적을 지지해줄 것으로 믿을 만한 "영향력 있는 국가들"을 후원하곤 했다. 실제로 리처드 닉슨(Richard Nixon) 행정부 당시에 이는 공표된 정책이었다. 그러나 미국은 이 지역들에 비관여하지는 않았다. Litwak(1984) 참조.

51 서반구에서 갈등이나 핵 확산이 없다는 사실이 나의 이론에 대한 반증이 되는 듯 보이기도 한다. 그렇지만 이는 쉽게 설명된다. 이 지역에는 강대국이 없으며, 대부분의 약소국들은—나의 이론이 예측하듯이—미국을 수용한다. 서반구에 남아 있는 일부 저항적 약소국들은(예컨대 쿠바와 베네수엘라) 핵무기를 개발하거나 다른 식으로 미국에 도전하려는

다른 지역들은 양극적이거나 다극적일 것이다. 양극 체계와 다극 체계를 비교하면서 극성과 평화의 관계를 논의하는 연구들은 대단히 많다.[52] 그렇지만 양극과 다극 중 어느 것이 더 평화적인지에 대해서는 어떤 합의도 없다. 사실 두 체계 모두에서 갈등을 유발하는 인과 메커니즘이 가능하다. 따라서 단극이 관여하지 않을 때 지역적인 양극 체계와 다극 체계 모두는 강대국들과 약소국들이 연루된 상당한 수준의 갈등을 초래할 것으로 예측할 수 있다.

기존의 연구들에서는 양극 체계에서 갈등의 두 가지 원인에 주목하고 있는데, 둘 다 양극적 지역 체계에 적용될 수 있다. 첫째, 지역적 강대국이 둘뿐이므로(또한 초강대국이 이 지역에 힘을 투사할 의도나 능력이 없으므로) 지역적인 외적 균형의 기회가 없어서 지역적인 세력균형이 무너질 경우에 억지가 성공할 가능성이 낮다. 둘째, 양극적 지역에서 두 강대국은 서로에게 주의를 집중하므로 긴장과 갈등의 가능성을 높인다. 단극이 비워놓은 양극적 지역에서는 이 두 가지 충분한 이유로 지역 내의 강대국들 간의 전쟁을 포함한 갈등을 예측할 수 있다.

기존의 연구들에서는 다극 체계의 갈등 원인으로 네 가지를 제시하고 있는데, 각각 다극적 지역에 적용될 수 있다. 첫째, 셋 이상의 지역적 강대국이 존재하면 경쟁의 범위가 커지고 궁극적으로 갈등으로 귀결된다. 둘째, 셋 이상의 지역적 강대국이 있을 때 지역적 세

시도에 대해 특히 조심스럽다. 냉전 시기 중 가장 위험했던 순간은—1962년 쿠바 미사일 위기—미국이 자국의 주변에 핵무기가 존재하는 것을 반대한 데서 초래되었던 것이다. 현재 이 지역의 지형적 약소국 중 어떤 국가도 미국의 예방적 공격을 받지 않은 채 핵 개발 프로그램에 착수할 능력을 보유하고 있지 않다.

52 각주 2를 참조하라.

력 분포는 (동맹이 이루어지기 전에) 균형을 이룰 가능성이 낮다. 세력 불균형은 둘 이상의 국가가 힘을 모아 다른 한 국가를 공격하는 약탈적 갈등을 초래할 가능성이 크다. 셋째, 지역적 다극 체계는 상대적 힘에 대해 오판할 가능성을 높이며 결국 갈등의 가능성을 커지게 한다. 마지막으로, 다극적 지역 체계에서는 책임 회피(buck-passing)의 기회가 대단히 많고, 따라서 균형이 어려워진다. 단극이 비워놓은 다극적 지역에서는 이 네 가지의 충분한 이유로 지역 내의 강대국들과 약소국들 간의 갈등이 악화될 것으로 예측할 수 있다.[53]

마지막으로, 비관여의 조건에 관해 논의해보자. 만일 단극이 어떤 지역에 대해서는 비관여하고 다른 지역에 대해서는 계속 관여한다면 어떻게 될까? 비관여 전략에는 두 가지 요건이 필수적이다. 첫째, 단극은 자기 지역 이외의 모든 지역에 비관여해야 한다. 둘째, 난

---

53 양극 및 다극 체계에서 갈등의 원인에 대한 요약은 미어샤이머의 연구를 따른 것이다. Mearsheimer(2006, 71-88) 참조. 제4장에서 단극 체계의 지속성에 관해 논의하면서 부상하는 경제적 강대국들은 핵을 보유하게 되면 단극에 대해 더 균형을 취할 유인을 지니지 않게 된다고 주장했다. 이 주장은 핵 국가들 간에 벌어지는 재래 전력에 의한 군사 행동이 확전될 위험으로부터 나온 것이다. 다른 한편, 이 장에서 나는 비관여하는 단극이 강대국들 간에 전쟁이 일어날 여지를 만든다고 주장했다. 그러나 이런 전쟁이 일어나려면 강대국들이 다른 강대국들과의 확전 위험을 감수하려고 해야 한다. 보이는 것과는 달리 이 두 주장은 상호 모순된 것이 아니다. 핵심은 제4장에서 제시한 두 조건이 충족될 경우에 국가들이 확전 위험을 감수하려 하지 않는다는 점을 이해하는 것이다. 두 조건은 (1) 당면한 생존이 핵무기에 의해 보장되고, (2) 장기적 생존이 지속적 경제성장에 유리한 국제적 조건에 의해 보장된다는 것이다. 지속성에 대한 논의에서 보았듯이, 두 번째 조건이 충족되지 않을 경우에 부상하는 경제적 강대국들은 확전의 위험이 있다고 하더라도 단극에 도전하려고 할 것이다. 따라서 이들은 핵무기를 확보한 이후에도 계속 균형을 취할 것이다. 이와 마찬가지로 지역 내에 지속적 경제성장에 유리한 국제적 조건이 부재한 경우에 강대국들은 지역 내의 다른 강대국들에 대한 확전 위험을 감수하려고 할 것이다. 따라서 비관여하는 단극 자체가 지역적인 강대국 전쟁의 조건을 만드는 것은 아니다. 이런 전쟁이 일어나려면 두 번째 요인이 필요하다. 즉, 지역적인 강대국들 간의 경쟁으로 인해 지속적 경제성장에 필요한 경제적 조건이 악화되는 것이다.

극은 이 지역들 각각에 완전히 비관여해야 한다.

비관여는 전 세계적이어야 한다. 한 지역에서의 지배 전략이 저항적 약소국이 출현하도록 만들기 때문이다. 이는 다른 지역의 약소국들에게 극도의 자구 위험을 일깨울 것이다. 따라서 전 세계적 수준에서 모두 비관여 전략을 하지 않는다면 단극이 자기 지역에 관여하는 듯이 행동하는 저항적 약소국들이 모든 지역에서 생겨날 수 있다. 이 국가들은 단극의 위협에 대항하여 생존의 기회를 증대할 수 있도록 행동할 가능성이 크다.

또한 비관여는 완전해야 한다. 방어적 지배도 저항적 약소국들을 극도의 자구 상황에 처하도록 만들기 때문이다. 따라서 단극은 비관여를 하기 위해 군사 동맹으로부터 완전히 빠져나오고, 다른 국가들에 대한 안보 보장을 철회하며, 전방 배치된 전력을 철수하는 등의 행동을 취해야만 한다. 제한적 혹은 선택적 관여는 방어적 지배와 마찬가지 유형의 갈등을 촉발할 것이다.[54]

이 두 요건을 지키지 못하면 사실상 단극의 전략은 선택적인 방어적 지배의 형태로 바뀌게 된다. 이러한 전략적 선택은 앞 절에서 방어적 지배에 대해 묘사했던 인과 과정과 이 절에서 단극이 비관여하게 된 지역에 대해 묘사했던 인과 과정을 동시에 불러일으킬 것이다. 따라서 지배 전략의 문제를 더함으로써 비관여 전략의 문제를 더욱 복잡하게 만들 것이다.

요컨대 불완전한 비관여는 단극의 미래 행동에 대한 예측 가능성을 감소시켜서 저항적 약소국들로 하여금 단극이 여전히 관여하고

---

54 선택적 관여에 대해서는 Posen and Ross(1996/1997) 참조.

있어서 생존에 위협이 되는 것처럼 행동하게 만든다. 그렇다면 비관여는 어떠한 형태이든 지역적 전쟁을 유발하며, 순수한 비관여 전략은 다만 단극이 개입되는 전쟁만을 막아준다. 혼합된 전략은—지역적 범위나 개입의 수단이 제한된 지배 전략—이 둘의 최악의 경우를 합쳐놓을 것이다. 단지 부분적으로 혹은 지역적으로만 비관여함으로써 단극은 관여를 유지하고 있는 지역에서는 전쟁으로 귀결되고 완전히 철수한 지역에서는 지역적 전쟁을 방지하지 못하게 되는 갈등 유발 메커니즘을 촉발할 것이다.

요컨대 비관여는 지역적 경쟁을 초래하며 약소국들과 강대국들이 연루되는 전쟁으로 진행된다. 불완전할 경우 비관여는 단극이 개입되는 전쟁으로도 진행된다.

평화에 관한 대안적 주장에 대해

단극 세계의 갈등에 관해 지금까지 제시한 나의 이론은 현 국제체계가 평화로운지에 대한 세 가지 대안적 주장, 즉 전쟁 불필요론, 핵 평화론, 민주 평화론과 상충하는 것처럼 보인다. 이 주장들은 구조적인 것이 아니다(즉, 극성을 설명 변수로 쓰지 않는다). 그렇지만 이 주장들이 과거보다 오늘날의 국제관계가 전쟁에 덜 취약한 이유를 제시한다는 점에서 단극 세계가 갈등에 취약하다는 주장과 상충하는 듯 보인다. 그러나 이는 외견상 그런 것일 뿐 단극 체계의 갈등에 대한 나의 이론은 세 주장 모두와 양립 가능하다.

첫째, 나의 이론은 존 뮬러(John Mueller) 등이 제시한 강대국 전쟁의 불필요성(obsolescence) 주장과 어울릴 수 있다.[55] 뮬러는 선진 국들 간의 전쟁은 낡은 것이 되었다고 주장한다. 마치 결투와 같은 폭력적 관행이 사라졌듯이 전쟁이 쓸모없게 되었다는 것이다. 그러 나 뮬러는 어디에서도 전쟁 자체가 쓸모없다고 주장하지는 않는다. 이와 반대로 "선진국들 간의 대전쟁은 낡은 것이 된 듯하나 분명 전 쟁은 여러 곳에서 벌어지고 있다"고 주장한다(Mueller 1989, ix).

사실 뮬러는 강대국들에 대해서도 자신의 주장에 한계를 두어서 "필요한 듯이 보이면 미국과 영국 같은 국가도 군사력을 사용하고 전쟁을 해왔다"라고 쓰고 있다(Mueller 1989, ix). 어떤 경우이든 나 의 주장은 선진국들 간의 전쟁이 아니라 하나의 초강대국이 개입된 전쟁과 초강대국이 개입되지 않은 전쟁에 초점을 두고 있으므로 뮬 러의 주장과 완전히 양립 가능하다. 더욱이 뮬러의 주장은 단극 체 계의 중대한 측면, 즉 "왜 미국이 아직까지 전쟁을 사용 가능한 수단 으로 여기는지"를 설명할 수 없다(Mowle and Sacko 2007, 155).

강대국들 간의 전쟁 가능성에 대한 나의 주장도 선진국들 간의 전쟁의 불필요성에 대한 주장과 양립 가능하다. 나의 정의에 따르면 강대국이 되는 유일한 기준은 단극에 의해 확실한 패배를 당하는 것 을 막을 수 있는 능력을 보유하는 것임을 주목할 필요가 있다. 오늘 날의 기술 발전, 특히 핵무기와 연관된 기술을 감안할 때 개발도상 국들이나 심지어 북한 같은 저개발 국가들도 이러한 능력에 도달할 수 있다. 따라서 선진국들 간의 전쟁이 불필요해졌다는 주장과 대립 하지 않으면서도 강대국들 간의 전쟁 가능성을 제기할 수 있는 것이

---

55 Mueller(1989) 참조.

다, 이와 같이 나의 주장은 뮬러의 이론과 대체로 양립 가능하다고 볼 수 있다.

둘째, 나의 주장은 핵무기가 평화의 추동력이라는 월츠의 주장과 잘 들어맞는다.[56] 제4장에서 보았듯이, 핵무기의 확산은 갈등의 감소를 가져올 수 있다. 대신에 나의 이론에서는 약소국들이 자국의 취약성을 피하려는 시도―특히 핵무기의 개발을 통해―로부터 생기는 갈등 가능성을 강조한다. 이러한 맥락에서, 그리고 여전히 월츠의 주장과 일치되게, 나는 단극 체계에서 갈등을 유발하는 것이 핵 확산의 결과가 아니라 그 과정이라고 주장하는 것이다. 여기에서 제시한 갈등 유발 메커니즘은 핵 국가들 간의 전쟁 가능성이 낮다는 견해와 충돌하지 않는다. 그러나 나는 단극이 비관여하는 지역에서 강대국들 간의 핵 전쟁 가능성을 인정한다. 나의 주장은 핵무기의 평화 효과에 대한 견해들과 이 정도까지만 다른 것이다. 단극 세계에서의 균형의 근원에 대한 논의에서 보았듯이, 나의 전체적인 관점은 핵무기가 평화의 추동력이며 초강대국들 간의 전쟁 가능성을 낮춘다는 것이다.

마지막으로, 나의 주장에서는 갈등을 유발하는 데 있어서 정치체제의 역할에 대해 판단을 유보한다. 이런 의미에서 나의 주장은 민주 평화론과 양립 가능하지만 그렇다고 그것을 지지하는 것은 아니다. 민주주의들 간의 관계는 실제로 더 평화적일 수 있다. 그러나 단위 수준의 성격에 초점을 둔 설명은 구조적 설명과는 별개의 것이다. 순전히 민주주의 국가들로만 구성된 단극 세계에서는 아마도 정

---

56 Waltz(1964, 885-886); Waltz(1981); Sagan and Waltz(2002) 참조.

치체제의 성격이 갈등 유발 메커니즘을 완화할지도 모른다. 그렇다고 해서 평화에 미치는 단극성의 효과가 밝혀지는 것은 아니다.

요컨대 단극 체계가 갈등에 취약하다는 나의 주장은 핵무기의 평화 효과와 선진국들 간 전쟁의 불필요성, 그리고 민주주의 정치체제의 평화 증진 역할에 대한 기존의 주장들과 양립 가능한 것이다.

경험적 함의

이 장에서는 단극 세계에서의 갈등에 대한 이론을 제시했는데, 이 이론에는 명확한 경험적 함의가 있다. 단극이 두 종류의 지배 전략을 추구하는 경우에 우리는 세 가지 유형의 국가 간의 무장 갈등을 예측할 수 있다. 강대국과 약소국 간의 전쟁, 약소국들 간의 전쟁, 그리고 약소국에 대해 단극이 개입된 전쟁이 그것이다. 첫 두 가지 유형은 초강대국이 모든 국가의 행동을 규제할 수 없다는 데서 초래된다. 그러나 단극이 개입된 전쟁은 앞에서 제시한 특정한 인과 메커니즘으로부터 초래되어야 한다. 보다 구체적으로 단극이 약소국과의 전쟁에 개입되는 것이 약소국이 비밀리에 군사력을 증강한다는, 특히 핵무장을 기도한다는 의심에서 비롯될 것이라고 예측할 수 있다. 이에 더해 단극이 개입되는 전쟁이 약소국들이 현상에 대한 작은 수정을 단극이 인내하리라고 오판한 데서 초래될 것이라고 예측할 수 있다. 이와는 반대로 단극이 약소국과의 전쟁에 한 번도 개입되지 않으면서 장기간 두 종류의 지배 전략을 추구하는 것을 보게 된다면, 이는 나의 이론에 대한 반증이 될 것이다.

다른 한편, 단극이 비관여할 경우에 다른 모든 국가 간의 전쟁이 가능해지고 강대국들 간의 전쟁까지도 예측할 수 있다. 만일 비관여하는 단극이 존재하는 가운데 평화로운 단극 체계를 보게 된다면, 이는 나의 이론에 대한 반증이 될 것이다.

단극 세계에서 일어나는 이러한 주변적 갈등의 가능성에 대해 전체적으로는 보다 평화로운 세계를 위해 치러야 할 대가라고 치부할 수도 있다. 그러나 이는 단극 체계가 평화에 미치는 영향에 대한 지나치게 낙관적인 묘사이다. 경제력의 분포나 정치체제의 유형이나 갈등에 대한 규범이나 군사기술 면에서 유사한 양극적 혹은 다극적 세계에서보다 단극 세계에서 전쟁 발발의 수준이 높은지 아니면 낮은지의 여부는 선험적으로 답이 주어질 수 없는 문제이다. 충분한 시간이 흐르고 나면 아마도 단극 체계가 양극 체계나 다극 체계보다 평화롭다고 판명될 수 있다. 또는 그렇지 않을 수도 있다. 이 장에서는 압도적인 힘을 지닌 국가가 존재하는 가운데 갈등을 추동하는 메커니즘들을 조명했다. 이 메커니즘들이 체계적 세력균형이 존재하는 체계에서보다 더 많은 갈등으로 귀결될지의 여부는 이 장에서 제시된 주장을 통해 해결될 문제가 아니다.

다음 장에서 보듯이, 탈냉전 시기의—근대 국제 체계의 역사 중 유일한 단극 체계의 시기—경험적 기록은 나의 이론의 예측과 잘 들어맞는다.

제7장

탈냉전 시대의 갈등

이 장에서는 앞 장에서 제시한 바와 같이 단극 체계가 갈등을 유발하는 메커니즘을 살펴본다. 소련이 붕괴한 이래 워싱턴은 방어적 혹은 공격적 지배 전략을 선택해왔으며, 세계의 주요 지역에 상당한 수준으로 안보적으로 간여해왔다. 이와 동시에 미국은 비정상적으로 높은 수준의 군사적 개입을 경험했다. 미군은 소규모 작전 수행에 더해 쿠웨이트(1991), 코소보(1999), 아프가니스탄(2001~), 이라크(2003~2011)에서의 대규모 작전에 투입되었던 것이다. 각각의 경우에 전쟁에 돌입하게 된 과정은 관여하고 있는 단극과 저항적 약소국들 간의 심각한 갈등을 유발하는 데 힘의 압도적 우위가 어떤 역할을 했는지를 잘 보여준다. 요컨대 미국 역사에서 지난 20여 년의 시기는 단극 세계에서 갈등의 원인을 분석해야 할 충분한 이유를 제공하고 있는 셈이다.

나아가 전 세계적으로 단극이 비관여 전략을 실행했던 역사적 경험은 없으나, 미국의 전 세계적 개입을 옹호하는 주장에서는 흔히 워싱턴이 세계 도처에서 안보 공약을 그만둘 경우에 어떤 사태가 벌어질지에 대한 예측을 하곤 한다(Ikenberry et al. 2009, 25). 이런 예측이 묘사하는 바는 다른 국가들 간의 빈번한 갈등으로, 대체로 내가 이전 장에서 비관여의 결과로 제시했던 이론적 주장을 반영하며 나의 이론의 타당성을 간접적이나마 지지한다.

탈냉전 이후 갈등의 원인에 대해서는 연구들이 많았으나, 미국이 이 전쟁들에 어떻게 개입하게 되었는지에 대한 기존의 설명은 단편적이어서 각 상황의 구체적인 특성에만 치중하고 있다. 이전 장에서 제시한 나의 이론은 단극적 힘의 분포가 이런 갈등이 일어나는 데 어떤 영향을 미쳤는지에 대한 최초의 체계적 접근으로, 국제 체계의 힘의 분포가 다른 상태에서는 결코 일어나지 않을 메커니즘을 분명하게 보여준다.

이 장에서 제시하는 사례들은 단극이 수행할 수 있는 군사 전략 각각의 갈등 비용을 보여준다. 제3장에서 보았듯이, 단극의 전략적 선택은 이 비용에 따라 결정될 수 있다. 방어적 지배의 갈등 비용이 미국이 단극 지위로부터 추출하는 이득보다 커지게 되면 미국의 전략은 비관여로 전환될 가능성이 크고, 이렇게 되면 미국에는 갈등 비용이 생기지 않겠으나 다른 국가들 간에는 상당 수준의 갈등이 초래될 수 있다. 현재 미국이 방어적 지배 전략을 수행하면서 치르는 갈등 비용은 비교적 적당한 수준이다. 이와 동시에, 제8장에서 보듯이 워싱턴은 압도적인 군사력으로부터 상당한 혜택을 누리고 있다. 이러한 혜택으로 인해 미국은 방어적 지배의 군사 전략을 유지하게 될 가능성이 크다. 이에 대해서는 마지막 장에서 깊이 있게 논의할 것이다.

이 장의 나머지 부분은 제6장에서 제시한 전략적 선택에 따라 구성된다. 먼저, 냉전이 종식된 이후에 벌어진 미국의 군사적 개입을 개괄한다. 둘째, 1991년 걸프전을 사례로 방어적 지배 전략에 따르는 갈등 유발 메커니즘을 보여준다. 그러고 나서 1999년 코소보 전쟁과 2003~2011년 이라크전을 사례로 공격적 지배 전략으로부터 초래되는 갈등 유발 메커니즘을 묘사한다. 다음으로, 북한과 이란을 사례로 핵 확산의 시도에 대한 양 지배 전략의 영향을 제시한다. 마지막으로, 비관여가 어떻게 갈등으로 귀결되는지를 논리적으로 보여줄 터인데, 미국의 전략적 선택을 감안할 때 이는 가능성이 거의 없기는 하지만 정책 분석가들은 이를 잘 이해하고 있기 때문이다.

탈냉전 세계의 갈등

미국이 압도적인 군사력을 지닌 단극으로 대두된 이래 20여 년간을 살펴보면 두 가지 경향이 뚜렷이 보인다. 첫째, 강대국들과 약소국들 사이에서 벌어지는 갈등이 이전보다 적어졌다. 둘째, 미국이 개입된 갈등이 두드러지게 빈번했다.

국가 간의 군사적 갈등의 전반적 감소에 대해서는 이미 많은 논의들이 있다. 조슈아 골드스타인(Joshua Goldstein)은 『전쟁에 대한 승전(Winning the War on War)』에서 전 세계적으로 군사적 갈등이 감소하고 있다고 주장한다.[1] 또 베서니 래시나(Bethany Lacina)와 닐스 피터 글레디치(Nils Peter Gleditsch)는 지난 10여 년간 전사자 수가 감소했음을 보여준다.[2] 스티븐 핑커(Steven Pinker) 역시 전쟁을 포함하여 폭력 사태가 감소해가는 추세라고 주장한다.[3]

다른 한편, 지난 20여 년간의 단극 체계는 국가 간의 갈등에 미국이 개입한 것에 관한 한 결코 평화롭지 않았다. 미국은 보스니아, 아이티, 소말리아, 수단 등과 같은 소규모 개입에 더해 쿠웨이트(1991), 코소보(1999), 아프가니스탄(2001~), 이라크(2003~2011) 등 네 번의 전쟁에 군사력을 투입했다.[4] 결과적으로 미국은 냉전이 종식된 이후 25년 중 15년간 전쟁을 치렀다. 실제로 미국의 전체 역사 중 10 퍼센트인 이 기간은 미국이 전쟁을 치른 시간의 30퍼센트를 차지한다.[5] 미국의 개입에 대한 비판론자들에게 "현 국제정치의 핵심 문제는 미국의 군사력 사용을 어떻게 막는가이다"(Waltz 2011, 2).

〈표 5〉에서는 1816년부터 1945년까지의 다극 시기, 1946년부터 1989년까지의 양극 시기, 그리고 1990년 이후의 단극 시기로 구분하여 초강대국들을 열거하고 있다.[6] 다음 〈표 6〉은 이 시기들 중에

---

1   Goldstein(2011) 참조.
2   Lacina and Gleditsch(2005) 참조. 그렇지만 전쟁의 치명도가 이렇게 감소한 것이 체계의 극성이 변화된 때문인지는 의문시된다. Russett(2010) 참조. 부분적인 이유는 미국이 전사자를 감소시키기 위해 첨단군사기술을 개발했기 때문일 수 있다. Caverly(2008); Lyall and Wilson(2009) 참조.
3   Pinker(2011) 참조.
4   이 장에서 나는 COW(v4.0) 데이터에 나오는 국가 간의 전쟁만을 다룬다. Sarkees and Wayman(2010) 참조. 그러나 COW 데이터의 코딩에 중요한 변화를 주었다. COW 데이터에서는 아프가니스탄 전쟁과 이라크 전쟁이 1년간의 전쟁으로(각각 2001년과 2003년으로) 분류되었으나, 나는 미국이 개입된 전 기간(아프가니스탄의 경우에 2001년에 시작된 것으로, 이라크의 경우에는 2003년에서 2011년까지로) 동안의 국가 간 전쟁으로 계산했다.
5   브루스 포터(Bruce Porter)의 계산에 따르면, 1994년까지 미국은 34년 동안 전쟁을 치렀다. 따라서 1776년부터 2013년까지의 전쟁 기간은 48년이다. Porter(1994) 참조.
6   시작점인 1816년은 COW 데이터에 따라 정해졌다. Sarkees and Wayman(2010) 참조.

표 5 1816년 이래의 초강대국[7]

	다극		양극		단극	
	시간	기간(년)	시기	기간(년)	시기	기간(년)
오스트리아-헝가리	1816-1918	103				
프랑스	1816-1940	125				
프러시아/독일	1816-1918/	124				
	1925-1945					
이탈리아	1860-1943	84				
일본	1895-1945	51				
영국	1816-1945	130				
러시아/소련	1816-1917/	126	1946-1989	44		
	1922-1945					
미국	1898-1945	48	1946-1989	44	1990-2014	25
합계		**791**		**88**		**25**

벌어진 전쟁에 대한 요약이다. 초강대국이 전쟁에 개입된 기간의 비율과 초강대국이 개입된 전쟁의 수라는 두 가지 중요한 기준에 따르면, 지금까지 단극 체계가 갈등에 가장 취약하다. 다극 체계에서는 초강대국 기간 중 18퍼센트가 전쟁 기간이었고, 양극에서는 16퍼센트였다. 이와 대조적으로 단극에서는 지금까지 경이로울 정도로 64퍼센트가 전쟁 기간이어서 모든 국제 체계 중 가장 높았다. 나아가 다극 체계와 양극 체계 시기 동안 초강대국이 개입된 전쟁이 발발할 확률은 각각 4.2퍼센트와 3.4퍼센트였는데, 단극에서는 16퍼센트로

---

7 출처는 COW(v4.0) 데이터이며, 다음과 같이 필자가 수정했다. 1946년에서 1989년까지의 초강대국으로는 소련과 미국만인 것으로, 1990년 이후의 초강대국으로는 미국만인 것으로 계산했다. Sarkees and Wayman(2010) 참조.

표 6 1816년 이래 초강대국이 개입된 국가 간 전쟁[8]

	다극	양극	단극
(A) 초강대국 기간	791	88	25
(B) 전쟁 중인 초강대국 기간	143	14	16
(B)/(A) 전쟁 중인 초강대국 기간의 비율	**18.0%**	**16.0%**	**64%**
(C) 초강대국이 개입된 전쟁의 수	33	3	4
(C)/(A) 초강대국 기간 중 초강대국이 개입된 전쟁의 비율	**4.2%**	**3.4%**	**16.0%**

약 4배나 높았다.

단극 체계에서 초강대국이 벌인 전쟁 기간이 긴 것이 미국이 아프가니스탄과 이라크를 예상치 못하게 오래 점령한 것 때문일 뿐이라고 주장할 수도 있다.[9] 그렇지만 설사 이 두 전쟁이 미국의 계획대로 진행되었더라도—아프가니스탄 전쟁이 2002년 봄에 끝나고 이라크 전쟁이 2003년 여름에 끝났다고 하더라도—단극 체계는 여전히 초강대국이 개입된 갈등에 특히 취약하다. 미국이 아프가니스탄이나 이라크를 점령하지 않았다고 하더라도 여전히 탈냉전 이후 시기의 16.0퍼센트 동안 전쟁을 벌인 셈이며, 이는 양극 체계나 다극 체계와 비슷한 수준인 것이다. 달리 말하자면, 미국이 어떠한 군사적 점령을 하지 않았더라도 군사력 사용의 빈도를 감안할 때 단극 체계가 국제 체계의 다른 힘의 분포 상태보다 더 평화롭다고 믿을 아무런 이유가 없다.

아프가니스탄과 이라크에서 사태가 진행되면서 지난 20여 년 동안 갈등의 빈도와 초강대국 기간 중 전쟁이 벌어진 기간의 비율 모

---

8 COW(v4.0) 데이터에 근거하여 작성했다. Sarkees and Wayman(2010) 참조.
9 Wohlforth(2012b, 4) 참조.

두가 가파르게 증가했다. 현재의 단극인 미국이 과거 어느 때보다도 민주주의 국가가 더 많은 세계에 존재하는 민주주의 국가라는 사실을 감안하면 이는 특히 곤혹스러운 사실이다. 민주주의가 분쟁을 평화적으로 해결하고 이길 수 있는 전쟁에만 개입하며 전쟁을 단기간에 끝낼 수 있는 능력을 지니고 있다는 주장대로라면, 미국은 이전의 비민주적 초강대국들보다 전쟁에 개입된 기간이 더 짧아야만 했다.[10]

탈냉전 이후의 역사는 전반적인 갈등 수준이 감소되었다는 주장과 미국이 국가 간의 전쟁에 전례 없는 수준으로 개입되었다는 주장 모두를 지지하는 데 사용될 수 있다. 현실 자체는 단극 체계가 갈등에 대한 어떠한 유인도 만들어내지 않는다는 주장을 비웃는 듯하다. 최소한 국가 간의 전쟁에 대한 단극의 개입에 관한 한 지난 20여 년은 정반대 방향을 가리키고 있는 것이다.

방어적 지배와 전쟁

냉전이 종식된 이후 2001년 9월의 테러 공격에 이르기까지 미국은 동아시아와 중동 및 라틴 아메리카의 세 주요 지역에서 방어적 지배 전략을 실행했고, 유럽에서는 이전의 소련의 동맹국들을 미국 진영에 안착시키기 위해 공격적 지배 전략을 추진했다. 다른 한편으

---

10 민주주의가 지니는 협상의 이점에 대해서는 Bueno de Mesquita et al.(2003); Filson and Werner(2004) 참조. 선택 효과에 대해서는 Reiter and Stam(2002) 참조. 민주주의가 벌이는 전쟁이 더 짧다는 데 대해서는 Bennett and Stam(1998) 참조.

로 1994년에 소말리아에서 철수한 이후에 아프리카에 대해서는 대체로 관여하지 않았다.

그러다가 2001년 9월의 테러 공격 이후에 중동에 대한 미국의 전략은 공격적 지배로 전환되었다. 이와 동시에 유럽에 대한 미국의 전략은 방어적 지배로 바뀌었다. 소련의 동맹국들이 이제 순응적 약소국으로 세계 질서에 편입되었기 때문이다. 이러한 전략적 구조를—공격적 지배 전략을 실행하는 중동 지역과 관여하지 않는 아프리카를 제외하면 모든 곳에서 방어적 지배 전략을 실행하는—워싱턴은 이후 8년간 유지했으며, 버락 오바마(Barack Obama) 행정부가 들어서면서 중동에서도 방어적 지배 전략으로 돌아선다고 공언했다.[11]

압도적 힘을 지닌 단극이 세계에서 가장 중요한 지역에 간여하고 있는 상황에 대해 대부분의 국가는 이를 포용하기로 했다. 그러나 몇몇 국가는 그렇지 않았다. 이전 장에서 제시했던 대로, 단극 체계에서는 방어적 지배 전략을 실행하는 단극과 저항적 약소국들 간에 두 가지 갈등 경로가 부각된다. 첫 번째 갈등 경로는 단극이 저항적 약소국들을 표적으로 할 경우에 이를 억지할 수 있는(즉, 균형) 능력을 증대하려는 저항적 약소국들의 시도에서 초래된다. 두 번째 갈등 경로는 저항적 약소국들이 비교적 소규모로 현상을 변경하려고 할 경우에 단극이 이에 어떻게 대응할지에 대한 불확실성에서 초래된다. 이 절에 포함된 사례인 1991년의 걸프전이 바로 두 번째 경로

---

11 미국이 중동에서 언제 방어적 지배 전략으로 복귀했는지에 대해서는 논란이 있다. 부시 행정부 2기의 시작이었던 2005년에 이 전환이 이루어졌다는 주장도 있다. Renshon (2010) 참조.

를 대표한다. 쿠웨이트에 대한 이라크의 침공에 직면하여 미국은 저항적 약소국의 이 현상 변경을 되돌리기 위해 군사행동을 하기로 결정했던 것이다.

냉전 시기와는 대조적으로 이라크가 미군의 표적이 되었을 때 어떠한 강대국도 이라크를 지원하지 않았다. 이와는 반대로 1991년 걸프전에서 이라크를 도울 가능성이 높은 강대국이었던 소련은 미국으로 하여금 압도적인 군사력을 사용하여 과거에 소련의 추종국이었던 이라크에 참담한 패배를 안기는 것을 허용했다.

걸프전

미국이 주도하고 (유엔이 승인한) 34개 국가와 이라크 간에 벌어진 1991년 걸프전은 영토적 현상 변경—이라크의 쿠웨이트 점령—에 미국이 어떻게 대응할지에 대해 이라크가 미리 알 수 없었던 데에서 초래되었다. 전쟁이 발발하기 수개월 전부터는 전략적 불확실성이 특히 컸다. 미국과 대결할 경우에 이라크가 지원을 기대했던 소련이 축소(retrenchment) 전략으로 빠르게 전환하면서 다른 지역에 힘을 투사할 수 있는 초강대국으로서의 과거 지위를 포기했기 때문이다.

1990년 8월 2일에 사담 후세인(Sadam Hussein)의 군대는 쿠웨이트를 침공했으며, 이런 정도의 현상 변경은 미국이 반대하지 않을 것이라고 확신하고 있었다.[12] 이라크 경제는 이란과의 전쟁(1980~

---

12 이라크군의 쿠웨이트 장악을 워싱턴이 받아들일 것이라는 후세인의 오판은 미국 대사 에이프릴 글래스피(April Glaspie)의 발언 때문일 수도 있다. 보도에 따르면, 글래스피는

1988)으로 인해 파탄 상태였고, 전쟁 자체도 부분적으로 쿠웨이트의 차관으로 지원되었다. 따라서 원유 매장량이 풍부한 쿠웨이트를 합병하게 되면 후세인 정권은 경제력의 증대는 물론 상당한 채무 탕감까지 얻을 수 있었다. 그럼에도 불구하고 결국 미군이 이라크군을 쿠웨이트에서 몰아내는 것으로 끝나게 되는 이 위기가 전개된 메커니즘은 우리가 단극 세계에서 일어날 것으로 예측할 수 있는 갈등 유형의 전형적인 사례이며, 이전 장에서 이론적으로 제시한 갈등 경로에 대한 명확한 사례를 제공해준다.

걸프전으로 귀결된 일련의 사태는 이라크의 쿠웨이트 합병을 미국이 받아들일 것인가에 대한 이라크의 오판에서 비롯되었다. 사담 후세인은 거의 10년에 걸쳐 혁명적인 이란에 맞서 싸움으로써 미국에 부응했던 이라크가 현상을 소규모로 수정하는 것을 미국이 묵인할 것이라고 기대했다.[13]

이라크는 후세인 정권의 또 다른 후원국인 소련이 대부분 제공했던 상당한 수준의 군사력을 보유하고 있었다. 당시 세계 5위 규모의 군사력을 거느린 사담 후세인은 이라크군을 쿠웨이트로부터 몰아내려는 어떤 군사력에 대해서도 값비싼 비용을 치르게 할 수 있다고

침공 일주일 전인 1990년 7월 25일에 후세인을 만나 "우리는(즉, 미국은) 이런 아랍 지역의 일에 어떤 입장도 없다"라고 말했다고 한다. 이 회동에 대해서는 논란이 많다. 어떤 경우이든 설사 사담 후세인이 자신의 행동이 미국으로부터 어떠한 부정적 대응도 불러오지 않을 것이라고 믿도록 유도되었다고 하더라도, 이 사례를 나의 이론을 지지하기 위해 사용하는 데는 아무런 문제가 없다. 압도적 힘이 미국으로 하여금 이전에 어떤 약속을 했건 간에 개입할 수 있게 해주었던 것이다. U.S. Embassy Baghdad(1990) 참조.

13 쿠웨이트를 점령한 사담 후세인의 궁극적 목적은 이라크의 쇠퇴를 막는 것이었다. 이런 의미에서 이를 수정주의적인 것이 아니라 현상 유지적인 것이라고 할 수도 있다. 그러나 이 목적이 실제로 쿠웨이트의 정복으로 실행된 방식은 제2장에서 규정한 바와 같은 국제적 현상을 변경한 것이므로 명백히 수정주의적인 것이다.

예상했다. 이 때문에 후세인은 미국이 설령 쿠웨이트 침공을 반대한다고 하더라도 이를 되돌리기 위해 전쟁을 벌이지는 않을 것으로 생각했다.

이러한 인식은 틀린 것으로 판명되었다. 이라크는 페르시아만에서 현상을 수호하려는 미국의 의지를 과소평가했던 것이다. 이후 미국은 수개월간 쿠웨이트의 독립을 복구하려는 국가들의 연합을 결성했고, 1991년 1월 15일까지 이라크가 점령군을 철수하지 않을 경우에 무력 사용을 허가하는 유엔의 승인을 받아냈다. 이 시한으로부터 이틀 뒤에 미국 주도의 연합군은 이라크군에 대한 군사행동을 개시했고 6주 만에 쿠웨이트에서 이라크군을 몰아냈다.[14]

이라크의 오판은 부분적으로는 단극 시대가 도래하면서 미국의 정책 결정자들이 가능하다고 생각하는 행동의 한계가 대단히 불확실했다는 데 기인했다. 이러한 불확실성은 실제로 존재했고, 미국의 지도자들조차 현상 복구를 위해 개입할 것인지 쉽게 결정할 수 없었다. 실제로 보도에 따르면 쿠웨이트의 독립을 복원하기 위해 군사행동을 하도록 부시 대통령을 설득한 인물은 영국의 마거릿 대처(Margaret Thatcher) 수상으로, 대처는 부시에게 "침략은 중단되어야 합니다. (…) 한 침략국이 묵인된다면 다른 국가들도 그렇게 되길 원할 것입니다. 따라서 침략자는 막아야 하고 되돌려야 합니다"라고 말했다고 한다(Thatcher 1996).

소련이 전 세계에 걸친 경쟁에서 격퇴된 시대에 국제적 현상 변경을 위한 군사력 사용을 미국이 결코 묵인하지 않을 것임을 보여

---

14 Atkinson(1993); Freeman and Karsh(1995); Gordon and Trainor(1995); Mann(2004) 참조.

주기 위해 부시 행정부는 궁극적으로 이라크의 참패를 이끌어내는 일련의 행동을 취하기 시작했다. 이라크가 깨닫게 된 절망적 상황은―초강대국의 후원 없이 미국과 대결한다는―워싱턴이 정한 대담한 갈등 종결 조건에 반영되어 있었다. 이 조건은 이라크를 사실상 무장 해제하는 데 목적이 있었다. 이라크군에 대한 공습이 시작되고 아직 지상전은 벌어지기 이전이었던 1991년 2월 22일에 후세인은 쿠웨이트로부터 21일 안에 철수하라는 소련의 제안을 받아들였다. 그러나 미국 정부는 이 제안을 거절했고 7일 내의 철군을 요구했다. 이 급박한 철군 시한에는 명확한 목적이 있었다. 후세인으로 하여금 그의 전쟁 물자, 특히 장갑차들을 남겨두게 하려는 것이었다.

따라서 쿠웨이트 전장에서 미국 주도의 공습으로 막대한 피해를 보고 있는데도 계속 싸우겠다는 후세인의 고집 때문에 지상전이 시작된 것이 아니다. 이보다는 쿠웨이트에서 철수할 때 군사 자산의 상당 부분을 남겨두라는 미국의 요구를 후세인이 거부했기 때문이다. 미국의 요구를 받아들이는 것은 연합군과 지상전을 벌이고 군사적 패배 위험을 감수하는 대안에 비해 자신의 리더십 지위에 더 불리했기 때문이다. 이렇게 해서 쿠웨이트에 전개되었던 이라크의 군사 자산 대부분은 결국 파괴되었다(Pape 1996, 216-218).

1991년 2월 24일에 지상전이 개시되자 미국의 압도적 힘이 지닌 전장에서의 실제적 효과는 의문의 여지가 없었다. 대릴 프레스(Daryl Press)가 묘사하듯이,

걸프전의 주요 전투에서 발견되는 놀라운 사실은 미군의 피해가 이라크군의 수나 이라크군 대 연합군의 병력 비율 어느 것과도 상관

이 없다는 것이다. (⋯) 모든 전투에서 발견되는 일관된 패턴은 이라크군의 병력 수가 클수록 이라크군의 전사자가 많다는 것이다(Press 2001, 39).

이러한 결과는 미국과 같은 단극과 이라크와 같이 극도의 자구 상황에 놓인 약소국 간에 존재하는 엄청난 힘의 격차 때문에 가능했다. 만일 소련이 미국과 전 세계적으로 경쟁을 벌이고 있었다면, 후세인의 군대가 궤멸되고 그의 정권이 미국에 의해 취약해지는 동안 소련이 팔짱을 끼고 있었을 리 없다. 실제로 당시 소련은 명백한 축소 국면에 있었고, 바그다드는 초강대국 후원국이 없다는 사실의 중요성을 이해하고 있었다. 전쟁 직후에 후세인의 외교 장관 타리크 아지즈(Tariq Aziz)는 "우리에게는 더 이상 후원자가 없다. (⋯) 소련이 아직도 우리의 후원국이었다면 이런 일은 일어나지 않았을 것이다"라고 한탄했다.[15]

요약하자면, 걸프전은 국제적인 현상의 수호에 대한 미국의 의지가 이라크에는 불확실했던 데서 촉발되었다. 쿠웨이트를 포기하라는 요구를 받은 후세인은 싸우겠다는 미국의 결의를 오판했고 끝까지 버텼다. 일단 전쟁이 벌어지자 초강대국 후원국이 없는 이라크로서는 미국 주도의 연합군에 패할 수밖에 없었다. 힘의 균형은 미국에 너무도 유리해서 승리할 사전적 확률이 대단히 높았고 훨씬 적은 비용을 치르면서도 이라크에 막대한 비용을 가할 수 있게 해주었다. 미군의 보고에 따르면, 이라크군의 전사자는 2만 명에서 2만 2천 명

15 Friedman and Tyler(1991) 참조.

에 달하는데, 미군의 전사자는 단지 148명이었다.[16] 국제적 현상 변경을 통해 단극인 미국에 도전한 것은 이라크에 재앙으로 판명되었던 것이다.

공격적 지배와 전쟁

소련이 미하일 고르바초프(Mikhail Gorvachev)의 변혁적 리더십하에 힘의 투사를 축소하기 시작하자, 미국은 냉전의 한복판이었던 유럽에서 자국에게 유리하게 현상 변경을 추구하기 시작했다.[17] 이에 따라 냉전이 끝난 10년 뒤에 미국은 유럽에서 이전보다 훨씬 강한 위치를 점할 수 있었다. 우선 소련이 해체되기도 전인 1991년에 동독과 서독이 통일되었고, 동독까지 포함한 독일은 나토(NATO)에 계속 남게 되었다. 1999년에는 소련의 다른 위성 국가 셋(체코, 헝가리, 폴란드)이 나토 회원국이 되었고, 다른 많은 국가가 곧 뒤를 이었다(불가리아, 에스토니아, 라트비아, 리투아니아, 루마니아, 슬로바키아, 슬로베니아가 2004년에, 그리고 알바니아와 크로아티아가 2009년에 가입했다). 유럽에서의 이 공격적 지배 전략은 이 지역에서 미국의 영향력을 증대하는 데는 성공적이었지만 하나의 갈등을 유발하기도 했다. 바로 1999년에 일어난 코소보 전쟁이다.

---

16 이라크군의 전사자에 대해서는 Keaney and Cohen(1993) 참조. 미군의 전사자에 대해서는 Global Security 자료를 참조하라. http://www.globalsecurity.org/military/ops/desertstorm-stats.htm

17 Mearsheimer(2010a); Sarotte(2010); Sarotte(2011) 참조.

2001년 9월 11일의 테러 공격에 대응하여 2년 뒤에 미국은 중동에서 공격적 지배 전략으로 전환했다. 국가 후원 테러리즘과 대량살상무기(WMD) 간의 연관을 우려하여 미국은 2개의 전쟁을 오랫동안 치르게 되었다. 첫째는 2001년의 아프가니스탄 침공으로 군사적 점령이 계속되었고 2014년에 철군할 예정이었다. 뒤이어 2003년 3월에 미군은 이라크를 침공했고 이는 8년간의 점령으로 이어졌다. 저비스가 지적하듯이, "9·11 이후 미국의 행동에서 가장 놀라운 점은 미국이 국제 체계를 유지하려는 것이 아니라 변경하려고 했다는 점이다"(Jervis 2009, 204).

이 절에서는 코소보 전쟁과 이라크전을 통해 공격적 지배에서 작동하는 갈등 유발 메커니즘을 보여준다. 코소보 전쟁은 미국이 세르비아에서 평화적 수단으로 현상 변경을 시도한 데서 초래되었다. 베오그라드가 완강히 버티자 미국은 압도적 힘을 사용하여 강제로 결과를 얻기로 결정했다. 이라크전은 이라크가 대량살상무기를 가졌을 것으로 추정되고 이 무기들이 알카에다와 같은 반미 테러 집단에 흘러 들어갈 수 있다는 워싱턴의 우려가 고조되면서 초래되었다.

코소보 전쟁

1991년의 걸프전과 마찬가지로 1999년의 코소보 전쟁도 약소국의 지도자가 미국의 의지를 잘못 판단한 데서 초래되었다. 그렇지만 이 경우에는 미국이 자국에 유리하도록 현상을 변경하려는 데 대한 오판이었다는 점이 다르다. 이 잘못된 인식 때문에 세르비아 지도자 슬로보단 밀로셰비치(Slobodan Milosevic)는 유고슬라비아 연방의 분리주의 지역인 코소보에 대한 세르비아의 통제를 약화하라는 워싱턴의 요구를 거부했다.[18] 따라서 이 경우는 세 가지 갈등 경로 중 두 번째, 즉 단극이 공격적 지배 전략을 추구할 때의 갈등 경로를 보여준다. 압도적인 군사력을 지닌 미국은 세르비아가 수용하지 않으려고 한 랑부예 협약(Rambouillet Agreement)에 따라 코소보에 대한 통제권을 약화하라고 베오그라드에 요구했다. 베오그라드가 완강히 거부한 것은 코소보에 대한 통제가 약화되면 끝내 세르비아로부터 분리될 것이라고 판단했기 때문이다. 이러한 인식은 무력을 사용해서라도 원하는 결과를 얻으려는 미국의 의지에 대한 세르비아의 오판과 결합되었다.

전쟁의 배경에 대해서는 잘 알려져 있다. 코소보의 주민 10명 중 9명은 알바니아인이었고 세르비아인은 소수였다. 인종 분규가 확산되자 1998년 10월에 나토는 휴전을 받아들이도록 세르비아인들에게 압력을 행사했다. 그러나 세르비아군은 이 협의를 제대로 따르지 않았고, 따라서 미국은 영국 및 프랑스와 더불어 관련된 당사자 모두를 프랑스 랑부예에 불러 모았다. 회의의 결과가 바로 1999년 3월에 체결된 랑부예 협약으로, 코소보의 자치권 보장과 이 지역에 대한 나토 평화유지군의 주둔이 합의되었다.[19] 그러나 이 두 가지 요구는 세르비아 지도부가 수용할 수 없는 것이었고, 세르비아는 이 협약에 끝까지 서명하지 않았다.

코소보에서의 적대 행위를 미국이 원하는 대로 종식할 것을 세르

---

18 코소보 사례에 대한 분석은 Posen(2000); D. R. Lake(2009)에 근거하고 있다.
19 랑부예 협약은 다음에서 참조하라. http://www.state.gov/www/regions/eur/ksvo_rambouillet_text.html.

비아가 받아들이지 않자 워싱턴은 개입을 결정했다. 1999년 3월 24일에서 6월 10일까지 미국 주도의 나토 공군은 세르비아가 코소보에서 보안군을 철수하도록 강제하기 위해 유고슬라비아를 폭격했다. 9주간의 폭격이 끝난 6월 초에 세르비아 지도부는 마침내 타협안을 받아들였고 전쟁은 끝이 났다.

배리 포젠(Barry Posen)이 보여주듯이, 처음부터 세르비아는 나토와의 전쟁에서 승리할 가능성이 거의 없었다.

엄연한 사실은 세르비아가 처한 전략적 상황이 비관적이라는 것이었다. 나토 국가들의 GDP의 합은 유고슬라비아의 900배에 달하고, 국방비의 합은 유고슬라비아의 300배이며, 인구의 합은 유고슬라비아의 70배이다. (⋯) 바로 이웃한 나토는 거의 반세기에 달하는 초강대국들 간의 경쟁 속에서 토대를 구축했다. 유고슬라비아군은 최소한 한 세대만큼의 군사기술 현대화를 하지 못했다. 유고슬라비아는 군사 동맹국도 없었고 비교적 초보적인 소규모 군수산업만 있었다. 주요 외교적 지원은 러시아와 아마도 중국에서 받을 수 있었을 것이다. 그러나 세르비아에 대한 러시아의 공감은 확실했으나, 러시아의 군사적·경제적 약점은 잘 알려져 있었다. 중국은 아마 너무 멀리 떨어져 있는 데다가 도덕적 지원 이외에 무언가 제공하기에는 무관심한 것으로 인식되었을 것이다(Posen 2000, 49-50).

그렇다면 왜 전쟁이 일어났는가? 미국과 나토 동맹국들 측에서는 싸우겠다는 세르비아의 결의에 대한 경멸과 의심이 점점 커졌고, 이에 따라 랑부예 협약에 포함된 것과 같은, 세르비아가 받아들이지 못할 요구를 하게 되었다(Posen 2000, 49 각주 23). 세르비아 측에서는 밀로셰비치가 나토를 분열시켜서 싸우려는 의지를 위축시킬 수 있다고 믿는 정치적 전략을 개발했다. 이 전략은 다음과 같은 네 가지 요소를 담고 있었다. 나토의 세르비아 공습으로 인한 민간인 피해를 선전전에 사용하여 나토 국가들 내에서 전쟁에 대한 지지를 약화시키기, 서방 국가들 내에서 정치적 문제를 야기할 수 있는 다수의 알바니아 난민을 만들어내기, 끝까지 싸울 수 있는 능력을 약화시키기 위해 코소보 해방군(Kosovo Liberation Army)을 공격하기, 가장 중요한 것으로 나토에 반대하는 러시아의 지지를 획득하기. 폭격이 시작되기 한 주 전에 동유럽 해외방송정보 서비스(Foreign Broadcast Information Service East Europe)는 밀로셰비치가 "상황이 악화되면, 즉 군사 개입의 가능성이 매우 커지면 러시아가 베오그라드와 같은 편에 설 것을" 기대한다고 보도했다.[20]

전쟁이 시작되자 실제로 베오그라드는 예전부터 동맹이었던 러시아의 지지를 확보하려고 노력했다. 세르비아의 군사 전략은 러시아가 나토에 적대 행위를 중단하라는 압력을 증대할 수 있는 시간을 버는 데 부분적으로 목적이 있었다. 그러나 베오그라드의 기대와는 달리 전쟁이 지속될수록 세르비아에 대한 러시아의 지지는 감소했다.

처음에는 세르비아에 대한 나토의 공습에 큰 우려를 표명했던 러시아는 5월 6일에 마침내 다른 G-8 국가들과 평화안에 합의했다. 이 평화안은 유엔 평화유지군과 유고슬라비아의 영토 보전에 대한 보장을 포함하기는 했으나 미국의 원래 요구 대다수를 반영했다.

---

20 FBIS-EEU-1999-0318, March 18, 1999. Posen(2000, 52 각주 27)에서 재인용. 세르비아의 전략에 대한 묘사는 Posen(2000)에 근거를 둔 것이다.

이 순간부터 세르비아는 군사적으로나 정치적으로 홀로 남게 되었다. 실제로 모스크바는 바로 베오그라드에 G-8 평화안을 받아들이라고 압력을 가하고 세르비아에 대한 인내심이 줄어들고 있음을 보이려고 했다. 5월 19일이 되자 러시아의 특사 빅토르 체르노미르딘(Viktor Chernomyrdin)은 베오그라드 정부와의 논의가 "격렬"했다고 말했다.[21] 나토의 공습이 계속되고 나토로부터 더 나은 조건을 얻어내는 데 러시아의 지지를 활용할 수 없게 되자 마침내 밀로셰비치는 5월 28일에 합의에 동의했다.

요컨대 러시아는 미국 주도의 개입을 막아주어 세르비아를 지원하려 하지 않았을 뿐 아니라 세르비아가 결국 나토의 요구에 응하도록 만드는 역할을 했던 것이다.[22] 코소보 사태에 무력으로라도 해결책을 마련하겠다는 미국의 의지를 과소평가하고, 워싱턴을 자극하더라도 약소국인 세르비아를 지원하겠다는 러시아의 의도를 과대평가한 뒤에, 세르비아는 극도의 자구 상태에 처하게 되어 나토와 맞서려는 어떤 초강대국 후원국도 갖지 못하게 되었다. 이제 공격적 지배 전략을 취하는 단극으로서 미국은 정책 목적을 달성하기 위해 다시 한번 군사행동을 선택했던 것이다.

이라크전

2003년의 이라크 침공은 공격적 지배 전략의 맥락에서 유발되는

---

21 CNN, "NATO Pounds Belgrade for Second Straight Day," May 20, 1999. Posen(2000, 71 각주 73)에서 재인용.
22 Posen(2000, 66-71) 참조.

첫 번째 갈등 경로의 사례이다. 이전 장에서 제시했듯이, 공격적 지배는 저항적 약소국들에 공격을 억지할 수 있는 능력을 보유할 때까지 단극에 대해 균형을 취할 강한 유인을 제공한다. 핵 시대에 이러한 능력은 핵무기를 획득함으로써 가장 쉽고 효과적으로 확보된다. 그러나 저항적 약소국의 핵무기 획득은 이 국가에 대한 단극의 행동의 자유를 심각하게 위축시킨다. 따라서 단극에게는 예방적 행동을 할 강한 유인이 생기게 된다.[23] 이라크전에는 바로 이러한 예방적 동기가 있었다는 것이 나의 주장이다.[24]

부시 행정부는 이라크의 핵무장을 우려하는 한편 이라크가 대량살상무기 프로그램을 가지고 있지 않다고 확증할 수 없게 되자 사담 후세인을 축출하기로 결정했다. 후세인은 이라크의 국가 정상 지위를 포기하라는 요구를 따르기를 거부했다. 이라크에 대해 압도적인 군사력 우위를 지닌 미군 주도의 연합군은 2003년 3월에 이라크 침공을 개시했다. 연합군은 바로 이라크군에 승리했고 후세인 정권을 해체했다. 침공을 개시한 후 21일 만에 바그다드는 함락되었고, 주요 전투는 6일 후에 종료되었다.

2003년의 이라크 침공에서 미국의 목적은 바그다드에 우호적 정권을 세우고(즉, 이라크의 국제적 제휴관계를 변경하고 이에 의해 국제적 현상을 변경하고) 추정되는 대량살상무기 프로그램을 폐기함으로써 이라크의 상대적 힘이 증대되는 것을 막는 것이었다.[25] 실제로 이라

---

23 이 논리의 개발과 이를 적용한 이라크전에 대한 보다 긴 분석으로는 Debs and Monteiro(2014) 참조.

24 예방 전쟁에 내해서는 Levy(2011) 참조.

25 Freedman(2004); Woodward(2004); Senate Select Committee on Intelligence(2008) 참조.

크가 핵무기를 획득할 가능성이―곧 현실화될 것으로 워싱턴은 확신했다―전쟁을 찬성하는 주장에서 두드러졌다.[26]

2001년 9월 11일의 테러 공격 이후 대량살상무기의 확산은 미국에 특히 위협적인 것이 되었다. 이처럼 고조된 위협 인식은 딕 체니(Dick Cheney) 부통령이 말한 "1퍼센트 독트린(the one percent doctrine)"에 잘 드러나 있다. 새로운 안보 환경에서 미국은 "확률은 낮으나 충격은 큰" 사태들을 확실한 것처럼 다루어야만 한다는 것이다(Suskind 2006). 위협이 실현될 확률이 1퍼센트라도 있으면 미국의 정책은 임박한 확실한 위협을 다루는 것과 똑같이 무력 대응을 하는 것이어야 한다. 부시 행정부는 이라크의 핵 능력 확보를 이러한 "확률은 낮으나 충격은 큰" 사태로 간주했고 이라크의 비핵화를 확고히 해야만 한다고 결정했다. 사담 후세인의 행동에 대한 뿌리 깊은 불신을 감안할 때 이러한 목적을 이루려면 미국은 후세인 정권을 무장해제하고 힘의 균형을 미국에 유리하게 변경해야 했다.

1991년 걸프전의 패배로 심각하게 약화되었던 후세인의 군대는 이 전쟁의 결과로 부과된 엄격한 경제적·군사적 제재로 더욱 취약해져 있었다. 2003년경 이라크의 지정 전략적 지위는 최악의 상태였다. 초강대국 후원국도 없었고, 제대로 훈련되고 장비를 갖춘 군대도 없었던 것이다. 힘의 균형은 확실히 미국에 유리했다.

그렇지만 임박한 미국의 침공에 직면하고서도 후세인은 물러서

---

26 Bush(2004); Rademaker(2006) 참조. 이 목적이 합리적인가에 대해서는 많은 반대가 있었다. 또한 이 전쟁이 순전히 부시 대통령의 변덕 때문이었다고 주장되기도 했다. 2002년의 대통령 선거에서 민주당 후보인 앨버트 고어(Albert Gore)가 당선된다는 가상적 상황에서도 전쟁이 일어났을 것으로 결론짓는 Harvey(2011); Harvey(2012) 참조.

기를 거부했다. 그 근거는 다음과 같은 후세인의 예측이었다. 첫째, 러시아 혹은 프랑스가 이라크의 편에서 중재에 나서서 전쟁을 예방할 것이고, 둘째, 이것이 실패할 경우에 이라크군이 미국의 군사적 비용을 증대해서 미국의 여론이 워싱턴으로 하여금 물러나게 할 것이다(Woods et al. 2006). 하지만 이 중 어느 것도 이루어지지 않았다. 강대국인 중국과 프랑스, 러시아는 이라크에 대한 무력 사용의 유엔 승인에 반대는 했으나, 미국이 유엔의 승인 없이도 침공하겠다는 단호한 결의를 표명하자 어느 국가도 막으려고 하지 않았다(Woodward 2004, 372). 결국 미국 주도의 연합군은 3주 만에 후세인 정권을 전복했고, 주요 군사 작전은 침공 후 한 달 만에 종료되었다.

2003년의 침공에서 미국 주도의 연합국이 거둔 신속한 승리는 전쟁 초기에 존재했던 놀라운 힘의 불균형을 반영한다. 이라크 공군은 너무나 취약해서 후세인이 전쟁이 시작되기 전에 대부분의 전투기를 땅에 묻거나 해체하라고 명령했을 정도였다. 이라크 지상군은 병력 수는 많았으나[육군, 준군사조직 페다인 사담(Fedayeen Saddam), 엘리트 군사조직 공화국 수비대(Republican Guard)를 포함하여 50만 병력], 미군이 이끄는 침공군의 상대가 되지 않았다. 이러한 격차는 이라크군의 훈련이 엉망이었고 장비가 형편없었기 때문이다.[27] 본국에서 지구 반 바퀴를 돌아온 원정군을 맞아 친숙한 지형에서 방어전을 벌였는데도 이라크군은 연합군과의 모든 교전에서 패배했고 9,200명의 전사자를 냈다. 이는 연합군 전사자 172명의 50배가 넘는다.

결국 침공한 후에 대량살상무기는 발견되지 않았다.[28] 그러나 후

---

27 스티븐 비들(Stephen Biddle)이 이끈 미 육군 분석팀에 따르면, 이러한 전쟁 결과는 "연합군의 선진적 기술과 능력의 격차가 상승 작용한" 때문이다. Biddle et al.(2004, v).

세인은 실제 핵 프로그램을 가지고 있었으며, 1991년 걸프전이 종료된 후 유엔이 부과한 제재로 핵무기의 개발에 필요한 물자와 기술의 확보가 불가능해지자 어쩔 수 없이 중단했다.[29]

요약하자면, 탈냉전 단극 시대에 미국은 세계에서 가장 강한 국가이며 사담 후세인을 물러나게 할 수 있는 미국의 능력에 대해서 의문의 여지는 없었다. 견줄 데 없는 군사력으로 뒷받침되고 9·11 테러 공격의 충격에서 빠져나오지 못한 채, 워싱턴은 이라크가 대량살상무기, 특히 핵무기를 획득하게 되는 위험을 감수하지 않기로 결정했다. 후세인은 이라크를 떠나서 정권 교체가 가능하도록 하라는 미국의 요구에 복종하지 않았다. 이후 전개된 위기는 미국이 이끈 침공으로 귀결되었고 이라크군에 대한 신속한 승리로 끝났으나, 궁극적으로는 2011년까지 지속된 장기화되고 유혈이 낭자한 점령으로 이어졌다. 이 과정은 이전 장에서 묘사했던 갈등 유발 메커니즘 중 하나를 보여준다. 저항적 약소국은 핵무기 획득의 혜택이 너무나 크기 때문에 대량살상무기를 개발하지 않겠다는 보장을 할 수 없기 때문에 단극은 이 약소국의 비핵화를 보장하기 위해 군사행동을 할 유인이 생기는 것이다. 이와는 반대로, 단극이 저항적 약소국을 예방적으로 공격하지 않겠다고 보장할 수 없기 때문에 저항적 약소국은 스스로를 방어하기 위한 수단을 개발하겠다는 유인이 더 커지게 된다.[30]

단극 체계가 저항적 약소국들에게 핵 개발을 할 유인을 가져다주

---

28 Cirincione et al.(2004); Duelfer(2004) 참조.

29 Duelfer(2004) 참조.

30 Debs and Monteiro(2012) 참조.

기는 하지만, 이라크의 사례는 단극 체계에서 반드시 핵 확산이 증가하는 것은 아니라는 점을 보여준다. 한편으로 저항적 약소국이 핵무기 획득의 유인을 가지고 있다면, 다른 한편으로 단극은 그렇게 하지 못하도록 막을 유인이 있는 것이다.[31] 핸슨이 지적하듯이,

> 단극 체계의 초강대국은 양극 체계나 다극 체계의 강대국들과 마찬가지로 확산을 막아야 할 강한 유인을 지니고 있다. 자국의 핵무기의 가치를 유지하고, 체계 관리를 용이하게 하며, 핵무장한 약소국들에 의해 통제 불능의 사태가 벌어지는 것을 막기 위해서이다(Hansen 2011, 76).

따라서 지배 전략을 추구하는 단극은 핵 확산을 막기 위한 예방전쟁에 개입될 가능성이 크다. 2003년의 이라크전이 바로 이러한 사례이다.

지배 전략과 핵 확산

나의 이론에서는 단극이 개입된 전쟁이 저항적 약소국들로 하여금 핵 지위를 달성하려는 노력을 배가하게 할 것이라고 예측한다. 이런 경우가 바로 이라크전이 두 저항적 약소국 북한과 이란에 미친 영향이다. 이 두 국가는 이라크와 함께 부시 행정부가 "악의 축(axis

---

31 이 주장을 온전히 개진한 것으로는 Debs and Monteiro(2014) 참조.

of evil)"으로 부른 바 있다.[32] 월츠는 이라크의 경험이 다른 약소국들에 준 충격에 주목한다.

[2002년 초] 부시 대통령이 "악의 축"을 구성한다고 한 국가들―즉, 이라크, 이란, 북한―을 지목하고 나서 이들 중 하나―즉, 이라크―를 침공하자, 이것이 이란과 북한이 바로 깨달은 교훈이 되었음이 확실하다. 즉, 미국을 억지하려고 한다면 핵무장을 해야만 한다는 것이다. 이런 일이 벌어지는 것을 우리 모두가 대단히 명확하게 보게 되었다(Waltz 2011, 2).

이와 유사하게 모울과 사코도 이란과 북한의 핵 프로그램에 대해 가능한 증거들을 철저히 평가한 후에 다음과 같은 결론에 도달했다.

핵 균형에 대한 가장 명확한 증거는 부시 대통령이 2002년에 '악의 축'으로 부른 국가들로부터 나온다. 미국의 힘을 두려워할 이유가 있는 국가들은 미국을 억지하거나 응징할 수 있는 무기를 개발하고 있는 중이라고 주장되었다. (…) 이란과 북한의 핵무기 프로그램은 분명히 미국의 힘에 대한 대응으로 보인다(Mowle and Sacko 2007, 79).

초강대국 후원국이 존재하지 않고 미국의 의도가 불확실한 상황에서 북한과 이란은 핵무기의 개발을 통해 상대적 힘을 강화하기 위

32 Bush(2002) 참조.

해 상당한 노력을 기울여왔다. 예상대로 미국은 이들의 노력에 일관되게 반대해왔다. 그러나 워싱턴은 지금까지 핵 프로그램을 단념하도록 두 국가를 설득하지 못하고 있다.

북한

북한의 핵 프로그램은 1960년대까지 소급되는데, 당시 한국에 950기의 핵탄두를 전개하고 있던 미국에 대해 생존을 보장하기 위해서 시작되었다.[33] 그러나 평양의 핵 개발에 대한 중국과 소련의 지원에도 불구하고 영변에 있는 북한의 첫 번째 핵 반응로가 임계 반응까지 간 것은 1985년이었다.[34] 같은 해에 북한은 NPT에 가입했다.[35]

냉전 종식과 일치하는 1989년에서 1991년 사이에 북한은 영변 반응로에서 연료를 제거하고 사용 후 연료의 일부를 재처리하여 최소한 핵탄두 1기에 충분한 양의 플루토늄을 얻었다.[36] 러시아와의 군축 협상의 일부로, 그리고 북한의 핵 프로그램 중단을 용이하게 하기 위해서 미국은 1991년 12월까지 한국에서 모든 핵무기를 철수했다.[37] 이로 인해 1992년에 "한반도 비핵화 공동선언"이 체결되었다.[38] 그러나 다음 해에 국제원자력기구(International Atomic Energy

---

33 Norris(2003) 참조.
34 Norris(2003, 75) 참조.
35 Newnham(2004) 참조.
36 Pollack and Reiss(2004, 255); Newnham(2004, 168) 참조.
37 Kristensen(2002, 57) 참조.
38 Paul(2000, 123); Choi and Park(2009, 379) 참조.

Agency: IAEA) 사찰단은 핵 개발을 중단했다는 평양의 주장에 상반되는 증거를 발견했다. 이에 대응하여 북한은 NPT를 탈퇴하겠다고 위협했다.[39] 이로 인해 위기가 촉발되었고, 북한은 IAEA 사찰단 없이 실험용 반응로에서 핵연료봉을 꺼냄으로써 군사적 목적의 재처리 가능성이 커졌다.[40] 워싱턴이 경제 제재로 위협하고 북한이 서울을 "불바다"로 만들겠다고 하면서 위기는 고조되었다. 미 국방장관 빌 페리(Bill Perry)는 이 순간을 "[1994년에서 1997년까지의 내 임기 중] 미국이 심각하게 전쟁 위험에 처했다고 믿은 유일한 순간"이라고 회상한다(Perry 2002, 121).

지미 카터(Jimmy Carter) 대통령이 중재하여 1994년 10월 21일에 제네바 합의(Geneva Agreed Framework)가 체결되면서 위기는 마침내 해소되었다.[41] 이 합의에 포함된 것은 미국이 북한에 핵무기를 사용하지 않는다고 약속하고,[42] 미국의 주도하에 북한에 2개의 경수로를 건설할 컨소시엄을 결성하여 북한의 에너지 수요를 충당하며,[43] 이 경수로가 완공될 때까지 매년 50만 톤의 원유 공급을 미국이 보장하는 것이었다.[44] 북한은 당시 대략 6기의 핵탄두를 만드는 데 충분한 사용 후 핵연료를 무기화하지 않겠다고 약속했다.[45]

제네바 합의를 통해 2002년 말까지는 북한의 플루토늄 프로그램

39 Lee and Moon(2003, 140); Albright(2010, 155) 참조.
40 Lee and Moon(2003, 140) 참조.
41 Lee and Moon(2003, 141) 참조.
42 Norris(2003, 74) 참조.
43 Newnham(2004, 169) 참조.
44 Lee and Moon(2003, 141) 참조.
45 Braun and Chyba(2004, 10) 참조.

을 동결하는 데 성공했다.[46] 그러나 북한은 합의를 위반하고 비밀리에 기체 원심분리기를 사용하여 우라늄 농축 프로그램을 개발했다.[47] 1998년에는 미국의 위성이 사용 후 핵연료봉이 저장고에서 반출되고 있는 것을 발견했는데, 이는 이 연료봉들이 무기용 핵분열 물질로 재처리될 수 있음을 의미했다.[48] 평양이 합의를 이행하지 않고 있다는 증거가 많아지자 마침내 부시 대통령은 북한을 "악의 축" 국가이자 핵 공격 대상국 명단에 올려놓았다.[49] 나아가 워싱턴은 2002년 말에 북한에 대한 원유 공급을 중단했다. 이에 대한 보복으로 북한은 2003년 1월 10일에 NPT에서 탈퇴하고 뒤이어 IAEA 사찰단 전원을 추방했다(Lee and Moon 2003, 137). 미국의 이라크 침공이 임박했던 2003년 3월 3일에 부시 대통령은 북한에 대해 군사력을 사용할 수밖에 없다고 선언했다(Lee and Moon 2003, 144).

2001년 말에 미국이 중동에서 공격적 지배 전략으로 선회한 후 평양은 단계적으로 핵 능력을 확보해나갔다. 그리고 2003년에 바그다드가 함락되고 채 2주가 안 되어 평양의 관계자는 미국 측에 북한이 핵무기를 보유하고 있어서 미국의 정권 교체 구상으로부터 안전하다고 알렸다.[50] 2003년 8월에 이르러 미 정보기관은 이 주장을 확인했다.[51] 북한 핵무기의 목적은 북한의 행동에 대한 보복으로 미국이 평양 정권을 전복하려는 것을 억지하는 것이다. 2004년에 한국의

---

46 Newnham(2004, 170) 참조.
47 Braun and Chyba(2004, 22); Pollack and Reiss(2004, 255); Albright(2010, 162) 참조.
48 Norris(2003, 75) 참조.
49 Braun and Chyba(2004, 47) 참조.
50 Sanger(2003) 참조.
51 Pollack and Reiss(2004, 278) 참조.

노무현 대통령이 주장했듯이, "북한은 핵 능력이 외부의 공격으로부터 자국을 지키기 위한 억지 수단이라고 주장한다. 이 특별한 경우에는 북한의 주장에 상당히 일리가 있는 것이 사실이고 부정할 수 없다."[52] 이후 평양은 2006년, 2009년, 2013년에 핵실험을 했다(Snyder 2010, 158; Comprehensive Nuclear Test Ban Treaty Organization 2013). 지금까지 미국은 평양을 설득해서 핵 프로그램을 동결하고 소규모 핵무기들을 포기하게 하는 데 실패했다(Pollack 2011).

미국이 북한의 핵 개발을 묵인한 것은 평양에 대한 군사력 사용에 큰 대가가 따른다는 점으로 잘 설명되며, 이는 북한이 핵무기를 확보하기 전에도 적용된다.[53] 이라크와는 달리 북한은 미국의 동맹국들, 특히 한국에 중대한 피해를 주기에 충분한 재래 전력을 보유하고 있다. 서울을 표적으로 방사포를 쏘겠다는 "불바다" 전략은 수십만의 사상자를 초래할 수 있다.[54] 이처럼 북한에 대한 예방 전쟁에서 예상되는 높은 비용이 왜 이 경우에는 이라크와 달리 저항적 약소국이 핵무기를 확보할 수 있었고 결과적으로 평양 정권을 교체하려는 미국의 시도로부터 자유로워졌는지를 설명해준다.

이란

공식적 확인은 없지만 이란이 핵무기를 확보하거나 최소한 핵무

---

52 President Roh Moo-hyun, "Speech at the World Affairs Council," Los Angeles, November 14, 2004. Norris(2005, 67)에서 재인용.
53 Debs and Monteiro(2014) 참조.
54 Perry(2002, 121); Ayson and Taylor(2004, 264) 참조.

기 생산 능력을 확보해가고 있을 가능성은 매우 높다. 1950년대에 시작된 이란의 핵 프로그램은 다음과 같은 여러 가지 요인의 영향으로 냉전이 종식된 후 추진력을 얻게 되었다. 1989년에 핵 반대론자 아야톨라 호메이니(Ayatollah Khomeini)가 핵무기 찬성론자 아야톨라 하메네이(Ayatollah Khamenei)로 대체된 점, 1991년의 걸프전 당시에 이라크의 은밀한 핵 프로그램이 발견된 점, 특히 이 전쟁 이후 이 지역에서 미국의 존재가 증대된 점 등이 그것이다.[55]

이란의 핵 프로그램은 10년 뒤에 더욱 확장되었고, 미 국무부는 "이란의 진정한 의도는 핵무기를 위한 핵분열 물질을 생산할 수 있는 능력을 개발하는 것이라고 믿는다"라고 공표했다.[56] 2001년 이후 미국이 중동에서 공격적 지배 전략으로 선회하자 이란은 핵 프로그램에 박차를 가해 핵 기술을 확보하는 데 상당한 진전을 이루었다.[57] 테헤란이 핵보유국의 지위에 도달하기 위해 노력을 배가하는 근거는 비우호적인 미국에 대해 극도의 자구 상황에 처해 있기 때문인 것으로 보인다. 미국은 이란과 국경을 마주하고 있는 두 국가, 즉 동쪽으로 아프가니스탄과 서쪽으로 이라크에 2003년에서 2011년까지 대규모 병력을 주둔하고 있었다.

2007년 11월에 이르면 대단히 조심스러운 미국의 『국가정보총감(*National Intelligence Estimate*)』조차 이란이 핵무기 개발 활동을 하고 있지는 않으나 핵무기의 제조에 쓰일 핵분열 물질을 확보하는

---

55 Bruno(2008) 참조.

56 Richard Boucher, spokesperson for the State Department, speaking in May 2003. Bruno(2008)에서 재인용.

57 National Intelligence Council(2007) 참조.

데 상당한 진전을 이루고 있다고 결론 내렸다.[58] 또한 『국가정보총감』은 2010년에서 2015년 사이에 이란이 핵무기의 제조에 충분한 고농축 우라늄을 보유하게 될 것으로 추정했다.[59]

오바마 행정부가 이 지역에서 방어적 지배 전략으로 복귀했음에도 불구하고 이란은 핵 능력을 구축하는 데 지속적으로 진전을 이루어왔다. 실제로 이란의 핵 개발에 대한 2011년 IAEA 보고서에서는 테헤란 정권이 핵무기를 생산하고 발사하는 데 필요한 수단을 확보하는 데 가까이 가고 있다고 묘사했다(International Atomic Energy Agency 2011). 이란의 핵 프로그램에 대한 방해가 없다면 수년 안에 테헤란은 핵무기를 생산하고 발사하는 데 필요한 물질과 기술을 확보하게 될 것이다. 테헤란이 이러한 잠재적 핵 능력을 실전용 무기로 전환할지의 여부는 확실치 않다.[60] 한편 이란의 핵 프로그램을 탈선시키려는 미국의 노력도 계속되고 있다. 공식적으로 확인되지는 않았으나, 2010년 여름에 나탄즈 원자력 발전소에서 이란의 우라늄 농축 시도를 효과적으로 방해했던 스턱스넷(Stuxnet) 바이러스는 서방 요원들이 감행한 사이버 공격이었다는 것이 정설이다.[61] 나아가 이란이 핵 능력을 확보하기 이전에 미국이나 이스라엘이 예방적 군사행동을 시도하는 것도 가능하다.[62] 미국의 외교정책 전문가들 중

58 *Ibid.*
59 *Ibid.*
60 Abraham(2010) 참조. 핵 능력이 이란을 대담하게 만들어 국가의 생존을 넘어서는 목적을 추구할지의 여부는 열띤 논쟁의 대상이다. 최근의 논쟁으로는 Kroenig(2012); Debs and Monteiro(2012); Kahl(2012) 참조. 이 논쟁에서 유일하게 합의를 이룬 점은 핵 능력이 생존에 대한 어떠한 외부의 군사적 도전도 억지할 수 있는 능력을 테헤란 정권이 확보하게 해준다는 점이다.
61 Zetter(2011) 참조.

일부는 이란에 대한 예방적 군사행동이 가져오는 이득이 비용보다 훨씬 크다고 믿는다(Edelman et al. 2011; Kroenig 2012). 어떤 경우이든 2003년에 이라크에 초강대국 후원국이 없었던 것과 마찬가지로, 어떤 국가도 미국의 군사행동에 맞서 이란을 보호해주지는 않을 것이다(Mowle and Sacko 2007, 161-162).

이란의 핵 프로그램을 중단시키기 위한 유엔과 미국 및 유럽연합의 경제 제재의 압박 속에서 최근 테헤란은 제재 완화와 핵 개발의 동결에 대한 협의를 시작했다(Gordon 2013). 이러한 협의가 이란 핵 프로그램의 장기적 동결로 이어질 수도 있으나, 현재로서는 궁극적 결과가 무엇이 될지 알 수 없다. 나의 이론에서 예측하듯이, 핵 확산과 예방 전쟁 역시 가능한 것이다.

비관여와 전쟁

1989년 이래 미국이 세계의 주요 지역 대부분에 관여해왔기 때문에, 전 세계적 비관여 전략으로부터 초래되는 갈등 유발 메커니즘을 검증할 경험적 기록은 없다.[63] 그러나 외교 안보 전문가들은 이

---

62 또한 예방적 군사행동은 이 지역에서 미국의 동맹인 이스라엘의 선택지일 수도 있다. Raas and Long(2007) 참조.

63 미국이 관여하지 않게 된 유일한 지역은 아프리카로, 1994년 이래 이 지역에는 미군이 존재하지 않는다. 미국이 소말리아에서 철군한 때부터 COW(v4.0)의 최신 데이터가 가능한 2007년까지 14년 동안 아프리카에서는 단 하나의 국가 간 전쟁과(1998년에서 2000년 사이에 벌어진 에티오피아와 에리트리아 간의 바드메 국경 전쟁) 23건의 내선이 있었다. 이전의 양극 시기에는 1945년에서 1989년까지 아프리카에 네 번의 국가 간 전쟁과 27건의 내전이 있었다. 이 의미는 미국이 아프리카 대륙에 관여하지 않게 된 이래 국가 간 전쟁

메커니즘을 잘 이해하고 있다. 스티븐 로젠(Stephen Rosen)은 미국의 비관여가 아시아와 중동에서 핵 확산과 군비 경쟁을 초래할 것이라고 주장한다. 그의 결론에 따르면, "제국적 미국이라는 논리에 끌리지는 않지만, 그렇다고 그 대안이 그다지 매력적인 것은 아니다"(Rosen 2003). 파리드 자카리아(Fareed Zakaria)도 "문제가 곪아가고 책임은 끝없이 전가되며 마침내 문제가 터져버리는 세계"를 미국의 비관여가 낳을 것이라고 주장한다(Zakaria 2007). 유사한 맥락에서 마이클 맨들바움(Michael Mandelbaum)은 미국의 비관여가 "국제 체계로부터 국가들이 서로 충돌하지 못하게 만드는 안전장치를 없애게" 될 것이라고 말한다(Mandelbaum 2005, 195). 니얼 퍼거슨(Niall Ferguson)은 이런 상황을 "무극성(apolarity)"이라고 부르면서 "무정부적 신암흑기(new Dark Age)이자 문명이 몇 개의 요새화된 고립지로 후퇴하는 시기"로 묘사한다(Ferguson 2004, 34). 로버트 리버(Robert Lieber)는 보다 구체적이지만 그렇다고 덜 암울하지는 않게 다음과 같이 묘사한다.

> 아시아에서는 일본, 한국, 그리고 대만이 핵무장을 하려는 강력한 동기를 지니게 될 것이다. 이들은 대단히 신속히 핵무장할 수 있는 기술적 능력이 있다. 불안정과 지역적 경쟁이 확산될 수 있는 인도와 파키스탄뿐 아니라 베트남, 태국, 인도네시아와 필리핀을 포함한 동남아시아도 마찬가지이다. 중동에서의 위험도 증대되어 걸프 지역의 주요국(이란, 사우디아라비아, 이라크)뿐 아니라 이집트, 시리아,

의 빈도가 대략 같은 수준이었던 반면 내전의 빈도는 2배 이상이 되었다는 것이다(1년당 1.6건으로 양극 시기에는 0.6건이었다). Sarkees and Wayman(2010) 참조.

이스라엘까지 포함하는 지역적 경쟁이 벌어질 것이다. 대규모 지역적 전쟁들, 궁극적으로 대량살상무기의 사용, 엄청난 규모의 인명 피해, 난민의 유입, 경제 붕괴, 원유 수급망의 붕괴 등을 쉽게 연상할 수 있다(Lieber 2005, 53).

미국의 정책 결정자들도 이 논리를 이해하고 있다. 미군이 전 세계에 주둔하는 것은 "조정자 논리(pacifier logic)"의 결과인데, 이 논리에 따르면 한 지역 내에서 궁극적으로 갈등으로 이어지는 심각한 안보 경쟁을 저지하기 위해서는 지역 밖의 외부 세력이 존재해야만 한다. 이 논리가 유럽과 중동은 물론 아시아에서 (일본, 한국, 타이완에 대한) 미국의 안보 보장에 깔려 있는 것이다.

이 장에서는 탈냉전 국제 체계의 첫 25년 동안의 갈등 사례를 살펴봄으로써 단극 체계가 어떻게 갈등을 유발하는지를 보여주었다. 이 기간 동안 미국은 두 가지 유형의 지배 전략, 즉 공격적 지배 전략과 방어적 지배 전략을 추진했다. 방어적 지배 전략은 국제적 현상 변경에 대한 미국의 태도의 불확실성을 만들어냄으로써 걸프전이 발발하도록 만들었다. 나아가 이란과 북한 같은 저항적 약소국이 핵무기의 개발에 다시 관심을 갖게 만들었다. 1990년대에 유럽에서 추진했고 2001년 9월 11일의 테러 공격 이후에 중동에서 추구했던 공격적 지배 전략은 코소보와 아프가니스탄 및 이라크에서의 군사 개입으로 귀결되었다. 이 사례들에서 미국은 저항적 약소국들에 대한 목적을 달성하기 위해 전쟁을 벌여야 했다. 다른 한편, 이 전략은 이란과 북한이 핵보유국의 지위에 도달하도록 부추겨서, 평양 정권은 이미 이 목적을 이루었고 테헤란은 최소한 현재로서는 이 목적에 근접해가고 있다. 실제로 미국의 압도적 힘으로 인해 이란의 핵 프로그램에 대한 예방적 공격의 득실에 대한 열띤 논쟁이 이어지고 있다. 마지막으로, 1989년 이래 미국이 세계에 대한 관여를 계속해오고 있음에도 불구하고 단극이 비관여하는 경우의 갈등 유발 메커니즘에 대해서는 지배 전략을 지지하는 정책 분석가들의 근거에서 추론할 수 있다. 종합적으로, 단극 세계의 첫 25년 동안 우리는 놀라울 정도로 빈번한 미국의 군사행동을 보았고 이 제약되지 않은 단극으로부터 생존을 보장해줄 수단을 개발하려는 저항적 약소국들을 보았다.

우월론자들의 예측과는 상반되게 미국의 압도적인 힘은 지금까지 상당한 수준의 갈등을 초래했다. 워싱턴이 따랐던 공세적 지배 전략과 방어적 지배 전략에는 상당한 갈등 비용이 수반되었다. 하지만 지금까지 이 비용은 미국을 전 세계적 비관여로 선회하도록 만들 만큼 크지는 않았다. 제3장과 4장에서 보았듯이, 워싱턴이 이 비용을 계속 치르려는 이유는 비관여 전략이 저항적 약소국들과의 갈등을 피할 수 있게는 해주지만 경쟁 비용을 수반하기 때문이다. 압도적 힘이 상당한 이득을 가져다준다고 워싱턴이 인식하고 있기 때문에, 둘 이상의 경쟁적 초강대국이 있는 세계로 돌아가는 것은 지금까지 미군이 싸워왔던 빈번한 전쟁보다 더 손해라고 간주된다. 결론에서는 왜 이것이 미국의 합리적 대응이 되는지에 대한 나의 주장을 제시한다. 미국은 군사력의 압도적 우위로부터 계속 이득을 취할 것이며, 따라서 단극 체계가 가까운 장래까지 지속될 수 있도록 방어적 지배와 강대국들의 경제성장을 포용하는 전략을 계속 취할 것이다.

제8장

결론

소련은 1989년에 미국과의 지정학석 경생을 중단하기로 결정했다. 이 결정은 장기간의 군비 경쟁과 전 세계적으로 수많은 대리전으로 나타났던 거의 반세기 간의 치열한 양극적 경쟁을 마감했다. 3년이 채 지나지 않은 1991년에 모스크바는 더 이상 전 세계적 블록의 중심이 아니었으며, 소련 자체가 해체되었다. 급작스런 소련의 붕괴로 미국은 남아 있는 유일한 초강대국이 되었다. 근대 이래 역사상 최초로 전 세계적인 군사력의 균형이 단극이 된 것이다. 1991년 양원 합동회의의 국정 연설에서 조지 부시 대통령은 동급 경쟁국의 존재를 과거의 일로 치부하면서 "몇 가지 예외를 제외하면 이제 세계는 하나이다"라고 선언했다(Bush 1991).

국제정치의 이와 같은 격변은 모두를 놀라게 했다. 이후 20여 년간 미국의 역할에 대해 많은 논의가 있었다. 특히 국제정치학자들은 동급 경쟁국이 없는 상태에서 어떻게 미국이 제약될 수 있는지를 이해하기 위해 상당한 노력을 경주해왔다.[1] 그렇지만 체계적 세력균형의 부재가 국제정치에 어떤 영향을 미치는지를 설명하는 이론이 없었기 때문에 지금까지 우리는 단극 세계의 작동에 대해 제대로 이해할 수 없었다. 이 책에서는 단극 체계의 이론을 제공함으로써 이러한 문제를 해결하려고 했다. 체계적인 군사력 균형의 부재가 세계 정치에서 가장 중요한 두 가지 문제, 즉 국제 체계의 평화와 지속성 문제에 어떻게 영향을 미치는가에 대한 이론적 관점을 제시했던 것이다.

이 마지막 장에서는 우선 나의 주장을 요약하고 나의 이론에서 핵 혁명이 지닌 중요성을 조명한다. 그러고 나서 평화와 지속성에 대한 나의 주장의 함의를 결합하여 미국과 같은 단극에 이상적인 대전략을 제시한다. 끝으로, 나의 주장의 도덕적 함의를 잠시 생각해보고 현 국제 체계가 진화해갈 경로 몇 가지를 검토한다.

이론의 요약

이 책에서는 국제정치에서 가장 중요한 두 가지 이슈, 즉 국제 체계의 평화로움과 지속 가능성을 단극성이 어떻게 조건 짓는지에 대한 설명을 제공한다. 이러한 영향을 파악하기 위해 단극 세계에서의 경쟁과 갈등의 근원에 대해 두 가지 핵심적 주장을 제시했다.

이 주장들은 상대적인 것이 아니라 절대적인 것이다. 단극 체계

---

1   Brooks and Wohlforth(2008) 참조.

를 양극 체계나 다극 체계와 같은 다른 유형의 국제 체계와 비교하여 어떤 체계가 더 지속적이고 평화로운지를 결정하려는 것은 아니다. 이보다 나의 초점은 체계적 세력균형의 부재 상태에서 경쟁과 갈등의 근원을 조명하는 것이다. 단극 체계가 지속적일 수 있다는 나의 주장은 단극 체계가 양극 체계나 다극 체계보다 오래갈 것이라는 주장이 아니다. 대신에 나는 국가들, 특히 부상하는 경제적 강대국들이 단극에 대해 균형을 취하게 되는 이유에 초점을 둔다. 이런 식으로 나는 단극적인 군사력 분포가 잠재적인 경제력 분포의 변화를 버텨낼 수 있는 조건들을 설정한다. 단극 체계가 실제로 국제정치의 다른 구조들보다 더 장기간 지속될 것인지는 확정할 수 없는 문제이다. 마찬가지로 단극 체계가 평화롭지 않다는 나의 주장은 단극이 존재하면 둘 이상의 초강대국이 있을 때보다 더 많은 갈등이 존재할 것임을 의미하는 것이 아니다. 대신에 나의 주장은 국제정치의 단극적 구조에 고유한 갈등 유발 메커니즘을 설명하는 데 초점을 둔 것이다.

그렇지만 다른 의미에서도 나의 주장은 상대적인 것이다. 나의 주장은 어떻게 단극 체계가 특정한 결과를 반드시 산출할 것인지에 대한 것이 아니라 어떻게 특정한 결과가 산출될 가능성을 크게 하는지에 관한 것이다. 행위자들, 이 경우에 국가들은 선택을 하는 데 상당한 자유를 지닌다. 지금까지 보았듯이, 단극의 대전략 선택은 자신의 압도적인 힘의 우위가 지속될 것인지와 지속되는 동안 어떤 유형의 갈등이 일어날 것인지에 대해 중대한 영향을 미친다. 그렇지만 단극 시대의 국제정치에 대한 온전한 설명은 나의 이론에서 생략된 많은 변수를 포함해야 할 것이다.

이 책에서 내가 제시한 이론에서는 국가들이 전략적 환경의 변화에 대체로 합리적으로 대응한다는 관찰에 근거해서 국가가 합리적이라고 가정한다. 국가가 합리적이라는 가정은 또한 나의 이론으로부터 경험적 함의를 끌어내서 반증을 쉽게 해준다. 예컨대 나는 단극이 단극 체계가 순이득을 제공하는 한 압도적인 힘의 우위를 유지하려고 할 것이며 이러한 이득이 사라지면 그렇지 않을 것이라고 예측한다. 마찬가지로 나는 단극이 강대국들의 경제성장을 포용하고 가장 중요한 지역에서 현상을 수호할 경우에 강대국들이 단극에 군사적 도전을 감행하려고 하지 않을 것이라고 예측한다. 같은 논리로 나는 단극이 강대국들의 지역에서 공격적 지배 전략을 수행하거나 세계로부터 관여를 중단하거나 강대국들의 경제성장을 봉쇄하려고 할 경우에 강대국들이 단극의 압도적인 힘의 우위를 없애려고 할 것으로 예측한다.

단극의 지속성에 대한 나의 주장은 부상하는 경제적 강대국들에게 전 세계적인 군사력 균형을 재수립하려는 유인을 감소시키는 조건들에 초점을 둔다. 달리 말해, 단극에 대한 군사적 균형이 더 이상 의미가 없게 되는 조건들을 이론화하는 것이다. 균형은 국가가 최우선의 목표, 즉 생존을 보장하려는 동기에 의해 이루어진다. 따라서 즉각적이든 장기적이든 국가의 생존이 위험에 처하는 한 균형이 일어날 것으로 예측할 수 있다. 즉각적인 생존이 체계에서 가장 강력한 국가에 상응하는 군사력을 (국내적으로 또는 동맹을 통해) 구축해야만 보장되는 재래 전력의 세계에서는 힘의 압도적 우위가 지속될 가능성은 낮다. 그러나 핵 세계에서는 압도적 힘의 지위가 지속 가능하다.

핵 세계에서 부상하는 경제적 강대국들은 견고한 핵무기를 확보함으로써 강대국의 지위에 올라가서 즉각적 생존을 보장할 수 있다. 따라서 단극적인 핵 세계의 지속성을 결정하는 열쇠는 강대국들의 장기적 생존에 필수적인 경제성장에 유리한 국제 환경의 존재 여부이다. 이 환경이 존재한다면, 국제 체계는 강대국들이 단극에 대해 균형을 지속할 아무런 구조적 유인을 부여하지 않으며 단극의 압도적인 힘의 우위가 지속되도록 허용하는 조건들을 제공한다.

핵 시대에는 단극 세계의 지속성에 유리한 조건들이 조성될지의 여부가 단극의 대전략에 달려 있다. 단극이 경제력 분포의 변화에 처해서도 자신의 지위를 유지하려면 방어적 포용 전략을 추구해야 한다. 이 대전략은 최소한 부상하는 강대국들이 있는 지역에서는 현상 유지를 확고히 하는 방어적 지배의 군사 전략과 다른 강대국들의 지속적 경제성장을 허용하는 포용의 경제 전략을 요구한다. 요컨대 핵 세계는 단극이 다른 핵 국가들에게 경제적으로 추월당하더라도 군사력의 압도적 우위는 유지할 수 있는 조건들을 만들어내는 것이다. 따라서 압도적인 군사력 우위의 지속은 경제적 패권의 희생을 요구할 수도 있다. 이에 대해서는 뒤에서 장래의 시나리오를 검토하면서 다시 논의한다.

단극 체계가 지속적일 수 있기 때문에 평화로울지의 여부는 더욱 중대해진다. 단극 체계의 평화에 대한 나의 주장은 체계적 세력 균형의 부재로 작동되는 특정한 갈등 유발 메커니즘을 강조한다. 단극 체계의 개념상 당연히 단극 체계에서는 초강대국들 간의 갈등이 존재할 수 없다. 그러나 이와 동시에 초강대국이 동맹국들을 지원함으로써 비대칭적 혹은 주변적 갈등을 체계의 중심부 문제로 만드는 안정화 효과도 없어진다. 양극 체계나 다극 체계에서는 어떠한 유형의 국가 간 갈등도 초강대국들 간의 대결로 변환된다. 이렇게 갈등을 초강대국의 진영으로 전환하는 것이 안정화 역할을 하는 것이다. 양극 체계와 다극 체계의 동맹 체제는 주변적인 긴장을 체계의 핵심 대결 구도로 이전시킴으로써 갈등을 누그러뜨릴 수 있다. 그러나 단극 세계에서는 비대칭적 혹은 주변적 갈등이 초강대국이 이끄는 블록들 간의 경쟁에 흡수됨으로써 억지가 확보되는 안정화 효과가 존재하지 않는다. 이와 같이 긴장을 결합하여 체계의 핵심적 균열로 이전하지 못하는 것이 단극 세계에서 갈등의 여지가 생기는 중요한 이유 중 하나이다.

단극 체계에서 초래되는 갈등의 유형은 유일 초강대국의 전략에 달려 있다. 만일 단극이 공격적이든 방어적이든 지배 전략을 추진한다면 저항적 약소국들과의 전쟁에 개입될 가능성이 크다. 잠재적인 초강대국 후원국이 없기 때문에 저항적 약소국들은 생존이 심각하게 위험해지는 극도의 자구 상황에 처하게 된다. 따라서 이들은 핵시대에 핵무기를 확보함으로써 이 곤경에서 빠져나오려고 할 것이다. 그러나 이들이 추가 능력을 확보하기 이전에 압도적 힘의 우위를 지닌 단극은 예방 전쟁을 감행할 유인을 지니게 된다. 더불어 약소국들은 자국에 유리하게 현상을 소규모로 점진적으로 변경하는 데 대해 단극이 얼마나 반대할지를 시험해볼 가능성이 크다. 현상 유지에 대한 단극의 의도가 불확실하기 때문에 이러한 갈등이 벌어질 수 있는 것이다. 마지막으로, 만일 단극이 공격적 지배 전략을 선택하게 된다면 저항적 약소국들과의 전쟁을 유발하는 세 번째 메커니즘이 작동할 수 있다. 저항적 약소국들에 대한 단극의 수정 요구는, 특히 이 요구가 이 약소국들의 생존을 위협할 경우에 받아들여지지 않을 가능성이 크다. 압도적인 상대적 힘을 지니고 있기 때문에 단극은 필요할 경우에 무력을 사용해서라도 원하는 결과를 얻으려는 유혹에 빠질 것이다. 이러한 메커니즘들이 합쳐져서 단극 세계에서 빈번한 갈등이 목도되는 이유를 설명해준다. 구체적으로 미국과 이라크(1991년과 2003~2011년), 세르비아(1999년), 아프가니스칸(2001년~) 간의 전쟁에서 이 메커니즘들이 작동했던 것이다.

초강대국이 여럿 있는 체계에 비해 단극 체계는 지배 전략을 취하고 있는 단극에게 갈등의 기대 비용을 낮춰준다. 단극 체계의 개념상 단극이 벌이는 어떠한 전쟁도 다른 초강대국과의 전쟁으로 확전될 위험은 없다. 갈등의 비용이 낮아지기 때문에 단극이 받아들일 수 있는 평화적 타협의 범위는 좁아진다. 이에 따라 단극은 저항적 약소국들이 포용할 수 없는 요구를 하게 될 수 있고 전쟁의 가능성은 커지게 된다.

한편, 단극이 세계에 관여하지 않을 경우에 갈등에 개입될 가능성은 적다. 그러나 단극의 지역 이외의 지역에서 초강대국의 개입이 사라지게 되면 지역적인 경쟁적 세력이 풀려나서 결국 각 지역에서 강대국들까지 포함된 국가 간의 갈등을 초래할 것이다.

전체적으로 볼 때, 갈등 수준에 대한 단극 체계의 영향을 단정하기는 쉽지 않다. 한편으로 단극 체계에서는 양극 체계와 다극 체계에서 긴장의 주요 근원 중 하나인 초강대국 간의 경쟁이 사라진다. 다른 한편, 초강대국들과의 동맹이 비대칭적 경쟁과 주변적 경쟁을 제약하는 것도 사라진다. 이 두 가지 동시적 효과가 갈등의 빈도를 다른 체계들과 비교하는 것을 어렵게 만드는 것이다. 그럼에도 불구하고 나는 단극 체계가 양극 체계나 다극 체계보다 절대적인 기준에서 더 평화롭다는 어떠한 선험적 예측도 하지 않는다. 각 체계의 갈등 유발 메커니즘은 서로 다르며 갈등의 빈도에 대한 각각의 상대적 영향은 분명하지 않은 것이다.

단극이 군사적 갈등에 빈번히 개입될 가능성에도 불구하고 나의 주장 중 어떤 것도 단극이 쇠퇴할 것으로 단정하지는 않는다. 각 전략에 수반되는 갈등의 수준이 단극이 받아들일 수 있는 정도일 수 있고 단극의 지위를 유지하는 능력에 무시할 만한 영향만을 미칠 수 있다. 단극이 경제적으로 혹은 군사적으로 과잉 팽창할 것인지의 여부는 경험적인 문제인데, 이는 단극과 강대국들 간의 힘의 격차의 규모와 단극이 개입되는 갈등의 규모에 달려 있다. 나아가 단극이 단극 체계를 지속 가능하게 해주는 방어적 포용 전략을 합리적으로 선택할지의 여부는 각 전략에 수반되는 갈등 비용과 경쟁 비용의 상대적 비중에 따라 결정되며, 이는 다시 단극의 지위로부터 추출하는 이득의 크기에도 달려 있다. 이런 요소들 중 어떤 것도 선험적으로 논의될 수 없다. 따라서 단극 체계 이론에서는 지속 가능한 단극 체계 속에서 빈번한 갈등 가능성을 인정할 수밖에 없다. 요컨대 단극 체계의 갈등에 대한 나의 예측에서는 단극 체계가 지속적인가 하는 문제에 대해 특정한 답을 미리 정하지 않는다. 국제정치의 단극적 구조는 지속적일 수 있지만 이 구조를 특징짓는 것은 평화가 아니라 갈등인 것이다.

단극 체계의 평화와 지속성에 대한 이 주장들을 결합하면 국제정치에 대한 핵 혁명의 두 가지 다른 영향이 부각된다. 한편으로 핵무기는 강대국들이 재래 전력에서 단극의 전반적인 압도적 우위에 도전하지 않고서도 자국의 지위를 확보할 수 있게 해줌으로써 체계적인 군사력 균형의 부재를 지속적일 수 있게 한다. 핵무기는 강대국들이 초강대국의 지위를 위해 경쟁할 유인을 감소시킨다. 견고한 핵무기는 재래 전력의 분포와 상관없이 가까운 장래까지 국가의 생존을 실질적으로 보장해줌으로써 체계적 세력균형이 이루어질 때까지 균형을 계속 취할 핵심적 유인을 사라지게 한다. 이렇게 함으로써 견고한 핵무장은 국제정치에서 절대적 힘의 중요성을 복귀시키는 것이다. 이와 달리 재래 전력의 세계에서는 상대적 힘만이 중요하다. 군사력에서 경쟁국들에 상응하거나 우월하지 않은 경우에 어떤 국가도 생존을 확신할 수 없다. 그러나 핵 세계에서는 상대적 힘이 중요하지 않게 되는 지점이 있다. 국가가 잔존 가능한 핵무기를 확보하는 지점이 그것이다. 결과적으로 핵무기는 국제 체계에서 가장 중요한 국가들이 비교적 원만한 관계를 가질 수 있게 하는 것이다.

다른 한편, 잔존 가능한 핵무기를 보유하는 것이 지니는 절대적인 가치는 현상 유지가 별로 의미가 없는 저항적 약소국들에게 핵확산에 대한 강한 구조적 유인을 제공한다. 이 때문에 저비스는 단극 체계가 "그 안에 붕괴는 아닐지라도 변형의 씨앗을 포함하고" 있을 수 있다고 우려한다(Jervis 2009, 213).

이로 인해 핵이 확산된 세계에서 단극 체계가 어떻게 될지 의문이 생긴다. 다른 국가들을 강제하는 미국의 능력은 감소하겠으나, 마찬가지로 이제 스스로 억지력을 갖춘 우방국들을 방어해줄 필요도 감소할 것이다. 여러 가지 기준과 고려에 따를 때 세계는 여전히 단극적일 테지만, 많은 국가가 심지어 단극에 대해서도 스스로를 지킬

수 있을 것이다. (…) 어떤 경우이든 체계의 극성은 덜 중요해질 것이다.[2]

그렇지만 마찬가지 논리로 세계에 관여하고 있는 단극에게는 자신의 압도적인 군사력을 사용하여 핵무기의 확산을 막을 유인이 있다. 나아가 저항적 약소국들을 굴복시키는 단극의 능력은—따라서 저항적 약소국들을 강제하고 그 행태를 제한할 수 있는—핵무기를 개발하려는 약소국들의 시도로 위협을 받는다. 따라서 이 결과는 핵국가들의 증가가 아니라 예방 전쟁의 증가일 수 있는 것이다.[3]

요컨대 단극 세계의 지속 가능성과 평화의 결핍 양자의 배후에는 핵무기가 있다.[4] 핵무기는 핵보유국들 간의 관계를 평화롭게 하는 경향이 있으나 핵보유국들과 핵 개발국들 간에 예방적 갈등을 초래할 가능성이 있는 것이다.

미국의 대전략에 대한 함의

이러한 주장들이 미국의 대전략에 대해 지니는 함의는 무엇인가? 나의 이론에서 명확히 밝혔듯이, 워싱턴은 전략적 선택을 할 때 두 가지 변수를 고려해야 한다. 각 전략이 초래하는 갈등 비용과 경쟁 비용이 그것이다. 어떤 전략이 단극을 빈번한 전쟁으로 이끌 때

---

2   Jervis(2009, 212-213), 각주 생략.
3   Monteiro and Debs(2013); Debs and Monteiro(2014) 참조.
4   Craig(2009, 41) 참조.

이 전략은 갈등 비용을 수반한다. 단극이 힘의 압도적 우위로부터 이득을 거두고 있을 때 어떤 전략이 이 압도적 우위를 약화하거나 다른 초강대국이 출현할 유인을 제공한다면, 이 전략은 경쟁 비용을 수반한다.

지금까지 보아왔듯이, 미국이 힘의 압도적 우위로부터 이득을 거두는 한, 항상 이 비용들 중 하나가 발생한다. 미국의 압도적 우위를 지속시켜서 결과적으로 경쟁 비용을 발생시키지 않는 전략은 미국을 빈번한 전쟁으로 이끌어서 막대한 갈등 비용을 초래할 것이다. 역으로 빈번한 전쟁 개입을 피하게 해서 아무런 갈등 비용도 수반하지 않는 전략은 미국의 압도적 힘의 우위를 종식시켜서 막대한 경쟁 비용을 초래할 것이다. 결과적으로 미국의 압도적인 힘의 우위를 지속시키려는 목적은 빈번한 전쟁 개입을 피하려는 목적과 병존할 수 없는 것이다. 이런 의미에서 나의 이론에서는 현재의 단극 정치에 대한 비극적 관점을 제시한다. 단극은 단극의 지위를 유지하는 것과 전쟁에 대한 개입을 피하는 것 둘 중의 하나만을 선택해야 하는 것이다. 둘 다 가질 수는 없다.

만일 워싱턴이 군사적으로 공격적 지배와 방어적 지배 중 어느 하나의 지배 전략을 선택한다면, 빈번한 전쟁으로부터 유발되는 갈등 비용을 치러야 할 것이다. 공격적 지배 전략의 수정주의적 목적은 방어적 지배 전략 때보다 이 비용을 더 크게 할 것이다. 다른 한편, 만일 워싱턴이 부상하는 강대국이 있는 지역에서 공격적 지배 전략이나 비관여 전략을 선택한다면, 강대국의 균형을 촉발하고 압도적인 힘의 우위로부터 거두던 이득이 사라짐으로써 경쟁 비용을 치를 것이다. 경제적으로는 포용 전략에 따르는 비용은 없으나(하지

표 7 탈냉전 시대 단극의 각 전략적 선택에 따르는 비용

대전략	경쟁 비용	갈등 비용
공세적 봉쇄	있음	있음
방어적 봉쇄	있음	있음
비관여 봉쇄	있음	없음
공세적 포용	있음	있음
방어적 포용	없음	있음
비관여 포용	있음	없음

만 더 빠르게 성장하는 다른 경제적 강대국들에 비해 상대적 손실이 클 가
능성이 있다) 봉쇄 전략은 경쟁 비용을 초래할 것이다. 〈표 7〉에서는
경쟁 비용과 갈등 비용에 대한 각 전략의 결과를 요약해서 보여준
다. 어떤 전략도 두 비용 모두를 피할 수는 없다.

이 표에서 두 가지 결론을 도출할 수 있다. 첫째, 부상하는 강대
국이 있는 지역에서는 공격적 지배의 군사 전략이 전혀 합리적이지
않다. 항상 경쟁 비용과 갈등 비용 모두를 수반하기 때문이다. 공격
적 지배 전략은 저항적 약소국들에게 중대한 위협을 가함으로써 이
들이 단극의 요구를 거부하고 핵무기를 확보하려는 노력을 배가하
도록 하며, 저항적 약소국들의 이러한 행동은 다시 단극으로 하여금
핵 확산이 만연해져서 행동의 자유가 감소되는 것을 피하고 자신의
목적을 달성하기 위해 빈번하게 전쟁을 감행하도록 할 것이다. 이로
써 상당한 갈등 비용이 발생하게 되는 것이다. 이와 동시에 공격적
지배 전략은 이 지역 강대국들의 장기적 경제성장에 유리한 국제 환
경을 위협할 것이며 이들의 미래 생존을 위험에 빠뜨려서 결국 단
극 체계의 지속성을 감축시키는 균형 과정을 촉발할 것이다. 이로써

경쟁 비용도 발생하게 되는 것이다. 요컨대 경제력이 상승하고 있는 강대국들이 존재하는 지역에서 실행되는 공격적 지배 전략은 단극의 행동의 자유에 단기적 제약과 장기적 제약 모두를 가져오며, 빈번한 갈등을 유발하고, 강대국들이 핵 세계에서도 체계적 세력균형을 재구축하려고 시도하게 할 것이다. 비관여 전략과 마찬가지로 공격적 지배 전략은 단극의 압도적인 힘의 우위가 지속되는 것을 보장하지 못하는 것이다. 다른 한편, 비관여 전략과는 달리 공격적 지배 전략은 단극이 빈번한 갈등에 빠져들도록 한다. 따라서 중국과 같은 부상하는 강대국이 존재하는 지역에서 이 전략은 좋은 선택이 되지 못한다. 미국의 압도적인 힘의 우위를 종식시키고 미군을 수많은 갈등으로 끌고 들어갈 것이기 때문이다.

둘째, 단극이 할 수 있는 전략적 선택 중 어느 것도 단극이 압도적 우위를 유지하면서도 평화롭게 지내는 것을 보장할 수 없기 때문에 워싱턴의 정책 결정자들이 선택할 수 있는 어떤 전략도 단점이 없는 것은 없다. 따라서 미국에게 최선의 합리적 전략은 발생할 수 있는 경쟁 비용과 갈등 비용의 상대적 크기에 의해 결정될 것이다.

만일 현재의 단극 체계에서 경쟁 비용이 갈등 비용보다 크다면 워싱턴은 방어적 포용 전략을 선택하는 것이 나을 것이다. 방어적 포용 전략은 단극과 강대국들 모두의 경제성장이 계속되어 양자의 장기적 생존을 보장하는 데 유리한 국제 환경을 지속시킬 가능성을 최대화한다. 이 전략은 중국이나 다른 강대국들이 미국에게 군사적 도전을 감행할 가능성을 낮추어서 미국의 압도적인 힘의 우위가 지속될 수 있게 해줄 것이다. 그러나 이와 동시에 방어적 포용은 저항적 약소국들과의 갈등에 미국이 빈번하게 개입되도록 할 것이다. 단극 체계로부터의 이득이 이런 전쟁들에 수반되는 비용보다 크다면 방어적 지배가 합리적인 단극의 선택이 될 것이다.

그렇지만 만일 방어적 포용에 수반되는 갈등 비용이 경쟁 비용보다 크다면 워싱턴은 비관여의 군사 전략을 실행해야 한다. 비관여는 단극이 평화롭게 지낼 수 있도록 허용하는 유일한 전략적 선택이다. 또한 이 전략은 전쟁과 핵 확산을 일어나게 하는 체계 수준의 압력을 줄여준다. 그러나 이와 동시에 비관여 전략은 전 세계의 평화에 중대한 문제를 가져온다. 지역적 세력균형에 대한 초강대국의 개입을 없앰으로써 단극의 지역 이외의 지역에서 갈등과 핵 확산을 악화시키는 지역적 압력을 만들어내는 것이다. 이로써 강대국들 간의 경쟁이 생겨나고, 워싱턴이 어떤 경제 전략을 실행하더라도 궁극적으로 강대국들이 재래 전력을 증대해서 미국의 압도적 우위가 종식되도록 할 것이다. 결과적으로 비관여 전략은 단극의 압도적인 힘의 우위가 지속되는 것을 보장하지 못하는 것이다.

비관여 전략은 단극에게 압도적 우위의 지속성을 희생하는 대가로 평화를 가져다주며 전반적인 갈등 수준에 대해서는 특별한 영향이 없다. 미국이 세계에 관여하지 않으면 평화롭게 지낼 것이다. 하지만 다른 지역들에서 벌어지는 심각한 갈등을 목도하게 될 것이며, 중국과 같은 강대국들의 경제성장을 포용할지라도 미국의 압도적인 힘의 우위가 점차 기울어가는 것을 보게 될 것이다. 만일 지배 전략을 실행하는 비용이 단극 체계가 가져다주는 이득보다 크게 된다면, 미국에는 비관여 전략이 더 매력적이 될 것이다.

이론적으로는 비관여의 군사 전략이 포용 혹은 봉쇄의 경제 전략 모두와 양립 가능하지만, 워싱턴이 비관여 봉쇄 전략을 추진할 가능성은 별로 없다. 어떤 전략적 목적이 결합되어 비관여 봉쇄 전략을 선택하도록 할 것인지를 예측하기는 쉽지 않다. 만일 군사적 비관여가 매력적으로 보인다면, 부상하는 강대국들에 대한 경제적 봉쇄가 워싱턴의 전략적 선택지에서 우선시될 가능성은 별로 없다. 더욱이 공역을 통제하고 봉쇄의 대상이 공역을 이용하여 무역을 하지 못하도록 하기 위해 군사력을 투사하지 않고는 부상하는 강대국들의 경제성장을 봉쇄하기가 어렵다. 따라서 만일 미국이 군사적 비관여 전략으로 전환한다고 해도 강대국들의 경제성장에 대해서는 포용의 경제 전략을 계속 취할 것이다.

종합적으로 고려할 때 단극의 합리적인 대전략으로 가능한 것은 비관여 또는 방어적 포용이라고 할 수 있다. 이에 비해 다른 전략은 적절하지 않다. 이 두 전략 중 어느 것이 나은지 판단하려면 두 가지 변수를 고려할 필요가 있다. 첫째, 현재의 압도적인 힘의 우위로부터 미국이 추출하는 이득이 무엇인지 확정해야 한다. 다른 초강대국들이 출현할 경우에 워싱턴이 더 이상 누리지 못하게 될 이 이득은 방어적 포용 이외의 대전략들에 수반되는 경쟁 비용에 상응한다. 둘째, 비관여 이외의 군사 전략을 실행할 때 미국이 치르게 될 갈등 비용을 산정해야 한다. 달리 말해, 단극 체계가 가져다주는 이득과 군사 개입의 비용을 비교할 필요가 있는 것이다. 이를 위해 지난 20여 년간의 이득과 비용을 잠시 평가해보자.

미국은 지난 20여 년간 압도적인 힘의 우위로부터 이득을 거두었는가? 제3장에서 논의했듯이, 나는 군사력의 압도적 우위가 가져다주는 이득이 우월론자들의 주장보다 작다고 생각한다. 우월론자들은 미국의 압도적인 힘이 단극은 물론 체계 내의 다른 국가들 대부분에게도 큰 이득을 가져다준다고 믿는 경향이 있다. 나는 군사력의 압도적 우위가 단극에 단지 약간의 이득만을 가져다준다고 믿는다. 요컨대 군사력의 압도적 우위가 국제정치의 시작이자 끝은 아닌 것이다.[5]

그럼에도 불구하고 최근의 연구들은 국제 환경을 통제하는 능력으로부터 미국이 상당한 경제적 이득을 누려왔다는 견해를 지지한다.[6] 캘라 놀로프(Carla Norrlof)가 주장하듯이, 미국은 기축통화로서의 달러의 지위로부터 막대한 혜택을 누린다. "미국은 주조권(seignorage) 형태의 혜택에 더해 통화 가치의 조정에서도 막대한 이득을 누려서 채무국-채권국 간의 비대칭적 구조로부터 얻는 이득과 정책의 자율성을 강화해준다"(Norrlof 2010, 2). 그녀에 따르면, 미국은 전 세계적 안보 제공자라는 이타적 역할을 한다는 주장과는 상반되게 "공공재를 위해 치르는 비용보다 더 많은 혜택을 받아왔으며 (…) 다른 국가들보다 큰 이득을 누린다"(Norrlof 2010, 5). 나아가 놀로프는 이런 지위가 미국의 압도적인 군사력 우위에 의해 지탱되고 있으며 군사력의 우위야말로 미국에 대한 투자를 보장하는 궁극적인 이유라는 것을 보여준다.

미국이 막대한 규모로 자본을 끌어들일 수 있었던 최소한의 부분적인 이유는 미국이 안전한 투자 환경을 제공한다는 것이며, 이는 재산권 보호에 대한 강한 전통과 미국의 영토를 군사적으로 보호할 수

5　압도적인 힘이 우위의 이득이 제한적이라는 데 대한 이선의 논의로는 Jervis(1993) 참조.
6　Norrlof(2010); Stokes and Raphael(2010) 참조. 냉전 당시 군사력과 경제적 이득 간의 연관성에 대한 분석으로는 Gavin(2004) 참조.

있는 능력에 결부되어 있다. 미국 국방비의 일부는 해외투자를 보호하고 확대하며 동맹국들을 보호하는 데 사용되어왔다. 이러한 안정자 역할로부터 거두는 경제적 이득은 달러화 가치의 조정에 대한 동맹국들의 지지라는 측면에서 막대한 것이다.[7]

이러한 이득을 미국이 방어적 포용 전략을 추진하면서 치러온 갈등 비용과 비교하면 어떻게 될까? 제7장에서 보았듯이, 냉전이 종식된 이후 미국이 약소국들과의 전쟁에 빈번히 개입했음에도 불구하고 어떤 경우에도 강대국이 미국에 보복하겠다고 위협한 적은 없었다. 이와는 반대로 워싱턴은 지금까지 미국의 전 세계적 리더십을 받아들이려고 하지 않은 몇몇 약소국을 다루는 데 있어서 거의 완전한 자유를 누려왔다. 이 의미는 압도적인 힘의 우위가 미국으로 하여금 저항적 약소국들을 다루는 데에서 상당한 안보적 혜택도 누리게 해주었다는 것이다.

한편 미국이 지난 20여 년 중 대부분의 기간 동안 전쟁을 치렀음에도 불구하고 이 전쟁들의 비용은 과거의 국방비에 비해 제한적인 것이었다. 브룩스 등이 보여주듯이, 단극 시대의 도래 이래—미국이

---

7   Norrlof(2010, 6). 놀로프의 연구에 대해 대니얼 드레즈너(Daniel Drezner)는 국제 체계에서의 지위로부터 미국이 추출하는 경제적 이득이 경제력의 압도적 우위가 아니라 군사력으로부터 나온 것이라는 어떤 증거도 없다고 주장한다. 이 주장이 옳다면 중국의 지속적인 경제성장이 미국이 누리는 군사적 단극 체계의 이득을 훼손할 것이고, 지속적인 군사적 관여 정책을 정당화해주는 조건들을 손상시키며, 이에 따라 미국은 비관여 포용 정책으로 전환하게 될 것이다. 그러나 드레즈너의 주장은 단극 체계가 가져다주는 경제적 이득 중 특정한 것, 즉 미국으로 유입되는 자본의 흐름에 대한 그의 평가에만 근거를 두고 있다. 따라서 압도적인 힘의 우위로부터 누리는 미국의 이득 전체를 평가하는 데 쓰일 수 없다. Drezner(2013) 참조.

방어적 혹은 공격적 지배 전략을 추진했고 빈번하게 장기적인 갈등에 개입되었던 시기—미국의 국방비 지출은 GDP의 5퍼센트를 넘은 적이 없는데, 이는 이전 40년 동안의 어떤 시기보다도 낮은 수준이다(Brooks et al. 2012/2013, 18). 따라서 단극 체계에서 미국에 발생한 갈등 비용은 이전의 양극 체계에서 발생한 갈등 비용보다 크지 않았던 것이다.

나는 브룩스나 아이켄베리, 월포스와 같은 우월론자들과는 달리 갈등에 대한 미국의 빈번한 개입이 방어적 포용 전략에서 불가피하다고 주장한다. 그러나 가까운 장래에 미국이 마주할 갈등 비용이 지난 20여 년간 발생했던 갈등 비용보다 훨씬 클 것 같다고 생각하지는 않는다. 강대국들은 저항적 약소국들에 대한 안보 제공을 계속 꺼릴 것이며, 따라서 약소국들과의 갈등에 미국이 개입하는 것이 강대국들과의 전쟁으로 확전될 위험은 없을 것이다. 이는 방어적 포용 전략에 수반되는 갈등 비용이 현 수준 정도가 될 가능성이 매우 크다는 것을 의미한다.

내 견해로는, 미국의 압도적인 군사력 우위가 가져다준 이득이 지금까지는 방어적 포용 전략의 갈등 비용보다 컸다. 현 국제 체계의 특성과 각 전략에 수반되는 갈등 비용과 경쟁 비용의 크기를 감안할 때 방어적 포용 전략이 미국에게 최적의 대전략이다. 현 조건에서 다른 전략들은 미국의 국가 이익에 더 나은 결과를 가져다주지 않는다. 방어적 포용의 대전략을 실행함으로써 미국은 가까운 장래까지 압도적인 힘의 우위를 연장할 수 있으며, 강대국들과의 군사적 경쟁이 없는 상태를 누리면서 상당한 경제적 이득을 계속 추출하는 동시에 저항적 약소국들과의 갈등 비용을 낮추어갈 수 있을 것이다.

그렇다면 미국의 관점에서 방어적 포용의 대전략은 골디락스 이야기에서와 같이 "적당한(just right)" 것이다.[8]

방어적 포용 전략을 유지하려면 미국은 제대로 설정된 군사적·경제적 목적을 추구해야 한다.[9] 군사적 영역에서 워싱턴은 수정주의적인 공격적 지배와 비관여 사이에서 적절한 지점을 찾아 국제적인 현상 유지를 보장해야 한다. 다른 한편, 미국은 다른 국가들과의 군사력 격차를 증대하려고 하거나 자국에 유리하게 영토적 경계를 수정하고 다른 국가들의—저항적 약소국들까지 포함하여—국제적인 정치적 제휴를 힘으로 변경하려는 시도를 하지 말아야 한다. 다른 한편으로 미국은 동맹 체제와 더불어 전방 배치된 군을 통해 세계의 주요 지역에 대한 관여를 지속해야 한다.[10]

경제 영역에서 방어적 포용 전략은 워싱턴이 강대국들에 대한 경제적 개방 정책을 지속적으로 보장하여 이들의 경제성장이 지속될 수 있는 국제 환경을 만들 것을 요구한다(물론 강대국들 각각의 경제성장을 궁극적으로 결정하는 것은 수많은 다른 변수들이다. 핵심은 미국이 강대국들의 경제성장을 적극적으로 방해하지 않는 것이다). 실제로 이는 현

---

8 Rosecrance(1995) 참조.

9 Wolfers(1962, 73) 참조.

10 전방 배치된 미군의 필요성을 거론하면서 "아마도"라는 표현을 쓴 이유는 나의 이론에 이 필요성이 없기 때문이다. 방어적 포용은 단지 단극이 세계의 모든 주요 지역에 관여해서 각 지역에서 현상을 유지할 것만을 요구한다. 이는 국제적 동맹 체계로 구현되는 일련의 안보 공약의 필요성을 제기한다. 세계의 주요 지역에 지속적으로 관여하는 것이 미군의 해외 배치도 필요로 하는지는 이러한 미군의 배치가 미국의 안보 공약의 신뢰성에 필요한지의 여부에 달려 있다. 많은 논의가 있었던 이 문제에 대해 나의 이론에서는 답이 없다. 역외 균형론자들의 주장과는 달리, 나는 역외 균형 전략의 결과와 선택적(혹은 깊은) 관여나 집단 안보와 같은 변형된 방어적 포용 전략의 결과 간에 장기적으로 큰 차이가 있다고 보지 않는다. Posen and Ross(1996/1997); Posen(2013) 참조.

국제 체계에서 추출하는 이득을 증대시키려고 하지 않으면서, 전반적으로는 지난 20여 년간 미국이 추진해왔던 개방 경제의 목표를 추구하고 보호주의적 조치를 피해야 함을 의미한다.

미국의 대전략 논의에 대한 평가

미국 외교정책 분야의 주류 학계도 이 셈법을 잘 이해하고 있다. 2013년 초 오바마 대통령의 재임에 맞추어 발표된 일련의 보고서들과 논문들, 논설들에서는 공통적으로 방어적 포용을 제안한 것으로 볼 수 있다. 브룩스 등은 축소(retrenchment) 정책을 강력히 비판하면서 미국이 "전향적(lean forward)"이어야 하며 "밀접한 관여(deep engagement)" 전략을 계속해야 한다고 주장한다(Brooks et al. 2012/2013). 이것은 방어적 포용 전략의 일종으로, 국가 간의 행동을 규제하는 면밀한 제도적 장치를 수립하고 관리하려는 미국의 리더십을 필요로 한다. 유사한 맥락에서 아이켄베리는 [이번에는 듀드니와 함께 외교위원회(Council on Foreign Relations) 보고서를 쓰면서] 그 예외적 지위가(자유주의적, 자본주의적, 민주주의적 국가로서) 쇠퇴하고 있는 미국에게 최선의 전략이 국제 질서의 핵심으로서 자유무역을 하고 있는 기존의 민주주의 블록을 공고히 하는 것임을 분명히 한다.[11]

---

11 Deudney and Ikenberry(2012) 참조. 진보적인 전략에 대한 동일한 개념하에 미국이 해야 할 보다 구체적인 정책들에 대해서는 Manning(2012) 참조. 이 대서양 위원회(Atlantic Council) 보고서에서는 "극적인 변화를 겪고 있는 시대의 도전과 기회에 대응하기 위해

이런 주장들의 목적은 국제정치적 배열의 현상과 군사력의 분포를 수호하는 것, 또는 변경을 하더라도 "힘으로 밀어붙이는 것이 아니라 성공으로 끌어당겨서" 변경하는 것이다. 듀드니와 아이켄베리는 중국과 러시아를 다루기 위한 처방을 밝히면서 "미국과 다른 민주주의 국가들이 비민주적 강대국들을 계속 포용하고 전 세계적인 자유주의 질서에 이들이 더 많이 참여하도록 하는 것이 핵심적이다"라고 주장한다(Deudney and Ikenberry 2012, 19). 이 전략 역시 강대국들의 경제성장에 대한 포용을 지지하는 것이다.

마찬가지 맥락에서 조지프 나이(Joseph Nye)는 미국이 중국을 봉쇄해야 한다는 견해를 비판한다. 그는 "상당한 수준의 미국의 군사적·경제적 존재가 아시아의 세력균형을 유지하고 중국이 협력적이 될 유인을 제공하는 환경을 조성하는 데 도움이 된다"라며 방어적 지배 전략을 지지하면서, "아시아에 대한 미국의 재균형이 공격적이 되면 안 되고", 워싱턴은 "과잉 군사화를 피해야 하며, 중국이 포위되었거나 위험에 처했다고 느끼지 않아야 한다"라고 덧붙였다.[12]

이 분석들 모두의 근거에는 이 책의 주장 두 가지가 깔려 있다. 첫째, 현재 미국의 압도적인 힘의 우위는 잠재적으로 지속 가능하다는 것이다. 둘째, 이 지속성 여부는 미국이 방어적 포용 전략을 실행하느냐에 달려 있다. 그러나 이 분석들에서는 자신들이 지지하는

미국이 현재의 동맹관계를 강화하고 다양한 행위자들과 보다 효과적으로 상호작용하면서 보다 협조적인 리더십을 추구해야 한다"라고 주장한다(6). 또한 "2030년의 국제 체계를 결정할 가장 중대한 요소는 중국이므로, 2030년까지 미국의 전략은 중국과의 협력을 심화하는 것이어야 한다"(7)라고 주장한다. 이는 나의 주장과 일치하는 견해이다.

12 Nye(2013, A19) 참조. 나이는 "부상하는 중국을 다루는 데에서 봉쇄는 분명 적절한 정책 수단이 아니다"라고 결론짓는다.

전략에 수반되는 갈등 비용을 간과하고 있다. 이 비용을 확인한 것이 아마 현재의 대전략 논쟁에 대한 이 책의 가장 중요한 기여일 것이다. 사실 워싱턴의 외교정책 전문가들 대부분이 지지하는 이 주류 전략은 상당한 갈등 비용을 수반한다. 미국의 지도자들은 미국의 압도적인 힘의 우위를 지속하는 데서 오는 이득을 감안할 때 이 비용의 발생이 합리적으로 정당화된다고 믿을 것이다. 그러나 방어적 포용 전략에 수반되는 장래의 갈등 비용까지 전략적 셈법에 포함하는 것이 나을 것이다.

워싱턴의 전략 논쟁에서 소수의 다른 목소리는 대부분 비관여 포용 전략을 주장한다.[13] 방어적 포용을 반대하는 주장들 중 가장 조리 있는 것은 포젠의 주장이다(Posen 2013). 포젠은 미국이 "후퇴"해서 세계에 대해 비관여해야 하며, 제한적인 안보 이익을 보호하는 데 집중해야 한다고 주장한다. 이러한 결론은 국제적 현상 유지를 위해 수립한 동맹 체제 및 기타 안보 장치들과 힘의 압도적 우위라는 지위로부터 미국이 별로 이득을 취하지 못하고 있다는 관점에 근거를 두고 있다. 이와 동시에 포젠은 단극의 지위가 미국으로 하여금 장기적으로 경제적 우위를 유지하는 데 절실하게 필요한 막대한 자원을 허비하게 만든다고—정규 국방예산으로, 그리고 특히 빈번하고 장기적인 전쟁의 결과로—주장한다. 미국이 대전략을 이와 같이 전환하면, 중국이나 부상하는 다른 강대국들이 군사력에 계속 투자하게 되고 궁극적으로 미국의 우위를 종식시킬 수 있는 힘의 투사 능력을 확보하게 될 것이라는 점은 그도 인정한다. 그렇지만 포젠의

---

13 예외로 Fly and Schmitt(2012) 참조. 이들은 공격적 지배의 군사 전략을 주장하는데, 이란 정권을 교체할 목적으로 미국이 군사 작전을 감행할 필요가 있다고 본다.

견해로는 중국이 유라시아 대륙의 패권이 되는 것만 막을 수 있으면 초강대국이 더 있는 체계로 돌아가는 것이 미국에게 손해가 아니다. 실제로 포젠은 미국이 중국에 대해 균형을 취할 "아시아 국가들"을 지원하는 데 필요한 능력을 유지해야 한다고 주장한다. 미국이 지금 비관여 전략으로 전환한다면 초강대국과의 경쟁을 피하기 위해 나중에 방어적 혹은 심지어 공격적 지배 전략으로 다시 전환해야 한다는 것을 의미하는 듯하다. 불행히도 비관여 전략으로부터의 이러한 전환이 필요해질 때가 되면 미국의 압도적 우위는 이미 많이 훼손되었을 것이고 중국과의 경쟁에서 발생하는 비용과 위험은 훨씬 커질 것이다. 미국이 현재 추구하고 있는 방어적 포용 전략의 갈등 비용을 강조한다는 점에서는 포젠이 옳다고 보이지만, 이 비용이 그가 제안하는 대안적 전략에 수반되는 경쟁 비용보다 크다는 그의 결론에는 동의하지 않는다.

워싱턴이 방어적 포용 전략을 유지하는 한 중국이 미국의 투사 능력에 상응하려고 시도하지 않고 아시아태평양 지역의 지역적 강대국으로 남을 것이라는 나의 주장은 또한 지역 내에서 힘을 키우려는 중국의 시도를 전면적인 균형 시도의 서막이라고 보는 시각에도 문제를 제기한다. 미국의 외교정책 전문가들 중에는 중국이 자국 인근 지역에서 미군을 상대할 수 있는 능력을 증대시키려고 시도하는 것을 현 세계 질서에 대한 심각한 수정주의적 도전으로 간주하는 경우가 많다. 그러나 벤저민 스워츠(Benjamin Schwartz)가 지적하듯이,

강경파이든 온건파이든, 공화당이든 민주당이든, 모두가 미국이 동아시아와 서태평양, 곧 중국의 뒤뜰에서 전략적으로 압도적이라는

데 동의한다. 나아가 이 지역에서 미국이 압도적인 힘을 지속시켜야한다는 데도 동의한다. 따라서 미국의 군 기획가들은 중국이 아시아 대륙 인근에서까지 미국이 압도적인 우위를 차지하고 있는 상황에 대처하기 위해 자국의 열세를 만회하려는 시도를 하는 것을 위협으로 규정한다. 이는 아마도 중국의 야심보다는 우리의 야심을 드러내주는 것일 수 있다(Schwartz 2005, 27).

대신에 미국의 정책 결정자들은 이 지역에서 중국의 안보적 필요에 주의를 기울여야 하며, 이를 위한 중국의 행동을 전 세계적 수준에서 수정주의적 전략을 추구하려는 결의로 해석하지 않는 것이 좋을 것이다. 그렇지 못할 경우 중국의 전략적 사고를 미국에 보다 경쟁적인 것으로 변화시킬 가능성이 크다. 중국의 경제력이 커지고 있고 앞으로도 계속 커질 가능성이 크기 때문에, 이러한 전환은 미국의 압도적인 군사력 우위에 부정적인 결과를 가져올 것이다. 중국이 군사적 투자를 강화할 것이기 때문이다.

논의를 이어가기 전에 현재 미국의 외교정책에 대한 논쟁에서 가장 뜨거운 이슈 하나에 대해 언급하고자 한다. 바로 현 국제 질서를 관리하는 데 있어서 다자적 제도의 역할이다. 미국 주도의 세계 질서에 대한 가장 유력한 학문적 견해 중 하나는 아이켄베리가 한 주장으로, 2차 세계대전 이후 미국이 수립한 국제제도들이 어떻게 세계 질서에 안정화 효과를 가져왔는지에 대한 것이다(Ikenberry 2001; 2011). 그에 따르면, 미국이 체계적 리더십을 행사하는 제도들의 네트워크는 "불균등한 힘을 지닌 국가들 간에 질서를 수립하고 협력을 확보하는 데" 핵심적이다(Ikenberry 2001, 17). 바로 이러한 "결속적" 제도들의 존재가 워싱턴으로 하여금 "미국이 다른 국가들에 계속 관여할 것이며 자의적이고 강압적으로 힘을 행사하지 않을 것임을(즉, 미국이 공격적 지배나 비관여 전략으로 전환하지 않을 것임을) 보장"해준다는 것이다(Ikenberry 2001, 17). 이러한 논리에 따르면, 2차 세계대전 이래의 비교적 안정적인 국제 질서는—처음에는 양극적이었고 이제 단극적인—단순히 "국제적 세력 분포의 피조물"(Schweller 2001, 176)이 아니라 이 결속적 제도들에 의해 크게 영향을 받은 것이다.

아이켄베리의 이론은 직관적으로 타당해 보인다. 어쨌든 세계적으로 제도적 장치들이 증대되었던 1945년 이후의 시기는 초강대국들 간의 평화가 지속되었던 때였다. 그렇지만 이 견해는 부분적으로만 옳다. 의심의 여지 없이 세계무역기구(WTO)와 같이 현재의 세계화된 경제를 지지하고 있는 국제제도들의 네트워크는 여기에 참여하고 있는 여러 강대국들에게 미국이 경제적 포용 전략을 취할 것을 보장한다는 신호를 보내는 데 도움이 된다. 만일 다른 강대국에 대해 경제적 봉쇄 전략으로 전환할 경우에 미국이 치러야 할 비용을 증대시킴으로써 이 제도들은 중국과 같이 부상하는 강대국들에게 경제성장에 유리한 국제 환경이 지속될 것임을—따라서 군사력 증강의 유인을 감소시켜서 단극 질서가 지속될 수 있는 조건을 유지하는 것이 용이해지는—보장해주는 것이다.

반면에 미국의 군사 전략이 국제제도들에 의해 의미 있는 방식으로 제약된다는 증거는 전혀 없다. 워싱턴은 2차 세계대전 이래 많은 경우에 국제안보제도(예컨대 나토나 유엔 안보리)를 통해 행동하기로 결정해왔다. 그러나 미국의 핵심적 목적이 관련되었거나 이 제도들이 미국의 행동에 제약이 될 때마다 워싱턴은 이 제도들을 무시하고 일방적으로 행동했다. 냉전 질서에 대해 스웰러가 지적하듯이,

> 이 제도들이 어떤 역할이라도 한 경우는 미국의 정책 결정자들이 일방적으로 행사되는 미국의 힘을 투사하고 증대시키려고 이용한 경우였다는 것을 역사적 기록들은 보여준다. (⋯) 미국의 힘을 행사하거나 미국 외교정책의 방향을 극적으로 바꾸는 중대한 결정들 대부분은 동맹들과의 사전 협의 없이 일방적으로 만들어졌다(Schweller 2001, 177-178).

따라서 현재의 국제 질서에서 제도의 역할에 대한 아이켄베리의 주장은 단극 체계가 지속적일지를 결정하는 데 충분하지 않다. 전 세계적 세력균형이 부재한 가운데 미국이 할 수 있는 전략적 선택의 폭이 크다는 점을 감안할 때, 워싱턴은 단극 세계의 지속성을 훼손하는 대전략을 추구할 수도 있고, 그렇지 않을 수도 있는 것이다.

나아가 아이켄베리의 주장은 단극 체계의 평화 문제에 대해서는 별 함의가 없다. 지금까지 논의했듯이, 국제제도들의 존재 여부와 상관없이 핵 세계에서는 단극 체계가 강대국들 간의 갈등을 유발할 가능성이 낮다. 이와 동시에 지난 20여 년간을 통해 알 수 있듯이 이 제도들은 패권이 관여하는 단극 세계에서 일상적인 모습이 될 것이라고 내 이론이 예측하는, 미국이 개입된 주변부의 갈등을 막는 데 충분하지 않다. 요컨대 국제제도들은 단극 체계의 평화나 지속성을 위한 조건을 만드는 데 충분하지 않은 것이다.

이 때문에 지금까지 나는 단극이 전략적 목적을 일방적으로 추진

하는 것보다 다자주의적 전략이 나은지의 여부에 관해 논의하지 않았다. 단극이 자신의 전략을 일방적으로 추진하는지 다자적 제도를 통해 하는지는 중요하지 않다. 단극의 행동 무대로 발달된 제도적 장치들이 존재하는지의 여부는 다른 문제들에 대해서는 중요한 영향을 미칠 수 있으나 평화와 지속성 문제에 대해서는 별다른 차이를 가져오지 않는다. 단극이 방어적 포용 전략을 추구하는 한, 단극의 행동을 제약하는 국제제도들에 단극이 참여하는지의 여부와 상관없이 단극 체계는 지속적일 수 있다. 이 점에 대해서는 다른 국가들의 특정한 대응을 촉발하는 것이 단극의 정책의 내용이지 이 정책이 만들어지는 국제적 맥락이 아니라는 브룩스와 월포스의 주장에 동의한다(Brooks and Wohlforth 2005b).

요컨대 국제제도들이 단극으로 하여금 방어적 지배 진략을 선택하도록 유도할 수 있다는 정도까지는 그것의 중요한 역할을 인정할 수 있으나, 단극 세계의 지속성과 평화에 대한 강력한 인과적 역할은 인정하지 않는다는 것이다.

도적적 함의

미국이 방어적 포용을 해야 한다는 나의 정책 처방은 대단히 큰 도덕적 함의를 지닌다. 압도적인 힘의 우위를 지속시키기 위해 워싱턴은 미국과 전쟁을 치르는 저항적 약소국들과 미국 모두에게 인명과 경제적 자원에서 값비싼 대가를 치르게 될 상당한 수준의 갈등에 개입하는 대전략을 선택해야 한다. 선택할 수 있는 또 다른 군사 전략인 비관여 전략이 미군이 어떠한 갈등에도 개입되지 않을 것을 사실상 보장하는데도 이렇게 해야 하는 것이다. 그렇다면 방어적 포용은 어떻게 정당화될 수 있는가?

단극 체계의 평화와 지속성을 모두 보장할 수 있는 전략이 존재하지 않는다는 것은 국제정치가 가장 강력한 국가에게도 비극적 선택지를 가져다주는 여러 가지 방식 중 하나이다.[14] 국가는 종종 마음에 들지 않는 선택지들 가운데 선택을 해야 하며, 이는 강대국들도 예외가 아니다. 단극이 갈등에 개입되는 것을 피할 수 있게 해주는 전략은 어떤 것이라도 이와 동시에 두 가지 다른 영향을 미친다. 첫째, 단극의 지역 이외의 지역에서 강대국들과 약소국들 간에 상당한 갈등이 발생할 여지가 생긴다. 둘째, 단극의 압도적인 힘의 우위가 지속되는 데 필요한 조건을 훼손시켜서 조만간 초강대국들이 서로 경쟁하는 세계가 다시 들어서게 된다. 따라서 방어적 포용으로부터 다른 어떤 전략으로 전환하는 것이 국제 체계 전체에서 갈등의 수준을 낮아지게 할 것이라고 믿을 이유는 없다. 이와는 반대로 아마 미국의 비관여 전략은 잠재적으로 더 크고 값비싼 갈등을 초래할 수 있을 것이다. 세계의 모든 지역에서 전반적인 평화의 수준에 미국의 비관여가 가져올 영향은 명확하지 않은 것이다.

다른 한편, 미국의 비관여 전략은 두 가지 방식으로 미국의 안보를 손상시킬 것이다. 첫째, 비관여는 미국의 경제성장과 장기적 생존에 유리한 국제 환경을 보장할 수 있는 능력을 제약할 것이다. 생존은 모든 국가의 핵심적 목적이므로, 미국이 자국과 세계 전체에 명

---

14 강대국 정치의 비극적 성격에 대해서는 Mearsheimer(2001a) 참조.

확한 혜택이 없는데도 장기적 생존을 보장할 수 있는 능력을 약화시키는 것은 현명하지 않은 일이다. 둘째로, 워싱턴은 결국 약소국들에 대한 행동의 자유가 축소되었음을 깨닫게 될 것이다. 이 약소국들은 지역적 경쟁의 맥락에서 균형을 취할 유인을 크게 인식할 뿐 아니라 결국에는 부상하는 강대국들로부터 확장된 안보 보장을 얻어내어 보호받을 수도 있다.

나아가 방어적 포용으로부터의 전환은 궁극적으로 미국이 현재 단극의 지위로부터 누리고 있는 경제적 혜택을 사라지게 할 것이다. 미국이 이 경제적 혜택을 지속시키려는 목적 하나만으로 빈번한 갈등을 유발하는 전략을 실행하는 것을 도덕적으로 정당화하기는 힘들지만, 사실 이 경제적 혜택은 앞서 제시한 두 가지 안보적 혜택과 함께 생기는 것이다. 이로써 방어적 포용에 대한 도덕적 판단은 종료된다.[15]

요컨대 방어적 포용에 따르는 갈등 비용은 미국의 비관여가 평화에 대해 명확한 긍정적 효과를 내지 않는다는 점에 의해 도덕적으로 정당화된다. 아무런 긍정적 효과가 없기 때문에 미국이 전반적으로 안보를 증진시키고 상당한 경제적 혜택을 가져다주는 전략을 실행하는 것이 정당화되는 것이다.

---

15 제7장에서 보았듯이, 탈냉전 이후 미국이 개입된 갈등 중에서 1991년의 걸프전만이 미국이 방어적 지배 전략을 하고 있을 때 일어났음을 주목하라. 따라서 미국에 이 전략을 처방하면서 내가 탈냉전 이후 미국의 다른 군사적 개입들을 용인하려는 것은 아니다. 그럼에도 불구하고 2003년의 이라크 침공이 어떻게 합리주의 분석 틀 내에서 설명될 수 있는지에 대해서는 Debs and Monteiro(2014) 참조.

미국 단극 체계의 미래

미국이 방어적 포용 전략을 계속 취할 경우에 국제정치는 어떤 모습으로 진화할 것인가? 미국의 방어적 포용에 대해 다른 강대국들은 어떤 반응을 보이게 될 것인가?

단극이 지속적일 수 있는 것은 미국이 압도적인 군사력 우위로부터 적당한 이득을 추출하면서 국제 체계를 관리하기 때문이다. 강대국들도 이 상황에서 이득을 본다. 미군에 의존하여 세계적으로 현상을 유지할 수 있기 때문이다. 브라질, 중국, 인도, 러시아 등과 같은 강대국들의 경제가 미국보다 빠르게 성장한다고 하더라도, 이 국가들에게는 미국의 우위가 사라지게 될 때까지 미국이나 지역 내의 적대국들에 대해 균형을 취할 유인이 별로 없을 것이다.

강대국들이 군사력에 계속 투자하여 자기 지역 내에서의 국제정치적 결과에 대한 영향력을 강화한다고 해도 이러한 예측은 가능하다. 예컨대 중국이 군사력에 계속 투자하여 동아시아와 서태평양 지역에서 미군의 자유로운 행동을 거부할 수 있게 되리라고 예측할 수 있다. 그러나 그렇다고 해서 단극 세계가 종식되는 것은 아니다. 미국은 여전히 자기 지역 밖에서 상당한 힘을 투사하고 장기적인 정치-군사 작전에 개입할 수 있는 유일한 국가로 남을 것이다. 달리 말하자면, 중국이 아시아태평양 지역에서 미국의 힘에 상응할 수 있다고 하더라도 미국의 유일 초강대국 지위는 지속될 것이고 세계는 단극적으로 남을 것이다.

미국이 압도적인 힘의 우위에 도진하지 않으려는 중국의 이익 셈법은 중국의 경제성장을 미국이 포용했던 지난 수십 년 동안에 이루어진 고도의 경제적 상호 의존에 의해 강화되고 있다. 제5장에서 보았듯이, 미국은 전 세계적으로 미국이 주도하는 경제 체계에 중국을 포함시키려고 꾸준히 노력해왔다. 따라서 이 체계에 도전할 경우에 베이징은 많은 것을 잃을 것이다. 이런 의미에서 중국은 미국과의 상호 포용이라는 선순환적 평형 상태에 묶여 있다. 베이징은 자기 지역에서 2차적 안보 이익을 확보하기 위해 더 강력한 군사력을 원할 수 있으나, 그렇다고 해서 지역 내의 힘을 강화하겠다는 중국의 노력의 결과로 국제 구조가 의도하지 않게 변형될 가능성은 별로 없다.

더욱이 지난 수십 년간 브라질, 중국, 인도, 러시아와 같이 부상하는 강대국들에 대해 미국이 취했던 포용의 경제 전략은 미국에도 이 전략적 기조를 유지하려는 유인을 증대해준다. 워싱턴이 일단 이 국가들이 경제적으로 성장하도록 허용하게 되면, 원할 경우에 이들이 미국에 대해 균형을 취할 수 있는 능력이 커지게 된다. 미국이 이 국가들의 성장을 포용하면 할수록 미국이 봉쇄의 경제 전략이나 이들의 지역에서 공격적 지배의 군사 전략(또는 비관여)으로 전환할 경우에 이 국가들의 균형 시도를 촉발해서 세력균형이 재구축될 가능성이 더 커진다는 것을 의미한다. 당연히 강대국들도 이를 알고 있다. 이처럼 미국이 군사적으로 공격적이 되거나 세계에 대해 관여를 그만두거나 다른 국가들의 경제성장을 봉쇄하려고 하는 경우의 비용이 증가한다는 사실을 서로 알고 있는 것이 국제 체계에 안정화 효과를 가져온다. 이런 이유로 방어적 포용은 자기 강화적인 선순환적 평형 상태에 있는 것이다.

그렇지만 워싱턴의 대전략 선택의 근거가 되었던 셈법이 변형되면서 세계는 변화할 수 있다. 첫째, 미국이 압도적인 군사력 우위로부터 추출하는 이득이 감소할 수 있다. 만일 방어적 포용의 갈등 비용이 변하지 않은 채 이런 변화가 일어난다면 미국은 비관여 전략으로 전환할 수 있다. 앞서 보았듯이, 이런 전환은 서반구 이외의 지역들에서 지역적 경쟁과 갈등을 고조시킬 것이다. 이렇게 되면 십중팔구 미국의 압도적 우위가 종식되는 결말이 다가올 것이다.

압도적인 군사력 우위로부터 워싱턴이 추출하는 이득의 감소는 두 가지 방식으로 발생할 수 있다. 우선 국제경제 체계가 보호주의적이고 국가주의적인 방향으로 변화해서 미국에게 가져다주는 이득이 감소할 수 있다. 오늘날 강대국들 간의 고도의 상호 의존과 두터운 국제제도적 장치들을 감안할 때 이런 상황은 가능하기는 하지만 일어나기는 힘들다.[16] 이와 더불어 압도적인 힘의 우위가 가져다주는 이득의 감소는 핵 확산이 만연하면서 발생할 수 있다. 핵 확산이 만연하면 세계는 미국에 대해 스스로를 방어할 수 있는 국가들(즉, 강대국들)로 구성되는 체계로 바뀌게 된다. 그러나 이러한 변화 역시 일어나기 힘들다. 방어적 포용 전략의 관점 내에서도 미국이 약소국들의 핵무기 보유를 예방하려는 유인을 가지고 있기 때문이다. 요컨대 압도적인 힘의 우위로부터 미국이 누리는 이득이 더 이상 방어적 포용 전략이 합리적이지 않게 될 정도까지 감소할 가능성은 매우 적은 것이다.

미국을 방어적 포용으로부터 멀어지게 할 수 있는 다른 변화는 미국이 효과적인 핵 방어 수단을 보유하게 되거나 전 세계에서 핵이

16 Stein(1984) 참조.

폐기되는 것이다. 이 두 가지 변화는 다른 측면에서는 매우 다를 수 있지만 이 책에서 다루고 있는 문제에 대해서는 유사한 결과를 가져올 수 있다. 두 경우에 미국은 현재의 핵 국가들에 대한 행동의 자유가 증대되어 이들에게 사실상 보장된 생존을 거부할 수 있게 된다. 이는 단극 체계의 지속성에 필요한 구조적 조건을 훼손시키는 것이다. 강대국들은 워싱턴이 어떤 정책을 취하든지 간에 미국에 대해 균형을 취할 유인을 갖게 될 것이다. 결과적으로 단극이 어떤 전략적 선택을 해도 이 중 경쟁 비용이 낮은 것은 없다. 모든 전략이 단극 체계의 지속성에 있어서 같은 결과, 곧 체계적 세력균형의 재구축이라는 결과를 가져오게 된다. 따라서 미국이 우월한 핵 능력을 갖고 있거나 핵무기가 없는 상태에서 재래 전력의 압도적 우위를 점하고 있는 세계에서 워싱턴은 가능한 선택지들의 갈등 비용에만 근거를 두고 전략을 선택해야 할 것이다. 어떤 경우이든 강대국들의 생존을 위협할 수 있는 미국의 새로운 능력을 무효화시키기 위한 강대국들의 노력으로 단극 체계는 곧 종말을 맞게 될 것이다.[17]

전략 분석가들도 전 세계적인 핵 폐기의 의도되지 않은 이런 결과에 동의한다. 프랭크 개빈(Frank Gavin)은 다음과 같이 주장한다.

전 세계적 핵 폐기가 현실화된다면 미국의 막대한 힘의 우위는—그리고 다른 국가들과의 힘의 격차는—극적으로 증대되며 부담이 되곤 했던 확장 억지 보장은 사라질 것이다. 순전히 미국의 관점에서만 보자면, 전 세계적 핵 폐기가 가져다주는 상대적 힘의 증대는 전

---

17 미국의 미사일 방어의 전략적 결과에 대해서는 Glaser and Fetter(2001) 참조.

쟁 가능성의 증대를 감수할 만한 것이다(Gavin 2012, 169).

핵 폐기가 미국의 압도적인 군사력 우위에 가져다주는 단기적인 이점을 지적한 면에서는 개빈이 옳다고 믿는다. 그렇지만 이 책에서 서술한 나의 주장은 그의 분석을 한 단계 더 밀고 나가 어떻게 이런 단기적 이점이 강대국들로 하여금 균형 시도를 강화하도록 해서 결국 미국의 힘의 우위를 종식시키고 둘 이상의 초강대국이 존재하는 세상으로 돌아가는 결과를 초래할지를 보여준다.

마지막으로, 그동안 많이 논의되었던 두 가지 변혁에―나의 이론에 따르면 단극 세계의 지속성에 부정적 영향을 미치지 않을 변혁―관해 논의해보자. 첫째, 중국이 민주주의로 이행하는 것이 미국의 압도적인 힘의 우위를 훼손하지는 않을 것이다. 민주화된 중국 정부는 중국 인민들의 민족주의를 통제하기 어려울지는 모르지만, 미국과 전 세계적으로 군사적 경쟁을 벌이는 데 수반되는 비용과 위험이 너무나 커서 전면적인 균형 시도를 하는 것은 여전히 비합리적일 것이다.[18] 나의 이론에서는 다른 여느 국가나 마찬가지로 중국 역시 보다 공격적으로 행동하라는 국내적 압력에도 불구하고 합리적일 것으로 예측한다. 마찬가지로 별로 가능성이 크지 않지만 유럽연합이 하나의 국가로 변형된다고 해도 단기적으로 체계적인 군사력 균형을 변화시키지는 않을 것이다. 현재 유럽연합 국가들의 힘의 투사 능력은 다 합쳐도 상당한 한계가 있다.[19] 이 국가들이 정치적 합

18 현 중국 정권이 중국 인민들의 민족주의를 전략적으로 이용하는 데 대해서는 Weiss (2012); Weiss(2013) 참조.
19 유럽연합의 공통된 유럽 안보 방위정책(European Security and Defense Policy)에 대해서

병을 이룬다고 해도 그 정치체에는 전 세계적인 힘의 투사 능력을 확보해서 미국에 대해 균형을 취할 유인이 별로 없을 것이다. 사실 견고한 핵 능력을(프랑스와 영국의 억지 능력에 기반을 둔) 보유하고 있으므로, 이 국가들에는 미국과의 협력을 유지하고 심지어 심화시켜서 미국의 전 세계적 현상 유지 능력에 무임승차를 지속하려는 유인이 대단히 크다.

따라서 대부분의 분석가들이 예측하듯이 앞으로 수십 년 안에 미국이 세계 최대 경제의 지위를 잃게 될 운명이라고 하더라도, 예측 가능한 시기까지는 재래 전력에서 미국이 지닌 압도적 우위가 그대로 남아 있을 것으로 보인다.

이러한 시나리오는 압도적인 힘의 우위가 지니는 모순(paradox)처럼 보일 수 있다.[20] 압도적인 힘의 우위가 단극에게 단지 제한적인 혜택만을 가져다주는 것이다. 만일 단극이 압도적 능력을 사용하여 현상을 더 유리하게 변경하거나 단극의 지위로부터 추출하는 혜택

는 Posen(2004) 참조.

20 압도적인 힘의 우위로부터 나오는 최소한 네 가지 모순이 기존의 연구들에서 조명을 받았다. 첫째, 브루스 크로닌(Bruce Cronin)은 단극의 초강대국으로서의 (이기적) 역할과 체계의 평화와 안정을 보장하는 (이타적) 역할 사이에 존재하는 본질적인 긴장으로부터 생기는 "패권의 모순"을 묘사한다. Cronin(2001) 참조. 둘째, 나이는 미국이 단극임에도 불구하고 핵심적인 국제 이슈들에 대해 다른 국가들과의 협력과 다자주의를 필요로 한다는(그의 생각에) 점이 모순적이라고 본다. Nye(2002); Brooks and Wohlforth(2005b) 참조. 셋째, 마사 피네모어(Martha Finnemore)는 "압도적인 힘이라는 것은 분산되어야만 사회의 통제가 가능해지기 때문에" 그 지위의 효용성을 극대화하기 위해서는 "단극이 정책의 정당성을 확보하기 위해 자신의 힘의 일부분을 포기해야 한다"라고 주장한다. Finnemore(2009, 68) 참조. 마지막으로, 데이비드 곰퍼트(David Gompert)와 필립 손더스(Phillip Sauders)는 월스테터(Wohlstetter, 1958)의 "공포의 균형" 개념을 통해 미국과 중국의 힘이 커갈수록 서로 간의 취약성도 커진다고 주장한다. Gompers and Saunders(2011) 참조.

을 증대시키려고 하면, 균형의 확산이 뒤따르게 된다. 이에 따라 약소국들은 핵무기를 포함하여 자국의 능력을 증대하려고 할 것이며, 강대국들은 그들대로 단극의 재래 전력 우위가 사라지도록 시도할 것이다. 이런 과정들이 합쳐져서 단극을 더욱 제약할 것이다. 상대적 군사력의 증대가 군사력을 유리한 결과로 변환시키는 능력의 증대와 영향력의 증대로 귀결되지 않는다는 모순이 부각되는 것이다.[21]

그렇지만 이렇게 모순처럼 보이는 것은 사실은 허상이다. 단극성이라는 것은 한 국가, 단극으로 기울어져 있는 군사력의 분포를 말한다. 그러나 스티븐 룩스(Steven Lukes)가 명확히 했듯이, "힘의 수단을 가지고 있는 것이 힘이 있는 것과 같은 것은 아니다"(Lukes 2005, 478-479). 따라서 군사력의 압도적 우위가 실제로는 국제정치적 결과에 영향을 미치는 능력에서도 마찬가지로 압도적인 우위로 연결되지 않을 수 있다는 데는 아무런 모순이 없다. 이와는 반대로 힘의 압도적 우위로 말미암아 다른 국가들이 단극의 요구를 받아들이려고 하지 않을 수 있다.[22] 실제로 따라갈 수 없는 군사력은 비할 바 없는 자제를 요구하는 것이다.

---

21 미국이 절제할 필요성에 대해서는 Walt(2005); Posen(2007); Mearsheimer(2010a) 참조.
22 Sechser(2010); Voeten(2011, 125) 참조.

참고문헌

Abraham, Itty. 2010. "'Who's Next?' Nuclear Ambivalence and the Contradictions of Non-Proliferation Policy." *Economic and Political Weekly*, Vol. 45, No. 43, pp. 48-56.

Ahluwalia, Montek S. 2011. "Prospects and Policy Challenges in the Twelfth Plan." *Economic & Political Weekly*, Vol. 46, No. 21, pp. 88-105.

Albright, David. 2010. *Peddling Peril: How the Secret Nuclear Trade Arms America's Enemies*. New York: Free Press.

Art, Robert J. 2003. *A Grand Strategy for America*. Ithaca, NY: Cornell University Press.

Art, Robert J., et al. 2005/6. "Correspondence: Striking the Balance." *International Security*, Vol. 30, No. 3, pp. 177-196.

Associated Press. 2010. "China Overtakes Japan as World's Second Economy." The Guardian, August16. Available at: http://www.theguardian.com/business/2010/aug/16/china-overtakes-japan-second-largest-economy, last accessed on December 9, 2013.

Atkinson, Rick. 1993. *Crusade: The Untold Story of the Persian Gulf War*. New York: Mariner Books.

Ayson, Robert, and Brendan Taylor. 2004. "Attacking North Korea: Why War Might be Preferred." *Comparative Strategy*, Vol. 23, No. 3, pp. 263-279.

Baliga, Sandeep, and Tomas Sjostrom. 2008. "Strategic Ambiguity and Arms Proliferation." *Journal of Political Economy*, Vol. 116, No. 6, pp. 1023-1057.

Barnhart, Michael A. 1987. *Japan Prepares for Total War: The Search for Economic Security, 1919-1941*. Ithaca, NY: Cornell University Press.

Beckley, Michael. 2011/2012. "China's Century? Why America's Edge Will Endure." *International Security*, Vol. 36, No. 3, pp. 41-78.

Bennett, D. Scott, and Allan C. Stam. 1998. "The Declining Advantages of Democracy: A Combined Model of War Outcomes and Duration." *Journal of Conflict Resolution*, Vol. 42, No. 3, pp. 344-366.

Bercovitch, Sacvan. 1980. *The American Jeremiad*. Madison: University of Wisconsin Press.

Berenskoeter, Felix, and Michael J. Williams, eds. 2007. *Power in World Politics*. New York: Routledge.

Betts, Richard K. 1993/1994. "Wealth, Power, and Instability: East Asia and the United States after the Cold War." *International Security*, Vol. 18, No. 3, pp. 34-77.

Betts, Richard K. 2005. "The Political Support System for American Primacy." *International Affairs*, Vol. 81, No. 1, pp. 1-14.

Biddle, Stephen D. 2004. *Military Power: Explaining Victory and Defeat in Modern Battle*. Princeton, NJ: Princeton University Press.

Biddle, Stephen D., James Embrey, Edward Filiberti, Stephen Kidder, Steven Metz, Ivan C. Oelrich, and Richard Shelton. 2004. T*oppling Saddam: Iraq and American*

Military Transformation. Washington, DC: Strategic Studies Institute.

Bilmes, Linda J., and Joseph E. Stiglitz. 2008. *The Three Trillion Dollar War: The True Cost of the Iraq Conflict*. New York: W. W. Norton.

Bokhari, Farhan, and Kathrin Hille. 2011. "Pakistan Turns to China for Naval Base." *Financial Times*, May 22.

Bowden, Mark. 2009. "The Last Ace." Atlantic Monthly, March. Available at: http://www.theatlantic.com/magazine/archive/2009/03/the-lastace/307291/, last accessed on December 9, 2013.

Braun, Chaim, and Christopher F. Chyba. 2004. "Proliferation Rings: New Challenges to the Nuclear Nonproliferation Regime." *International Security*, Vol. 29, No. 2, pp. 5-49.

Brooks, Stephen G., G. John Ikenberry, and William C. Wohlforth. 2012/2013. "Don't Come Home, America: The Case against Retrenchment." *International Security*, Vol. 37, No. 3.

Brooks, Stephen G., and William C. Wohlforth. 2005a. "Hard Times for Soft Balancing." *International Security*, Vol. 30, No. 1, pp. 72-108.

Brooks, Stephen G., and William C. Wohlforth. 2005b. "International Relations Theory and the Case against Unilateralism." *Perspectives on Politics*, Vol. 3, No. 3, pp. 509-524.

Brooks, Stephen G., and William C. Wohlforth. 2008. *World out of Balance: International Relations and the Challenge of American Primacy*. Princeton, NJ: Princeton University Press.

Bruno, Greg. 2008. *Iran's Nuclear Program*. Washington, DC: Council on Foreign Relations.

Bueno de Mesquita, Bruce. 1975. "Measuring Systemic Polarity." *Journal of Conflict Resolution*, Vol. 19, No. 1, pp. 187-216.

Bueno de Mesquita, Bruce, James D. Morrow, Randolph M. Siverson, and Alastair Smith. 1999. "An Institutional Explanation of the Democratic Peace." *American Political Science Review*, Vol. 93, No. 4, pp. 791-807.

Bueno de Mesquita, Bruce, James D. Morrow, Randolph M. Siverson, and Alastair Smith. 2003. *The Logic of Political Survival*. Cambridge, MA: MIT Press.

Bunn, M. Elaine, and Vincent A. Manzo. 2011. *Conventional Prompt Global Strike: Strategic Asset or Unusable Liability?* Strategic Forum Report. Washington, DC: National Defense University.

Bush, George H. W. 1991. "Address before a Joint Session of the Congress on the State of the Union." January 29.

Bush, George W. 2002. "State of the Union Address." January 29.

Bush, George W. 2004. "Presidential Candidates' Debate." September 30.

Bussmann, Margit, and John R. Oneal. 2007. "Do Hegemons Distribute Private Goods? A Test of Power-Transition Theory." *Journal of Conflict Resolution*, Vol. 51, No. 1, pp. 88-111.

Buzan, Barry, and Ole Waever. 2003. *Regions and Powers: The Structure of International Security*. Cambridge: Cambridge University Press.

Casey, Joseph. 2012. *Patterns in U.S.-China Trade since China's Accession to the World Trade Organization*. Washington, DC: U.S.-China Economic and Security Review Commission Staff Research Report.

Caverley, Jonathan D. 2008. "Death and Taxes: Sources of Democratic Military Aggression." Ph.D. dissertation, University of Chicago.

Caverley, Jonathan D. 2011. "The Political Economy of Democratic Militarism." Northwestern University mimeo.

Chan, Steve. 2010. "An Odd Thing Happened on the Way to Balancing: East Asian States' Reactions to China's Rise." *International Studies Review*, Vol. 12, No. 3, pp. 339-478.

Chan, Steve. 2012. *Looking for Balance: China, the United States, and Power Balancing in East Asia*. Stanford, CA: Stanford University Press.

Chernoff, Fred. 1991. "The Soviet Retreat and the US Military Buildup." *International Affairs*, Vol. 67, No. 1, pp. 111-126.

Choi, Kang, and Joon-Sung Park. 2009. "South Korea: Fears of Abandonment and Entrapment." In *The Long Shadow: Nuclear Weapons and Security in 21st Century Asia*, pp. 373-403. Muthiah Alagappa, ed. Stanford, CA: Stanford University Press.

Christensen, Thomas. 2006. "Fostering Stability or Creating a Monster? The Rise of China and U.S. Policy toward East Asia." *International Security*, Vol. 31, No. 1, pp. 81-126.

Cirincione, Joseph, Jessica Tuchman Mathews, George Perkovich, with Alexis Orton, and Yaping Wang. 2004. *WMD in Iraq: Evidence and Implications*. Washington, DC: Carnegie Endowment for International Peace.

Clarke, Ryan. 2010. *Chinese Energy Security: TheMyth of the Plan's Frontline Status*. Carlisle, PA: U.S. Army War College Strategic Studies Institute.

Clausewitz, Carl von. 1976. *On War, edited and translated by Michael Howard and Peter Paret*. Princeton, NJ: Princeton University Press.

Cohen, Stephen S., and J. Bradford DeLong. 2010. *The End of Influence: What Happens When Other Countries Have the Money*. New York: Basic Books.

Cohen, Warren I. 2010. *America's Response to China: A History of Sino-American Relations*. New York: Columbia University Press.

Cole, Bernard D. 2010. *The Great Wall at Sea: China's Navy in the Twenty-First Century*. Second edition. Annapolis, MD: Naval Institute Press.

Comprehensive Nuclear Test Ban Treaty Organization. 2013. "On the CTBTO's Detection in North Korea." Press Release, Vienna. Available at: http://www.ctbto.org/press-centre/press-releases/2013/on-the-ctbtosdetection-in-north-korea/, last accessed on December 08, 2013.

Cozad, Mark. 2009. "China's Regional Power Projection: Prospects for Future Missions in the South and East China Seas." In *Beyond the Strait: PLA Missions Other than Taiwan*, pp. 287-326. Roy Kamphausen, David Lai, and Andrew Scobell, eds. Carlisle, PA: Strategic Studies Institute.

Craig, Campbell. 2003. *Glimmer of a New Leviathan: Total War in the Realism of Niebhur, Morgenthau, and Waltz*. New York: Columbia University Press.

Craig, Campbell. 2009. "American Power Preponderance and the Nuclear Revolution." *Review of International Studies*, Vol. 35, No. 1, pp. 27-44.

Craig, Campbell. 2011. "Rebuttal of John Glenn's 'The Flawed Logic of a MAD Man.'" *Review of International Studies*, Vol. 37, No. 4, pp. 2025-2028.

Craig, Campbell, and Sergey Radchenko. 2008. *The Atomic Bomb and the Origins of the Cold War*. New Haven, CT: Yale University Press.

Crane, Keith, Roger Cliff, Evan Medeiros, James Mulvenon, and William Overholt. 2005. *Modernizing China's Military: Opportunities and Constraint*. Santa Monica: RAND Corporation.

Christensen, Thomas J., and Jack Snyder. 1990. "Chain Gangs and Passed Bucks: Predicting Alliance Patterns in Multipolarity." *International Organization*, Vol. 44, No. 2, pp. 137-168.

Cronin, Bruce. 2001. "The Paradox of Hegemony: America's Ambiguous Relationship with the United Nations." *European Journal of International Relations*, Vol. 7, No. 1, pp. 103-130.

Daggett, Stephen. 2010. *Costs of Major U.S. Wars*. Washington DC: Congressional Research Service.

Debs, Alexandre, and Hein E. Goemans. 2010. "Regime Type, the Fate of Leaders, and War." *American Political Science Review*, Vol. 104, No. 3, pp. 430-445.

Debs, Alexandre, and Nuno P. Monteiro. 2012. "The Flawed Logic of Attacking Iran." *Foreign Affairs*, January 18. Available at: http://www.theatlantic.com/magazine/archive/2009/03/the-last-ace/307291/, last accessed on December 9, 2013.

Debs, Alexandre, and Nuno P. Monteiro. 2013. "Rising to the Challenge: Economic Interdependence, Power Transitions, and War." Yale University mimeo.

Debs, Alexandre, and Nuno P. Monteiro. 2014. "Known Unknowns: Power Shifts, Uncertainty, and War." *International Organization*, Vol. 68, No. 1, pp. 1-31.

Desch, Michael. 1998. "Culture Clash: Assessing the Importance of Ideas in Security Studies." *International Security*, Vol. 23, No. 1, pp. 141-170.

Deudney, Daniel. 2007. *Bounding Power: Republican Security Theory from the Polis to the Global Village*. Princeton, NJ: Princeton University Press.

Deudney, Daniel. 2011. "Unipolarity and Nuclear Weapons." In *International Relations Theory and the Consequences of Unipolarity*, pp. 282-316. G. John Ikenberry, Michael Mastanduno, and William C. Wohlforth, eds. Cambridge: Cambridge University Press.

Deudney, Daniel, and G. John Ikenberry. 2012. *Democratic Internationalism: An American Grand Strategy for a Post-Exceptionalist Era*. New York: Council on Foreign Relations.

Deutsch, Karl, and J. David Singer. 1964. "Multipolar Systems and International Stability." *World Politics*, Vol. 16, No. 3, pp. 390-406.

Donnelly, Jack. 2000. *Realism and International Relations*. Cambridge: Cambridge University Press.

Donnelly, Jack. 2012. "The Elements of the Structures of Internationalbrk Systems." *International Organization*, Vol. 66, No. 4, pp. 609-643.

Drezner, Daniel W. 2009. "Bad Debts: Assessing China's Financial Influence in Great Power Politics." *International Security*, Vol. 34, No. 2, pp. 7-45.

Drezner, Daniel W. 2013. "Military Primacy Doesn't Pay (Nearly As Much As You Think." *International Security*, Vol. 38, No. 1, pp. 52-79.

Duchâtel, Mathieu, and Bates, Gill. 2012. "Overseas Citizen Protection: A Growing Challenge for China." Stockholm: Stockholm International Peace Research Institute. Available at: http://www.sipri.org/media/newsletter/essay/february12, last accessed on December 8, 2013.

Duelfer, Charles. 2004. "Comprehensive Report of the Special Advisor to the DCI on Iraq's Weapons of Mass Destruction." Langley Park, VA: Central Intelligence Agency.

Dunning, Thad. 2012. *Natural Experiments in the Social Sciences: A Design-Based Approach*. Cambridge: Cambridge University Press.

Dutton, Peter, ed. 2010. Military Activities in the EEZ: A U.S.-China Dialogue on Security and International Law in the Maritime Commons. Newport, RI: China Maritime Studies Institute, U.S. Naval War College.

Easton, Ian. 2009. *The Great Game in Space: China's Evolving ASAT Weapons Programs and Their Implications for Future U.S. Strategy*. Washington, DC: Project 2049.

Edelman, Eric S., Andrew F. Krepinevich Jr., and Evan Braden Montgomery. 2011. "Why Obama Should Take Out Iran's Nuclear Program: The Case for Striking before It's Too Late." *Foreign Affairs*, November 9. Available at: http://www.foreignaffairs.com/articles/136655/eric-s-edelman-andrew-f-krepinevich-jr-and-evan-braden-montgomer/why-obama-should-take-out-irans-nuclear-program, last accessed on December 9, 2013.

Edelstein, David M. 2008. *Occupational Hazards: Success and Failure in Military Occupation*. Ithaca, NY: Cornell University Press.

Elman, Colin. 1996. "Horses for Courses: Why Not Neorealist Theories of Foreign Policy?" *Security Studies*, Vol. 6, No. 1, pp. 7-53.

Elman, Colin. 2003. "Introduction: Appraising Balance of Power Theory." In *Realism and the Balancing of Power: A New Debate*, John A. Vasquez and Colin Elman, eds. Upper Saddle River, NJ: Prentice-Hall.

Encina, Bethany, and Nils Petter Gleditch. 2005. "Monitoring Trends in Global Combat: A New Dataset of Battle Deaths," *European Journal of Population*, Vol. 21, No. 2/3, pp. 145-166.

England, Robert Stowe. 2005. *Aging China: The Demographic Challenge to China's Economic Prospects*. Westport, CT: Praeger Publishers.

Erickson, Andrew. 2010. "Chinese Sea Power in Action: Counterpiracy Mission in Gulf of Aden." In *The PLA at Home and Abroad: Assessing the Operational Capabilities of China's Military*, pp. 295-376. Roy Kamphausen, David Lai, and Andrew Scobell, eds. New York: CreateSpace.

Fallows, James. 2010. "How America Can Rise Again." *The Atlantic*, January/February. Available at: http://www.theatlantic.com/magazine/archive/2010/01/how-americacan-rise-again/307839/, last accessed on December 9, 2013.

Fazal, Tanisha M. 2007. *State Death: The Politics and Geography of Conquest, Occupation, and Annexation.* Princeton, NJ: Princeton University Press.

Fearon, James D. 1995. "Rationalist Explanations for War." *International Organization*, Vol. 49, No. 3, pp. 379-414.

Fearon, James D. 2010. "Arming and Arms Races." Paper presented at the Annual Meetings of the American Political Science Association, Washington, DC.

Ferguson, Niall. 2004a. "A World without Power." *Foreign Policy*. Available at: http://www.foreignpolicy.com/articles/2004/07/01/a world without power, last accessed on December 9, 2013.

Ferguson, Niall. 2004b. *Colossus: The Price of American Empire.* New York: Penguin.

Filson, Darren, and Suzanne Werner. 2004. "Bargaining and Fighting: The Impact of Regime Type on War Onset, Duration, and Outcomes." *American Journal of Political Science*, Vol. 48, No. 2, pp. 296-313.

Finkelstein, David. 2010. *The Military Dimensions of U.S.-China Security Cooperation: Retrospective and Future Prospects.* Alexandria, VA: Center for Naval Analysis.

Finnemore, Martha. 2009. "Legitimacy, Hypocrisy, and the Social Structure of Unipolarity: Why Being a Unipole Isn't All It's Cracked up to Be." *World Politics*, Vol. 61, No. 1, pp. 58-85.

Fly, Jamie M., and Gary Schmitt. 2012. "The Case for Regime Change in Iran: Go Big, Then Go Home." *Foreign Affairs*, January 17. Available at: http://www.foreignaffairs.com/articles/137038/jamie-m-fly-and-garyschmitt/the-case-for-regime-change-in-iran, last accessed on December 9, 2013.

Foot, Rosemary. 2006. "Chinese Strategies in a U.S.-Hegemonic Global Order: Accommodating and Hedging." *International Affairs*, Vol. 82, No. 1, pp. 77-94.

Frankel, Benjamin, ed. 1996. *Realism: Restatements and Renewal.* London: Frank Cass.

Fravel, M. Taylor. 2011. "China's Strategy in the South China Sea." *Contemporary Southeast Asia*, Vol. 33, No. 3, pp. 292-319.

Fravel, M. Taylor. 2012. "Maritime Security in the South China Sea and the Competition over Maritime Rights." In *Cooperation from Strength: The United States, China, and the South China Sea*, pp. 33-50. Patrick Cronin, ed. Washington, DC: Center for New American Security.

Fravel, M. Taylor, and Evan S. Medeiros. 2010. "China's Search for Assured Retaliation: The Evolution of Chinese Nuclear Strategy and Force Structure." *International Security*, Vol. 35, No. 2, pp. 48-87.

Freedman, Lawrence. 1988. "I Exist; Therefore I Deter." *International Security*, Vol. 13, No. 1, pp. 177-195.

Freedman, Lawrence. 2004. "War in Iraq: Selling the Threat." *Survival*, Vol. 46, No. 2, pp. 7-49.

Freedman, Lawrence, and Efraim Karsh. 1995. *The Gulf Conflict, 1990-1991.* Princeton, NJ: Princeton University Press.

Friedberg, Aaron. 1993/1994. "Ripe for Rivalry: Prospects for Peace in a Multipolar Asia." *International Security*, Vol. 18, No. 3, pp. 5-33.

Friedberg, Aaron. 2005. "The Future of U.S.-China Relations: Is Conflict Inevitable?" *International Security*, Vol. 30, No. 2, pp. 7-45.

Friedberg, Aaron. 2011a. *A Contest for Supremacy: China, America, and the Struggle for Mastery in Asia.* New York: W. W. Norton.

Friedberg, Aaron. 2011b. "Hegemony with Chinese Characteristics." *The National Interest*, No. 114, pp. 18-27.

Friedman, Thomas L., and Patrick E. Tyler. 1991. "From the First, U.S. Resolve to Fight." *New York Times*, March 3. Available at: http://www.nytimes.com/1991/03/03/world/after-war-reconstruction-path-war-bush-s-crucial-decisions-special-report-first.html, last accessed on December 9, 2013.

Friedman, Thomas L., and Michael Mandelbaum. 2011. *That Used to Be Us: How America Fell Behind in the World It Invented and How We Can Come Back.* New York: Farrar, Straus, and Giroux.

Fukuyama, Francis. 1992. *The End of History and the Last Man.* New York: Free Press.

Gaddis, John Lewis. 1982. *Strategies of Containment: A Critical Appraisal of American National Security Policy during the Cold War.* Oxford: Oxford University Press.

Gaddis, John Lewis. 1992/93. "International Relations Theory and the End of the Cold War." *International Security*, Vol. 17, No. 3, pp. 5-58.

Gallagher, John, and Ronald Robinson. 1953. "The Imperialism of Free Trade." *Economic History Review*, Second series, Vol. VI, No. 1, pp. 1-15.

Gavin, Francis J. 2004. *Gold, Dollars, and Power: The Politics of International Monetary Relations, 1958-1971.* Chapel Hill: University of North Carolina Press.

Gavin, Francis J. 2012. *Nuclear Statecraft: History and Strategy in America's Atomic Age.* Ithaca, NY: Cornell University Press.

Gerber, Alan S., and Donald P. Green. 2012. *Field Experiments: Design, Analysis, and Interpretation.* New York: W. W. Norton.

Gholz, Eugene, and Daryl Press. 1997. "Come Home America: The Strategy of Restraint in the Face of Temptation." *International Security*, Vol. 21, No. 4, pp. 5-48.

Giddens, Anthony. 1984. *Constitution of Society: Outline of the Theory of Structuration.* Berkeley, CA: University of California Press.

Gilpin, Robert. 1981. *War and Change in World Politics.* Cambridge: Cambridge University Press.

Gilpin, Robert. 2002. "The Rise of American Hegemony." In *Two Hegemonies: Britain 1846-1914 and the United States 1941-2001*, pp. 165-182. Patrick Karl O'Brien and Armand Clesse, eds. Aldershot: Ashgate Publishing.

Glaser, Charles L. 1994/1995. "Realists as Optimists: Cooperation as Self-Help." *International Security*, Vol. 19, No. 3, pp. 50-90.

Glaser, Charles L. 1997. "The Security Dilemma Revisited." *World Politics*, Vol. 50, No. 1, pp. 171-201.

Glaser, Charles L. 2010. *Rational Theory of International Politics.* Princeton, NJ: Princeton University Press.

Glaser, Charles L. 2011a. "Why Unipolarity Doesn't Matter (Much)." *Cambridge Review of International Affairs*, Vol. 24, No. 2, pp. 135-147.

Glaser, Charles L. 2011b. "Will China's Rise Lead to War?" *Foreign Affairs*, Vol. 90, No. 2. Available at: http://www.foreignaffairs.com/articles/67479/charles-glaser/will-chinas-rise-lead-to-war, last accessed on December 9, 2013.

Glaser, Charles L., and Steve Fetter. 2001. "National Missile Defense and the Future of U.S. Nuclear Weapons Policy." *International Security*, Vol. 26, No. 1, pp. 40-92.

Glenn, John. 2011. "The Flawed Logic of a MAD Man: Craig's Contribution to Power Preponderance Theory." *Review of International Studies*, Vol. 37, No. 4, pp. 2015-2023.

Global Security. 1991. *Operation Desert Storm Statistics*. Available at: http://www.globalsecurity.org/military/ops/desert storm-stats.htm, last accessed on December 08, 2013.

Godwin, Paul. 2008. "China as a Major Asian Power: The Implications of its Military Modernization (a View from the United States)." In *China, the United States, and Southeast Asia: Contending Perspectives on Politics, Security, and Economics*, pp. 145-166. Evelyn Goh and Sheldon W. Simon, eds. New York: Routledge.

Godwin, Paul. 2010. "The PLA and the Changing Global Security Landscape." In *The PLA at Home and Abroad: Assessing the Operational Capabilities of China's Military*, pp. 45-98. Roy Kamphausen, David Lai, and Andrew Scobell, eds. New York: CreateSpace.

Goertz, Gary. 2005. *Social Science Concepts: A User's Guide*. Princeton, NJ: Princeton University Press.

Goh, Evelyn. 2007/2008. "Great Powers and Hierarchical Order in Southeast Asia: Analyzing Regional Security Strategies." *International Security*, Vol. 32, No. 3, pp. 113-157.

Goldsmith, Raymond W. 1946. "The Power of Victory: Munitions Output in World War II." *Military Affairs*, Vol. 10, No. 1, pp. 69-80.

Goldstein, Avery. 2005. *Rising to the Challenge: China's Grand Strategy and International Security*. Stanford, CA: Stanford University Press.

Goldstein, Avery. 2007. "Power Transitions, Institutions, and China's Rise in East Asia: Theoretical Expectations and Evidence." *Journal of Strategic Studies*, Vol. 30, No. 4/5, pp. 639-682.

Goldstein, Avery. 2008. "Parsing China's Rise: International Circumstances and National Attributes." In *China's Ascent: Power, Security, and the Future of International Politics*, pp. 55-86. Robert S. Ross and Zhu Feng, eds. Ithaca, NY: Cornell University Press.

Goldstein, Avery. 2013. "First Things First: The Pressing Danger of Crisis Instability in U.S.-China Relations." *International Security*, Vol. 37, No. 4, pp. 49-89.

Goldstein, Joshua S. 2011. *Winning the War on War: The Decline of Armed Conflict Worldwide*. New York: Penguin.

Goldstein, Morris, and Nicholas R. Lardy, eds. 2008. *Debating China's Exchange Rate Policy*. Cambridge, MA: Peterson Institute for International Economics.

Gompert, David C., and Phillip C. Saunders. 2011. *The Paradox of Power: Sino-American Strategic Restraint in an Age of Vulnerability*. Washington, DC: NDU Press.

Gordon, Michael R., and Bernard E. Trainor. 1995. *The Generals' War: The Inside Story of the Conflict in the Gulf*. Boston: Little, Brown.

Gordon, Michael R. 2013. "Accord Reached with Iran to Halt Nuclear Program" *New York Tomes*, November 23. Available at: http://www.nytimes.com/2013/11/24/world/middleeast/talks-with-iran-on-nucleardeal-hang-in-balance.html, last accessed on January 7, 2014.

Gowa, Joanne, and Kristopher W. Ramsey. 2011. "Gulliver Untied: Entry Deterrence in a Unipolar World." Princeton University mimeo.

Grieco, Joseph M. 2002. "China and America in the World Polity." In *The Rise of China in Asia*, pp. 24-48. Carolyn W. Pumphrey, ed. Carlisle Barracks, PA: Strategic Studies Institute.

Grieco, Joseph, Robert Powell, and Duncan Snidal. 1993. "The Relative-Gains Problem for International Cooperation." *American Political Science Review*, Vol. 87, No. 3, pp. 727-743.

Guangqian, Peng, and Rong Yu. 2009. "Nuclear No-First-Use Revisited." *China Security*, Vol. 5, No. 1, pp. 78-87.

Guha, Krishna, and Alan Beattie. 2009. "Remarks by Geithner 'Will Anger China.'" *Financial Times*, January 22. Available at: http://www.ft.com/cms/s/0/b19b6900-e8c2-11dd-a4d0-0000779fd2ac.html#axzz2n0MUtYuj, last accessed on December 9, 2013.

Haas, Mark L. 2007. "A Geriatric Peace? The Future of U.S. Power in a World of Aging Populations." *International Security*, Vol. 32, No. 1, pp. 112-147.

Haass, Richard. 2008. "What Follows American Dominion?" *Financial Times*, April 15. Available at: http://www.ft.com/cms/dd19987e-0af4-11dd-8ccf-0000779fd2ac.html, last accessed on December 11, 2013.

Hagt, Eric. 2010. "Emerging Grand Strategy for China's Defense Industry Reform." In *The PLA at Home and Abroad: Assessing the Operational Capabilities of China's Military*, pp. 481-552. Roy Kamphausen, David Lai, and Andrew Scobell, eds. New York: CreateSpace.

Hansen, Birthe. 2011. *Unipolarity and World Politics: A Theory and Its Implications*. New York: Routledge.

Hardt, Michael, and Antonio Negri. 2000. *Empire*. Cambridge, MA: Harvard University Press.

Hart, Jeffrey A. 1976. "Three Approaches to the Measurement of Power in International Relations." *International Organization*, Vol. 30, No. 2, pp. 289-205.

Harvey, Frank P. 2011. *Explaining the Iraq War: Counterfactual Theory, Logic and Evidence*. Cambridge: Cambridge University Press.

Harvey, Frank P. 2012. "President Al Gore and the 2003 Iraq War: A Counterfactual Test of Conventional "W"isdom." *Canadian Journal of Political Science*, Vol. 45, No. 1, pp. 1-32.

Hollis, Martin, and Steve Smith. 1990. *Explaining and Understanding in International Relations*. Oxford: Clarendon Press.

Hopf, Ted. 1991. "Polarity, the Offense-Defense Balance, and War." *American Political*

Science Review, Vol. 85, No. 2, pp. 475-493.

Horowitz, Michael C. 2010. *The Diffusion of Military Power: Causes and Consequences for International Politics*. Princeton, NJ: Princeton University Press.

Huntington, Samuel P. 1999. "The Lonely Superpower." *Foreign Affairs*, Vol. 78, No. 2, pp. 35-49.

Ikenberry, G. John. 2001. *After Victory: Institutions, Strategic Restraint, and the Rebuilding of Order after Major Wars*. Princeton, NJ: Princeton University Press.

Ikenberry, G. John. 2002. "Democracy, Institutions, and American Restraint." In *America Unrivalled: The Future of the Balance of Power*, pp. 213-238. G. John Ikenberry, ed. Ithaca, NY: Cornell University Press.

Ikenberry, G. John. 2011. *Liberal Leviathan: The Origins, Crisis, and Transformation of the American System*. Princeton, NJ: Princeton University Press.

Ikenberry, G. John, Michael Mastanduno, and William C. Wohlforth. 2009. "Introduction: Unipolarity, State Behavior, and Systemic Consequences." *World Politics*, Vol. 61, No. 1, pp. 1-27.

Information Office of the State Council, The People's Republic of China. 2011. *China's National Defense in 2010*. March 2011.

International Atomic Energy Agency. 2011. "Implementation of the NPT Safeguards Agreement and Relevant Provisions of Security Council Resolutions in the Islamic Republic of Iran." October 8.

Jacques, Martin. 2009. *When China Rules the World: The End of the Western World and the Birth of a New Global Order*. New York: Penguin.

Jackson, Matthew O., and Massimo Morelli. 2009. "Strategic Militarization, Deterrence, and Wars." *Quarterly Journal of Political Science*, Vol. 4, No. 4, pp. 279-313.

Jervis, Robert. 1978. "Cooperation under the Security Dilemma." *World Politics*, Vol. 30, No. 2, pp. 167-214.

Jervis, Robert. 1984. *The Illogic of American Nuclear Strategy*. Ithaca, NY: Cornell University Press.

Jervis, Robert. 1989. *The Meaning of the Nuclear Revolution: Statecraft and the Prospect of Armageddon*. Ithaca, NY: Cornell University Press.

Jervis, Robert. 1993. "International Primacy: Is the Game Worth the Candle?" *International Security*, Vol. 17, No. 4, pp. 52-67.

Jervis, Robert. 1997. *Systems Effects: Complexity in Political and Social Life*. Princeton, NJ: Princeton University Press.

Jervis, Robert. 2009. "Unipolarity: A Structural Perspective." *World Politics*, Vol. 61, No. 1, pp. 188-213.

Joffe, Josef. 1986. "Europe's American Pacifier." *Foreign Policy*, pp. 64-82.

Joffe, Josef. 2006. *Uberpower: The Imperial Temptation of America*. New York: W. W. Norton.

Joffe, Josef. 2009. "The Default Power." *Foreign Affairs*, Vol. 88, No. 5. Available at: http://www.foreignaffairs.com/articles/65225/josef-joffe/thedefault-power, last accessed on December 9, 2013.

Johnston, Alastair Iain. 2003. "Is China a Status Quo Power?" *International Security*,

Vol. 27, No. 4, pp. 5-56.

Johnston, Alastair Iain. 2012. "What (If Anything) Does East Asia Tell Us about International Relations Theory?" *Annual Review of Political Science*, Vol. 15, pp. 53-78.

Johnston, Alastair Iain, and Sheena Chestnut. 2009. "Is China Rising?" In *Global Giant: Is China Changing the Rules of the Game?* pp. 237-259. Eva Paus, Penelope Prime, Jon Western, eds. New York: Palgrave MacMillan.

Kagan, Robert. 2008. *The Return of History and the End of Dreams*. New York: Alfred A. Knopf.

Kahl, Colin H. 2012. "Not Time to Attack Iran." *Foreign Affairs*, Vol. 91, No. 2. Available at: http://www.foreignaffairs.com/articles/137031/colin-h-kahl/not-time-to-attack-iran, last accessed on December 9, 2013.

Kalyvas, Stathis N., and Laia Balcells. 2010. "International System and Technologies of Rebellion: How the End of the Cold War Shaped Internal Conflict." *American Political Science Review*, Vol. 104, No. 3, pp. 415-429.

Kang, David C. 2003. "Getting Asia Wrong: The Need for New Analytical Frameworks." *International Security*, Vol. 27, No. 4, pp. 57-85.

Kang, David C. 2003/2004. "Hierarchy, Balancing, and Empirical Puzzles in Asian International Relations." *International Security*, Vol. 28, No. 3, pp. 165-180.

Kang, David C. 2007. *China Rising: Peace, Power, and Order in East Asia*. New York: Columbia University Press.

Kaplan, Morton. 1957. *System and Process in International Politics*. New York: Wiley.

Kaufman, Stuart J., Richard Little, and William C. Wohlforth. 2007a. "Introduction." In *The Balance of Power in World History*, pp. 1-21. Kaufman, Little, and Wohlforth, eds. New York: Palgrave Macmillan.

Kaufman, Stuart J., Richard Little, and William C. Wohlforth, editors. 2007b. *The Balance of Power in World History*. New York: Palgrave Macmillan.

Keaney, Thomas A., and Eliot A. Cohen. 1993. *Gulf War Air Power Survey Summary Report*. Washington, DC: Department of the Air Force.

Kennan, George. 1984. *American Diplomacy*. Chicago: University of Chicago Press.

Kennedy, Paul. 1987. *The Rise and Fall of the Great Powers*. New York: Random House.

Kennedy, Paul. 2009. "American Power Is on the Wane." *Wall Street Journal*, January 14. Available at: http://online.wsj.com/news/articles/SB123189377673479433, last accessed on December 9, 2013.

Keohane, Robert O. 1980. "The Theory of Hegemonic Stability and Changes in International Economic Regimes, 1967-1977." In *Change in the International System*, pp. 131-162. Ole R. Holsti et al., eds, Boulder, CO: Westview Press.

Keohane, Robert O. 1984. *After Hegemony: Cooperation and Discord in the World Political Economy*. Princeton, NJ: Princeton University Press.

Keohane, Robert O., ed. 1986. *Neorealism and Its Critics*. New York: Columbia University Press.

Kim, Woosang, and James D. Morrow. 1992. "When Do Power Shifts Lead to War?" *American Journal of Political Science*, Vol. 36, No. 4, pp. 896-922.

Kindleberger, Charles P. 1986. *The World in Depression, 1929-1939*. Berkeley: University of California Press.

Koslowski, Rey, and Friedrich Kratochwil. 1994. "Understanding Change in International Politics: The Soviet Empire's Demise and the International System." *International Organization*, Vol. 48, No. 2, pp. 215-247.

Kotkin, Stephen. 2001. *Armageddon Averted: The Soviet Collapse 1970-2000*. Oxford: Oxford University Press.

Krasner, Stephen. 1976. "State Power and the Structure of International Trade." *World Politics*, Vol. 28, No. 3, pp. 217-247.

Krauthammer, Charles. 1990/1991. "The Unipolar Moment." *Foreign Affairs*, Vol. 70, No. 1, pp. 23-33.

Kristensen, Hans M. 2002. "Preemptive Posturing: What Happened to Deterrence?" *Bulletin of the Atomic Scientists*, Vol. 58, No. 5, pp. 54-59.

Kroenig, Matthew. 2012. "Time to Attack Iran." *Foreign Affairs*, Vol. 91, No. 1. Available at: http://www.foreignaffairs.com/articles/136917/matthew-kroenig/time-to-attack-iran, last accessed on December 9, 2013.

Kugler, Jacek, and Douglas Lemke, eds. 1996. *Parity and War: Evaluations and Extensions of The War Ledger*. Ann Arbor: University of Michigan Press.

Kupchan, Charles A. 2002. "Hollow Hegemony or Stable Multipolarity." In *America Unrivalled: The Future of the Balance of Power*, pp. 68-97. G. John Ikenberry, ed. Ithaca, NY: Cornell University Press.

Kydd, Andrew H. 1997. "Sheep in Sheep's Clothing: Why Security Seekers Do Not Fight Each Other." *Security Studies*, Vol. 7, No. 1, pp. 114-155.

Lacina, Bethany, and Nils Petter Gleditsch. 2005. "Monitoring Trends in Global Combat: A New Dataset of Battle Deaths." *European Journal of Population*, Vol. 21, Nos. 2-3, pp. 145-166.

Lake, David A. 2009. *Hierarchy in International Relations*. Ithaca, NY: Cornell University Press.

Lake, Daniel R. 2009. "The Limits of Coercive Air Power: NATO's 'Victory' in Kosovo Revisited." *International Security*, Vol. 34, No. 1, pp. 83-122.

Lake, David A. 2010/2011. "Two Cheers for Bargaining Theory: Assessing Rationalist Explanations of the Iraq War." *International Security*, Vol. 35, No. 3, pp. 7-52.

Lapid, Yosef. 1989. "The Third Debate: On the Prospects of International Theory in a Post-Positivist Era." *International Studies Quarterly*, Vol. 33, No. 3, pp. 235-254.

Layne, Christopher. 1993. "The Unipolar Illusion: Why New Great Powers Will Arise." *International Security*, Vol. 17, No. 4, pp. 5-51.

Layne, Christopher. 2006a. "The Unipolar Illusion Revisited: The Coming End of the United States' Unipolar Moment." *International Security*, Vol. 31, No. 2, pp. 7-41.

Layne, Christopher. 2006b. *The Peace of Illusions: American Grand Strategy from 1940 to the Present*. Ithaca, NY: Cornell University Press.

Layne, Christopher. 2012. "This Time It's Real: The End of Unipolarity and the Pax Americana." *International Studies Quarterly*, Vol. 56, No. 1, pp. 203-213.

Layne, Christopher, and Bradley Thayer. 2006. *American Empire: A Debate*. New York:

Routledge.

Lebow, Ned and William C. Wohlforth. 1995. "Realism and the End of the Cold War: Correspondence Exchange." *International Security*, Vol. 20, No. 2, pp. 185-187.

Lee, Jung-Hoon, and Chung-in Moon. 2003. "The North Korean Nuclear Crisis." *Security Dialogue*, Vol. 34, No. 2, pp. 135-151.

Leffler, Melvyn P. 1992. *A Preponderance of Power: National Security, The Truman Administration, and the Cold War*. Stanford, CA: Stanford University Press.

Legro, Jeffrey W. 2007. "What China Will Want: The Future Intentions of a Rising Power." *Perspectives on Politics*, Vol. 5, No. 3, pp. 515-534.

Legro, Jeffrey W. 2011. "Sell Unipolarity? The Future of an Overvalued Concept." In *International Relations Theory and the Consequences of Unipolarity*, pp. 342-366. G. John Ikenberry, Michael Mastanduno, and William C. Wohlforth, eds. Cambridge: Cambridge University Press.

Lemke, Douglas. 2003. "Investigating the Preventive Motive for War." *International Interactions*, Vol. 29, No. 4, pp. 273-292.

Lemke, Douglas. 2004. "Great Powers in the Post-Cold War World: A Power Transition Perspective." In *Balance of Power: Theory and Practice in the 21st Century*, pp. 52-75. T. V. Paul, James J. Wirtz, and Michael Fortmann, eds. Stanford, CA: Stanford University Press.

Levy, Jack. 1983. *War and the Modern Great Power System: 1495-1975*. Lexington: University Press of Kentucky.

Levy, Jack. 2002. "Balances and Balancing: Concepts, Propositions, and Research Design." In *Realism and the Balancing of Power: A New Debate*, pp. 128-153. John Vasquez and Colin Elman, eds. Upper Saddle River, NJ: Pearson.

Levy, Jack. 2004. "What Do Great Powers Balance against and When?" In *Balance of Power: Theory and Practice in the Twenty-First Century*, pp. 29-51. T. V. Paul, James J. Wirtz, and Michel Fortmann, eds. Stanford, CA: Stanford University Press.

Levy, Jack. 2011. "Preventive War: Concept and Propositions." *International Interactions*, Vol. 37, No. 1, pp. 87-96.

Levy, Jack S., and William R. Thompson. 2005. "Hegemonic Threats and Great-Power Balancing in Europe, 1495-1999." *Security Studies*, Vol. 14, No. 1, pp. 1-30.

Levy, Jack S., and William R. Thompson. 2010. "Balancing on Land and at Sea: Do States Ally against the Leading Global Power?" *International Security*, Vol. 35, No. 1, pp. 7-43.

Lewin, Moshe. 1991. *The Gorbachev Phenomenon: A Historical Interpretation*. Berkeley: University of California Press.

Lewis, Jeffrey. 2007. *The Minimum Means of Reprisal: China's Search for Security in the Nuclear Age*. Cambridge, MA: MIT Press.

Libicki, Martin C. 2011. "Chinese Use of Cyberwar as an Anti-Access Strategy: Two Scenarios." Washington DC: Testimony presented before the U.S. China Economic and Security Review Commission on January 27.

Lieber, Keir A., and Gerard Alexander. 2005. "Waiting for Balancing: Why the World Is Not Pushing Back." *International Security*, Vol. 30, No. 1, pp. 109-139.

Lieber, Keir A., and Daryl Press. 2006. "The End of MAD? The Nuclear Dimension of U.S. Primacy." *International Security*, Vol. 30, No. 4, pp. 7-44.

Lieber, Keir A., and Daryl Press. 2009. "How Much Is Enough? Nuclear Deterrence Then and Now." Paper presented at the Program on International Security Policy (PISP), University of Chicago.

Lieber, Robert J. 2005. *The American Era: Power and Strategy for the 21st Century*. Cambridge: Cambridge University Press.

Little, Richard. 2007. *The Balance of Power in International Relations*. Cambridge: Cambridge University Press.

Litwak, Robert. 1984. *Détente and the Nixon Doctrine: American Foreign Policy and the Pursuit of Stability 1969-1975*. Cambridge: Cambridge University Press.

Lobell, Steven E., Norrin M. Ripsman, and Jeffrey W. Taliaferro, eds. 2009. *Neoclassical Realism, the State, and Foreign Policy*. Cambridge: Cambridge University Press.

Lukes, Steven. 2005. "Power and the Battle for Hearts and Minds." *Millennium*, Vol. 33, No. 3, pp. 477-493.

Lyall, Jason, and Isaiah Wilson III. 2009. "Rage against the Machines: Explaining Outcomes in Counterinsurgency Wars." *International Organization*, Vol. 63, No. 1, pp. 67-106.

MacDonald, Paul K. 2003. "Useful Fiction or Miracle Maker: The Competing Epistemological Foundations of Rational Choice Theory." *American Political Science Review*, Vol. 97, No. 4, pp. 551-565.

Maddison, Angus. 2007. *The World Economy: A Millennial Perspective/Historical Statistics*. Paris: OECD Publishing.

Malia, Martin. 1994. *The Soviet Tragedy: A History of Socialism in Russia, 1917-1991*. New York: Free Press.

Maliniak, Daniel, Amy Oakes, Susan Peterson, and Michael J. Tierney. 2011. "International Relations in the U.S. Academy." *International Studies Quarterly*, Vol. 55, No. 2, pp. 437-464.

Mandelbaum, Michael. 2005. *The Case for Goliath: How America Acts as the World's Government in the Twenty-First Century*. New York: Public Affairs.

Mann, James. 2004. *Rise of the Vulcans: The History of Bush's War Cabinet*. New York: Penguin.

Manning, Robert A. 2012. *Envisioning 2030: U.S. Strategy for a Post-Western World*. Washington, DC: Atlantic Council.

Mantel, Hilary. 2009. *Wolf Hall: A Novel*. New York: Henry Holt.

Mastanduno, Michael. 1991. "Do Relative Gains Matter? America's Response to Japanese Industrial Policy." *International Security*, Vol. 16, No. 1, pp. 73-113.

Mastanduno, Michael. 1997. "Preserving the Unipolar Moment: Realist Theories and U.S. Grand Strategy after the Cold War." *International Security*, Vol. 21, No. 4, pp. 49-88.

Mastanduno, Michael. 1999. "A Realist View: Three Images of the Coming International Order." In *International Order and the Future of World Politics*, pp. 19-40. T. V. Paul and John A. Hall, eds. London: Cambridge University Press.

Mastanduno, Michael. 2002. "Incomplete Hegemony and Security Order in the Asia-Pacific." In *America Unrivalled: The Future of the Balance of Power*, pp. 181-210. G. John Ikenberry, ed. Ithaca, NY: Cornell University Press.

Mastanduno, Michael. 2009. "System Maker and Privilege Taker: U.S. Power and the International Political Economy." *World Politics*, Vol. 61, No. 1, pp. 121-154.

Mastanduno, Michael, and Ethan B. Kapstein. 1999. "Realism and State Strategies after the Cold War." In *Unipolar Politics: Realism and State Strategies after the Cold War*, pp. 1-27. Michael Mastanduno and Ethan B. Kapstein, eds. New York: Columbia University Press.

McDevitt, Michael. 2007. "China's Approach to Taiwan and the U.S. Navy's Imperatives for Action." In *Coping with the Dragon: Essays on PLA Transformation and the U.S. Military*, pp. 59-70. Washington, DC: National Defense University.

Mearsheimer, John J. 1983. *Conventional Deterrence*. Ithaca, NY: Cornell University Press.

Mearsheimer, John J. 1990. "Back to the Future: Instability in Europe after the Cold War." *International Security*, Vol. 15, No. 1, pp. 5-56.

Mearsheimer, John J. 1998. "Here We Go Again." *New York Times*, May 17. Available at: http://www.nytimes.com/1998/05/17/opinion/here-we-go-again.html, last accessed on December 9, 2013.

Mearsheimer, John J. 2001a. *The Tragedy of Great Power Politics*. NewYork: W. W. Norton, 2001.

Mearsheimer, John J. 2001b. "The Future of the American Pacifier." *Foreign Affairs*, Vol. 80, No. 5, pp. 46-61.

Mearsheimer, John. 2006. "Structural Realism." In *International Relations Theories: Discipline and Diversity*, pp. 71-86. Tim Dunne, Milja Kurki, and Steve Smith, eds. Oxford: Oxford University Press.

Mearsheimer, John J. 2009. "Reckless States and Realism." *International Relations*, Vol. 23, No. 2, pp. 241-256.

Mearsheimer, John J. 2010a. "Imperial by Design." *The National Interest*, No. 111, pp. 16-34.

Mearsheimer, John J. 2010b. "The Gathering Storm: China's Challenge to US Power in Asia." *Chinese Journal of International Politics*, Vol. 3, No. 4, pp. 381-396.

Mearsheimer, John J., and Stephen M. Walt. 2013. "Leaving Theory Behind: Why Hypothesis Testing Has Become Bad for IR." *European Journal of International Relations*, Vol. 19, No. 3, pp. 427-457.

Medeiros, Evan S. 2005. "Strategic Hedging and the Future of Asia-Pacific Stability." *Washington Quarterly*, Vol. 29, No. 1, pp. 145-167.

Meirowitz, Adam, and Kristopher W. Ramsay. 2010. "Investment and Bargaining." Princeton University Mimeo.

Meirowitz, Adam, and Anne E. Sartori. 2008. "Strategic Uncertainty as a Cause of War." *Quarterly Journal of Political Science*, Vol. 3, No. 4, pp. 327-352.

Miller, Benjamin. 2011. "Explaining Changes in U.S. Grand Strategy: 9/11, the Rise of Offensive Liberalism, and the War in Iraq." *Security Studies*, Vol. 19, No. 1, pp. 26-

65.

Milner, Helen. 1991. "The Assumption of Anarchy in International Relations Theory: A Critique." *Review of International Studies*, Vol. 17, No. 1, pp. 67-85.

Mitzen, Jennifer, and Randall L. Schweller. 2011. "Knowing the Unknown Unknowns: Misplaced Certainty and the Onset of War." *Security Studies*, Vol. 20, No. 1, pp. 2-35.

Monteiro, Nuno P. 2009. "Three Essays in Unipolarity." Ph.D. dissertation, University of Chicago.

Monteiro, Nuno P. 2011/12. "Unrest Assured: Why Unipolarity Is Not Peaceful." *International Security*, Vol. 36, No. 3, pp. 9-40.

Monteiro, Nuno P. 2012. "We Can Never Study Merely One Thing." *Critical Review*, Vol. 24, Nos. 3-4, pp. 343-366.

Monteiro, Nuno P. 2013. "The Janus Face of Coercion." Yale University mimeo.

Monteiro, Nuno P., and Alexandre Debs. 2013. "The Strategic Logic of Nuclear Proliferation." Yale University mimeo.

Monteiro, Nuno P., and Keven G. Ruby. 2009a. "IR and the False Promise of Philosophical Foundations." *International Theory*, Vol. 1, No. 1, pp. 15-48.

Monteiro, Nuno P., and Keven G. Ruby. 2009b. "The Promise of Foundational Prudence." *International Theory*, Vol. 1, No. 3, pp. 499-512.

Morgenthau, Hans J. 1961. *Politics among Nations*. Third edition. New York: Knopf.

Morrow, James D. 1997. "When Do 'Relative Gains' Impede Trade?" *Journal of Conflict Resolution*, Vol. 41, No. 1, pp. 12-37.

Mowle, Thomas S., and David H. Sacko. 2007. *The Unipolar World: An Unbalanced Future*. New York: Palgrave Macmillan.

Mueller, John E. 1989. *Retreat from Doomsday: The Obsolescence of Major War*. New York: Basic Books.

National Air and Space Intelligence Center. 2009. *Ballistic and Cruise Missile Threat*. NASIC-1031-0985-09. Dayton, OH: Wright-Patterson Air Force Base.

National Intelligence Council. 2007. *Iran: Nuclear Intentions and Capabilities*. Washington, DC: National Intelligence Estimate.

Naughton, Barry J. 2006. *The Chinese Economy: Transitions and Growth*. Cambridge, MA: MIT Press.

Naughton, Barry J. 2010. "China's Distinctive System: Can It Be a Model for Others?" *Journal of Contemporary China*, Vol. 19, No. 65, pp. 437-460.

Navon, Emmanuel. 2001. "The 'Third Debate' Revisited." *Review of International Studies*, Vol. 27, No. 4, pp. 611-625.

Newnham, Randall E. 2004. "Nukes for Sale Cheap? Purchasing Peace with North Korea." *International Studies Perspectives*, Vol. 5, No. 2, pp. 164-178.

Nexon, Daniel H. 2009. "The Balance of Power in the Balance." *World Politics*, Vol. 61, No. 2, pp. 330-359.

Nexon, Daniel, and Thomas Wright. 2007. "What's at Stake in the American Empire Debate." *American Political Science Review*, Vol. 101, No. 2, pp. 253-271.

Norris, Robert S. 2003. "North Korea's Nuclear Program, 2003." *Bulletin of the Atomic*

Scientists, Vol. 59, No. 2, pp. 74-77.

Norris, Robert S. 2005. "North Korea's Nuclear Program, 2005." *Bulletin of the Atomic Scientists*, Vol. 61, No. 3, pp. 64-67.

Norrlof, Carla. 2010. *America's Global Advantage: U.S. Hegemony and International Cooperation*. Cambridge: Cambridge University Press.

Nye Jr., Joseph S. 1990. *Bound to Lead: The Changing Nature of American Power*. New York: Basic Books.

Nye Jr., Joseph S. 2002. *The Paradox of American Power: Why the World's Only Superpower Can't Go It Alone*. Oxford: Oxford University Press.

Nye Jr., Joseph S. 2004. *Soft Power: The Means to Success in World Politics*. New York: Public Affairs.

Nye Jr., Joseph S. 2013. "Work with China, Don't Contain It." *New York Times*, January 25. Available at: http://www.nytimes.com/2013/01/26/opinion/work-with-china-dont-contain-it.html, last accessed on December 9, 2013.

Office of the Secretary of Defense. 2011. *Military Power of the People's Republic of China, 2011*. Washington, DC: U.S. Department of Defense.

Organski, A. F. K. 1958. *World Politics*. New York: Alfred Knopf.

Organski, A. F. K., and Jacek Kugler. 1981. *The War Ledger*. Chicago: University of Chicago Press.

Pape, Robert A. 1996. *Bombing to Win: Air Power and Coercion in War*. Ithaca, NY: Cornell University Press.

Pape, Robert A. 2003. "The Strategic Logic of Suicide Terrorism." *American Political Science Review*, Vol. 97, No. 3, pp. 343-361.

Pape, Robert A. 2005a. "Soft Balancing against the United States." *International Security*, Vol. 30, No. 1, pp. 7-45.

Pape, Robert A. 2005b. *Dying to Win: The Strategic Logic of Suicide Terrorism*. New York: Random House.

Pape, Robert A. 2009. "Empire Falls." *The National Interest*, No. 99.

Paul, T. V. 2000. *Power versus Prudence: Why Nations Forgo Nuclear Weapons*. Montreal: McGill-Queen's University Press.

Paul, T. V. 2004. "The Enduring Axioms of Balance of Power Theory and Their Contemporary Relevance." In *Balance of Power: Theory and Practice in the Twenty-First Century*, pp. 1-25, T. V. Paul, James J. Wirtz, and Michel Fortmann, eds. Stanford, CA: Stanford University Press.

Paul, T. V. 2005. "Soft Balancing in the Age of U.S. Primacy." *International Security*, Vol. 30, No. 1, pp. 46-71.

Pei, Minxin. 2006. *China's Trapped Transition: The Limits of Developmental Autocracy*. Cambridge, MA: Harvard University Press.

People's Republic of China. 2011. *China's National Defense in 2010*. Beijing: Information Office of the State Council.

Perry, William J. 2002. "The United States and the Future of East Asian Security: Korea Quo Vadis?" In *Building Common Peace and Prosperity in Northeast Asia*, p. 121. Keun-min Woo, ed. Seoul: Yonsei University Press.

Pfundstein, Dianne R. 2012. "Credibility is Not Enough: Resolve and the Effectiveness of the Unipole's Compellent Threats." Ph.D. dissertation, Columbia University.

Pinker, Steven. 2011. *The Better Angels of Our Nature: Why Violence Has Declined.* New York: Viking.

Pollack, Jonathan D. 2011. *No Exit: North Korea, Nuclear Weapons, and International Security.* London: Routledge.

Pollack, Jonathan D., and Mitchell B. Reiss. 2004. "South Korea: The Tyranny of Geography and the Vexations of History." In *The Nuclear Tipping Point: Why States Reconsider Their Nuclear Choices*, pp. 254-292. KurtM. Campbell, Robert J. Einhorn, and Mitchell B. Reiss, eds. Washington, DC: Brookings Institution Press.

Pollpeter, Kevin. 2010. "Towards an Integrated C4ISR System: Information and Joint Operations in the PLA," In *The PLA at Home and Abroad: Assessing the Operational Capabilities of China's Military*, pp. 193-236. Roy Kamphausen, David Lai, and Andrew Scobell, eds. New York: CreateSpace.

Porter, Bruce D. 1994. "The Warfare State." *American Heritage*, Vol. 45, No. 4, pp. 57-69.

Posen, Barry R. 2000. "The War for Kosovo: Serbia's Political-Military Strategy." *International Security*, Vol. 4, No. 4, pp. 39-84.

Posen, Barry R. 2003. "Command of the Commons: The Military Foundation of U.S. Hegemony." *International Security*, Vol. 28, No. 1, pp. 5-46.

Posen, Barry R. 2004. "ESDP and the Structure of World Power." *The International Spectator*, Vol. 39, No. 1, pp. 5-17.

Posen, Barry R. 2007. "The Case for Restraint." *The American Interest*, Vol. 3, No. 2. Available at: http://jft-newspaper.aub.edu.lb/reserve/data/pspa237-wh-posen/Posen on Restraint.pdf, last accessed on December 9, 2013.

Posen, Barry R. 2013. "Pull Back: The Case for a Less Activist Foreign Policy." *Foreign Affairs*, Vol. 92, No. 1. Available at: http://www.foreignaffairs.com/articles/138466/barry-r-posen/pull-back, last accessed on December 9, 2013.

Posen, Barry R., and Andrew L. Ross. 1996/1997. "Competing Visions for U.S. Grand Strategy." *International Security*, Vol. 21, No. 3, pp. 5-53.

Powell, Robert. 1991. "Absolute and Relative Gains in International Relations Theory." *American Political Science Review*, Vol. 85, No. 4, pp. 1303-1320.

Powell, Robert. 1993. "Guns, Butter, and Anarchy." *American Political Science Review*, Vol. 87, No. 1, pp. 115-132.

Powell, Robert. 1999. *In the Shadow of Power: States and Strategies in International Politics.* Princeton, NJ: Princeton University Press.

Powell, Robert. 2006. "War as a Commitment Problem." *International Organization*, Vol. 60, No. 1, pp. 169-203.

Press, Daryl G. 2001. "The Myth of Air Power in the Persian Gulf War and the Future of Warfare." *International Security*, Vol. 26, No. 2, pp. 5-44.

Raas, Whitney, and Austin Long. 2007. "Osirak Redux? Assessing Israeli Capabilities to Destroy Iranian Nuclear Facilities." *International Security*, Vol. 31, No. 4, pp. 7-33.

Rademaker, Stephen. 2006. *U.S. Sees Spread of Nuclear Weapons Greatest Security*

Challenge. Washington, DC: U.S. Department of State.

Rathbun, Brian C. 2007. "Uncertain about Uncertainty: Understanding the Multiple Meanings of a Crucial Concept in International Relations Theory." *International Studies Quarterly*, Vol. 51, No. 3, pp. 533-557.

Rawls, John. 1971. *A Theory of Justice*. Cambridge, MA: Belknap Press of Harvard University Press.

Reiter, Dan, and Allan C. Stam. 2002. *Democracies at War*. Princeton, NJ: Princeton University Press.

Renshon, Stanley A. 2010. *National Security in the Obama Administration: Reassessing the Bush Doctrine*. New York: Routledge.

Reus-Smit, Christian, and Duncan Snidal. 2008. "Between Utopia and Reality: The Practical Discourses of International Relations." In *The Oxford Handbook of International Relations*, pp. 3-37. Reus-Smit and Snidal, eds. Oxford: Oxford University Press.

Risse, Thomas. 2002. "U.S. Power in a Liberal Security Community." In *America Unrivalled: The Future of the Balance of Power*, pp. 260-283. G. John Ikenberry, ed. Ithaca, NY: Cornell University Press.

Rorty, Richard. 1999. *Philosophy and Social Hope*. London: Penguin.

Rosato, Sebastian. 2011a. "Europe's Troubles: Power Politics and the State of the European Project." *International Security*, Vol. 35, No. 4, pp. 45-86.

Rosato, Sebastian. 2011b. *Europe United: Power Politics and the Making of the European Community*. Ithaca: Cornell University Press.

Rosecrance, Richard N. 1995. "Overextension, Vulnerability, and Conflict: The Goldilocks Problem in International Strategy." *International Security*, Vol. 19, No. 4, pp. 145-163.

Rosen, Stephen Peter. 2003. "An Empire, if You Can Keep It." *The National Interest*, March 1. Available at: http://nationalinterest.org/article/an-empire-if-you-can-keep-it-947, last accessed on December 9, 2013.

Ross, Robert S. 2006. "Balance of Power Politics and the Rise of China: Accommodation and Balancing in East Asia." *Security Studies*, Vol. 15, No. 3, pp. 355-395.

Ross, Robert S., and Zhu Feng, eds. 2008. *China's Ascent: Power, Security, and the Future of International Politics*. Ithaca, NY: Cornell University Press.

Russett, Bruce M. 1969. "The Young Science of International Politics." *World Politics*, Vol. 22, No. 1, pp. 87-94.

Russett, Bruce M. 1985. "The Mysterious Case of Vanishing Hegemony." *International Organization*, Vol. 39, No. 2, pp. 207-231.

Russett, Bruce M. 2010. "Peace in the Twenty-First Century?" *Current History*, Vol. 109, No. 723, pp. 11-16.

Russett, Bruce, and John R. Oneal. 2001. *Triangulating Peace: Democracy, Interdependence, and International Organizations*. NewYork: W. W. Norton.

Roth, Ariel I. 2007. "Nuclear Weapons in Neo-Realist Theory." *International Studies Review*, Vol. 9, No. 3, pp. 369-384.

Sagan, Scott D., and Kenneth N. Waltz. 2002. *The Spread of Nuclear Weapons: A De-*

bate Renewed. New York: W. W. Norton.

Sanger, David E. 2003. "North Korea Says It Now Possesses Nuclear Arsenal." *New York Times*, April 25. Available at: http://www.nytimes.com/2003/04/25/world/north-korea-says-it-now-possesses-nuclear-arsenal.html, last accessed on December 9, 2013.

Sanger, David E. 2010. "With Warning, Obama Presses China on Currency." *New York Times*, September 24. Available at: http://www.nytimes.com/2010/09/24/world/24prexy.html, last accessed on December 9, 2013.

Sarkees, Meredith Reid, and Frank Wayman. 2010. R*esort to War: A Data Guide to Inter-State, Extra-State, Intra-State, and Non-State Wars, 1816-2007*. Washington DC: CQ Press.

Sarotte, Mary Elise. 2010. "Pcrpctuating U.S. Preeminence: The 1990 Deals to 'Bribe the Soviets Out' and Move NATO In." *International Security*, Vol. 35, No. 1, pp. 110-137.

Sarotte, Mary Elise. 2011. *1989: The Struggle to Create Post-Cold War Europe. Princeton*, NJ: Princeton University Press.

Saunders, Phillip C., Christopher Yung, Michael Swaine, and Andrew Nien-Ozu Yang, eds. 2011. *The Chinese Navy: Expanding Capabilities, Evolving Roles*. Washington, DC: National Defense University Press.

Schelling, Thomas. 1966. *Arms and Influence*. New Haven, CT: Yale University Press.

Schmidt, Brian C. 2002. "On the History and Historiography of International Relations." In *Handbook of International Relations*, pp. 3-23. Walter Carlsnaes, Thomas Risse and Beth Simmons, eds. London: Sage.

Schroeder, Paul W. 1994. "Historical Reality vs. Neo-Realist Theory." *International Security*, Vol. 19, No. 1, pp. 108-148.

Schwartz, Benjamin. 2005. "Comment: Managing China's Rise." *The Atlantic Monthly*, June 1. Available at: http://www.theatlantic.com/magazine/archive/2005/06/managing-chinas-rise/303972/, last accessed on December 9, 2013.

Schweller, Randall L. 1994. "Bandwagoning for Profit: Bringing the Revisionist State Back In." *International Security*, Vol. 19, No. 1, pp. 72-107.

Schweller, Randall L. 1996. "Neorealism's Security Bias: What Security Dilemma?" *Security Studies*, Vol. 5, No. 3, pp. 90-121.

Schweller, Randall L. 1999. "Realism and the Present Great Power System: Growth and Positional Conflict over Scarce Resources." In *Unipolar Politics: Realism and State Strategies after the Cold War*, pp. 28-68. Ethan Kapstein and Michael Mastanduno, eds. New York: Columbia University Press.

Schweller, Randall L. 2001. "The Problem of International Order Revisited: A Review Essay." *International Security*, Vol. 26, No. 1, pp. 161-186.

Schweller, Randall L. 2006. *Unanswered Threats: Political Constraints on the Balance of Power*. Princeton, NJ: Princeton University Press.

Schweller, Randall L. 2011. "The Future Is Uncertain and the End Is Always Near." *Cambridge Journal of International Affairs*, Vol. 24, No. 2, pp. 175-184.

Schweller, Randall L., and Xiaoyu Pu. 2011. "After Unipolarity: China's Visions of International Order in an Era of U.S. Decline." *International Security*, Vol. 36, No. 1, pp. 41-72.

Sechser, Todd S. 2010. "Goliath's Curse: Coercive Threats and Asymmetric Power," *International Organization*, Vol. 64, No. 4, pp. 627-660.

Senate Select Committee on Intelligence. 2008. "Report on Whether Public Statements Regarding Iraq by U.S. Government Officials Were Substantiated by Intelligence Information." Washington DC.

Sewell Jr., William H. 1992. "A Theory of Structure: Duality, Agency, and Transformation." *American Journal of Sociology*, Vol. 98, No. 1, pp. 1-29.

Shambaugh, David. 2004/2005. "China Engages Asia: Reshaping the Regional Order." *International Security*, Vol. 29, No. 3, pp. 64-99.

Shapiro, Ian. 2005. *The Flight from Reality in the Human Sciences*. Princeton, NJ: Princeton University Press.

Sieff, Martin. 2009. *Shifting Superpowers: The New and Emerging Relationship between the United States, China, and India*. Washington, DC: Cato Institute Press.

Sil, Rudra, and Peter Katzenstein. 2010. *Beyond Paradigms: Analytic Eclecticism in World Politics*. New York: Palgrave.

SIPRI (Stockholm International Peace Research Institute). 2012. *SIPRI Yearbook 2012: Armaments, Disarmament and International Security*. Oxford: Oxford University Press.

SIPRI (Stockholm International Peace Research Institute). 2013. *SIPRI Yearbook 2013: Armaments, Disarmament and International Security*. Oxford: Oxford University Press.

Slantchev, Branislav L. 2005. "Military Coercion in Interstate Crises." *American Political Science Review*, Vol. 99, No. 4, pp. 533-547.

Slantchev, Branislav L. 2011. *Military Threats: The Costs of Coercion and the Price of Peace*. New York: Cambridge University Press.

Snidal, Duncan. 1985. "The Limits of Hegemonic Stability Theory." *International Organization*, Vol. 39, No. 4, pp. 579-614.

Snidal, Duncan. 1991. "Relative Gains and the Pattern of International Cooperation." *American Political Science Review*, Vol. 85, No. 3, pp. 701-726.

Snyder, Glenn H. 1961. *Deterrence and Defense: Toward a Theory of National Security*. Princeton, NJ: Princeton University Press.

Snyder, Glenn H. 1965. "The Balance of Power and the Balance of Terror." In *The Balance of Power*, pp. 191-201. Paul Seabury, ed. San Francisco: Chandler.

Snyder, Jack, Robert Shapiro, and Yaeli Bloch-Elkon. 2009. "Free Hand Abroad, Divide and Rule at Home." *World Politics*, Vol. 61, No. 1, pp. 155-187.

Snyder, Scott. 2010. "South Korean Nuclear Decision Making." In *Forecasting Nuclear Proliferation in the 21st Century: A Comparative Perspective*, Vol. 2, pp. 158-181. William C. Potter and Gaukhar Mukhatzhanova, eds. Stanford, CA: Stanford University Press.

Spade, Jayson M. 2012. *Information as Power: China's Cyber Power and America's National Security*. Carlisle, PA: U.S. Army War College.

Stein, Arthur A. 1984. "The Hegemon's Dilemma: Great Britain, the United States, and the International Economic Order." *International Organization*, Vol. 38, No. 2, pp. 355-386.

Stiglitz, Joseph E., and Linda J. Bilmes. 2008. *The Three Trillion Dollar War: The True Cost of the Iraq Conflict*. New York: W. W. Norton.

Stokes, Doug, and Sam Raphal. 2010. *Global Energy Security and American Hegemony*. Baltimore: Johns Hopkins University Press.

Strange, Susan. 1987. "The Persistent Myth of Lost Hegemony." *International Organization*, Vol. 41, No. 4, pp. 551-574.

Suskind, Ron. 2006. *The One Percent Doctrine*. New York: Simon and Schuster.

Swaine, Michael D., and M. Taylor Fravel. 2011. "China's Assertive Behavior, Part Two: The Maritime Periphery." *China Leadership Monitor*, No. 35, pp. 1-29.

Tessman, Brock F. 2012. "System Structure and State Strategy: Adding Hedging to the Menu." *Security Studies*, Vol. 21, No. 2, pp. 192-231.

Thatcher, Margaret. 1996. Frontline Oral History interview, PBS. Available at: http://www.pbs.org/wgbh/pages/frontline/gulf/oral/thatcher/1.html, last accessed on December 08, 2013.

Thompson, William R., ed. 2009. *Systemic Transitions: Past, Present, and Future*. New York: Palgrave Macmillan.

Todd, Emmanuel. 2003. *After the Empire: The Breakdown of the American Order*. New York: Columbia University Press.

Tucker, Nancy Bernkopf. 2005. *Dangerous Strait: The U.S.-Taiwan-China Crisis*. New York: Columbia University Press.

Tung, Chen-yuan. 2005. "An Assessment of China's Taiwan Policy under the Third Generation Leadership." *Asian Survey*, Vol. 45, No. 3, pp. 343-361.

Tyler, Patrick E. 1992. "U.S. Strategy Plan Calls for Insuring No Rivals Develop." *New York Times*, March 8. Available at: http://www.nytimes.com/1992/03/08/world/us-strategy-plan-calls-for-insuring-no-rivalsdevelop.html?pagewanted=all%26;src=pm, last accessed on December 9, 2013.

U.S. Department of Defense. 2010. "Military and Security Developments Involving the People's Republic of China." Report to Congress, Washington, DC.

U.S. Department of Defense, Office of the Assistant Secretary of Defense (Public Affairs). 2011. "Multi-Service Office to Advance Air-Sea Battle Concept." Washington, DC.

U.S. Department of State. 2010. Treaty between the United States of America and the Russian Federation on Measures for the Further Reduction and Limitation of Strategic Offensive Arms. April 10. Available at: http://www.state.gov/documents/organization/140035.pdf, last accessed on December 08, 2013.

U.S. Embassy Baghdad. 1990. "Telegram U.S. Embassy Baghdad to Washington (Saddam's message of friendship to George Bush)." Bush Library, NSC (Richard Haass Files), Working Files Iraq Pre-2/8/90-12/90. Available at: http://www.margaretthatcher.org/archive/displaydocument.asp?docid=110705, last accessed on December 08, 2013.

United Nations, Department of Economic and Social Affairs, Population Division. 2011. "World Population Prospects: The 2010 Revision." New York: United Nations Publications.

Van Evera, Stephen. 1990. "Why Europe Matters, Why the Third World Doesn't: American Grand Strategy after the Cold War." *Journal of Strategic Studies*, Vol. 13, No. 2, pp. 1-51.

Vine, David. 2009. "Too Many Overseas Bases." *Foreign Policy in Focus*, February 25. Available at: http://fpif.org/too many overseas bases/, last accessed on December 9, 2013.

Viner, Jacob. 1948. "Power versus Plenty as Objectives of Foreign Policy in the Seventeenth and Eighteenth Centuries." *World Politics*, Vol. 1, No. 1, pp. 1-29.

Voeten, Erik. 2000. "Clashes in the Assembly." *International Organization*, Vol. 54, No. 2, pp. 185-215.

Voeten, Erik. 2011. "Unipolar Politics as Usual." *Cambridge Review of International Affairs*, Vol. 24, No. 2, pp. 121-128.

Wagner, R. Harrison. 1993. "What Was Bipolarity?" *International Organization*, Vol. 47, No. 1, pp. 77-106.

Wagner, R. Harrison. 2007. *War and the Nation State: The Theory of International Politics*. Ann Arbor: University of Michigan Press.

Wallerstein, Immanuel. 1983. "Three Instances of Hegemony in the History of the World Economy." *International Journal of Comparative Sociology*, Vol. 24, No. 1-2, pp. 100-108.

Walt, Stephen M. 1985. "Alliance Formation and the Balance of World Power." *International Security*, Vol. 9, No. 4, pp. 3-43.

Walt, Stephen M. 1987. *The Origins of Alliances*. Ithaca, NY: Cornell University Press.

Walt, Stephen M. 2005. *Taming American Power: The Global Response to U.S. Primacy*. New York: W. W. Norton.

Walt, Stephen M. 2009. "Alliances in a Unipolar World." *World Politics*, Vol. 61, No. 1, pp. 86-120.

Walt, Stephen M. 2011. "The End of the American Era." *The National Interest*, November/December.

Waltz, Kenneth N. 1964. "The Stability of a Bipolar World." *Daedalus*, Vol. 93, No. 3, pp. 881-909.

Waltz, Kenneth N. 1969. "International Structure, National Force, and the Balance of Power." In *International Politics and Foreign Policy*, pp. 304-314, James Rosenau, ed. New York: Free Press.

Waltz, Kenneth N. 1979. *Theory of International Politics*. Reading, MA: Addison-Wesley.

Waltz, Kenneth N. 1981. "The Spread of Nuclear Weapons: Why More May Be Better." Adelphi paper no. 171. London: International Institute for Strategic Studies.

Waltz, Kenneth M. 1986. "Reflections on Theory of International Politics: A Response to My Critics." In *Neorealism and Its Critics*, pp. 322-345. Robert O. Keohane, ed. New York: Columbia University Press.

Waltz, Kenneth N. 1991. "America as a Model for the World? A Foreign Policy Perspective." *PS: Political Science and Politics*, Vol. 24, No. 4, pp. 667-670.

Waltz, Kenneth N. 1993. "The Emerging Structure of International Politics." *International Security*, Vol. 18, No. 2, pp. 44-79.

Waltz, Kenneth N. 1996. "International Politics Is Not Foreign Policy." *Security Studies*, Vol. 6, No. 1, pp. 54-57.

Waltz, Kenneth N. 1997. "Evaluating Theories." *American Political Science Review*, Vol. 91, No. 4, pp. 913-917.

Waltz, Kenneth N. 2000a. "Structural Realism after the Cold War." *International Security*, Vol. 25, No. 1, pp. 5-41.

Waltz, Kenneth N. 2000b. "Intimations of Multipolarity." In *The New World Order: Contrasting Theories*, pp. 1-17. Birthe Hansen and Bertel Heurlin, eds. London: Macmillan.

Waltz, Kenneth N. 2002. "The Continuity of International Politics." In *Worlds in Collision: Terror and the Future of Global Order*, pp. 348-354. Ken Booth and Tim Dunne, eds. New York: Palgrave Macmillan.

Waltz, Kenneth N. 2011. "Theory Talk #40: Kenneth Waltz - The Physiocrat of International Politics." Interview with Peer Schouten, *Theory Talks*. Available at: http://www.theory-talks.org/2011/ 06/theorytalk-40.html, last accessed on December 08, 2013.

Webster, Murray, and Jane Sell, eds. 2007. *Laboratory Experiments in the Social Sciences*. Burlington, MA: Academic Press.

Weiss, Jessica Chen. 2012. "Powerful Patriots: Nationalist Protest in China's Foreign Relations." Unpublished book manuscript.

Weiss, Jessica Chen. 2013. "Authoritarian Signaling, Mass Audiences and Nationalist Protest in China." *International Organization*, Vol. 67, No. 1, pp. 1-35.

Wendt, Alexander. 1987. "The Agent-Structure Problem in International Relations Theory." *International Organization*, Vol. 41, No. 3, pp. 335-370.

Wendt, Alexander. 1992. "Anarchy Is What States Make of It: The Social Construction of Power Politics." *International Organization*, Vol. 46, No. 2, pp. 391-425.

Westad, Odd Arne. 2007. *The Global Cold War: Third World Interventions and the Making of Our Times*. Cambridge: Cambridge University Press.

Wilkinson, David. 1999. "Unipolarity without Hegemony." *International Studies Review*, Vol. 1, No. 2, pp. 141-172.

Williams, Kristen P, Steven E. Lobell, and Neal G. Jesse, eds. 2012. *Beyond Great Powers and Hegemons: Why Secondary States Support, Follow, or Challenge*. Stanford, CA: Stanford University Press.

Wohlforth, William C. 1999. "The Stability of a Unipolar World." *International Security*, Vol. 24, No. 1, pp. 5-41.

Wohlforth, William C. 2002. "U.S. Strategy in a Unipolar World." In *America Unrivalled: The Future of the Balance of Power*, pp. 98-120. G. John Ikenberry, ed. Ithaca, NY: Cornell University Press.

Wohlforth, William C. 2009. "Unipolarity, Status Competition, and Great Power War."

World Politics, Vol. 61, No. 1, pp. 28-57.

Wohlforth, William C. 2012a. "How Not to Evaluate Theories." *International Studies Quarterly*, Vol. 56, No. 1, pp. 219-222.

Wohlforth, William C. 2012b. "Review of 'Unrest Assured: Why Unipolarity is not Peaceful'." H-Diplo, ISSF Article Review no. 8.

Wohlforth, William C., Richard Little, Stuart J. Kaufman, David Kang, Charles A. Jones, Victoria Tin-Bor Hui, Arthur Eckstein, Daniel Deudney, and William L. Brenner. 2007. "Testing Balance-of-Power Theory in World History." *European Journal of International Relations*, Vol. 13, No. 2, pp. 155-185.

Wohlstetter, Albert. 1958. *The Delicate Balance of Terror*. RANDMonograph P-1472. Santa Monica, CA: The RAND Corporation.

Wolfers, Arnold. 1962. *Discord and Collaboration: Essays on International Politics*. Baltimore: Johns Hopkins University Press.

Woods, Kevin, Michael R. Pease, and Mark E. Stout. 2006. *The Iraqi Perspectives Report: Saddam's Senior Leadership on Operation Iraqi Freedom from the Official U.S. Joint Forces Command Report*. Annapolis, MD: U.S. Naval Institute Press.

Woodward, Bob. 2004. *Plan of Attack*. New York: Simon and Schuster.

World Bank. 2013. *World Development Indicators 2013*. Washington, DC: World Bank.

World Bank, Development Research Center of the State Council, the People's Republic of China. 2012. *China 2030: Building a Modern, Harmonious, and Creative High-Income Society*. Washington DC: World Bank.

Work, Robert O. 2005. *Winning the Race: A Naval Fleet Platform Architecture for Enduring Maritime Supremacy*. Washington, DC: Center for Strategic and Budgetary Assessments.

Wu, Baiyi. 2006. "Chinese Crisis Management during the 1999 Embassy Bombing Incident." In *Managing Sino-American Crises: Case Studies and Analysis*, pp. 351-375. Michael D. Swaine, Zhang Tuosheng and Danielle F. S. Cohen, eds. Washington, DC: Carnegie Endowment for International Peace.

Yoshihara, Toshi, and James R. Holmes. 2010. *Red Star over the Pacific: China's Rise and the Challenge to U.S. Maritime Strategy*. Annapolis, MD: Naval Institute Press.

Zakaria, Fareed. 2007. "Preview of a Post-U.S. World." *Newsweek*, February 5, p. 47.

Zhang, Tuosheng. 2006. "The Sino-American Aircraft Collision: Lessons for Crisis Management." In *Managing Sino-American Crises: Case Studies and Analysis*, pp. 391-422. Michael D. Swaine, Zhang Tuosheng and Danielle F. S. Cohen, eds. Washington, DC: Carnegie Endowment for International Peace.

Zhao, Suisheng. 2010. "The China Model: Can It Replace the Western Model of Modernization?" *Journal of Contemporary China*, Vol. 19, No. 65, pp. 419-436.

Zhao, Zhongwei, and Fei Guo, eds. 2007. *Transition and Challenge: China's Population at the Beginning of the 21st Century*. Oxford: Oxford University Press.

Zetter, Kim. 2011. "How Digital Detectives Deciphered Stuxnet, the Most Menacing Malware in History." *Wired*, July 11. Available at: http://www.wired.com/threatlevel/2011/07/how-digital-detectives-deciphered-stuxnet/, last accessed on December 9, 2013.

찾아보기

지은이 및 옮긴이

누노 몬테이로(Nuno P. Monteiro)

예일대학교 정치학과 부교수.

포르투갈 밍요대학교(University of Minho)를 졸업하고 포르투갈 가톨릭대(Catholic University of Portugal)에서 석사과정을 마친 뒤, 미국 시카고대에서 정치학 박사학위를 취득하였다. 국제관계와 안보에 대해 강의하고 있으며, 예일대학교 맥밀란센터의 펠로우를 겸직하고 있다. 저서『핵무기의 정치: 핵확산의 전략적 원인(*Nuclear Politics: The Strategic Causes of Proliferation*)』을 2016년에 출간하였고, 강대국의 정치, 세력 전이, 핵확산과 억지 이론 등에 대해 다수의 논문을 집필하였다.

백창재

서울대학교 사회과학대학 정치외교학부 교수.

서울대학교 정치학과를 졸업하고, 동 대학원 석사과정을 거쳐 미국 캘리포니아 대학교 버클리 캠퍼스에서 정치학 박사학위를 받았다. 서울대학교 한국정치연구소 소장, 서울대학교 사회과학연구원 원장 등을 역임했다. 저서로는『미국 패권 연구』,『미국 무역정책 연구』,『미국 정치 연구』 등이 있으며, 역서로는『미국 사회과학의 기원 1, 2』(공역),『미국의 자유주의 전통』(공역) 등이 있다.

박현석

국회미래연구원 연구위원.

서울대학교 정치학과를 졸업하고, 동 대학원 석사과정을 거쳐 미국 아이오와대학교에서 정치학 박사학위를 받았다. 카이스트 인문사회과학부 교수로 재직하였다. 「국제 조세인하경쟁과 자본세」, 「세계금융위기 이후 한국의 소득세 정책」, 「한국의 정치적 민주화와 경제민주주의」 등의 논문을 출간하였고, "Challenges of Quantitative Nuclear Proliferation Modeling"(공저), "Modeling Nuclear Proliferation: Characterization based on the history"(공저) 등 핵 확산에 관한 논문을 발표하였다.